D0861891

Meditación

PARA DUMMIES™

Meditación
PARA
DUMMIES ™

Stephan Bodian

Prólogo de Dean Ornish

Autor del *Programa de Dean Ornish
para revertir la enfermedad cardíaca*

Obra editada en colaboración con Centro Libros PAPF, S.L.U. – España

Edición publicada mediante acuerdo con Wiley Publishing, Inc.
© ...For Dummies y los logos de Wiley Publishing, Inc. son marcas registradas utilizadas bajo licencia
exclusiva de Wiley Publishing, Inc.

© 2012, Stephan Bodian

© Grupo Editorial Norma de América Latina, de la traducción, primera edición
© 2012, Blanca Ribera de Madariaga, de la traducción, textos nuevos y actualizados de la segunda edición
© 2012, Blanca Ribera de Madariaga, de la traducción de las meditaciones guiadas

© 2012, Centro Libros PAPF, S.L.U.
Grupo Planeta
Avda. Diagonal, 662-664
08034 – Barcelona, España

Reservados todos los derechos

© 2013, Editorial Planeta Mexicana, S.A. de C.V.
Bajo el sello editorial CEAC M.R.
Avenida Presidente Masarik núm. 111, 2o. piso
Colonia Chapultepec Morales
C.P. 11570, México, D. F.
www.editorialplaneta.com.mx

Primera edición impresa en España: enero de 2013
ISBN: 978-84-329-0132-4

Primera edición impresa en México: junio de 2013
ISBN: 978-607-07-1698-0

Impreso en los talleres de Litográfica Ingramex, S.A. de C.V.
Centeno núm. 162-1, colonia Granjas Esmeralda, México, D.F.
Impreso en México – *Printed in Mexico*

¡La fórmula del éxito!

Tomamos un tema de actualidad y de interés general, añadimos el nombre de un autor reconocido, montones de contenido útil y un formato fácil para el lector y a la vez divertido, y ahí tenemos un libro clásico de la colección Para Dummies.

Millones de lectores satisfechos en todo el mundo coinciden en afirmar que la colección Para Dummies ha revolucionado la forma de aproximarse al conocimiento mediante libros que ofrecen contenido serio y profundo con un toque de informalidad y en lenguaje sencillo.

Los libros de la colección *Para Dummies* están dirigidos a los lectores de todas las edades y niveles del conocimiento interesados en encontrar una manera profesional, directa y a la vez entretenida de aproximarse a la información que necesitan.

www.paradummies.com.mx
www.facebook.com/dummiesmx

¡Entra a formar parte de la comunidad Dummies!

El sitio web de la colección *Para Dummies* está pensado para que tengas a mano toda la información que puedas necesitar sobre los libros publicados. Además, te permite conocer las últimas novedades antes de que se publiquen y acceder a muchos contenidos extra, por ejemplo, los audios de los libros de idiomas.

Desde nuestra página web, también puedes ponerte en contacto con nosotros para comentarnos todo lo que te apetezca, así como resolver tus dudas o consultas.

También puedes seguirnos en Facebook (www.facebook.com/dummiesmx), un espacio donde intercambiar impresiones con otros lectores de la colección.

10 cosas divertidas que puedes hacer en www.paradummies.com.mx y en nuestra página en Facebook.

1. Consultar la lista completa de libros *Para Dummies*.
2. Descubrir las novedades que vayan publicándose.
3. Ponerte en contacto con la editorial.
4. Suscribirte a la Newsletter de novedades editoriales.
5. Trabajar con los contenidos extra, como los audios de los libros de idiomas.
6. Ponerte en contacto con otros lectores para intercambiar opiniones.
7. Comprar otros libros de la colección.
8. Publicar tus propias fotos en la página de Facebook.
9. Conocer otros libros publicados por el Grupo Planeta.
10. Informarte sobre presentaciones de libros, etc.

Sobre el autor

Stephan Bodian ha practicado y enseñado meditación durante más de cuarenta años. Como fundador y director de la Escuela del Despertar, imparte talleres, cursos intensivos, retiros y clases dedicadas a la meditación, el autoanálisis y la realización espiritual. Su libro más reciente es *Wake Up Now: A Guide to the Journey of Spiritual Awakening*.

Cuando no está escribiendo o enseñando, Stephan practica un enfoque del asesoramiento y la orientación que guía a las personas mediante una mezcla de penetración psicológica y reflexión meditativa orientadas a la exploración interior y la curación. Psicoterapeuta licenciado, está disponible para contestar consultas telefónicas o por Skype en todo el mundo a través de su página web www.stephanbodian.org.

Su interés por la meditación comenzó cuando estaba en la escuela secundaria y se encontró la palabra "zen" en una novela del escritor de la generación *beat*, Jack Kerouak. Después de estudiar filosofía asiática en la Universidad de Columbia y de realizar su posgrado en Stanford, se tomó un tiempo para él y se fue a un monasterio zen en las montañas cerca de Big Sur, California, donde se afeitó la cabeza y pasó largas horas concentrado en su respiración. Ordenado monje en 1974, finalmente se convirtió en director de entrenamiento del Centro Zen de Los Ángeles y en maestro de un pequeño centro zen en San Diego, antes de abandonar sus hábitos en 1982 para obtener un máster en psicología y empezar a llevar una vida más corriente.

De 1984 a 1994 fue editor jefe del *Yoga Journal*, una revista ganadora de varios premios, que trata temas relacionados con el yoga, la meditación y la salud holística.

Además del zen, ha practicado y estudiado meditación de interiorización, budismo tibetano y advaita vedanta. Otros libros suyos son *Timeless Visions, Healing Voices* (*Visiones atemporales, voces curativas*); *Living Yoga* (Yoga vivo) (con Georg Feuerstein); y *Buddhism for Dummies* (*Budismo para Dummies*) (con Jon Landaw), una completa y amena introducción a una de las grandes tradiciones espirituales del mundo.

Stephan también es autor y narrador de una serie de programas de audio basados en la meditación: *Mindfulness Meditation* (*Meditación de la atención consciente*); *Freedom from Stress* (*Libérate del Estrés*); y *Stay Happy* (*Ser feliz*). Producidos por Mental Workout y ofrecidos por Internet a través de la tienda de iTunes o `www.mentalworkout.com`, estos programas están disponibles como aplicaciones para iPhone, Android y Nokia, así como aplicaciones de Internet.

Para más información sobre los talleres, retiros, clases y asesoría telefónica y sesiones de orientación de Stephan, puedes visitar su página web (`www.stephanbodian.org`).

Dedicatoria

Este libro está dedicado a los grandes maestros de meditación de todas las culturas y edades, que continúan mostrándonos el camino por medio de su sabio y compasivo ejemplo. Y a ti, querido lector: ¡que la práctica de la meditación te traiga la paz, la salud y la felicidad que buscas!

Agradecimientos del autor

Me gustaría expresar mi agradecimiento a los colegas, profesores y profesionales de la edición que contribuyeron a la realización de este libro. En primer lugar, a mis buenos amigos de Wiley, entre los que están la editora de adquisiones, Tammerly Booth, Mikal Bellcove y Michael Lewis, y a la editora de proyecto de la primera edición Melba Hopper; también a mi agente Carol Susan Roth.

Me gustaría dar las gracias en especial a: Dean Ornish, cuya pionera investigación ha ayudado a cambiar la cara de la medicina moderna, por haber querido participar tan gentilmente en el prólogo; a la asesora técnica Eleanor Criswell, profesora de psicología en la Universidad Estatal de Sonoma, que ha apoyado y ha seguido mi trabajo durante años; a Rick Shiner, viejo amigo e ingeniero de grabación extraordinario, por proporcionar y producir la música original de los archivos de audio. Gracias también a Shabda Kahn, Thomas Keating, Rami Shapiro, David Orme-Johnson y David Black, cuyas ideas me ayudaron a poner al día ciertas secciones de este libro.

He tenido la fortuna inestimable de estudiar con algunos grandes profesores de meditación, sin los cuales la redacción de este libro no habría sido posible. Mis más profundas reverencias especialmente a Shunryu Suzuki Roshi y a Kobun Chino Otogawa Roshi; a Chogyam Trungpa Rinpoche y a Drubwang Tsoknyi Rinpoche; a mi amado "maestro raíz", Jean Klein, que apuntó directamente al corazón de la meditación; y a Adyashanti, amigo y mentor por medio de cuyas cariñosas palabras y lúcida presencia el Buda al fin despertó en sí mismo.

Querría también agradecer a los demás escritores y maestros occidentales cuyo trabajo ha inspirado y enriquecido el mío: Joan Borysenko, Pema Chodron, Jon Kabat-Zinn, Jack Kornfield, Joel Levey, Stephen Levine, Byron Katie Rolle y Suzanne Segal.

Meditación para Dummies™

Lista de elementos para una buena meditación

Los elementos básicos

❑ Cojín de meditación, un banco o una silla.

❑ Lugar silencioso y ordenado, preferiblemente reservado sólo para la meditación.

❑ Dedicarle un período de tiempo regular, si es posible.

❑ Ropa suelta y cómoda.

❑ Teléfono apagado, contestador sin volumen.

❑ Una posición sentada cómoda.

❑ Técnica(s) de meditación favorita(s).

Elementos o ejercicios opcionales

❑ Estiramientos para preparar tu cuerpo para sentarte.

❑ Altar de objetos especiales, cuadros, velas o incienso.

❑ Un suéter o chal (si tiendes a enfriarte).

❑ Un pasillo o un sendero para poder meditar caminando, si se quiere.

❑ Un maestro de meditación para consultar en caso de que te atasques o quieras profundizar más.

Diez consejos para sacarle el mejor partido a tu meditación

✔ Medita de forma regular, preferiblemente todos los días.

✔ Reserva un espacio tranquilo donde puedas meditar sin que te molesten.

✔ Decide de antemano cuánto tiempo vas a meditar y después hazlo hasta el final, sin tener en cuenta lo inquieto o aburrido que te sientas.

✔ No te sientes con el estómago lleno, espera por lo menos una hora después de comer para meditar.

✔ Siéntate en una postura cómoda y asegúrate de enderezar la columna vertebral.

✔ Apoya la lengua ligeramente en el paladar y respira por la nariz.

✔ Respira hondo unas cuantas veces antes de empezar y relaja conscientemente tu cuerpo en la exhalación.

✔ Abandona toda expectativa respecto a lo que se supone que alcanzarás o experimentarás y simplemente sé como tú eres.

✔ En la medida de lo posible, expande las cualidades de mente y corazón que desarrolles en la meditación a todas las áreas de tu vida.

Cómo asegurarte de que lo estás haciendo bien

Si contestas sí a las siguientes preguntas, efectivamente estás meditando muy bien. Si alguna de tus respuestas es no, sigue meditando; ¡la verdad es que no hay una forma correcta de hacerlo!

✔ ¿Me relajo cuando medito, en vez de ponerme tenso?

✔ ¿Mi mente está alerta y consciente, y al mismo tiempo abierta y receptiva?

✔ ¿Me acuerdo de volver al foco de mi meditación cuando mi mente se dispersa?

✔ ¿Estoy relativamente tranquilo, en vez de agitado o moviéndome de continuo?

✔ ¿Me centro en cada momento, en vez de tratar de alcanzar una meta como aquietar la mente?

✔ ¿Estoy disfrutando de mi respiración (o de mi mantra u otro foco) en vez de trabajar duro para hacerlo bien?

Meditación para Dummies™

Cómo preparar el cuerpo, la mente y el espíritu para la meditación

✔ Practica estiramientos que abran tus caderas y alarguen tu columna vertebral.

✔ Descubre cómo relajar el cuerpo (si no lo sabes ya) practicando algunas técnicas de relajación profunda.

✔ Experimenta con diferentes posiciones sentado (piernas cruzadas, arrodillado, en una silla) hasta que encuentres una que puedas mantener cómodamente durante 10 o 15 minutos.

✔ Explora las técnicas de meditación básicas (atención o presencia consciente, amor compasivo, mantra), escoge una y mantente en ella durante unas semanas o meses por lo menos.

✔ Toma una clase de meditación con un maestro especializado, únete a un grupo de meditación o asiste a un taller de meditación o a un retiro.

✔ Habla con tu familia sobre tu interés en la meditación para asegurarte de que se sienten cómodos con que tú practiques en casa.

✔ Reflexiona sobre las muchas formas en que tu mente te estresa, así como sobre el poder de la meditación para ayudarte a trabajar con ella.

✔ Recuerda los beneficios científicamente probados de la meditación, desde la disminución del colesterol hasta una mayor longevidad y un mejor sistema inmunológico.

✔ Ten en cuenta lo que te motiva a meditar y a volver a dedicarte a esta práctica, especialmente si tu entusiasmo flaquea.

✔ Lleva un estilo de vida saludable: come bien, haz ejercicio regularmente y en lo posible evita fumar, tomar alcohol y ver demasiada televisión o involucrarte en otras actividades que emboten la mente, en especial antes de meditar.

✔ Lee libros espirituales (si te gustan) que te conecten con lo sagrado e inspiren tu meditación.

Diez técnicas populares de meditación

He aquí una breve lista de diez de las prácticas más comunes:

✔ Repetir una palabra o frase significativa, conocida como mantra.

✔ Seguir o contar las respiraciones.

✔ Prestar atención a las sensaciones del cuerpo.

✔ Cultivar el amor, la compasión, el perdón y otras emociones sanadoras.

✔ Concentrarse en una forma geométrica u otro objeto visual sencillo.

✔ Visualizar un lugar apacible o una energía o luz sanadora.

✔ Reflexionar sobre escritos inspiradores o sagrados.

✔ Mirar un cuadro de un ser sagrado o un santo.

✔ Contemplar la belleza que se encuentra en la naturaleza, en el arte o en la música.

✔ Llevar la atención consciente al momento presente.

Sumario

Prólogo

*E*l título de este libro es un poco desorientador, porque aprender a meditar fue una de las decisiones más inteligentes que he hecho.

La meditación es poder. Sea lo que sea a lo que te dediques, la meditación puede ayudarte a hacerlo mejor.

Por ejemplo, mis colegas y yo demostramos, por primera vez, que la progresión de la enfermedad coronaria, incluso en casos graves, puede invertirse a menudo cuando la gente se apunta a mi programa de cambios de estilo de vida integrales. Aunque mucha gente cree que este programa se basa primordialmente en una dieta, la meditación es en realidad una de sus partes más importantes.

Entonces… ¿por qué no medita más gente?

En esta nueva edición de *Meditación para Dummies*, Stephan Bodian ayuda a resolver muchos de los malentendidos más comunes sobre la meditación.

Muchas personas ven la meditación como:	De hecho, la meditación es:
Aburrida	Interesante
Esotérica	Familiar
Ascética	Sensual
Improductiva	Extremadamente productiva
Difícil	Natural
Débil	Poderosa

La meditación es la práctica y el proceso de prestar atención y enfocar tu consciencia. Cuando meditas, empiezan a ocurrir muchas cosas deseables, de manera leve al principio y con más profundidad con el tiempo. Como describí en *Love & Survival (Amor y supervivencia)*:

Primero, "cuando puedes enfocar tu consciencia, adquieres más poder". Cuando concentras cualquier forma de energía, incluida la energía mental, adquieres poder. Cuando enfocas la mente, te concentras mejor. Cuando te concentras mejor, te desenvuelves mejor. Puedes lograr más, ya sea en el aula, en la sala de juntas o en el estadio. Cualquier cosa que hagas, puedes hacerla con más efectividad cuando meditas. Por esta razón, los maestros y los textos espirituales advierten a menudo que uno debería comenzar la práctica de la meditación sólo en el contexto de otras prácticas y disciplinas espirituales que ayuden a desarrollar la compasión y la sabiduría para utilizar adecuadamente este poder.

Segundo, "tú disfrutas de tus sentidos con más plenitud". Aunque la gente a veces ve o usa la meditación como una experiencia ascética para controlar los sentidos, la meditación puede también "realzar" los sentidos en formas que pueden ser profundamente sensuales. Cualquier cosa de la que tú disfrutes —la comida, el sexo, la música, el arte, el masaje, etc.— se realza enormemente con la meditación. Cuando le prestas atención a algo, es mucho más agradable. Además, no necesitas tanto de ello para obtener el mismo grado de placer, así que es más probable que lo disfrutes sin exceso.

Cuando uno se construye un muro en torno a su corazón para blindarlo y protegerlo del dolor, también disminuye su capacidad de sentir placer. Cuando tu vida es una carrera continua, puedes perderte los placeres exquisitos que se te ofrecen en cada momento. Los lapsos de atención se vuelven más cortos. La necesidad de estimulación aumenta de manera continua, simplemente para sentir algo. La meditación aumenta la consciencia y la sensibilidad; como tal, puede ser un antídoto contra la insensibilidad y la distracción.

Tercero, "tu mente se tranquiliza y experimentas una sensación interior de paz, alegría y bienestar". Cuando aprendí a meditar y empecé a vislumbrar la paz interior, esta experiencia cambió mi vida. Redefinió y reencuadró mi experiencia. Antes, creía que la paz mental venía de lograr y hacer; ahora entiendo que viene de "ser". Nuestra verdadera naturaleza es estar en paz, hasta que la perturbamos.

Éste es un concepto radicalmente diferente sobre el origen de nuestra felicidad y bienestar. A veces caemos en una de las grandes paradojas: al no ser conscientes de esta verdad, a menudo terminamos perturbando nuestra paz interior porque nos esforzamos en obtener o hacer lo que creemos que nos traerá esa misma paz.

Cuarto, "tú puedes experimentar de modo directo una interconexión con la trascendencia y ser más consciente de ella". Puedes tener una experiencia directa de Dios o del Ser Universal, o cualquiera que sea el nombre que le quieras dar a esta experiencia.

La meditación es sencilla en su concepto, pero difícil de llegar a dominar. Afortunadamente, no tienes que dominar la meditación para beneficiarte de ella. Sólo tienes que practicar. Nadie la domina nunca por completo, pero incluso unos pocos pasos en ese camino pueden producir unos cambios significativos. Es el "proceso" de la meditación lo que la hace tan beneficiosa, no lo bien que la realices.

En mis estudios de investigación, la mayoría de los encuestados afirmaban que tenían mucha más dificultad para practicar la meditación que para hacer ejercicio o seguir una dieta. ¿Por qué? Tú tienes que comer; sólo debes decidir de qué comes. La meditación, en cambio, no forma parte de la rutina diaria o de la experiencia de la mayoría de la gente. El ejercicio es más conocido para la gente y además denota fortaleza, mientras que la meditación todavía tiene lo que algunos de los participantes en nuestra investigación llamaron al principio "el factor de debilidad". Según las apariencias externas, cuando uno medita parece que no esté haciendo nada. Pero, de hecho, la meditación es un proceso poderoso y activo.

Hay muchos tipos diferentes de meditación. Se encuentra en todas las culturas y en todas las religiones del mundo, porque funciona. La verdad es la verdad. Mientras que las formas varían, ciertos principios están siempre presentes.

Esta actitud de prestar atención puede ayudar a transformar todo lo que hacemos en una forma de meditación. Cualquier cosa que hagamos con concentración y consciencia se convierte en meditación.

Como editor del *Yoga Journal* durante muchos años, Stephan Bodian ha tenido la oportunidad de familiarizarse con muchos enfoques diferentes de la meditación y del yoga. Ha seleccionado lo mejor de todos ellos para podernos guiar suavemente, paso a paso, hacia una forma y un estilo de meditación que funcione de la mejor manera.

Meditación para Dummies: inteligente, muy inteligente.

DEAN ORNISH

Fundador, presidente y director del Preventive Medicine Research Institute (Instituto de Investigación de Medicina Preventiva); profesor de medicina de la Universidad de California, San Francisco; autor de *Love & Survival (Amor y supervivencia)* y *Dr. Dean Ornish's Program for Reversing Heart Desease (Programa de Dean Ornish para revertir la enfermedad cardíaca)*.

Introducción

*H*oy en día todo el mundo parece querer aprender a meditar. Desde adolescentes angustiados a padres abrumados, desde trabajadores de la construcción bajo presión a ejecutivos ajetreados, desde *baby boomers* jubilados a parados de la Generación X, cada vez más gente busca soluciones para la vida estresada, falta de tiempo y sobreestimulada que llevamos. Puesto que Internet ha fracasado en su intento de proporcionar respuestas satisfactorias, la gente se está volcando cada vez más hacia prácticas ancestrales como la meditación para curar las enfermedades de la vida.

En efecto, según una encuesta realizada recientemente por el Gobierno estadounidense, más del 10 % de los adultos de ese país practican la meditación con regularidad. ¡Eso son 10 millones de personas! ¿Por qué se molestan en hacerlo? ¿Por qué se molesta la gente en hacerlo? Porque funciona. Tanto si estás buscando mayor concentración para realizar tu trabajo con más eficiencia, menos estrés y más paz mental, o una apreciación más profunda de la belleza y la riqueza de la vida, la sencilla práctica de sentarse y dirigir la atención hacia adentro puede hacer maravillas a tu cuerpo y a tu mente.

La verdad es que puedes aprender lo básico sobre la meditación en 5 minutos. Sólo siéntate en una posición cómoda, endereza la espalda, respira profundamente y sigue tu respiración. ¡Es así de sencillo! Si lo haces con regularidad, descubrirás que no pasará mucho tiempo sin que te sientas relajado y disfrutando más de la vida. Hablo por experiencia personal, he practicado la meditación y la he enseñado durante más de treinta años.

Aunque pueda resultar sencilla, la meditación también tiene una gran sutileza y profundidad, si es que estás interesado en seguir más a fondo. Es como pintar: puedes comprar los materiales, recibir unas cuantas lecciones y divertirte aplicando pintura al papel. O puedes asistir a clases en el centro para adultos de tu barrio o en la universidad, o especializarte en una escuela de bellas artes y convertir la pintura en una parte central de tu vida. En la meditación, como en el arte, puedes hacerlo de forma sencilla —con sólo levantarte todos los días y sentarte en silencio durante 5 o 10 minutos— o puedes explorar las sutilezas del contenido de tu corazón. Todo depende de tus necesidades, de tus intenciones y de tu nivel de interés y pasión.

Sobre este libro

Como profesor de meditación, siempre me he sentido presionado a escribir un libro que enseñe lo básico, que proporcione una visión general detallada de las técnicas y prácticas y que ofrezca una guía para profundizar más. Las visiones globales por lo general ignoran los aspectos prácticos: en qué centrarse, cómo sentarse, qué hacer con la mente ajetreada. Los libros que enseñan a meditar tienden a ofrecer sólo unas pocas técnicas. Y los que muestran cómo explorar el rico mundo interior tienen a menudo una perspectiva espiritual sectaria que limita su alcance al gran público. (En otras palabras, tendrías que ser budista, yogui o sufí para saber de qué están hablando.)

Al contrario de cualquier otro libro que haya caído en mis manos, éste cubre todas las expectativas. Si buscas instrucciones sencillas y fáciles de seguir, aquí encontrarás orientación al día, repleta de sugerencias de meditadores experimentados y de la sabiduría ancestral de los grandes maestros antiguos. Si quieres tener una visión general del campo de la meditación antes de empezar con un método o enseñanza particular, puedes hacerte una idea de los enfoques fundamentales disponibles hoy en día. Si has estado meditando de forma particular y quieres expandir tus horizontes para incluir otras técnicas, te complacerá descubrir que este libro presenta docenas de meditaciones diferentes con propósitos variados, tomadas de un amplio abanico de fuentes y tradiciones. Y si sólo quieres entender por qué meditan otras personas —tu compañero, tus amigos, el tipo que se sienta junto a ti en la oficina—, ¡sube a bordo! Descubrirás capítulos enteros sobre cómo la meditación te hace más feliz (y más sano), lo que la ciencia ha aprendido de los beneficios físicos y psicológicos de la meditación y cómo puedes sacar de ella el máximo provecho.

Una ventaja adicional: este libro incluye unos archivos MP3 de instrucciones que puedes bajar de la página web (`www.paradummies.com.mx`). En esos archivos te guío paso a paso por las diez meditaciones más poderosas y efectivas descritas en el libro. Cuando estés harto de leer y quieras algo más experimental, puedes sentarte en una posición cómoda, poner el disco y dejar que éste te guíe sin esfuerzo a lo largo del proceso completo de meditación, de principio a fin. ¿Qué podría ser más accesible y atractivo que esto?

Este libro es muchas cosas a la vez: un manual de instrucciones, un curso general y una guía para una exploración más profunda. Siéntete libre de leerlo de principio a fin si quieres, o sólo de hojearlo hasta que encuentres los capítulos que te interesan. A lo largo del libro hallarás meditaciones y ejercicios con los que puedes experimentar y que puedes disfrutar. Algunos también se ofrecen en los archivos audio, donde puedes descubrir cómo practicarlos directamente sin consultar el texto.

Lo mejor de este libro, en mi humilde opinión, es que es agradable de leer. La meditación no tiene que ser un asunto aburrido o sombrío. Todo lo contrario: el objeto de la meditación es en primer lugar animarse y experimentar más paz y alegría en la vida. ¡Así que olvida esos estereotipos del monje zen mojigato o del solitario mirándose el ombligo! Puedes descubrir todo lo que siempre quisiste saber sobre la meditación y disfrutar en el proceso.

Convenciones utilizadas en este libro

Utilizo unas cuantas convenciones en este libro para ayudar a su lectura:

✔ Cuando quiero que un tema quede claro como el agua, divido los puntos esenciales en listas de puntos (como esta) para que puedas seguirlos fácilmente sin perderte en un mar de palabrería excesiva.

✔ Lo mismo que una pieza musical puede empezar con una melodía de entrada conocida como preludio, la mayoría de las instrucciones de meditación comienzan con una directiva similar: sentarse en silencio, cerrar los ojos y respirar profundamente unas cuantas veces. Cuando te hayas acostumbrado a este preludio, puedes empezar con él de una forma natural cada vez que medites.

✔ La primera vez que aparecen frases y términos poco conocidos, se muestran en *letra cursiva* y acompañados de una breve definición.

✔ La **negrita** indica palabras clave de las listas con viñetas y destaca las partes de la acción de los pasos numerados.

✔ Las páginas web y las direcciones de correo electrónico aparecen en `esta tipografía`, para que puedas reconocerlas con facilidad.

Lo que no tienes que leer por obligación

Aquí y allá a lo largo del libro he espolvoreado recuadros (texto en cajas grises) que ofrecen información adicional, como historias, ejemplos, explicaciones y meditaciones variadas. Aunque son divertidos y tienen la intención de darle más sabor al libro, no son esenciales. Así que si tienes prisa por llegar al meollo del tema, sáltatelos con toda libertad y vuelve luego a ellos si quieres.

Algunas suposiciones

Cuando escribí este libro hice unas cuantas suposiciones respecto a ti, querido lector, que creo que debería compartir contigo antes de que empecemos:

✔ Tú estás suficientemente intrigado con el tema como para escoger este libro, pero aún no has descubierto cómo meditar, o si lo has hecho, todavía sientes la necesidad de buscar más orientación.

✔ Quieres menos estrés y más felicidad y paz mental, y estás deseoso de dedicar un poco de tu precioso tiempo a lograrlo.

✔ Como no puedes permitirte el lujo de pasar largas horas meditando en un monasterio o en un ashram, quieres instrucción que puedas poner en práctica ahora mismo, en casa o en el trabajo.

✔ No vives en una isla desierta ni en ningún lugar aislado del mundo, sino todo lo contrario: habitas en el mundo ordinario y te enfrentas al estrés, a las presiones y a las responsabilidades a las que la mayoría de nosotros nos enfrentamos.

Si estas suposiciones concuerdan contigo, entonces, ¡estás definitivamente en el lugar adecuado!

Cómo está organizado este libro

Aunque he diseñado este libro para que puedas leerlo de principio a fin —algunas personas todavía hacen eso, ¿verdad?—, también me he asegurado de que puedas encontrar lo que estás buscando fácil y rápidamente. Cada parte desarrolla una fase diferente de tu encuentro con la meditación.

Parte I: Entabla una buena relación con la meditación

Si no sabes nada de la meditación, probablemente querrás empezar aquí. Descubrirás lo que es (y no es) la meditación, dónde nació y cómo puedes utilizarla para reducir el estrés, para mejorar la salud y para realizar tus sentimientos de paz y bienestar.

Parte II: Empieza a meditar

Esta parte también te presenta el funcionamiento tortuoso de tu mente (en caso de que no te hayas dado cuenta ya) y explica cómo prepararte para la meditación regulando tu actitud. A continuación, descubres cómo sentarte (o acostarte) y trabajar con la mente siguiendo unas instrucciones paso a paso y fáciles. Incluyo un capítulo especial dedicado a todos los pequeños detalles que la mayoría de los libros de meditación dan por supuestos —tales como la forma de mantener la espalda (más o menos) recta sin estar tenso y qué hacer con los ojos y con las manos—, y un capítulo sobre estiramientos y sobre cómo preparar el cuerpo para sentarse. Completo esta parte con prácticas muy efectivas para abrir tu corazón con amor y compasión.

Parte III: Solución de problemas y últimos ajustes

Después de que empieces a meditar regularmente, descubrirás que de vez en cuando surgen preguntas e incluso problemas. Puede que te preguntes cómo reunir todas las piezas para que se adapten de manera exclusiva a tus necesidades. O puedes encontrar distracciones que no sabes cómo manejar, como fantasías recurrentes o emociones difíciles (por ejemplo: "¿Cómo puedo hacer que mi mente deje de tocar la misma melodía una y otra vez?"). En esta parte se tratan los puntos sutiles y las cuestiones difíciles de la práctica.

Parte IV: Meditación en acción

Una cosa es tranquilizar la mente y abrir el corazón en la intimidad de tu habitación, pero otra muy diferente es practicar la meditación a lo largo del día, con tu jefe (o tus clientes), tu compañero, tus hijos o la persona que va en el autobús delante de ti. Esta parte te muestra cómo extender los beneficios de la meditación a todas las áreas de tu vida, desde el sexo hasta la reducción del estrés y la espiritualidad. Si estás interesado sobre todo en curar tu cuerpo o tu mente, o en desenvolverte más eficientemente en el trabajo o en el juego, encontrarás un capítulo que te muestra con exactitud lo que necesitas saber. Y si estás fascinado por las maravillas del desarrollo espiritual, encontrarás un capítulo dedicado también a tus intereses.

Parte V: Los decálogos

Tiendo a ir primero al final de un libro; ésa es la razón por la cual me encantan las listas como éstas. En esta parte, vas a encontrar respuestas a las preguntas más frecuentes sobre la meditación, un resumen de las mejores meditaciones para todo propósito y pruebas científicas convincentes del poder curativo de la meditación.

Parte VI: Apéndice

Si no estás seguro de lo que debes hacer al acabar este libro pero quieres ampliar la información sobre una técnica o enfoque particular de la meditación, o simplemente deseas contactar con otras personas para meditar con ellas, puedes consultar la lista anotada de organizaciones, centros y libros sobre meditación del apéndice A. En el apéndice B encontrarás instrucciones para utilizar las pistas de audio, junto con su lista. ***Nota:*** como ya te he indicado puedes bajarte los archivos MP3 de la página web www.paradummies.com.mx.

Iconos utilizados en este libro

A lo largo de este libro utilizo iconos en los márgenes para llamarte la atención sobre algún tipo particular de información. Éstas son las claves de lo que significan estos iconos:

Para una guía directamente personal en la práctica de las meditaciones marcadas con este icono, deja el libro, escucha el archivo MP3 y sigue mi orientación.

Cuando veas este icono, prepárate para dejar lo que estás haciendo, respirar unas cuantas veces en profundidad y empezar a meditar. ¡Es tu oportunidad de saborear la meditación en vivo!

Si no lo había dicho antes, debería haberlo hecho: es información importante que merece la pena repetir.

Este tipo inteligente te muestra dónde buscar reflexiones de naturaleza más filosófica.

Si quieres que tus meditaciones sean más fáciles y efectivas, sigue esta golosina de consejo interior.

La gente lleva meditando miles de años. Aquí tienes algunas cosas interesantes que ha descubierto, en forma de anécdotas o historias.

Adónde ir a partir de aquí

Ahora que conoces el terreno (véase la sección "Cómo está organizado este libro"), el próximo paso es decidir adónde ir. Recuerda que no tienes por qué leer el libro en orden, de principio a fin, puedes tomarlo en cualquier parte adonde te lleve tu interés. Lo he escrito a propósito con ese enfoque en mente.

Si te sientes inclinado a un estudio más teórico del trasfondo filosófico, histórico y científico de la meditación, entonces sin duda alguna empieza con la parte I, donde hablo de la historia de la meditación, de sus beneficios para la salud y de sus efectos positivos sobre el cuerpo y la mente. Pero si estás ansioso por entrar en lo esencial y no puedes esperar para sentarte y empezar a practicar, puede que quieras ir directamente a la parte II, que proporciona todo lo que necesitas saber para meditar con efectividad.

Después de haber practicado durante unas semanas o unos meses, puedes volver en busca de un curso de repaso y afinar tu meditación leyendo la parte III sobre las dificultades y obstáculos diversos que pueden surgir, así como sobre las estrategias para desarrollar y expandir tu práctica. Y si tienes áreas específicas de interés, tales como la espiritualidad, la curación o la mejora del rendimiento, entonces encontrarás lo que buscas en la parte IV. Siéntete libre de buscar y dar rodeos y leer lo que se te ocurra.

Por último, me encantaría tener noticias tuyas. Para ponerte en contacto conmigo, consulta mi página web www.stephanbodian.org o envíame un correo a info@stephanbodian.org.

Parte I

Entabla una buena relación con la meditación

The 5th Wave　　　　**Rich Tennant**

—BUENO, SU POSTURA ESTÁ MUY BIEN.
AHORA RELÁJESE, CONCÉNTRESE Y SUELTE
LENTAMENTE SU TELÉFONO MÓVIL.

En esta parte...

Vas a encontrar todo lo que podrías querer saber sobre la meditación, para interesarte, motivarte y, en última instancia, empezar a practicarla.

¿Sabías que la meditación tiene una ilustre historia multicultural? ¿Que su práctica asidua ofrece docenas de beneficios científicamente comprobados, desde reducir el estrés y bajar la presión arterial y los niveles de colesterol hasta una mayor empatía y una creatividad realzada? ¿O que la causa real del sufrimiento y del estrés no es lo que te ocurre, sino cómo responde tu mente ante ello? Bien, ¡sigue leyendo!

Capítulo 1

Embárcate en el viaje de la meditación

*L*o extraordinario sobre la meditación es que en realidad es muy sencilla. Simplemente siéntate, permanece en silencio, dirige la atención hacia tu interior y concéntrate. De eso se trata, en realidad (consulta el recuadro "La meditación es más fácil de lo que crees"). Entonces, puede que te preguntes por qué la gente escribe tantos libros y artículos sobre meditación, incluyendo libros específicos como éste. ¿Por qué no dar sólo unas cuantas instrucciones breves y olvidarse de toda la palabrería?

Supón que estás planeando hacer un viaje largo en coche a algún lugar pintoresco. Podrías escribir las instrucciones y seguirlas al pie de la letra. Después de unos días, quita llegarías a donde querías ir. Pero sin duda disfrutarás más del viaje si tienes un guía que te indique los lugares de interés que hay en el camino; y puede que te sientas más seguro si llevas un manual que te diga qué hacer cuando tengas problemas con el coche. Quizá te gustaría hacer algunas excursiones complementarias a puntos interesantes de ver o incluso cambiar tu itinerario completamente y llegar a tu destino por una ruta diferente, ¡o en un vehículo diferente!

Del mismo modo, puedes considerar que la práctica de la meditación es una especie de viaje (a la práctica de la meditación podría

La meditación es más fácil de lo que crees

La meditación es la práctica de concentrar la atención en un objeto particular, por lo general algo sencillo como una palabra o una frase, la llama de una vela o una figura geométrica, o la inspiración y la exhalación de tu respiración. En la vida cotidiana, tu mente está procesando de forma constante un aluvión de sensaciones, de impresiones visuales, de emociones y pensamientos. Cuando meditas, estrechas tu foco, limitas los estímulos que bombardean tu sistema nervioso y, en el proceso, tranquilizas la mente.

Para obtener una prueba rápida de la meditación, sigue estas instrucciones (para instrucciones de audio detalladas, escucha la pista 2 del audio. O; para instrucciones más completas sobre la meditación, consulta el capítulo 6).

1. **Busca un lugar tranquilo y siéntate de manera cómoda con la espalda relativamente recta.**

   Si tu silla favorita tiende a engullirte, busca algo que te sujete un poco más.

2. **Respira profundamente unas cuantas veces, cierra los ojos y relaja el cuerpo tanto como puedas.**

   Si no sabes cómo relajarte, puedes echar una ojeada al capítulo 7.

3. **Escoge una palabra o una frase que tenga para ti un significado especial, personal o espiritual.**

   Aquí tienes algunos ejemplos: "Todo lo que existe es amor", "No te preocupes, sé feliz", "Ten confianza".

4. **Empieza a respirar por la nariz (si puedes) y mientras lo haces, repite para ti mismo la palabra o la frase en silencio.**

Puedes susurrar la palabra o la frase, pronunciarla en silencio (es decir, mover la lengua y los labios como si estuvieras diciéndola, pero no en voz alta), o, sin más, repetirla mentalmente. Si te distraes, vuelve a repetir la palabra o frase. (Por supuesto, si te resulta difícil respirar por la nariz, puedes hacerlo por la boca.)

Otra alternativa es seguir tu respiración según el aire entra y sale por la nariz. Vuelve a ella cuando te distraigas.

5. **Mantén la meditación durante 5 minutos o más; entonces levántate lentamente y continúa con tus tareas diarias.**

¿Cómo te has sentido? ¿Te ha parecido raro decir lo mismo o seguir la respiración una y otra vez? ¿Has encontrado difícil permanecer concentrado? ¿Has cambiado la frase una y otra vez? Si te han pasado estas cosas no te preocupes. Si practicas con regularidad y sigues las instrucciones de este libro, pronto le pillarás el truco.

Por supuesto, fácilmente uno puede pasar muchos años fructíferos y agradables dominando las sutilezas y las complejidades de la meditación, pero lo bueno es que la práctica básica es en realidad muy sencilla y no hay que ser un experto para hacerla, o para gozar de sus extraordinarios beneficios.

llamársela un viaje), y que el libro que tienes en las manos es una guía de viaje. Este capítulo proporciona una visión general de tu viaje, ofrece algunas rutas alternativas para tu destino, explica las habilidades básicas que necesitas conocer para llegar allí y señala algunos rodeos que pueden prometer los mismos resultados, pero que en realidad te van a llevar a otra parte.

Una visión general de cómo se desarrolla el viaje

Sin duda has escogido este libro porque estás buscando algo más en la vida: más paz espiritual, más energía, más bienestar, más significado, más felicidad, más alegría. Has oído hablar de la meditación y te preguntas qué tiene que ofrecer. Para continuar con la metáfora del viaje, podría decirse que la meditación comienza donde estás y termina llevándote a donde quieres estar.

Como soy un tipo aventurero, me gusta pensar en ella como escalar una montaña. Uno ha visto fotografías de la cumbre, pero desde la base apenas puede hacerse una idea de ella a través de las nubes. Por tanto, la única forma de llegar hasta ella es subiendo, paso a paso.

Diferentes caminos para subir a la misma montaña

Imagina que te estás preparando para escalar la montaña. (Si vives en Holanda o en el medio oeste de Estados Unidos, cómprate el National Geographic para estos menesteres.) ¿Cómo vas a alcanzar la cumbre? Podrías recibir algunas lecciones de escalada, comprar el equipo adecuado y subir poco a poco por una de las caras rocosas. O podrías escoger una de las muchas pistas que suben dando vueltas y caminar placenteramente hasta la cumbre (por supuesto, siempre podrías hacer trampa y subir en coche, pero ¡eso me estropearía la metáfora!).

Aunque todas terminan en el mismo lugar, cada ruta tiene sus propias características. Una puede llevarte en una ascensión gradual a través de bosques y praderas, mientras que otra puede dirigirse abruptamente hacia arriba entre terrenos áridos y rocosos. Desde una puedes tener unas maravillosas vistas de verdes valles en flor; desde otra, puedes ver tierras cultivadas o un desierto.

Dependiendo de tu energía y de tu motivación, puedes escoger, por ejemplo, detenerte en un mirador de la ruta y pasar unas horas (o unos días) disfrutando de la paz y el silencio. Oye, a lo mejor puede que disfrutes tanto de esta parada que decidas no seguir la ascensión. Quizá prefieras escalar una de las cumbres menores que te has encontrado por el camino en lugar de ir hasta la cima de tu primer objetivo. O puede que prefieras enfrentarte a la cumbre lo más rápidamente posible sin preocuparte por detenerte en ninguna parte.

Bueno, el viaje de la meditación tiene mucho en común con escalar una montaña. Puedes apuntar a la cima o puedes fijar la vista en algún montículo tapizado con pastos verdes o en alguna cumbre menor a mitad de camino. Cualquiera que sea tu lugar de destino, puedes divertirte y cosechar los beneficios de respirar profundamente y ejercitar músculos que ni siquiera sabías que tenías.

La gente ha estado escalando la montaña de la meditación durante miles de años en diferentes partes del mundo (para más datos sobre la historia de la meditación, consulta el capítulo 3). Como resultado, abundan los mapas topográficos y las guías, cada cual con su versión única de cómo subir a la montaña y con sus propias recomendaciones de cómo caminar y qué llevar (para hacerte una idea de la gama de materiales de meditación disponibles hoy día, échales una ojeada a las estanterías de la librería más cercana a tu casa o a las páginas preferidas de tu fuente de información bibliográfica en línea).

Tradicionalmente, las guías espirituales describen un camino espiritual que implica una serie de creencias y prácticas, a menudo secretas, que han sido transmitidas de generación en generación (consulta el recuadro "Las raíces espirituales de la meditación"). En las últimas décadas, sin embargo, los investigadores y maestros occidentales han separado la meditación de sus orígenes espirituales y la ofrecen ahora como un remedio para numerosas enfermedades del siglo XXI (para más información sobre los beneficios de la meditación, consulta el capítulo 2. Sobre investigación acerca de la meditación, consulta el capítulo 4.)

Aunque los mapas y los libros describan la cumbre de forma diferente —algunos ponen énfasis en el vasto espacio abierto, otros prestan mayor atención a la paz o al regocijo que se siente cuando se llega allí, y algunos incluso afirman que hay más de una cumbre—, yo estoy de acuerdo con un antiguo sabio que dijo: "Las técnicas de meditación son sólo diferentes caminos para subir a la misma montaña".

Aquí tienes unas cuantas de las muchas técnicas que se han desarrollado a lo largo de los siglos:

- ✔ Repetición de una palabra o una frase significativa, conocida como *mantra* (consulta los capítulos 3 y 14).

- ✔ Atención o presencia consciente en el momento presente (para más información sobre el significado de este término, consulta los capítulos 7 y 17).

- ✔ Seguimiento o conteo de las respiraciones (consulta el capítulo 7).

- ✔ Concentración en la corriente de sensaciones del cuerpo (consulta el capítulo 7).

- ✔ Cultivo del amor compasivo, la compasión, el perdón y otras emociones sanadoras (consulta el capítulo 11).

- ✔ Concentración en una forma geométrica u otro objeto visual sencillo.

- ✔ Visualización de un lugar apacible o de una energía o entidad curadora (consulta el capítulo 18).

- ✔ Lectura y reflexión sobre escritos inspiradores o sagrados (consulta el capítulo 14).

- ✔ Observación de un cuadro de un ser sagrado o un santo.

- ✔ Contemplación de la naturaleza.

- ✔ Recitación de alabanzas a lo divino.

A lo largo de este libro, encontrarás oportunidades de experimentar con muchas de estas técnicas, así como una guía detallada para la práctica de una en particular —la atención o presencia consciente—, comenzando con la respiración y extendiendo después la meditación a cada momento de tu vida.

La vista desde la cima y desde otras cumbres a lo largo del camino

Cuando se alcanza la cima de la montaña de la meditación, ¿qué se ve? Si podemos confiar en los informes de los meditadores y los místicos que han escalado la montaña antes que nosotros, podemos afirmar con cierta seguridad que la cima de la montaña cobija la fuente de todo el amor, la sabiduría, la felicidad y la alegría. Algunos lo llaman espíritu o alma, naturaleza verdadera o verdadero Ser, verdad suprema o fundamento del Ser (o sencillamente el Ser mismo). Otros lo llaman Dios o lo divino, o el Misterio Sagrado o, simplemente, el Uno. Hay casi tantos nombres para ello como personas que lo experimentan. Y algunas tradiciones espirituales lo consideran tan sagrado y poderoso que dudan en darle un nombre.

En cuanto a la experiencia de alcanzar la cima, los meditadores experimentados utilizan palabras como *iluminación* (de la ignorancia), *despertar* (de un sueño), *liberación* (de la esclavitud) y *unión* (con Dios o el Ser).

Un dicho antiguo compara todos estos nombres y palabras con los dedos que señalan a la luna. Si prestas demasiada atención al dedo, te arriesgas a pasar por alto la hermosa luna, que es la razón de señalar con el dedo, en primer lugar. En último término, necesitas experimentar la luna —o en este caso la cima— por ti mismo.

Por supuesto, puede que no estés interesado en estados y experiencias sublimes, como la iluminación o la unión. Quizá te has comprado este libro sencillamente porque quieres reducir tu estrés, o potenciar un proceso de curación o controlar mejor tus emociones. Olvídate del Misterio Sagrado, un poco más de claridad y de paz mental también te vendrán de maravilla.

Bien, la verdad es que vas a seguir el mismo camino, con independencia de cuánto quieras ascender en la montaña. Las instrucciones básicas siguen siendo las mismas, pero tienes que escoger tu destino. Entre los lugares para detenerse y los promontorios más populares en la ruta hacia la cima están los siguientes:

✔ Una concentración más fuerte.

✔ Reducción de la tensión, la ansiedad y el estrés.

✔ Un pensamiento más claro y menos confusión emocional.

✔ Reducción de la presión sanguínea y del colesterol.

✔ Apoyo para las adicciones y otras conductas autodestructivas.

✔ Mayor creatividad y mejora del rendimiento en el trabajo y en los deportes.

✔ Aumento de la autocomprensión y la autoaceptación.

✔ Más alegría, amor y espontaneidad.

✔ Una mayor intimidad con los amigos y los miembros de la familia.

✔ Un sentido más profundo de significado y propósito.

✔ Mayor sentimiento de felicidad, satisfacción y bienestar subjetivo.

✔ Atisbos de una dimensión espiritual del Ser.

Como puedes ver, estas estaciones intermedias son en realidad destinos importantes con todo derecho, y merece la pena alcanzarlos todos (para más información sobre los beneficios de la meditación, consulta el capítulo 2). Puede que te sientas completamente satisfecho de detenerte a mitad de camino en la escalada de la montaña, después de haber reducido tu estrés, mejorado tu salud y experimentado un mayor bienestar general. O puede que te sientas inspirado a seguir adelante hacia las grandes cimas que describen los meditadores más experimentados.

El sabor del agua pura de la montaña

Para elaborar un poco más esta metáfora de la montaña, imagina que hay una fuente en la cima que mana a raudales el *agua pura del Ser* y que nunca se seca (dependiendo de tu orientación puede que prefieras llamarla el *agua de la gracia* o *del espíritu* o *del amor incondicional*).

Las raíces espirituales de la meditación

Aunque hoy en día meditan muchas personas normales y corrientes (incluso, casi seguro, personas que conoces), la práctica de la meditación no siempre estuvo disponible tan fácilmente. Durante siglos, los monjes y monjas, los místicos y los ascetas errantes la mantuvieron en secreto, utilizándola para entrar en estados de consciencia más elevados y en última instancia para alcanzar el pináculo de su vía particular.

Algunos laicos muy motivados que disponían de tiempo pudieron aprender algunas técnicas. Pero la práctica rigurosa de la meditación siguió siendo una búsqueda sagrada limitada a unos pocos privilegiados que estaban dispuestos a renunciar al mundo y dedicar su vida a ella (para más información sobre la historia de la meditación, consulta el capítulo 3).

¡Cómo han cambiado los tiempos! Desde el Zen Beat en la década de los cincuenta y el influjo de los yoguis y swamis indios en los sesenta, hasta la fascinación actual con el budismo, la meditación se ha convertido definitivamente en una corriente dominante, y sus beneficios prácticos se aplauden en todos los medios, reales y virtuales (tienes algunas páginas web dedicadas a la meditación en el Apéndice A).

La meditación ha sido estudiada extensamente en laboratorios de psicología y reducida a fórmulas como la Respuesta de relajación (una sencilla técnica para reducir el estrés). Sin embargo, nunca ha perdido del todo sus raíces espirituales. De hecho, la razón por la que la meditación funciona con tanta efectividad es porque te conecta con una dimensión espiritual, a la cual diferentes autores nombran de distintas formas, pero que a mí me gusta llamar de forma sencilla el *Ser*.

Descubre el tesoro
que tienes en tu propia casa

En la tradición judía, se cuenta una historia que tiene sus homólogas en todas las grandes enseñanzas de meditación del mundo. Simón, un humilde sastre, fantasea día y noche sobre el gran tesoro que encontrará un día cuando deje su pueblecito y el hogar de su familia y vaya a correr aventuras por el mundo. Una noche, inicia sus viajes, con unas cuantas posesiones sobre la espalda.

Durante años, Simón vaga de ciudad en ciudad, ganándose la vida arreglando ropa, buscando el tesoro que sabe que le pertenece. Pero toda la gente a quien pregunta por el tesoro ya tiene sus propios problemas y no pueden ayudarlo.

Un día se encuentra con una vidente muy conocida por sus extraordinarias habilidades. "Sí –dice ella– hay ciertamente un gran tesoro que te pertenece a ti y sólo a ti". Al oír esto, los ojos de Simón se iluminan de emoción. "Te diré dónde encontrarlo", continúa ella, dándole a Simón indicaciones complejas que él anota minuciosamente.

Cuando la vidente llega al final de sus indicaciones y describe la calle y la casa donde se supone que este tesoro está enterrado, Simón no puede dar crédito a sus oídos, ¡es la misma casa que había dejado años atrás cuando salió en su búsqueda!

Le da las gracias con rapidez a la vidente, se mete las indicaciones en el bolsillo y sale a toda prisa en la dirección de la que venía. Y, ¡oh sorpresa!, realmente encuentra un tesoro inmenso e insondable enterrado bajo su propia casa.

El sentido de esta historia es obvio: aunque podamos andar erráticos en busca de la paz interior y experimentar con todo tipo de prácticas meditativas, la paz, el amor y la sabiduría que buscamos están inevitablemente aquí desde siempre, escondidos en nuestro propio corazón.

Los que llegan a la cumbre pueden zambullirse en el estanque que rodea la fuente y sumergirse completamente en el agua. De hecho, algunos incluso se mezclan con el agua y se vuelven idénticos al Ser mismo (no te preocupes, ¡tú no te mezclarás si no es lo que quieres!).

Pero no tienes que subir hasta la cima para gozar del *sabor puro del Ser*. El agua surca la montaña en corrientes y riachuelos, y nutre los campos y los pueblos que hay abajo. En otras palabras, tú puedes probar el Ser en todas partes, en todas las cosas, porque el Ser es la esencia que mantiene la vida en cualquier nivel. Sin embargo, hasta que empieces a meditar, puede que no sepas a qué sabe el Ser.

Cuando meditas, te acercas a la fuente del agua y aprendes a reconocer su gusto (dependiendo de su personalidad y de en qué punto de la montaña están, las personas utilizan diferentes términos para describir el sabor del agua, tales como *silencio, paz, bienestar, plenitud, claridad* y *compasión*). No importa adónde te dirijas o dónde te detengas en tu ascensión a la montaña; de todas formas lograrás sumergir tus manos en el agua del Ser y probarla. Entonces, ¡puedes empezar a buscar el sabor del Ser a donde quiera que vayas!

No hay un lugar como el hogar, ¡y tú ya estás ahí!

Ahora que hemos construido la metáfora de la montaña, voy a destruirla de un manotazo, como una ola que deshace un castillo de arena. Sí, el viaje de la meditación requiere un esfuerzo y una aplicación constantes como la escalada de una montaña (para más información sobre el esfuerzo y la disciplina, consulta el capítulo 10), pero esa metáfora esconde algunas paradojas importantes:

✔ **La cumbre no está en ningún lugar lejano fuera de ti; está en lo más profundo de tu ser (algunas tradiciones dicen que en el corazón) y espera a que tú la descubras** (consulta el recuadro "Descubre el tesoro que tienes en tu propia casa", en la página anterior).

✔ **Puedes acercarte a la cumbre en un instante; no requiere años de práctica.** Mientras meditas, cuando tu mente se tranquiliza y experimentas una paz o tranquilidad profunda, cuando sientes tu interconexión con todos los seres o un aumento de paz o amor, es que estás probando el agua dulce del Ser desde la misma fuente que hay en tu interior. Y esos momentos te impregnan y te nutren de tal modo que no se puede cuantificar ni medir.

✔ **La metáfora de la montaña sugiere un viaje progresivo, orientado hacia una meta, mientras que, de hecho, el sentido de la meditación es dejar a un lado todas las metas y todo el esfuerzo y solamente ser.** Como señala el título del *best seller* del experto en la reducción del estrés Jon Kabat-Zinn: "Dondequiera que vayas, ahí estás". O como dice Dorothy en *El mago de Oz*: "No hay ningún lugar como el hogar"; y la verdad es que como Dorothy, ¡siempre estás ya allí!

Por supuesto, al meditar no vas a renunciar espontáneamente a tu costumbre de actuar y de esforzarte para limitarte simplemente a ser. Para eso hay que mentalizarse poco a poco, practicando la meditación, centrándose y simplificando de forma gradual las cosas, hasta que cada vez hagas menos mientras meditas y cada vez seas más. A continuación señalo algunas de las etapas que podrías atravesar en el camino hacia simplemente ser.

✔ Acostumbrarse a sentarse en silencio.

✔ Desarrollar la capacidad de dirigir la atención hacia el interior.

✔ Esforzarse por concentrar la atención.

✔ Distraerse una y otra vez.

✔ Volverse más centrado.

✔ Sentirse más relajado mientras se medita.

✔ Percibir momentos fugaces en que la mente se tranquiliza.

✔ Experimentar breves destellos de quietud y paz.

Y ésta es quizá la mayor paradoja: si practicas la meditación con diligencia, puede que con el tiempo llegues a darte cuenta de que nunca te has ido de casa, ni siquiera un instante.

Desarrollar y dirigir la consciencia: la clave de la meditación

Si como dice el refrán, un viaje de mil kilómetros empieza con un solo paso, entonces el viaje de la meditación comienza con el cultivo de la *consciencia* o *atención*. De hecho, la consciencia es el músculo mental que te lleva y te sostiene en tu viaje, no sólo al comienzo, sino en cada paso del camino. Con independencia del camino o la técnica que escojas, el secreto de la meditación consiste en desarrollar, concentrar y dirigir tu consciencia. (A propósito, la atención es sólo la consciencia ligeramente concentrada, y yo utilizo los dos términos más o menos de manera indistinta a lo largo del libro; consulta el recuadro "Ser consciente de tu consciencia" de la página siguiente.)

Para entender mejor cómo opera la consciencia, analicemos otra metáfora tomada de la naturaleza: la luz. Puede que tú consideres la luz como algo normal, pero a menos que hayas desarrollado la habilidad especial y la sensibilidad intensificada de los ciegos, difícilmente puedes funcionar sin ella (¿has tratado alguna vez de encontrar algo en una habitación completamente a oscuras?). Lo mismo puede decirse de la consciencia: puede que tú no seas consciente de que eres consciente, pero necesitas la consciencia para realizar incluso las tareas más sencillas.

RECUERDA

Ser consciente de tu consciencia

Es probable que la mayor parte del tiempo tú no le prestas mucha atención a tu consciencia. Sin embargo, la verdad es que es crucial para todo lo que haces. Cuando miras la televisión, cuando estudias para un examen, cuando cocinas, cuando conduces un coche, cuando escuchas música, o cuando hablas con un amigo, estás siendo consciente o prestando atención. Antes de empezar a meditar formalmente, podría serte útil explorar tu consciencia.

Primero, céntrate en qué es ser consciente. ¿Hay momentos de tu vida en los cuales no eres consciente de nada? Ahora, completa este pensamiento: "Soy consciente de…". Hazlo una y otra vez y fíjate de qué eres consciente.

¿Tiendes a ser más consciente de las sensaciones internas o externas? ¿Prestas más atención a los pensamientos y a las fantasías que a tus experiencias sensoriales? Fíjate en si tu preocupación por tu actividad mental disminuye tu consciencia de lo que está ocurriendo aquí y ahora.

A continuación, presta atención a si tu consciencia tiende a concentrarse en un objeto o sensación particular o si tiende a ser más expansiva e incluyente.

Puede que descubras que tu consciencia se parece a un foco de luz que pasa de un objeto a otro. Fíjate en cómo fluye tu consciencia sin tratar de cambiarla.

¿Cambia con rápidez de una cosa a otra o se mueve lentamente, entrando en contacto con cada objeto antes de pasar a otro? Prueba acelerar y hacer más lento el flujo de la consciencia y fíjate en cómo sientes eso.

Puedes descubrir que tu consciencia es arrastrada una y otra vez a cierto tipo de objetos y sucesos, pero no a otros. ¿Por dónde vaga repetidamente tu consciencia? ¿Qué experiencia parece evitar de manera selectiva?

Ahora, dirige suavemente tu consciencia de un foco a otro. Cuando prestes atención a los sonidos, puede que notes que olvidas por momentos tus manos o la incomodidad que sientes en la espalda o las rodillas. Trata de concentrarte en un objeto el máximo tiempo posible. ¿Cuánto tiempo puedes permanecer sin distraerte antes de que tu mente pase a lo siguiente?

Puedes utilizar la luz de muchas maneras distintas. Puedes producir iluminación ambiental que ilumine una habitación de forma suave y difusa. Puedes concentrar la luz en un haz de linterna para buscar cosas cuando la habitación está oscura. O puedes tomar la misma luz y concentrarla en un rayo láser tan potente que pueda cortar el acero o enviar mensajes a las estrellas.

De la misma manera, en la meditación puedes utilizar la consciencia de diferentes formas. Para empezar, puedes aumentar el poder de tu consciencia desarrollando la **concentración** en un objeto particular (ve a la sección "Diferentes caminos para subir a la misma montaña", en este capítulo, para obtener una breve lista de objetos de meditación).

Después, cuando hayas estabilizado tu concentración, puedes expandir tu consciencia a través de la práctica de la **consciencia receptiva** para iluminar —como una luz ambiental— todo el ámbito de tu experiencia.

A continuación, puedes concentrarte aún más para **cultivar** las emociones y estados mentales positivos. O puedes utilizar la consciencia para estudiar tu experiencia interior y **contemplar** la naturaleza de la existencia misma.

Estos cuatro aspectos —*concentración*, *consciencia receptiva*, *cultivo* (de las emociones positivas) y *contemplación*— constituyen los usos fundamentales de la consciencia en las grandes tradiciones meditativas que se han desarrollado en el mundo.

Desarrolla la concentración

Para casi cualquier cosa que uno quiera hacer bien es necesario estar concentrado. Las personas más productivas y creativas en toda profesión —por ejemplo, los grandes atletas, intérpretes, hombres de negocios, científicos, artistas y escritores— tienen la capacidad de apartar las distracciones y sumergirse en el trabajo. Si alguna vez has visto a Rafael Nadal golpear una bola o a Meryl Streep transformarse en el personaje que está representando, has presenciado los frutos de una concentración total.

Algunas personas tienen una habilidad innata para concentrarse, pero la mayoría de nosotros necesitamos práctica para desarrollarla. Los budistas suelen comparar la mente con un mono que parlotea sin parar y salta de una rama a otra, de un tema a otro. ¿Te has dado cuenta de que durante la mayor parte del tiempo tienes un escaso control sobre los caprichos y las vacilaciones de tu mente-mono, que puede estar adormilada en un momento y obsesionada al siguiente? Cuando meditas, tranquilizas tu mente-mono, ya que en vez de dispersa y distraída vuelve a estar *centrada*.

Muchas tradiciones espirituales enseñan a sus estudiantes la concentración como la práctica de meditación primaria. Aconsejan que simplemente te concentres en el mantra o el símbolo o visualización que elijas, y eventualmente alcanzarás lo que se llama *absorción* o *samadhi*.

En la *absorción*, la sensación de ser un "yo" separado desaparece y sólo queda el objeto de su atención. Seguida hasta su conclusión natural, la práctica de la concentración puede llevarte hacia una experiencia de unión con el objeto de tu meditación. Si eres aficionado a los deportes, el objeto podría ser tu raqueta de tenis o tu palo de golf; si eres un aspirante a místico, el objeto podría ser Dios, o el Ser, o lo absoluto (para más información sobre los beneficios espirituales de la concentración, consulta el capítulo 15. Y si quieres usar la meditación para mejorar tu rendimiento, el capítulo 18).

Aunque puede que todavía no sepas meditar, sin duda has tenido momentos de absorción total (ese momento en que la sensación de separación desaparece): mirando una puesta de sol, escuchando música, trabajando en una obra de arte, mirando a los ojos al ser amado, etc. Cuando estás inmerso por completo en una actividad, ya sea de trabajo o de placer, cuando parece que el tiempo se detiene y que tu propia consciencia desaparece, entras en lo que el psicólogo Mihaly Csikszentmihalyi llama *flujo*. De hecho, Csikszentmihalyi afirma que las actividades que promueven el flujo son un claro ejemplo de lo que la mayoría de nosotros entendemos por *disfrute*. El flujo puede ser con extremo reconfortante, vivificador e incluso profundamente lleno de sentido, y es el resultado inevitable de la concentración ininterrumpida.

Ábrete a la consciencia receptiva

Los grandes sabios de China dicen que todas las cosas forman parte de la constante interacción del *yin* y el *yang*, las fuerzas femenina y masculina del universo. Bien, si la concentración es el yang de la meditación (centrada, potente, penetrante), la *consciencia receptiva* es el yin (abierta, expansiva, acogedora).

Mientras la concentración disciplina, estabiliza y ancla la mente, la consciencia receptiva afloja y extiende sus límites y crea más espacio interior, permitiéndote familiarizarte con el contenido de la mente.

Donde la concentración bloquea los estímulos extras, por ser distracciones del foco que se busca, la consciencia receptiva abarca y asimila toda experiencia que se presenta.

La mayoría de las meditaciones involucran la interacción de la concentración y la consciencia receptiva, aunque algunas técnicas más avanzadas enseñan sólo la práctica de la consciencia receptiva. "Hay que estar abierto y consciente", enseñan, "y acoger lo que surja"; al fin serás "poseído por la verdad". Llevada a su consecuencia lógica, la consciencia receptiva te ayuda a transferir tu identidad de los pensamientos, las emociones y las historias que te cuenta tu mente a tu verdadera identidad, que es el Ser en sí mismo (para más información sobre los pensamientos, las emociones y las historias de la mente, consulta el capítulo 5).

Por supuesto, si no sabes centrar tu atención, es imposible seguir estas instrucciones. Por eso la mayoría de las tradiciones prescriben empezar por la práctica de la concentración. La concentración, al silenciar y anclar la mente (para que pueda abrirse sin ser arrastrada por una avalancha de sentimientos y pensamientos irrelevantes), proporciona un fundamento sólido sobre el que puede florecer la práctica de la meditación.

Utiliza la contemplación para una mejor penetración

Aunque la concentración y la consciencia receptiva proporcionan enormes beneficios, en último término son la penetración y la comprensión —cómo funciona la mente, cómo uno perpetúa su propio sufrimiento, cómo sentimos un enorme apego hacia el resultado de los acontecimientos y lo incontrolables y fugaces que son esos acontecimientos— las que te liberan del sufrimiento. Y en tu vida diaria es el pensamiento creativo —libre de los patrones habituales, limitados y repetitivos— el que brinda soluciones a los problemas. Por eso la *contemplación* es el tercer componente clave que transforma la meditación (un ejercicio calmante y relajante) en un vehículo para la libertad y la expresión creativa.

Después de haber desarrollado tu concentración y expandido tu consciencia, finalmente descubres que tienes acceso a una comprensión o visión más profunda de la naturaleza de tu experiencia. Puedes utilizar esta facultad para explorar tu interior y comprender y minar de manera gradual la tendencia de tu mente a producirte sufrimiento y estrés (consulta los capítulos 6 y 12). Si lo que buscas es espiritualidad, puedes utilizar esta facultad para indagar en la naturaleza del ser o para reflexionar sobre el misterio de la creación. Y si eres una persona con preocupaciones más prácticas, puedes sopesar el próximo paso en tu carrera profesional o en tu relación sentimental, o analizar algún problema en apariencia irresoluble de tu vida (para más información sobre los usos de la meditación en situaciones de la vida cotidiana, consulta el capítulo 17).

Cultiva estados de mente positivos y sanadores

Algunos meditadores aspiran a abrir el corazón y desarrollar ciertas cualidades que afirman la vida, como la compasión, la bondad, la ecuanimidad, la alegría o el perdón (consulta el capítulo 11). A un nivel más práctico, tú puedes utilizar la meditación para cultivar un sistema inmune saludable ante una enfermedad o para desarrollar aplomo y precisión en un deporte en particular. Por ejemplo, puedes visualizar cómo los linfocitos atacan tu cáncer o imaginarte ejecutando un perfecto revés en paralelo jugando al tenis (consulta el capítulo 18). Éstos son los tipos de meditación que he decidido llamar *cultivo* (de actitudes positivas).

Cuando la contemplación tiene como meta investigar, inquirir y finalmente ahondar en la naturaleza de las cosas, el cultivo puede ayudarte a transformar tu vida interior al dirigir la concentración que tú desarrollas hacia el fortalecimiento de estados mentales positivos y saludables y a retirar energía de aquellos que son negativos y autodestructores.

Haz tu propia meditación

Desarrollar y dirigir tu consciencia puede ser el cimiento de una meditación efectiva, pero como todo buen cimiento es sólo el comienzo. El paso siguiente es edificar la casa ladrillo a ladrillo, una sesión de meditación tras otra, descubriendo qué es lo que te funciona y qué es lo que no te funciona, hasta que tu práctica esté bien cimentada y estable. O, para volver otra vez a la metáfora del viaje, la consciencia es el músculo que te impulsa a subir la montaña. Pero necesitas escoger la ruta, encontrar tu ritmo y sortear los obstáculos que se cruzan en tu camino. En otras palabras, necesitas crear y mantener tu práctica y resolver las dificultades que surjan.

Diseña tu propia práctica

Cuando empieces a desarrollar y a dirigir tu consciencia en la meditación, te enfrentarás con el reto de armar todas las piezas en una práctica integrada que se acomode individualmente a tus necesidades (para más información sobre cómo diseñar tu propia práctica, consulta el capítulo 14). Por ejemplo, puedes tener en cuenta las siguientes posibilidades:

✔ Puedes encontrarte atraído por formas de meditación que enfaticen la concentración enfocada y que tengan sólo un interés mínimo en la cualidad más abierta y aceptadora de la consciencia receptiva.

✔ Puedes apreciar la paz y la relajación que experimentas cuando te sientas en silencio sin ningún esfuerzo o foco, ni siquiera el de ser consciente.

✔ Puedes tener un propósito concreto para meditar, como curar una enfermedad o resolver un problema psicológico perturbador, y sentirte atraído sólo por enfoques que te ayuden a alcanzar tus metas.

La clave es experimentar con diferentes formas de meditación y confiar en que tu intuición te diga cuáles son las que mejor se acomodan a ti en este momento particular de tu viaje de ascenso a la montaña. Inevitablemente, el yin y el yang tienden a equilibrarse de manera mutua; es decir, puede que empieces con una concentración muy intensa y termines con la más relajada consciencia receptiva, o que comiences en un modo más receptivo y poco a poco descubras las virtudes de concentrarse. El viaje de la meditación tiene sus propias lecciones que enseñar, e independientemente de tus intenciones, generalmente terminarás tropezando con las lecciones que te estaban destinadas.

Por supuesto, si te propones mantener la práctica semana tras semana y mes tras mes (que es la única forma de cosechar los beneficios de la meditación), probablemente necesitarás recurrir a algunas de esas cualidades ancestrales que requiere toda empresa que se precie: motivación, disciplina y compromiso (consulta los capítulos 5 y 10). Aunque han recibido un duro golpe en la cultura occidental, donde la gente espera por lo general satisfacer sus necesidades inmediatamente (o incluso antes), en realidad estas cualidades no son difíciles de cultivar y, de hecho, surgen de forma natural cuando se está comprometido y —me atrevo a decir— apasionado con lo que se está haciendo.

Resuelve los desafíos

Según vayas profundizando y evolucionando en tu práctica de la meditación, puedes tropezarte con desafíos inesperados que no sabes muy bien cómo afrontar. Aquí, de nuevo, viene muy bien la metáfora de la montaña. Digamos que estás a mitad de camino y te encuentras con una zona de terreno helado, o con peñascos que te bloquean el camino, o que una tormenta eléctrica te hace correr en busca de un refugio. ¿Qué hacer? ¿Sacas tu equipo especial y consultas pautas preestablecidas para afrontar las dificultades? ¿O simplemente tienes que improvisar lo mejor que puedas?

Lo bueno, como dije anteriormente en este capítulo, es que la gente ha estado escalando esta montaña durante milenios, y que por tanto ha desarrollado herramientas y trazado mapas para cruzar el terreno tan suave e inocuamente como sea posible. Por ejemplo, si tu meditación se ve atacada por emociones poderosas como la ira, el miedo, la tristeza o el duelo, y te resulta difícil mantenerte equilibrado, puedes recurrir a técnicas para debilitar su fuerza (para conocer pautas sobre cómo meditar con emociones retadoras y patrones habituales, consulta el capítulo 12). O si tropiezas con alguno de los obstáculos comunes o distracciones que aparecen al margen del camino, a lo largo de tu meditación, como la somnolencia, el desasosiego, el éxtasis o la duda, puedes contar con métodos ancestrales para superarlos de modo que puedas continuar tu camino.

Atención o presencia consciente: la meditación como una forma de vida

Aunque proporciono una gran variedad de técnicas diferentes para tu disfrute y exploración, este libro brinda como enfoque primario lo que los budistas llaman *atención* o *presencia consciente*, la atención continua a cualquier cosa que surja en cada momento.

Basándome en mis años de experiencia y entrenamiento, he descubierto que la atención consciente, que mezcla la concentración y la consciencia receptiva, es una de las técnicas más sencillas de aprender para los principiantes y también una de las más fácilmente adaptables a los horarios tan ocupados que la mayoría de nosotros tenemos. Después de todo, si tú eres como yo, estás preocupado en especial por vivir una vida más armoniosa, más amorosa, más libre de estrés, y no en elevarte a un reino espiritual incorpóreo, lejos de la gente y los lugares que amas.

De hecho, la belleza, el sentido de pertenencia y el amor que tú buscas están disponibles aquí y ahora, sólo necesitas aclarar la mente y abrir los ojos, ¡que es precisamente lo que pretende enseñar la práctica de la atención o presencia consciente! Cuando prestas atención a tu experiencia, momento a momento, despiertas de las ilusiones y de las preocupaciones que tu mente fabrica para retornar a la claridad, a la precisión y la sencillez del presente, donde realmente se "vive" la vida (valga la redundancia).

Lo extraordinario respecto a la atención consciente es que no tienes que limitar tu práctica a ciertos lugares y momentos, puedes practicar el despertar y la atención dondequiera que estés, en cualquier momento del día o la noche.

Sin importar lo que experimentes en tu viaje, en las páginas de este libro probablemente encontrarás orientación experta, extraída no sólo de mi experiencia personal como practicante y profesor, sino también de la sabiduría acumulada por las tradiciones meditativas del mundo. Trato todos los enfoques básicos y las potenciales dificultades, y hago referencia a otros recursos para investigaciones y estudios más detallados, si estás inclinado a ello.

Comerse un trozo de fruta

Para este ejercicio sobre el momento, imagina que acabas de llegar de otro planeta y que nunca antes habías probado una naranja.

1. **Pon una naranja en un plato cerca de los ojos.**

2. **Haz a un lado todos los pensamientos y preconceptos, abre los ojos y mira la fruta como si fuera la primera vez.**

   Fíjate en la forma, en el tamaño, en el color, en la textura...

3. **Mientras empiezas a pelar la naranja, fíjate en cómo la sientes al tacto entre los dedos, el contraste entre la carne y la piel, el peso en tu mano...**

4. **Lentamente, llévate un gajo a los labios y detente un momento antes de comer.**

Fíjate en su olor antes de empezar.

5. **Abre la boca, muerde y siente la textura de su suave carne y el primer chorro de jugo en tu boca.**

6. **Continúa mordiendo y masticando la naranja, consciente del continuo juego de sensaciones.**

Imaginando que ésta puede ser la primera y la última naranja que comas en tu vida, permite que cada momento sea fresco, nuevo y completo en sí mismo. Fíjate en cómo esta experiencia de comer una naranja difiere de tu forma habitual de comer fruta.

Capítulo 2

¿Por qué meditar?

Si tú eres como yo, querrás saber lo que vas a obtener a cambio de tu tiempo y tu energía antes de comprometerte en una actividad. Quiero decir, ¿por qué esforzarse haciendo abdominales durante una hora o jadear y gruñir en una clase de aeróbic si no es para adelgazar, desarrollar músculos y aumentar tu energía? ¿O por qué reservar una tarde a la semana para asistir a clases de cocina si no vas a terminar preparando un risotto para chuparse los dedos o un pato a la naranja?

Lo mismo puede decirse de la meditación. ¿Para qué gastar 10 o 15, o incluso 20 minutos de tu tiempo libre, tan arduamente ganados cada día, siguiendo tu respiración o repitiendo la misma frase una y otra vez cuando podrías estar haciendo footing, atontado delante del televisor o navegando por la Red? Por sus innumerables beneficios, ¡por eso!

Pero antes de profundizar en estos beneficios, este capítulo explora algunos de los problemas que la meditación puede ayudar a resolver. ¿Conoces la vieja expresión "si no está roto no lo arregles"? Bien, la verdad es que muchos de nosotros creemos que nuestra vida está "rota" en muchas formas bastante significativas. Al fin y al cabo, tú compraste este libro por alguna razón. Ahora es el momento de descubrir cuáles pueden ser algunas de esas razones.

Cómo te empuja la vida a meditar

Aunque te cueste admitirlo, por lo menos en público, la vida no siempre llena tus expectativas. Como resultado de ello, sufres de estrés, desengaño, miedo, ira, indignación, dolor o un sinfín de emociones desagradables. La meditación te enseña a afrontar con equilibrio, ecuanimidad y compasión las circunstancias difíciles y las tensiones y emociones que éstas provocan. Pero antes de describir las soluciones positivas que ofrece la meditación —y quédate tranquilo, hay muchas— me gustaría llevarte en un viaje vertiginoso por los problemas que la gente trata de resolver.

El mito de la vida perfecta

En mis años de psicoterapeuta y profesor de meditación, me he dado cuenta de que muchas personas sufren porque comparan su vida con una imagen idealizada de cómo se supone que debería ser o haber sido. Formada por los condicionamientos de la infancia, los mensajes de los medios y los deseos personales, esta imagen acecha en las sombras y se convierte en el estándar con el cual se compara y juzga cada éxito o fracaso, cada circunstancia o giro de los acontecimientos. Tómate un momento para reflexionar sobre esto.

Quizá te has pasado la vida esforzándote por construir un sueño socialmente establecido de bienestar: dos hijos, una casa cómoda, una carrera profesional brillante..., lo que Zorba el Griego llamaba la "catástrofe completa". Después de todo, es lo que tus padres tuvieron (o no tuvieron), y tú has decidido que ese triunfo se lo debías a ellos y a ti. Sólo que ahora estás haciendo malabarismos con dos empleos para ahorrar el dinero necesario para la hipoteca, tu matrimonio se está desmoronando y te sientes culpable porque no tienes suficiente tiempo para pasarlo con los niños.

O quizá crees que la felicidad suprema vendría a tu encuentro si tuvieras una figura perfecta. El problema es que las dietas no funcionan, no logras someterte a una rutina de ejercicios y cada vez que te miras al espejo sientes que te desmayas. O quizá tu idea del nirvana terrenal es una relación sentimental perfecta. Por desgracia te acercas a los cuarenta y todavía no has conocido a la mujer o al hombre adecuado y rastreas los anuncios clasificados mientras temes en secreto que padeces alguna enfermedad social horrible.

Cualquiera que sea tu versión de la vida perfecta —vacaciones perfectas, sexo perfecto, salud perfecta, incluso paz mental perfecta o libertad total de toda tensión y estrés—, tú pagas un precio muy elevado por tener unas expectativas tan altas. Cuando la vida no logra cumplir esas expectativas, como inevitablemente ocurre, terminas sufriendo y culpándote. (Créeme, ¡yo mismo he caído en esa trampa una y otra vez!) Si tuviera más dinero..., si pasara más tiempo en casa..., si fuera un mejor amante..., si reanudara los estudios..., si perdiera esos kilos de más..., la lista es interminable. No importa cómo la dividas, no la puedes medir.

O quizá estás entre la minoría que se las arregla para obtener todo lo que quiere. El problema es que eventualmente te sientes aburrido y deseas más, o pasas cada minuto esforzándote por proteger o controlar lo que has conseguido.

Las grandes tradiciones meditativas tienen un mensaje más humano que transmitir. Enseñan que la vida terrenal ideal es un mito. Como lo expresa un viejo refrán cristiano: "El hombre propone y Dios dispone". O en palabras de un chiste popular: "Si quieres hacer reír a Dios, cuéntale tus planes". Estas tradiciones nos recuerdan que hay fuerzas mucho más poderosas que tú y yo trabajando en el universo. Tú puedes imaginarte e intentar y esforzarte y tratar de controlar todo lo que quieras, y en último término incluso alcanzar un éxito moderado, pero la verdad es que, a largo plazo, tú y yo sólo tenemos un control muy limitado sobre las circunstancias de nuestra vida (para más información sobre cómo soltar, consulta el capítulo 10).

Cuando las cosas se mantienen desmoronándose

Porque va contra todo lo que te han enseñado, puede que te cueste aceptar la verdad espiritual básica de que tú y yo sólo tenemos un control limitado sobre los sucesos de nuestra vida. Después de todo, ¿el sentido de la vida no es salir y "sencillamente hacerlo", como nos instan a hacer los anuncios publicitarios de algunas zapatillas deportivas? Bien, sí, tú necesitas seguir tus sueños y vivir tu verdad; ésa es una parte crucial de la ecuación.

Pero, cuando la vida da un vuelco y te vuelve la espalda, como a veces ocurre, ¿cómo respondes ante ello? (Mira a los esquiadores olímpicos que pasan años de entrenamiento sólo para que sus esperanzas de conseguir una medalla se esfumen en un instante por el mal tiempo o por una placa de hielo.) O cuando te desmoronas completamente y la vida te priva de todo lo que has ganado, incluso de tu confianza y tu autoestima, ganadas con esfuerzo, ¿adónde vas en busca de socorro y apoyo? ¿Cómo manejas el dolor y la confusión? ¿A qué recursos interiores echas mano para que te guíen a través de este terreno atemorizante y desconocido? Escucha la siguiente historia.

Un día una mujer fue a ver a Buda (el gran maestro espiritual que vivió en la India hace varios miles de años) con su hijo muerto en brazos. Golpeada por el dolor, había errado de aquí para allá, pidiendo medicinas a la gente para devolverle la vida. Como último recurso le preguntó a Buda si podía ayudarla. "Sí —dijo él—, pero primero debes traerme un poco de semilla de mostaza de una casa donde no haya habido nunca una muerte".

Llena de esperanza, la mujer fue de puerta en puerta preguntando, pero nadie pudo ayudarla. Toda casa en la que entraba ya había conocido la muerte. Cuando llegó al final del pueblo, llegó a comprender que la enfermedad y la muerte son inevitables. Después de enterrar a su hijo, volvió a Buda en busca de instrucción espiritual. "Sólo una ley en el universo no cambia nunca —explicó él—: que todas las cosas cambian y que todas son fugaces". Al oír esto, la mujer se convirtió en su discípula y con el tiempo, se dice, alcanzó la iluminación.

Por supuesto, la vida ofrece mucho más que enfermedad y muerte; también nos ofrece momentos de amor, belleza, maravilla y alegría extraordinarios. Pero como la mujer de la historia, aquí, en Occidente, tendemos a negar el lado oscuro de la vida. Relegamos a nuestros ancianos y nuestros moribundos a lugares de cuidado especiales, ignoramos a los que no tienen casa, arrinconamos a nuestras minorías empobrecidas en guetos y confinamos a los enfermos mentales y a los impedidos en hospitales y casas de salud mental, mientras cubrimos las vallas publicitarias y las revistas de caras sonrientes de juventud y prosperidad.

El hecho es que la vida es una interacción rica y sorprendente de luz y oscuridad, de éxito y fracaso, de juventud y vejez, de placer y dolor... y sí, también de vida y muerte. Las circunstancias cambian constantemente, desmoronándose en apariencia durante un momento para volverse a reconstruir en el siguiente. Como dice el maestro contemporáneo de zen Shunryu Suzuki, todo está constantemente "perdiendo el equilibrio sobre el tapiz del equilibrio perfecto".

La clave de la paz de la mente está no en las circunstancias, sino en cómo respondes ante ellas. Como dicen los budistas, el sufrimiento es querer lo que no se tiene y no querer lo que se tiene, mientras que la felicidad es precisamente lo contrario: disfrutar de lo que se

Apreciar la impermanencia

En su libro *Pensamientos sin pensador*, el psiquiatra Mark Epstein cuenta esta enseñanza del maestro tailandés de meditación, Achaan Chaa. "¿Ve esta copa? —pregunta Achaan Chaa—. Para mí, este vaso ya está roto. Lo disfruto; bebo de él. Contiene mi agua admirablemente, a veces incluso refleja el sol en hermosos dibujos. Si tamborileo en él, tiene un sonido encantador. Pero cuando pongo este vaso en el estante y el viento lo tumba o mi codo lo empuja de la mesa y cae al suelo y se hace añicos, digo: 'Por supuesto'. Cuando entiendo que este vaso ya está roto, cada momento con él es precioso."

tiene y no ambicionar lo que no se tiene. Este concepto no significa que se deba renunciar a los valores, los sueños y las aspiraciones, sólo que es necesario equilibrarlos con la capacidad de aceptar las cosas como son.

La meditación te da una oportunidad de cultivar la aceptación al enseñarte a ser juicioso y a abrirte a cada experiencia sin tratar de cambiarla o librarte de ella. Entonces, cuando el camino se vuelve duro, puedes hacer uso de esta cualidad para alisarte las plumas erizadas y conservar la paz mental (si quieres averiguar cómo aceptar las cosas como son, consulta los capítulos 7 y 12).

Ocúpate del dilema posmoderno

Por supuesto, no es ninguna novedad para nadie que las circunstancias cambian de forma constante; ciertamente, algunos expertos y grandes sabios han ofrecido esta verdad a lo largo de los tiempos. Pero en ninguna época de la historia el cambio ha sido tan omnipresente e implacable —ni ha afectado a nuestra vida tan profundamente— como durante los últimos diez o quince años. Al ver las noticias por la noche o al leer el periódico, recibimos una gran oleada de estadísticas e imágenes de violencia, hambrunas y enfermedades, destrucción del medio ambiente e inestabilidad económica; todo esto presenta un mundo que parece desbaratarse de manera progresiva.

A nivel personal, puede que hayas perdido tu puesto de trabajo por una reducción de personal, que hayas terminado con una relación afectiva porque tu ser amado se ha ido a vivir a otra ciudad u otro país, que hayas sido víctima de un crimen violento o hayas perdido una buena suma de dinero en el mercado bursátil. Quizá pases tu tiempo libre calculando cómo mantenerte un paso por delante en un entorno de trabajo competitivo. O puede que sencillamente te desveles todas las noches pensando cuándo te alcanzará y te arrastrará finalmente la marea del cambio. ¿Alguna de estas circunstancias te resulta conocida?

Los sociólogos llaman a este período la *era posmoderna*, en la que el cambio constante se está convirtiendo en una forma de vida y los valores y las verdades ancestrales están siendo desmantelados rápidamente. ¿Cómo abrirse camino a través de la vida cuando ya no se sabe lo que es verdadero y no se está siquiera seguro de cómo descubrirlo? ¿Buscarlo en la web o deducirlo de algún modo a partir de los últimos pronunciamientos de los adivinos de los medios y los altos ejecutivos?

A pesar de las ventajas incontestables de todos los artilugios electrónicos que se han vuelto indispensables desde la década de 1980, puede que te hayas dado cuenta de que cuanto más rápidamente te comunicas, menos te conectas en realidad con los demás de una manera rica y significativa. Sin duda, experimentas de modo constante los estímulos y distracciones de las publicaciones de Twitter, las actualizaciones de Facebook, los mensajes de texto, los correos electrónicos, pero ¿te proporcionan de verdad la intimidad y satisfacción que deseas?

Un cambio tan radical exige un precio emocional y espiritual excesivo, cosa que tendemos a negar en nuestro intento colectivo de acentuar lo positivo y rechazar lo negativo. He aquí unos cuantos efectos secundarios de la vida en la era posmoderna:

✔ **Ansiedad y estrés.** Cuando el suelo empieza a tambalearse bajo tus pies, la primera reacción mientras intentas recuperar el equilibrio puede que sea la ansiedad o el miedo. Esta respuesta visceral ha sido programada en nuestros genes a lo largo de millones de años de vivir al borde del abismo. Hoy en día, por desgracia, los temblores no se detienen nunca y los pequeños temores se acumulan y se congelan en una tensión y un estrés constantes. Tu cuerpo puede que se sienta perpetuamente preparado contra la próxima avalancha de dificultades y responsabilidades, lo cual hace casi imposible relajarse y gozar plenamente de la vida. Al relajar el cuerpo y reducir el estrés, la meditación puede proporcionarte un antídoto muy necesario.

✔ **Fragmentación.** Hubo una época en que la mayoría de los occidentales vivían, compraban, trabajaban, criaban a sus hijos y pasaban el tiempo de ocio en la misma comunidad. Se tropezaban con las mismas caras todos los días, trabajaban en el mismo puesto toda la vida, permanecían casados con la misma persona y veían a sus hijos criar a sus hijos a la vuelta de la esquina. Ahora, a menudo mandamos a nuestros hijos a estudiar al extranjero, o los llevamos a la guardería y recorremos largas distancias para ir a trabajar mientras revisamos los mensajes de nuestro teléfono móvil. De vuelta a casa, tal vez nos detenemos en el centro comercial y puede que pasemos la tarde navegando en Internet sin ningún objetivo. Cambiamos de empleo y de pareja más frecuentemente que nunca, y cuando nuestros hijos crecen, a menudo se van a vivir a otra ciudad, ¡o a otro país! Aunque no podamos detener la marea de la fragmentación, podemos utilizar la meditación para conectarnos con una plenitud más profunda que las circunstancias externas no pueden perturbar.

✔ **Alienación.** Cuando nuestra vida parece estar formada por piezas de un rompecabezas que no encajan, no es extraño que acabemos sintiéndonos del todo estresados. A pesar de las estadísticas que anuncian tiempos prósperos, mucha gente trabaja en empleos marginales que sólo sirven para pagar las facturas, pero que no logran conectarlos con un sentido más profundo de valor y propósito. Según un artículo de la revista *American Demographics*, cada vez más gente está acudiendo a pequeños pueblos en un intento de recuperar un sentido de comunidad, y cada vez menos gente vota en las elecciones, aparentemente porque cree que tiene poco poder para cambiar las cosas. Parece que nunca antes los seres humanos se habían sentido tan alienados, no sólo de su trabajo y su gobierno, sino también de los demás, de sí mismos y de su ser esencial; ¡y la mayoría de nosotros no tenemos las habilidades ni los conocimientos prácticos para reconectarnos! Al establecer puentes sobre el abismo que nos separa de nosotros mismos, la meditación puede ayudar a curar nuestra alienación de los demás y del mundo en general.

✔ **Soledad y aislamiento.** Con la gente trasladándose de un lugar a otro con más frecuencia y las familias fragmentándose y desparramándose por el globo, cada vez uno tiene menos probabilidades de mantener contacto regular con la gente que conoce y ama; y aunque las tenga, puede que esté demasiado ocupado para relacionarse de una forma mutuamente satisfactoria. En lugar de compartir las comidas en familia, mamá, papá y los niños hablan y chatean entre ellos al mismo tiempo, y se apresuran de una actividad o tarea a otra, y rara vez acaban en el mismo sitio a la misma hora. Una vez más, tal vez tú no puedas detener las fuerzas que os separan, pero puedes utilizar la meditación para convertir cada momento en el que estáis juntos en un "tiempo de calidad".

✔ **Depresión.** Cuando la gente se siente sola, alienada, estresada y desconectada de una fuente más profunda de significado y propósito, no es de extrañar que algunos terminen deprimidos. En una cultura donde las marcas de antidepresivos son conocidísimas, cientos de miles de personas toman todos los días productos químicos que alteran el estado de ánimo para evitar sentir el dolor de la era posmoderna. La meditación puede conectarte con tu fuente interior de satisfacción y alegría que disipará naturalmente las nubes de la depresión.

✔ **Enfermedades relacionadas con el estrés.** Desde indigestión y jaquecas hasta cáncer y enfermedades del corazón, el aumento constante de las enfermedades relacionadas con el estrés refleja nuestra incapacidad colectiva para lidiar con la inestabilidad y la fragmentación de nuestros tiempos, y alimenta una industria del cuidado de la salud que mueve millones de euros y que a veces sólo enmascara los problemas más profundos de miedo, estrés y desorientación. Como han demostrado numerosos estudios científicos, la práctica regular de la meditación puede invertir realmente la alta incidencia de muchas enfermedades relacionadas con el estrés (consulta la sección "Como sobrevivir en el siglo XXI con la meditación", más adelante en este capítulo).

Cuatro "soluciones" populares que en realidad no funcionan

Antes de dejar la letanía de tragedias posmodernas y sugerir algunas soluciones que realmente funcionan, me gustaría echar un rápido vistazo a unos cuantos enfoques populares para controlar el estrés y la incertidumbre, que crean más problemas de los que resuelven:

✔ **Adicción.** Al distraer a la gente de su dolor, animarla a dejar a un lado sus preocupaciones habituales y alterar la química del cerebro, las adicciones imitan algunos de los beneficios de la meditación. Desafortunadamente, las adicciones también tienden a fijar la mente en una sustancia o una actividad adictiva —las drogas, el alcohol, el sexo, el juego, etc.— haciendo incluso más difícil que la gente se abra a las maravillas del momento o que se conecte con las dimensiones más profundas del Ser. Además, la mayoría de las adicciones implican un estilo de vida autodestructivo que en última instancia intensifica los problemas de los que el adicto está tratando de escapar.

SABIDURÍA TRADICIONAL

Aceptar las cosas como son

En la tradición zen, se cuenta la historia de un pobre granjero a quien se le extravió el único caballo que tenía. Sus amigos y vecinos lamentaron su difícil situación, pero él parecía impasible. "Ya veremos", dijo con una sonrisa enigmática.

Varios días después, volvió su caballo con un grupo de cinco sementales salvajes que se le habían unido por el camino. Sus vecinos se regocijaron por su buena fortuna, pero él no parecía estar entusiasmado. "Ya veremos", dijo de nuevo.

La semana siguiente, mientras intentaba montar y domar uno de los sementales, su único y amado hijo se cayó y se partió la pierna. Los solícitos vecinos estaban fuera de sí por el acontecimiento, pero el granjero, aunque consoló y se ocupó del muchacho, no parecía estar preocupado por el futuro. "Ya veremos", murmuró.

Al final del mes, el señor de la guerra de la zona llegó al pueblo del granjero a reclutar a todos los jóvenes saludables para luchar en su última campaña. Pero el hijo del granjero…, en fin, ya puedes imaginarte el resto de la historia.

En caso de que no te hayas dado cuenta, la vida es una ruleta rusa y tú no puedes controlar sus subidas y bajadas. Si quieres conservar tu salud mental, tienes que aprender a mantener la paz mental.

✔ **Fundamentalismo.** Al abogar por respuestas simplistas y unidimensionales frente a problemas complejos, al ofrecer una sensación de significado y pertenencia a un grupo y repudiar muchos de los males aparentes de la vida posmoderna, el fundamentalismo —sea religioso o político— proporciona un refugio contra la ambigüedad y la alienación. Desgraciadamente, los fundamentalistas dividen el mundo en blanco y negro, bueno y malo, nosotros y ellos, lo cual sólo alimenta las hogueras de la enajenación, el conflicto y el estrés en el mundo en general.

✔ **Entretenimiento.** Cuando te sientes solo o alienado, enciendes el televisor o te diriges a los multicines y te metes en la primera sala que ves. Eso amortiguará tu ansiedad o suavizará tu dolor, ¿no? Además de proporcionar entretenimiento, en apariencia los medios crean comunidad al conectarnos con otras personas y con los acontecimientos que nos rodean, pero tú no puedes tener una conversación cara a cara con una celebridad de la televisión o abrazar a tu estrella de cine favorita. Además, los medios (intencionalmente o no) manipulan tus emociones, llenan tu mente de ideas e imágenes de la cultura popular y enfocan tu atención fuera de ti, más que

> darte la oportunidad de descubrir lo que realmente piensas, sientes o sabes.
>
> ✔ **Consumismo.** Esta falsa solución a los males de la vida enseña que la respuesta es querer tener más: más comida, más posesiones, más vacaciones, más de todas las ventajas que el dinero plástico puede comprar. Como puedes haber notado, la emoción se desvanece con rapidez y pronto empiezas de nuevo a planear tu próxima compra, o a luchar para calcular cómo pagar la cuenta de la tarjeta de crédito que llega puntual como un reloj a final de mes. ¿Necesito decir más?

Cómo sobrevivir en el siglo XXI con la meditación

¡Ahora vamos por la buena noticia! Como mencioné con anterioridad en este capítulo, la meditación ofrece un antídoto ancestral contra la fragmentación, la alienación, el aislamiento, el estrés, e incluso contra las enfermedades relacionadas con el estrés y la depresión. Aunque no resolverá los problemas externos de tu vida, te ayudará a desarrollar resistencia interior, equilibrio y fuerza para capear los temporales y encontrar soluciones creativas.

Para hacerte una idea de cómo funciona la meditación, imagina durante un momento que tu cuerpo y tu mente son una compleja computadora. En vez de estar programado para experimentar paz interior, armonía, ecuanimidad y alegría, has sido programado para responder a los inevitables vaivenes de la vida con estrés, ansiedad e insatisfacción. Sin embargo, tienes el poder de cambiar tu programación. Al dejar a un lado todas las demás actividades, sentarte en silencio y sintonizarte con el momento presente durante 10 o 15 minutos todos los días, estás desarrollando toda una nueva serie de respuestas habituales y programándote para experimentar más emociones y estados de mente positivos (para más información sobre la práctica propiamente dicha de la meditación, consulta los capítulos 7 y 11).

Por supuesto, si te parece desagradable imaginarte como un ordenador, puedes imaginar la vida como un océano, con los constantes vaivenes que experimenta, o como las olas que se forman y avanzan en la superficie del agua. Cuando meditas, te sumerges bajo la superficie en un lugar tranquilo donde el agua está más calmada y es más regular.

Cualquiera que sea tu metáfora favorita, el sentido es que la meditación proporciona una forma de transformar el estrés y el sufrimiento en ecuanimidad y tranquilidad. En esta sección, verás cómo los medi-

tadores han estado cosechando los notables beneficios de la meditación durante milenios, ¡y cómo tú también puedes hacerlo!

Tecnología avanzada para la mente y el corazón

Tradicionalmente, Occidente ha enfatizado el éxito externo y Oriente ha valorado el desarrollo interno. Los grandes avances científicos y tecnológicos de los últimos quinientos años se originaron en
Occidente, mientras que los yoguis y los roshis de los monasterios
y ashrams de Asia estaban cultivando las artes interiores de la meditación (para más información sobre la historia de la meditación,
consulta el capítulo 3). Ahora se han unido las corrientes de Oriente
y Occidente, del Norte y el Sur, y se están entremezclando para formar una cultura y economía globales emergentes. Como resultado
de ello, podemos aplicar la "tecnología" interior perfeccionada en
Oriente para equilibrar los excesos de las rápidas innovaciones
tecnológicas perfeccionadas en Occidente.

Como los maestros de la programación informática, a lo largo de
la historia los grandes maestros de la meditación desarrollaron la
capacidad de programar sus cuerpos, mentes y corazones para
experimentar estados altamente refinados del Ser. Mientras que nosotros en Occidente estábamos explorando los cielos e iniciando
la revolución industrial, ellos estaban apuntándose algunos logros
notables:

✔ Profunda comprensión de la naturaleza de la mente y de los
procesos por medio de los cuales se crea y perpetúa el sufrimiento y el estrés.

✔ Profundos estados de absorción extática en los cuales el meditador está completamente inmerso en su unión con lo sagrado.

✔ La sabiduría de discriminar entre la realidad relativa y la sagrada dimensión del Ser.

✔ Paz interior inquebrantable que las circunstancias externas no
pueden perturbar.

✔ El cultivo de estados mentales positivos, beneficiosos, afirmadores de la vida, tales como la paciencia, el amor, la bondad, la
ecuanimidad, la alegría y, especialmente, la compasión por el
sufrimiento de los demás.

✔ La capacidad de controlar funciones corporales que son habitualmente involuntarias, como el ritmo cardíaco, la temperatura corporal y el metabolismo.

✔ La capacidad de movilizar la energía vital a través de los diferentes centros y canales del cuerpo para la curación y la transformación personal.

✔ Poderes psíquicos especiales como la *clarividencia* (la capacidad de percibir cosas más allá del rango de la percepción común y corriente) y la *telequinesia* (la capacidad de mover objetos a distancia sin tocarlos).

Por supuesto, los grandes meditadores del pasado utilizaban estas cualidades para buscar la liberación del sufrimiento, bien retirándose del mundo a una realidad más elevada o bien alcanzando una profunda comprensión sobre la naturaleza de la existencia. Sin embargo, la tecnología de la meditación que desarrollaron (que en las últimas décadas se ha puesto al alcance de todos en Occidente) puede ser utilizada por nosotros de forma corriente, cotidiana, para producir beneficios extraordinarios.

Los beneficios de la meditación en la mente y en el cuerpo

Aunque los primeros estudios científicos sobre la meditación datan de las décadas de 1930 y 1940, la investigación de los efectos psico-fisiológicos de ésta arrancó en la década de 1970, alimentada por un interés creciente en la meditación trascendental (MT), en el zen y en otras técnicas orientales de meditación (para más información sobre algunas de las investigaciones más influyentes, consulta el capítulo 19). Desde entonces, se han publicado más de mil estudios en inglés. con un aumento exponencial de la investigación en los últimos diez o quince años, a medida que la tecnología de las imágenes del cerebro se ha ido sofisticando. (Para leer una discusión detallada de la investigación sobre la meditación, ve al capítulo 4. A continuación, ofrezco un breve resumen de los beneficios más significativos de la meditación:

Beneficios fisiológicos:

✔ Disminución del ritmo cardíaco.

✔ Presión sanguínea más baja.

✔ Capacidad de recuperación más rápida del estrés.

✔ Disminución de beta (ondas cerebrales asociadas con el pensamiento) y aumento de alfa, delta y gamma (ondas cerebrales relacionadas con la relajación profunda y una actividad mental mayor).

✔ *Sincronización* realzada (es decir, operación simultánea) de los hemisferios izquierdo y derecho del cerebro (que se relaciona positivamente con la creatividad).

✔ Menos ataques cardíacos.

✔ Mayor longevidad.

✔ Reducción de los niveles de colesterol.

✔ Disminución del consumo de energía y de la necesidad de oxígeno.

✔ Respiración más profunda y lenta.

✔ Relajación muscular.

✔ Reducción de la intensidad del dolor.

Beneficios psicológicos:

✔ Más felicidad y paz mental.

✔ Mayor goce del momento presente.

✔ Menos volubilidad emocional; menos emociones negativas y cambios drásticos de humor.

✔ Relaciones más armoniosas y amorosas.

✔ Aumento de la empatía.

✔ Creatividad y autoactualización realzadas.

✔ Mayor sensibilidad y claridad perceptiva.

✔ Reducción de la ansiedad aguda y crónica.

✔ Complemento de la psicoterapia u otros enfoques en el tratamiento de la adicción.

Una docena más de magníficas razones para meditar

No tienes que abrazar un culto ni bautizarte ni haber llegado al bar mitzvá para gozar de los beneficios de la meditación. Ni tampoco tienes que abandonar tu vida cotidiana ni correr a un monasterio en el Himalaya. Sencillamente necesitas practicar tu meditación con regularidad, sin tratar de llegar a ninguna parte ni alcanzar nada. Como los intereses de una cuenta bancaria, los beneficios aumentan por sí solos.

MP3 EN LA WEB

Sintonízate con tu cuerpo

Como el señor Duffy en la novela *Ulises* de James Joyce, la mayoría de nosotros "vive a una corta distancia" de su cuerpo. La siguiente meditación, que tiene sus homólogas en el yoga y en el budismo, ayuda a restablecer el contacto con el cuerpo, prestándole atención suavemente desde una parte a otra. Puesto que cultiva la consciencia y también relaja los músculos y los órganos internos, constituye un preámbulo estupendo para la práctica más formal de la meditación. Concédele al menos 20 minutos (para instrucciones de audio completas, escucha la pista 3 del audio).

1. **Túmbate boca arriba en una superficie cómoda (aunque no demasiado, no vaya a ser que te quedes dormido).**

2. **Tómate un tiempo para sentir tu cuerpo como un todo, incluyendo las partes que están en contacto con la cama o el suelo.**

3. **Lleva tu atención a los dedos de los pies.**

   Permítete sentir cada una de las sensaciones en esa zona. Si no sientes nada, siente el "no sentir nada". Mientras respiras, imagina que estás inhalando y exhalando hacia y desde los tobillos (si esto te parece raro o incómodo, respira de la manera habitual).

4. **Cuando hayas terminado con los dedos, pasa a la planta de los pies, a los talones, a los empeines y a los tobillos, una cosa tras la otra; siente cada parte de la misma forma que has sentido los dedos.**

Tómate tu tiempo. El objeto de este ejercicio no es lograr nada, ni siquiera la relajación, sino estar tan plenamente presente, dondequiera que estés, como sea posible.

5. **De modo gradual desplaza tu atención hacia arriba en el cuerpo; permanece al menos tres o cuatro respiraciones en cada parte.**

Sigue este orden aproximadamente: la parte baja de las piernas, las rodillas, los muslos, las caderas, la pelvis, la parte baja del abdomen, la parte baja de la espalda, el plexo solar, la parte alta de la espalda, el pecho, los hombros. Ahora céntrate en los dedos, en las manos y en los brazos en ambos lados, y después en el cuello y en la garganta, en la barbilla, la mandíbula, la cara, la parte de atrás de la cabeza y la coronilla.

Cuando llegues a la coronilla puede que sientas que los límites entre tú y el resto del mundo se han vuelto más fluidos, o se han derretido por completo. Al mismo tiempo, puede que te sientas silencioso y calmado, libre de tu agitación e inquietud.

6. **Descansa ahí durante unos segundos; entonces lleva tu atención poco a poco a tu cuerpo como un todo.**

7. **Mueve los dedos de los pies y de las manos, abre los ojos, balancéate de un lado a otro y siéntate suavemente.**

8. **Toma un poco de tiempo para estirarte y reencontrarte con el mundo que te rodea antes de ponerte de pie y seguir con tu rutina diaria.**

Para despertar al momento presente

Cuando corres sin aliento de un momento al siguiente, esperando otro problema o buscando otro placer, te estás perdiendo la belleza y la inmediatez del presente, que se despliegan constantemente ante nuestros ojos.

La meditación te enseña a aminorar el ritmo y a tomarte cada momento tal como te llega: los ruidos del tráfico, el olor de la ropa limpia, la risa de los niños, el aspecto preocupado de la cara de una anciana, el inhalar y exhalar de tu respiración. De hecho, como nos recuerdan las tradiciones meditativas, sólo existe el momento presente; en todo caso, el pasado es sólo un recuerdo y el futuro, una fantasía proyectada en la pantalla de la mente en un momento determinado.

Para reconciliarte contigo mismo

Cuando constantemente estás luchando por vivir de acuerdo con tus ilusiones y expectativas (tuyas o de otros) o compitiendo para reinventarte de modo que puedas sobrevivir en un entorno competitivo, rara vez tienes la oportunidad o la motivación para conocerte tal como eres. El autocuestionamiento o el odio a uno mismo parecen alimentar la hoguera de la automejora, pero son dolorosos y además contribuyen a otros estados mentales negativos, como el miedo, la ira, la depresión y la alienación, e impiden que alcances tu pleno potencial.

Cuando meditas, aprendes a dar la bienvenida a cualquier experiencia y faceta de tu ser, sin juicio o negación. En el proceso empiezas a tratarte como lo harías con un amigo íntimo, aceptando (e incluso amando) todo el paquete, las debilidades y los defectos aparentes, así como las cualidades positivas y tus virtudes.

Para conectarte más profundamente con los demás

Cuando despiertas al momento presente y abres tu corazón y tu mente a tu propia experiencia, extiendes de forma natural esta cualidad de consciencia y presencia a tus relaciones con la familia y los amigos. Si eres como el resto de nosotros, tiendes a proyectar tus deseos y expectativas en las personas cercanas a ti, lo cual actúa como una barrera para la comunicación real, pero cuando empiezas a aceptar a los demás como son —una habilidad que puedes cultivar por medio de la práctica de la meditación—, abres los canales para que fluya entre todos un amor y una intimidad mucho más profundos.

Para relajar el cuerpo y tranquilizar la mente

Como han descubierto investigadores contemporáneos sobre la salud —y confirman los textos antiguos—, la mente y el cuerpo son inseparables, y una mente agitada produce inevitablemente un cuerpo estresado. Cuando la mente se tranquiliza, se relaja y se abre durante la meditación, lo mismo le ocurre al cuerpo, y cuanto más tiempo medites (controlando la cantidad de minutos cada día, durante días y semanas de práctica regular), más se propaga esta paz y relajación a todas las áreas de tu vida, incluida tu salud.

Para animarte

Quizá has notado que el estar pensando y preocupándote de forma constante te genera un tipo de claustrofobia interior; los miedos se alimentan mutuamente, los problemas se magnifican y cuando te das cuenta te sientes abrumado y con pánico. La meditación fomenta una amplitud mental interior, en la cual las dificultades y las preocupaciones ya no parecen tan amenazantes, y las soluciones creativas pueden surgir de manera natural, así como cierto desapego que te permite una mayor objetividad, perspectiva y también mejor humor.

Para disfrutar de mayor felicidad

Las investigaciones revelan que la práctica diaria de la meditación, durante unos cuantos meses, en realidad hace a la gente más feliz; esto lo certifican no sólo los propios informes subjetivos, sino también la tecnología que permite estudiar el cerebro en profundidad (para más información sobre investigación acerca de la meditación y la felicidad, consulta el capítulo 16). De hecho, en apariencia la meditación es la única cosa que puede cambiar permanentemente tu *punto de ajuste emocional*, el nivel básico de felicidad relativa que los científicos dicen que permanece igual a lo largo de la vida, con independencia de lo que experimentes.

Si quieres una felicidad duradera, la ciencia más avanzada y la sabiduría espiritual tienen el mismo consejo que darte: olvídate de ganar la lotería o de conseguir el empleo perfecto, en cambio, ¡ponte a meditar!

Para experimentar la concentración y la fluidez

Cuando estás tan plenamente involucrado en una actividad que toda sensación de vergüenza, separación y distracción se disuelve, has entrado en lo que el psicólogo Mihaly Csikszentmihalyi llama un estado de *flujo* (consulta el capítulo 1). Para los seres humanos, esta inmersión total constituye el disfrute supremo y proporciona el antídoto asimismo supremo contra la fragmentación y la alienación de la vida posmoderna. Sin duda has experimentado ya momentos así, creando una obra artística, practicando un deporte, trabajando en el jardín, haciendo el amor, etc. Los atletas lo llaman "la zona". Por medio de la meditación puedes descubrir cómo concentrar la misma atención a cada actividad y obtener el mismo disfrute de ella.

Para sentirte más centrado, asentado y equilibrado

Para contrarrestar la creciente inseguridad de la vida en estos tiempos cambiantes, la meditación ofrece un apoyo y un equilibrio interior que no pueden ser destruidos por circunstancias externas. Cuando tú practicas el *ir a casa* una y otra vez —a tu cuerpo, a tu respiración, a tus sensaciones, a tus sentimientos— eventualmente llegas a darte cuenta de que estás siempre en casa, sin importar dónde estés o adónde vayas. Y cuando entablas una amistad contigo mismo —aceptando la oscuridad y la luz, tus puntos flacos y tus puntos fuertes—, los golpes de la vida ya no volverán a desplazarte de tu centro.

Para mejorar tu rendimiento en el trabajo y en el deporte

Los estudios han demostrado que la práctica de la meditación básica por sí sola puede mejorar la claridad perceptiva, la creatividad, la autorrealización y muchos otros factores que contribuyen a un rendimiento superior. Además, se han ideado meditaciones específicas para mejorar el rendimiento en actividades variadas, desde los deportes hasta el trabajo escolar (consulta el capítulo 18).

Adquirir el hábito

Toma un hábito que has deseado dejar. Tal vez sea fumar, tomar café o comer comida basura.

La próxima vez que repitas ese hábito, en vez de soñar despierto o hacerlo sin pensar, conviértelo en una meditación. Por ejemplo, presta mucha atención a tus pulmones en el momento en que se llenan de humo, o en el momento de masticar las patatas fritas. Nota cómo se siente tu cuerpo. Cada vez que tu mente se aleje,

fíjate adónde va, ya que es posible que tengas una fantasía favorita para acompañar este hábito. Luego, con delicadeza, tráela de vuelta a la experiencia del momento.

No intentes dejar o cambiar el hábito, hazlo como siempre pero llénalo de consciencia. La próxima vez que recaigas nota cómo te sientes. ¿Ha cambiado tu actitud de alguna manera? ¿Hay algo de lo que ahora seas consciente que no habías notado anteriormente?

Para aumentar el aprecio, la gratitud y el amor

Cuando empiezas a abrirte a tus experiencias sin juicio ni aversión, tu corazón también se va abriendo gradualmente, a ti mismo y a los demás. Puedes practicar meditaciones específicas para cultivar el aprecio, la gratitud y el amor (consulta el capítulo 11). O puedes descubrir, como lo han hecho ya muchos meditadores antes que tú, que estas cualidades surgen de forma natural cuando puedes ver el mundo con ojos nuevos, libres de las proyecciones y expectativas habituales.

Para alinearte con un sentido de propósito más profundo

Cuando practicas el cambio desde el hacer y el pensar hasta el Ser (consulta el capítulo 1), descubres cómo alinearte con una corriente de significado y de pertenencia más profunda. Puedes entrar en contacto con sentimientos y aspiraciones personales que han permanecido ocultos a tu consciencia durante largo tiempo. O puede que te conectes con una fuente más universal de propósito y dirección, lo que algunos llaman el *Ser superior* o el *guía interior*.

Para despertar a una dimensión espiritual del Ser

Según cómo tu meditación te vaya abriendo a la sutileza y la riqueza de cada momento fugaz pero irreemplazable, de forma natural podrás empezar a ver a través del velo de las apariencias la realidad sagrada del corazón de las cosas, y, eventualmente, podrás llegar a comprender (¡y esto puede llevar toda una vida!) que la misma realidad sagrada es lo que tú eres en el fondo de tu corazón. Esta comprensión profunda —lo que los sabios y maestros llaman "despertar de la ilusión de la separación"— atraviesa y elimina la soledad y la alienación y te abre a la belleza de la condición humana.

Capítulo 3

El zen y el ahora: ¿de dónde viene la meditación?

Cuando piensas en la meditación, ¿te imaginas un monje o un yogui asiáticos, sentado con las piernas cruzadas en concentración profunda? Bien, la meditación se refinó de manera definitiva en los templos, las cuevas y los monasterios del Lejano y Próximo Oriente, y por fortuna para ti y para mí se ha ido abriendo camino en Occidente durante los últimos cien años aproximadamente y se ha convertido en el pilar de los estudios de yoga, los gimnasios y las revistas mayoritarias. Pero la meditación aparece también, aunque de un modo menos sobresaliente y en una forma algo diferente, en la tradición judeocristiana. ¿Sabías, por ejemplo, que muchos de los profetas bíblicos meditaban? ¿O que Jesús se dedicó a una forma de meditación cuando se retiró al desierto durante cuarenta días?

La meditación se remonta a nuestros primeros ancestros, que miraban asombrados el cielo nocturno, que se agazapaban tras la maleza durante horas al acecho de la caza o que se sentaban en un acto de pura ensoñación junto a las hogueras de la tribu. Puesto que la meditación implica un cambio de pensar y de hacer hacia simplemente Ser (para más información sobre Ser, consulta el capítulo 1), nuestros antepasados nos llevaban una ventaja. Después de todo, su vida era más sencilla, su pensamiento más rudimentario y su conexión con la naturaleza y lo sagrado mucho más fuerte.

Los chamanes:
los primeros grandes meditadores

Mucho antes de la época de Buda o de los grandes yoguis indios, los chamanes de las culturas cazadoras y recolectoras de todo el mundo utilizaban prácticas de meditación para entrar en estados de consciencia alterados, conocidos como *trances*. Concentrando la mente por medio de toques de tambor o cánticos rítmicos, danzando con pasos sencillos y repetitivos, y a veces utilizando plantas alucinógenas, estos hombres y mujeres dejaban su cuerpo y viajaban al "mundo de los espíritus". Desde allí, traían la sabiduría sagrada, las capacidades curativas, los poderes mágicos y las bendiciones del espíritu a favor de la tribu.

Las pinturas rupestres, que datan al menos de hace quince mil años, muestran figuras tumbadas en el suelo en absorción meditativa. Los estudiosos han determinado que esas figuras eran chamanes en trance para pedir a los espíritus éxito en la caza. Otras pinturas rupestres de un período similar muestran a chamanes que se transformaban en animales, una práctica específica que continúa en nuestros días. Dependiendo de tu sistema de creencias, puedes sentirte inclinado a rechazar tales experiencias como producto de una imaginación excesivamente activa, pero los chamanes y sus seguidores no tienen duda de que tales viajes y transformaciones ocurren en realidad.

Aunque el chamanismo declinó con el paso de la caza y la recolección a la agricultura, los chamanes aún actúan como sanadores, guías para los muertos e intermediarios entre los seres humanos y los espíritus en regiones de Siberia, de América del Norte, México, América del Sur, África, Australia, Indonesia y Asia. En los últimos años, a través de los escritos de Carlos Castaneda, Michael Harner y Joseph Campbell, cada vez más occidentales se han interesado por el chamanismo, y algunos incluso se han convertido en chamanes expertos.

Aunque ciertamente puedes practicar la meditación sin saber de dónde viene, ahondar en su origen ayuda a anclarla en un contexto histórico y espiritual. Así pues, acompáñame a realizar un breve recorrido por la evolución de la meditación como *práctica sagrada* en diferentes partes del mundo.

La conexión india

Las raíces más profundas de la meditación se encuentran en la India, donde los *sadhus* (hombres y mujeres sagrados y errantes) y los *yoguis* han cultivado esta práctica en una forma u otra durante más de cinco mil años. Atribúyelo al clima, que hace más lento el ritmo de vida, o a los monzones, que obligan a la gente a pasar más tiempo dentro de la casa, o sencillamente a la línea de meditadores a través de los tiempos. Sean cuales sean las razones, la India proporciona el suelo fértil en el que florecieron las artes meditativas y desde donde se extendieron hacia el este y el oeste.

Las escrituras indias más tempranas, los *Vedas*, no dedican ni una sola palabra a la meditación, pero los sacerdotes védicos realizaban elaborados ritos y recitaciones a los dioses que requerían una concentración tremenda. Con el tiempo, esas prácticas evolucionaron hacia una forma de oración meditativa que combinaba el uso del control de la respiración y la focalización de la devoción en lo sagrado (para más información sobre la focalización, consulta el capítulo 1). Cuanto más profundizaban, más se daban cuenta estos sacerdotes de que el adorador y el objeto de la adoración, el ser individual y el ser divino, son uno y el mismo, una comprensión profunda que continuó inspirando e instruyendo a los buscadores espirituales a través de los tiempos.

Del jardín de la espiritualidad védica y posvédica brotaron las tres tradiciones meditativas indias más conocidas —el yoga, el budismo y el tantra—, de las que hablaré en las siguientes secciones.

El yoga clásico: el camino de la unión extática

Cuando piensas en el yoga, ¿te imaginas a personas torciendo y estirando el cuerpo en posiciones muy difíciles? Aunque practiques hata yoga, puede que no sepas que esas "posiciones" son sólo un elemento del camino tradicional del yoga clásico, que incluye control de la respiración y meditación (para una introducción completa al yoga, te recomiendo que leas *Yoga para Dummies*, de Georg Feuerstein y Larry Paine).

El practicante de yoga clásico aspira a retirarse del mundo material, que se considera ilusorio, y a fundirse con la realidad suprema sin forma de la consciencia. Después de preparar el cuerpo con *asanas* (las conocidas posturas del hata yoga), de cultivar estados de energía a través de prácticas de respiración variada y de excluir las distracciones externas, el yogui se concentra en un objeto interme-dio, como un *mantra* (repetición de una palabra o frase significativa) o un símbolo sagrado, y después en la consciencia misma. Al fin, el yogui llega a un estado conocido como *samadhi*, donde todo rastro de separación se disuelve y donde el yogui se une extáticamente con la consciencia.

Compiladas y codificadas por Patanjali (un sabio del siglo II d.C.), la filosofía y las prácticas del yoga clásico dieron lugar a numerosas escuelas a lo largo de los siglos, que a veces compitieron entre sí. El linaje de la mayoría de los yoguis y swamis que han enseñado en Occidente se remontan al yoga clásico.

El arte del mantra

Como Herbert Benson explica en su inno-vador libro *The Relaxation Response* (*La respuesta de la relajación*), la repetición meditativa de un mantra tiende a tranqui-lizar la mente y relajar el cuerpo.

No obstante, los practicantes más anti-guos de mantra tenían intenciones más espirituales, como invocar el poder de una deidad particular, cultivar y fortalecer cualidades positivas, o lograr la unión con la realidad divina.

Aunque el término "mantra" (que significa "protección de la mente") deriva del sáns-crito, prácticas similares aparecen en una forma u otra en casi todas las religiones. Los sufíes repiten la frase *la ila'ha, il'alahu* ("no hay más deidad que Dios"), los cris-tianos rezan el padrenuestro o la oración del corazón ("señor Jesucristo, ten piedad de mí"), los budistas entonan invocaciones sagradas como *om mani padme hum* o *namu amida butsu*, y los hindúes repiten una de las muchas alabanzas o nombres de Dios.

En especial, los mantras son sonidos imbui-dos de poder luminoso o espiritual por un maestro o una tradición. Cuando se repite un mantra —sea en voz alta, murmurándo-lo o mentalmente (considerado en realidad el método más potente)—, resuena con una frecuencia espiritual particular y con el poder y las bendiciones que el sonido ha acumulado a lo largo de los años.

La práctica del mantra centra y estabiliza la mente y la protege de distracciones indeseadas. Por esta razón, la recitación de mantras acompaña a menudo prácticas de meditación más formal. Para experi-mentar con el mantra, escoge una palabra o una frase con profundo significado personal o espiritual para ti (la tradición dicta que recibas un mantra particular directamente de tu maestro). Después siéntate en silencio y repítela una y otra vez, permitiendo que tu mente descanse en el sonido y el sentimiento que evoca. Cuando tu mente divague, vuelve de nuevo a tu mantra.

El budismo temprano: las raíces de la meditación de atención o presencia consciente

El Buda histórico era un príncipe hindú que, según el relato tradicional, renunció a su vida de lujo para buscar respuesta al misterio del sufrimiento, la vejez y la muerte. Después de practicar el ascetismo y el yoga durante muchos años, decidió que rechazar el mundo y mortificar la carne no lo llevaría a la comprensión que buscaba. En vez de ello, se sentó bajo un árbol y empezó a observar profundamente su mente. Después de siete días y siete noches de meditación intensa, despertó a la naturaleza de la existencia; de ahí el nombre de *Buda*, que significa "el despierto".

Buda explicaba en sus enseñanzas que sufrimos porque nos aferramos a la creencia falsa de que (a) las cosas son permanentes y que se puede confiar en ellas como fuente de felicidad y (b) tenemos un "yo" perdurable que existe con independencia de los otros seres y nos hace ser lo que somos. En vez de eso, él nos enseñó que todo cambia constantemente: nuestra mente, nuestras emociones, nuestro sentido de uno mismo y las circunstancias y objetos del mundo externo.

Para estar libres del sufrimiento, aconsejaba, debemos liberarnos de la ignorancia y eliminar el miedo, la ira, la avidez, la envidia y otros estados mentales negativos. El enfoque que él propuso requiere prácticas para trabajar con la mente y orientaciones para vivir en el mundo de una forma virtuosa y espiritual (para una introducción exhaustiva a las enseñanzas y prácticas del budismo, puedes mirarte *Budismo para Dummies*, de Jonathan Landaw y Stephan Bodian en esta misma colección).

La meditación constituye el núcleo del enfoque del Buda histórico. La práctica de la meditación que enseñó, conocida como *atención o presencia consciente*, implica una atención despierta hacia nuestra experiencia, segundo a segundo.

He aquí los cuatro cimientos tradicionales de la atención consciente:

- ✔ Consciencia del cuerpo.
- ✔ Consciencia de los sentimientos.
- ✔ Consciencia de los pensamientos y los estados mentales.
- ✔ Consciencia de las leyes de la experiencia (las relaciones entre lo que pensamos y lo que experimentamos).

Apartándose de los demás maestros de su época, que en general recomendaban retirarse del mundo para buscar la unión extática con lo divino, el Buda enseñó la importancia de la penetración directa en la naturaleza de la existencia y en la forma como la mente crea el sufrimiento. Más que un filósofo que proporciona respuestas abstractas a preguntas metafísicas, Buda se comparó a un médico que aplica la medicina para curar las heridas.

El tantra indio: hallar lo sagrado en el mundo de los sentidos

Muchos occidentales asocian la palabra "tantra" con prácticas sexuales tradicionales que han sido adaptadas para atraer a un público popular. Sin embargo, el *tantra* se desarrolló en los primeros siglos después de Cristo como una forma importante de la práctica y el pensamiento espirituales indios. En la creencia de que la realidad absoluta y el mundo relativo de los sentidos son inseparables, los *tantrikas* (practicantes del tantra) utilizan los sentidos —incluida la práctica del sexo ritual— como una puerta de entrada a la realización espiritual. Huelga decir que tal enfoque tiene sus trampas; mientras que el yoga y el budismo pueden desviarse hacia la negación de la vida, el tantra puede confundirse con la indulgencia sensual.

Frecuentemente, la meditación tántrica implica prácticas para despertar la *kundalini shakti*, que se cree que es una energía poderosa asociada con el femenino divino y que reside en la base de la espina dorsal. Una vez estimulada, la shakti se eleva a través de un canal energético situado en la espina dorsal y activa y abre cada uno de los centros de energía o *chakras*, a su paso. Estos centros, que vibran a diferentes frecuencias y están asociados con distintas funciones físicas y psicológicas, están situados en el perineo, los genitales, el plexo solar, el corazón, la garganta, la frente y la coronilla, respectivamente (para más información sobre los chakras, consulta el capítulo 12). Al final, la shakti puede entrar en erupción a través de la coronilla en un estallido de éxtasis. En este punto, el practicante realiza su identidad con lo divino, aunque contenido aún plenamente en un cuerpo físico.

Hasta el techo del mundo, y más allá

Antes de abandonar la India para siempre, al final del primer milenio después de Cristo, el budismo sufrió cambios significativos. Las enseñanzas primitivas evolucionaron a lo que hoy llamamos

Theravada, el enfoque dominante en Sri Lanka y en el sudeste asiático, que enfatiza un camino progresivo hacia la liberación, limitado en gran medida a los monjes y monjas. Al mismo tiempo, surgió otra gran corriente que predicaba el ideal del *bodhisatva*, la persona que dedica su vida a liberar a los demás. Conocida como *mahayana* ("el gran vehículo"), esta otra rama principal del budismo era más igualitaria y ofrecía la posibilidad de la iluminación a todo el mundo, laico o monje.

Desde la India, monjes errantes llevaron el budismo, a través de los montes del Himalaya ("el techo del mundo"), a China y el Tíbet. Allí se mezcló con las enseñanzas espirituales autóctonas, echó raíces y evolucionó hacia diferentes tradiciones y escuelas, las más notables fueron el *ch'an* (zen en japonés) y el *budismo Vajrayana*, que llevaron la práctica de la meditación a nuevas alturas (para más información sobre las diferentes ramas del budismo, consulta *Budismo para Dummies*).

El ch'an (zen): el sonido de una mano

Sin duda ya habrás leído algo acerca de los maestros zen que golpeaban a sus discípulos con un bastón o gritaban instrucciones a pleno pulmón. Pero puede que no seas consciente de que el zen es una mezcla única de budismo mahayana (que es igualitario) y la tradición autóctona china conocida como taoísmo (que enfatiza la naturaleza indivisible de la vida, conocida como el *Tao*). (Aunque los monjes indios empezaron a llevar el budismo a China en los primeros siglos después de Cristo, el zen no apareció como una corriente independiente hasta el siglo VII u VIII.) El zen se apartó de manera radical del budismo tradicional al enfatizar la transmisión directa y sin palabras del estado iluminado del maestro al discípulo, a veces a través de una conducta que, de acuerdo con los estándares comunes, se consideraría excéntrica o incluso estrafalaria.

Mientras que las otras tradiciones del budismo se centraron cada vez más en el estudio de las escrituras, el zen cortó con el embrollo metafísico y dijo: "¡Simplemente siéntate!". La meditación se convirtió en el medio principal para desmantelar una vida de apego al mundo material y realizar lo que los maestros zen llaman la *naturaleza de Buda*, la sabiduría innata que existe en el interior de cada uno de nosotros.

El zen también introdujo esos en apariencia irresolubles acertijos conocidos como *koanes*, por ejemplo: "¿Cuál es el sonido de una mano?" o "¿cuál era tu cara original antes de que tus padres nacieran?".

Al sumergirse totalmente en el koan, el monje podía penetrar al fin en la naturaleza de la existencia, lo que los maestros zen llamaron el *satori*.

En Japón, el zen desarrolló parte de su notoria intensidad samurái y dio lugar a la estética austera y prístina que ha hecho de los jardines de rocas y las pinturas a pincel elementos típicos de la cultura nipona. Desde Japón, por supuesto, el zen llegó hasta América, se encontró con la generación *beat* en la década de 1950 y estableció las bases para la actual explosión de interés en la meditación en Occidente. (Para saber más sobre el zen en Norteamérica, lee el apartado "La americanización de la meditación", más adelante en este capítulo).

El budismo Vajrayana: el camino de la transformación

Al igual que China (donde el budismo se encontró con el taoísmo), el Tíbet tenía su propia religión autóctona, llamada Bonpo, que incluía prácticas mágicas diseñadas para apaciguar a las deidades y espíritus locales. Cuando el gran maestro indio Padmasambhava llevó el budismo de la India al Tíbet en el siglo VII d.C., primero tuvo que conquistar los espíritus hostiles que se oponían a sus esfuerzos. Finalmente, esos espíritus fueron incorporados al budismo tibetano como protectores y aliados en un panteón complejo que incluía varios budas y *dakinis* (mujeres despiertas).

Los budistas tibetanos creían que el Buda histórico enseñaba de manera simultánea a diferentes niveles, dependiendo de las necesidades y las capacidades de sus discípulos. Las enseñanzas más avanzadas, decían, se mantuvieron en secreto durante siglos y al fin fueron transmitidas al Tíbet como el *Vajrayana* ("la vía del diamante"). Además de la meditación tradicional de atención consciente, este enfoque incorporó elementos del tantra indio y otras prácticas poderosas para trabajar con la energía. En vez de eliminar las emociones y los estados mentales negativos, como la ira, la avaricia y el miedo, como recomienda el budismo tradicional, el Vajrayana enseña a los practicantes a transformar la negatividad directamente en sabiduría y compasión.

La meditación en el budismo tibetano utiliza también la *visualización*, el uso activo de la imaginación para invocar potentes fuerzas espirituales que alimentan el proceso de la realización espiritual.

De Oriente Próximo al resto de Occidente

Aunque la meditación en las tradiciones judeocristiana e islámica tuvo su propio desarrollo independiente, los meditadores de Oriente Próximo puede que hayan recibido la influencia de sus homólogos de la India y el sudeste asiático (consulta las secciones anteriores de este capítulo). Los historiadores tienen evidencias de que había comerciantes y peregrinos que viajaban entre las dos regiones constantemente, ¡y de que aparecieron monjes budistas en Roma en los primeros tiempos del cristianismo! Incluso existe el rumor, apoyado por algunas coincidencias históricas interesantes, de que Jesús pudo haber aprendido a meditar en la India. Mientras que los meditadores indios —siguiendo la comprensión antigua de que el *atman* equivale a *Brahman* ("el yo y el fundamento del Ser son uno")— dirigieron su atención de manera progresiva hacia su interior, buscando lo sagrado en las profundidades de su propio ser, los pensadores y los teólogos occidentales señalaron que supuestamente Dios existe fuera del individuo. Al mismo tiempo, los místicos en Occidente lidiaron con la paradoja de que lo sagrado está tanto dentro como fuera, es tanto personal como trascendente.

La meditación en las religiones occidentales por lo general toma la forma de *oración*, es decir, comunión directa con Dios. Pero la oración meditativa de los monjes y los místicos difiere de la oración común, que a menudo incluye lamentos y peticiones. En vez de ello, la plegaria meditativa se acerca a lo sagrado con humildad y devoción, contempla sus cualidades divinas e invita a su presencia en el corazón del meditador. Finalmente, la meta es renunciar por completo al ser individual para alcanzar la unión con lo divino.

La meditación cristiana: practicar la oración contemplativa

El equivalente cristiano de la meditación, conocido como *oración contemplativa*, se remonta al mismo Jesús, que ayunó y oró en el desierto durante cuarenta días y cuarenta noches. En la contemplación, dice el padre Thomas Keating, cuya "oración de centramiento" ha ayudado a revitalizar el interés en la meditación cristiana, tú abres la consciencia y el corazón a Dios, el misterio supremo, que habita en las profundidades de tu ser, más allá del alcance de la mente (para más información sobre las prácticas que enseña el padre Keating, consulta el recuadro sobre "Oración de centramiento" de la página siguiente).

MEDITACIÓN

Oración de centramiento

Desarrollada en las últimas décadas por el padre Thomas Keating, un sacerdote católico, y basada en fuentes cristianas tradicionales, la *oración de centramiento* es una práctica contemplativa que abre la mente y el corazón a la presencia divina. A diferencia de un mantra, que está diseñado para clarificar o sosegar la mente, la oración de centramiento purifica el corazón para que se convierta en un vehículo para la gracia transformadora de Dios. En vez de repetirla una y otra vez como un mantra, la mantiene en su consciencia como objeto de contemplación.

He aquí las instrucciones para practicar la oración de centramiento, tal como las da el padre Keating (sus palabras aparecen entre comillas):

1. Escoge una "palabra sagrada como símbolo de tu intención de consentir la presencia y la acción de Dios dentro de ti".

2. Instálate cómodamente e introduce en silencio la palabra sagrada.

   Cuando tu atención se disperse, tráela con suavidad de vuelta.

3. Permanece con la misma palabra durante el período de contemplación.

Algunas personas pueden preferir "volverse interiormente hacia Dios contemplándolo", sin palabras. En cualquier caso, se aplican las mismas instrucciones. Cuando nos abrimos a Dios, dice el padre Keating, descubrimos que está "más cerca que la respiración, más cerca que el pensamiento, más cerca que nuestras elecciones, más cerca que la misma consciencia".

Después de Jesús, los primeros grandes meditadores cristianos fueron los padres del desierto de Egipto y Palestina en los siglos III y IV, que vivieron mucho tiempo en soledad y cultivaron la consciencia de la presencia divina por medio de la repetición constante de una frase sagrada. Sus descendientes directos, los monjes, monjas y místicos de la Europa medieval, desarrollaron la práctica contemplativa de repetir y meditar sobre un pasaje de la Escritura (¡no lo confundas con pensar en él o analizarlo!), hasta que finalmente su significado más profundo se le revelaba. Ambas prácticas, explica el padre Keating, se remontan a la admonición de Jesús: "Cuando oréis, entrad en vuestro interior, en vuestro ser más profundo y cerrad la puerta".

En la Iglesia Ortodoxa de Grecia y Europa Oriental, los monjes se han dedicado desde hace mucho tiempo a una práctica similar, que combina *prosternaciones* (reverencias de todo el cuerpo) con la repetición de la oración de Jesús ("Señor Jesucristo, ten piedad de mí, que soy un pecador") hasta que todas las prácticas desaparecen para revelar un profundo silencio interior lleno de amor y éxtasis.

En los últimos años, muchos sacerdotes y religiosos cristianos han recibido la influencia de los maestros hindúes y budistas que han aparecido en Occidente en número creciente (consulta la sección "La americanización de la meditación" más adelante en este capítulo). Como respuesta, algunos han adaptado las prácticas orientales a las necesidades de los fieles cristianos. Otros, como el padre Keating, han profundizado en sus propias raíces contemplativas y han resucitado prácticas que habían caído en desuso.

La meditación en el judaísmo: acercarse a Dios

Según Rami Shapiro, rabino del templo Beth Or de Miami, y autor de *Wisdom of the Jewish Sages* (*La sabiduría de los sabios judíos*), los intérpretes místicos de la Biblia han encontrado pruebas de que la meditación se remonta a Abraham, el fundador del judaísmo. Los profetas del Antiguo Testamento aparentemente entraban en un estado alterado de consciencia por medio del ayuno y las prácticas ascéticas, y los místicos de los primeros siglos después de Cristo meditaban sobre una visión del profeta Ezequiel.

Pero la primera meditación formal judía, dice Shapiro, se centraba en el alfabeto hebreo, que se consideraba el lenguaje divino a través del cual Dios creó el mundo. "Si se pudiera penetrar en el alfabeto —explica Shapiro— se podría penetrar en la fuente de la creación y por tanto fundirse en uno con el Creador."

Como los practicantes de todas las religiones centradas en Dios, los meditadores judíos han utilizado tradicionalmente frases o versos sagrados de la escritura, como mantras, para acercarlos a Dios. Como solía decir un gran maestro hasídico de la frase *r'bono shel olam* ("maestro del universo"), si se repite de forma continua, se alcanza la unión con Dios. Y es precisamente esta unión lo que la meditación judía trata de inducir.

Al igual que el cristianismo, el judaísmo ha sido inspirado por influencias orientales en los últimos años para revivir sus propias tradiciones meditativas. Rabinos como Shapiro (que practica meditación zen) y David Cooper (que se entrenó en la meditación budista de la atención consciente) están provocando un renacimiento de la meditación judía al forjar una nueva síntesis de las técnicas antiguas de Oriente y Occidente.

La meditación entre los sufíes: entregarse a lo divino con cada respiración

Desde la época del profeta Mahoma en el siglo VII d.C., los sufíes han vestido el ropaje del islam, pero, según el profesor sufí nacido en Estados Unidos Shabda Kahn, sus raíces se remontan mucho más atrás, más allá de Mahoma o Buda, u otros famosos maestros, hasta la primera persona despierta. Los sufíes afirman ser una hermandad de buscadores místicos cuyo único propósito es realizar lo divino en su corazón. Las formas del sufismo han variado de siglo en siglo y de maestro en maestro y de un lugar a otro, pero la enseñanza básica es la misma: no hay más deidad que Dios.

Contemplando las estrellas

En su libro *Jewish Meditation* (*Expansión del alma*), el rabino Aryeh Kaplan describe una técnica tradicional basada en el verso bíblico "Levanta los ojos alto y mira quién creó estas [estrellas], Él las cuenta y las llama por su nombre…" (Isaías 40:26):

1. **En una noche clara, acuéstate o siéntate cómodamente al aire libre, mirando a las estrellas.**

2. **Mientras repites un mantra, centra tu atención en las estrellas como si estuvieras escudriñándolas para revelar el misterio que hay tras ellas.**

   Puedes utilizar el mantra judío tradicional *r'bono shel olam* para ayudarte a que tu concentración y el sentido

de lo sagrado sean lo más profundos posible. O siéntete libre de utilizar un mantra de tu elección.

Como dice el rabino Kaplan, tú estás "llamando a Dios en las profundidades de los cielos, intentando encontrarlo más allá de las estrellas, más allá de los límites del tiempo y el espacio".

3. **Permanece absorto en tu contemplación el tiempo que quieras.**

Según el rabino Kaplan, esta meditación "puede llevar a una persona a una experiencia espiritual abrumadoramente profunda".

Hacia el uno

Para prepararse para prácticas meditativas más avanzadas, los sufíes comienzan a menudo con una *darood*, la recitación de una frase sagrada coordinada con la respiración. El maestro sufí estadounidense Samuel Lewis, que murió en 1971, enseñaba el siguiente ejercicio:

1. **Empieza a caminar de forma rítmica y sincroniza tu respiración con tu paso, cuatro pasos por cada inhalación y cuatro por cada exhalación.**

2. **Según vayas caminando, repite la frase "hacia el uno", una sílaba por** cada paso con un silencio en el cuarto paso (ha - cia(e)l - u - no).

Caminar desarrolla y fortalece el ritmo de la respiración.

3. **Continúa durante tanto tiempo como quieras, con una atención incondicional.**

"Los sufíes practican vivir en la respiración las 24 horas del día", dice Shaba Kahn, un profesor sufí que estudió con Lewis.

La meditación en el sufismo generalmente toma la forma de repetir ciertas frases, bien en silencio o en voz alta, mientras se respira profunda y rítmicamente, una práctica conocida como *zikr* ("recuerdo de lo divino"). Kahn explica que los sufíes traducen la beatitud bíblica, "Bienaventurados los pobres de espíritu", por "Bienaventurados aquellos que tienen una respiración refinada". Cuando el sufí ha cultivado y refinado la respiración, puede utilizarla como un método para rendirse a la presencia divina en cada momento, con cada respiración.

La americanización de la meditación

Si te remontas a la contracultura de las décadas de 1960 y 1970 para encontrar las primeras raíces de la meditación en suelo norteamericano, puede sorprenderte descubrir que las raíces son mucho más profundas. Algunos de los primeros colonos trajeron consigo algunas ideas orientales cuando huyeron a las colonias buscando libertad para su modo particular de entender el cristianismo. Y muchos de los autores de la Declaración de Independencia y de la Constitución de Estados Unidos —hombres como Thomas Jefferson y

Benjamin Franklin— pertenecían a fraternidades secretas imbuidas de las enseñanzas místicas del sufismo y el judaísmo.

El trascendentalismo y la teosofía (1840-1900)

El primer flujo importante de enseñanzas orientales empezó en las décadas de 1840 y 1850 cuando trascendentalistas como Emerson y Thoreau leyeron escrituras hindúes en traducciones inglesas de adaptaciones alemanas del sánscrito. Mientras que Thoreau (cuyas ideas sobre la desobediencia civil tenían influencia de la filosofía oriental) se retiró a Walden Pond a meditar en medio de la naturaleza, su buen amigo Emerson estaba mezclando el idealismo alemán, el optimismo yanqui y la espiritualidad india para formular su versión del credo trascendentalista. En el proceso, transformó el Brahman hindú (la base divina del ser) en un concepto más universal al que llamó el *alma suprema*.

Más avanzado el siglo, los *teosofistas* —miembros de un movimiento occidental muy extenso, guiados por la rusa Madame Blavatsky, que adaptó y popularizó el pensamiento espiritual indio— hicieron accesibles al lector común los textos hindúes sobre meditación, y los seguidores del Movimiento del Pensamiento Nuevo practicaron visualizaciones guiadas y meditaciones con mantras adaptadas de fuentes orientales.

Pero el suceso decisivo en cuanto a meditación durante el siglo XIX resultó ser el Parlamento Mundial de Religiones, un encuentro internacional de líderes y maestros religiosos que tuvo lugar en Chicago en 1893. Por primera vez, los maestros asiáticos pudieron presentar sus enseñanzas directamente a los occidentales en terreno estadounidense. Después de la conferencia, algunos maestros (incluidos el sabio indio Swami Vivekananda y el maestro zen japonés Soyen Shaku) hicieron giras importantes para dar conferencias a auditorios interesados.

El yoga y el zen preparan el terreno (1900-1960)

En las décadas que siguieron al Parlamento Mundial, el monje zen Nyogen Senzaki continuó el trabajo de Soyen Shaku de sembrar las semillas de la meditación en el Nuevo Mundo; y el Swami Paramananda, discípulo del Swami Vivekananda, estableció centros donde

los curiosos pudieron practicar la meditación y escuchar las sofisti-
cadas enseñanzas espirituales indias (la Sociedad Vedanta que cre-
ció en torno al trabajo de los swamis Vivekananda y Paramananda,
y de sus discípulos, continúa floreciendo en Estados Unidos y Europa). En los años veinte, se estableció en Estados Unidos el yogui
indio Paramahansa Yogananda, y su trabajo floreció gradualmente
en la Hermandad de la Autorrealización, que hoy en día se precia de
tener seguidores en todo el mundo occidental.

Quizá el maestro espiritual más conocido de este período fue
J. Krishnamurti, que se estableció en el sur de California en la década de 1940 y atrajo a los escritores ingleses Aldous Huxley y Christopher
Isherwood. Aunque Krishnamurti (que fue educado desde la infancia
para ser un maestro del mundo por los teosofistas) rechazaba la
meditación formal y el dogma religioso, para favorecer el diálogo y
la búsqueda personal, Huxley e Isherwood ayudaron a popularizar
las grandes escrituras hindúes.

Para la década de 1950 el zen empezó a influir significativamente
en la contracultura estadounidense. Mientras el poeta Gary Zinder
—que ganó después el premio Pulitzer por su obra *Turtle Island* (*La
isla de las tortugas*)— estaba estudiando zen en Japón, su amigo y
colega de la generación *beat,* Jack Kerouac, escribía novelas que
popularizaron conceptos budistas tales como karma, darma y satori. También en la década de 1950, el gran erudito japonés T. Suzuki
empezó a enseñar zen en la Universidad de Columbia, Nueva York;
entre los que asistían a sus cursos destacan el joven Thomas Mer-
ton, el novelista J. D. Salinger, el compositor John Cage y los psi-
coanalistas Erich Fromm y Karen Horney. Hacia la misma época, las
obras del antiguo sacerdote episcopaliano Alan Watts —incluidos
The Way of Zen (*El camino del zen*) y *Psychotherapy East and West*
(*Psicoterapia del Este, psicoterapia del Oeste*)— se convirtieron en
libros muy vendidos.

La meditación toma las calles (de 1960 a la actualidad)

En la década de 1960, un cúmulo de acontecimientos preparó el terreno para que la meditación se convirtiera en una corriente dominante. Muchos de los hijos de la explosión demográfica que siguió a la
segunda guerra mundial, que en ese momento estaban llegando a la
edad adulta, empezaron a experimentar con los estados de consciencia alterada por medio del uso de las llamadas drogas que expandían
la mente, como la marihuana y el LSD. Al mismo tiempo, la guerra de
Vietnam provocó una respuesta violenta entre un considerable

segmento de la población y ayudó a forjar una contracultura que se oponía de muchas maneras al statu quo. La música de la época alimentó las hogueras del descontento y vendió los beneficios de "entregarse, evadirse y marginarse", palabras que en otro momento, lugar y contexto podrían haberse referido a renunciar al mundo a favor de la vida monástica. A la vez, la inestabilidad política en Asia (incluyendo las ondas expansivas de la guerra de Vietnam y la ocupación china del Tíbet) se combinó con el espíritu de los tiempos para llevar una nueva oleada de maestros espirituales al Nuevo Mundo.

Desde el punto de vista de la meditación, quizá el suceso fundamental de esta época fue la conversión de los Beatles a la meditación trascendental (MT), que provocó que miles de sus jóvenes fans empezaran también a meditar. (A lo largo de los años, el movimiento MT ha enseñado a meditar a millones de personas en Occidente y ha promovido la investigación que ha revelado los beneficios para la mente y el cuerpo de la meditación.) Cuando las drogas psicodélicas perdieron su lustre, muchas de las personas que habían acudido a las drogas para que les proporcionaran experiencias meditativas como paz y penetración interior, se volcaron hacia experiencias más reales, y algunas incluso buscaron refugio en las comunidades de yoga y los centros zen construidos por sus maestros recién descubiertos.

Desde la década de 1970, ha surgido en Occidente una nueva generación, con inteligencia para transmitir las enseñanzas a sus hermanos y hermanas como maestros autorizados de las disciplinas espirituales orientales. Como ya previno Alan Watts —en su libro *Psychotherapy East and West*—, el campo de la psicoterapia ha estado especialmente abierto a las influencias orientales, quizá porque la psicoterapia, como la meditación, pretende ofrecer una solución al sufrimiento. Como resultado de ello, los maestros espirituales a menudo preparan sus mensajes en un lenguaje que atrae a los partidarios del "crecimiento personal".

Al mismo tiempo, investigadores científicos como Herbert Benson, Jon Kabat-Zinn y Dean Ornish han iniciado la difusión masiva de la meditación. Hoy día, los libros sobre meditación y otros temas relacionados aparecen de forma regular en la lista de superventas del *New York Times*, y los artículos sobre la práctica y los beneficios de la meditación adornan las páginas de las revistas de salud y fitness, junto a los que tratan de vender la última tendencia en fitness o la nueva forma para perder peso. No hace mucho tiempo, la revista *Time* publicó como tema de portada la popularidad creciente del budismo, y *Newsweek* publicó varias portadas de Ornish y del popular autor y experto en meditación Deepak Chopra. Sin duda, ¡la meditación ha surgido como una práctica dominante en Occidente!

El futuro de la meditación

Ahora que la meditación se ha vuelto tan popular en este lado del mundo, puede uno preguntarse cómo se extenderá su influencia y cómo evolucionará en las próximas décadas. Huelga decir que nadie lo sabe realmente, pero me gustaría hacer algunas especulaciones (aunque bien documentadas), basadas en sucesos recientes y en investigaciones de vanguardia.

Algunos de los últimos estudios científicos utilizan tecnología punta para probar que la meditación como ejercicio cotidiano lo hace a uno más feliz, más resistente a las enfermedades y con más empatía (consulta los capítulo 4 y 16). Unido a estudios anteriores que señalan una gran cantidad de beneficios para la salud, este cuerpo de investigación creciente podría llevar a la popularización de la meditación de numerosas formas importantes.

RECUERDA

La meditación de los indígenas norteamericanos

Cuando describo la "americanización" de la meditación, revelo mi prejuicio cultural. Obviamente, los indígenas americanos han estado meditando durante decenas de miles de años. Además de los chamanes, que desempeñan un papel importante en la vida de la tribu (véase el recuadro "Los chamanes: los primeros grandes meditadores" anteriormente en este capítulo), los indígenas adolescentes a menudo marcan la transición de la infancia a la edad adulta pasando tres o cuatro días meditando solos en un lugar sagrado. Al ayunar, orar, concentrar la mente y abrir los sentidos, tienen sueños o visiones que les traen sabiduría o poder especial, y los ayudan a entrar en contacto con sus espíritus guardianes. De adultos, los indígenas americanos también meditan solos en medio de la naturaleza cuando necesitan apoyo espiritual o respuestas a asuntos importantes de la vida. Además, la práctica de la atención consciente momento a momento ha sido siempre un ingrediente esencial de la vida indígena americana tradicional.

"Haga dos meditaciones y llámeme por la mañana"

Cada vez más médicos podrían prescribir la práctica de la meditación de forma regular junto con insulina, bloqueadores beta y medicamentos para la presión sanguínea a los pacientes con enfermedades graves como la diabetes, patologías cardíacas y la hipertensión. ¡De hecho, muchos profesionales de la salud ya lo hacen! Si la investigación sobre los beneficios de la meditación continúa produciendo resultados tan convincentes, es posible que las organizaciones médicas finalmente requieran que los médicos la incluyan como una práctica normal para ciertas enfermedades.

Respuesta al Prozac

La meditación de atención consciente no tiene efectos secundarios perjudiciales y levanta el ánimo permanentemente con sólo tres meses de práctica (consulta el capítulo 16). Hay incluso un libro dedicado al uso de la terapia cognitiva basada en la meditación consciente en el tratamiento de la depresión. Entonces, ¿por qué los psiquiatras no se la prescriben en primer lugar a sus pacientes con depresión o ansiedad, en lugar de recetar drogas alteradoras de la mente, potencialmente peligrosas? ¡No sé qué pensar! Dentro de pocos años, sin embargo, probablemente habrá cada vez más psiquiatras que aconsejen a sus pacientes seguir la respiración además de tomarse la medicación, y puede que el libro que tienes en tus manos encuentre su merecido lugar en los estantes de los psiquiatras, ¡junto con el *Manual diagnóstico y estadístico de enfermedades mentales*!

Cuanto más te sientes, menos pagarás

La labor de Dean Ornish y de otros investigadores ha provocado que algunas compañías de seguros reembolsen fondos por programas de control de estrés y ha incitado a algunos hospitales a crear sus propios programas. De la misma manera, la evidencia creciente de los beneficios de la meditación para la salud puede llevar a una reducción de las mensualidades de seguros para los que meditan regularmente, y a ofrecer clases de meditación en todos los hospitales y clínicas. ¡Quizá terminen financiándote tus retiros ocasionales para meditar aunque primero deberás realizar el copago, claro!

Pedalea, estírate y siéntate

Según vayan aceptándose y reconociéndose cada vez más los beneficios de la meditación para la salud, es posible que los gimnasios, los
spas y los resorts incluyan cada vez más clases y talleres de meditación
junto con las clases de aeróbic, spinning, las pesas y el yoga. Después
de todo, la meditación realza el disfrute de la vida en toda su amplitud,
¡y qué mejor momento para disfrutar de la vida que en vacaciones!

Más allá de estas aplicaciones más obvias de la meditación, yo pre-
veo que la meditación se convertirá en una práctica que penetrará
con mucha fuerza en el panorama cultural. Quizá puedas tener
acceso a cursos de meditación por televisión, oír a meditadores
famosos deseosos de hablar de su práctica, y encontrar referencias
a la meditación regularmente en las comedias de la tele o en las
tertulias, en los periódicos y en las revistas. Otras posibilidades más
visionarias: cabinas para la meditación en lugares públicos, clases
de meditación en las escuelas públicas, descansos periódicos para
la meditación en vez de para tomarse un café en el lugar de trabajo,
habitaciones de meditación al lado de las salas de reuniones en las
empresas, ¡incluso reuniones de meditación en los salones del Con-
greso! ¿Por qué no? Ya que la meditación reduce el estrés y mejora
la salud sin arrastrar con ella ninguna carga ideológica, puede infil-
trarse en nuestras vidas de mil formas completamente nuevas, sin
precedentes y del todo impredecibles.

Juega con la gravedad

1. Siéntate en una silla y tómate un tiempo para ser consciente de cómo actúa la gravedad en tu cuerpo.

2. Fíjate en el peso de tus piernas y en el de tus caderas contra la silla.

3. Ponte de pie y siente cómo la gravedad te empuja hacia la Tierra.

4. Empieza a caminar y, con cada paso, presta atención al peso de la gravedad contra sus pies.

5. Mira a tu alrededor y piensa en cómo todos esos objetos se mantienen en su lugar por la gravedad, y cómo tú te mueves en un campo de gravedad como pez en el agua.

Esta fuerza misteriosa está en todas partes, aunque no puedas verla o comprenderla.

6. Sigue tomando consciencia de este campo invisible pero poderoso mientras haces tu rutina diaria.

Capítulo 4

Tu cerebro durante la meditación y el impacto sobre tu vida

· ·

En este capítulo

▶ Examinar la investigación sobre la meditación a lo largo de los años

▶ Descubrir cómo la meditación cambia y modela tu cerebro

· ·

Las personas han meditado durante miles de años, atraídas por un deseo de iluminación espiritual, de estados mentales y anímicos elevados, de salud y longevidad como la que gozan quienes practican la meditación hace tiempo y, algunos aventureros intrépidos, por la fascinación de explorar lo desconocido simplemente por gusto. Según los datos de que disponemos, nuestros antepasados nunca se preocuparon de medir los efectos de la meditación de una forma objetiva; estaban suficientemente motivados gracias a los informes subjetivos de sus maestros y de los meditadores que los precedieron. Además, el objetivo nunca era cuantificar la práctica, sino experimentar los efectos directamente desde el interior.

Sin embargo, la extensión de la meditación en el mundo occidental ha despertado el interés de los investigadores, ávidos de demostrar los numerosos beneficios que se le atribuían, o de refutarlos. Muchos de estos investigadores aprendieron a meditar antes de iniciar su carrera académica y los movía una curiosidad personal además de profesional de comprobar si la meditación resistía el riguroso examen científico. Los resultados (citados en prestigiosas publicaciones académicas y profesionales y publicados en revistas, periódicos y blogs) han sido abrumadoramente positivos, lo que ha espoleado aún más la creciente popularidad de la meditación.

En este capítulo, realizaremos un viaje guiado por la investigación sobre la meditación, desde las primeras incursiones durante la primera mitad del siglo XX hasta los estudios del cerebro de la última década. A medida que los métodos se han sofisticado y han ganado en exactitud, la investigación se ha vuelto cada vez más fascinante y reveladora. ¿Sabes que puedes modelar tu cerebro a través de la meditación? ¡Continúa leyendo para saber cómo!

Los orígenes de la investigación sobre la meditación

Décadas antes de que la meditación se extendiera por Occidente, unos pioneros acudieron a los yoguis indios y a los maestros zen en sus hábitats naturales para realizar estudios espontáneos del impacto de la meditación sobre los procesos vitales del cuerpo. Con la aparición de la meditación transcendental (MT) en la década de 1960, una nueva ola investigadora, impulsada por creciente notoriedad de la técnica (y por ramificaciones como la respuesta de relajación de Herbert Benson) desembocó en las pruebas convincentes de los amplios beneficios de la meditación para la salud. Al poco tiempo, el mundo científico comenzó a prestarle atención y se promovieron nuevos estudios, que finalmente marcaron el inicio de una nueva era de investigación con financiación pública y estudios revolucionarios. Pero antes, los humildes comienzos...

La conexión con los yoguis y los monjes zen

El primer estudio científico sobre la meditación fue realizado en la década de 1930, cuando un licenciado en Yale recibió una beca para estudiar los efectos psicológicos de su propia respiración yóguica y descubrió que su consumo de oxígeno disminuía hasta en el 25 %. Muy pronto, otros estudiosos siguieron sus pasos, viajaron a la India para estudiar a los yoguis expertos en meditación y realizaron los primeros experimentos con ayuda de instrumental científico rudimentario, como electrocardiogramas (ECG) y medidores de la presión arterial. Para estos occidentales formados en el método científico, los expertos orientales que estudiaban —yoguis que podían ralentizar su ritmo cardíaco y entrar en estados profundos de absorción— eran como animales exóticos: indudablemente dignos de estudio, aunque con escasa importancia para los seres humanos corrientes.

¿Se puede medir con exactitud la meditación?

A lo largo de este libro, hablo en términos generales de los beneficios de la meditación, los cuales, como ya habrás notado, son realmente impresionantes. Pero en interés de una información completa, quisiera realizar algunas precisiones:

✔ **Las técnicas de la meditación difieren, a veces de forma significativa, y estas diferencias se traducen en resultados diferentes de los estudios.** Por ejemplo, los primeros investigadores descubrieron que algunas técnicas eran estimuladoras e incrementaban la excitación emocional y, en algunos casos, los síntomas de estrés; mientras que otras eran calmantes y reducían la tensión. (Este libro presenta docenas de técnicas diferentes, pero todas las que enseño aquí entran en la segunda categoría.)

Del mismo modo, quienes estudian la meditación transcendental (MT) afirman que su técnica confiere ciertos beneficios especiales e induce a un patrón cerebral especialmente coherente que no se consigue por otros métodos, mientras que los defensores de la atención consciente insisten en que la consciencia del momento presente tiene el poder de cambiar el cerebro y curar el cuerpo del que otros enfoques carecen. Por esta razón, cualquier intento de generalizar sobre la meditación a partir de los estudios realizados sobre una sola técnica debería tomarse con cierta reserva.

✔ **Incluso dentro de un planteamiento concreto, los meditadores pueden presentar niveles de conocimiento y experiencia variados, y utilizar técnicas con sutiles diferencias.** Por ejemplo, un estudio de la atención consciente puede utilizar la reducción del estrés basada en la atención consciente, mientras que otro se basará en el *vipasana*, o terapia cognitiva basada en la atención consciente. ¿Son lo bastante similares como para compararlas y contrastarlas? ¿Y cómo determina el investigador si un meditador es avanzado, intermedio o principiante?

Algunos expertos insisten en que la investigación sobre meditadores no tiene en cuenta la posibilidad de que las personas que practican la meditación pueden poseer ciertos rasgos físicos o patrones de ondas cerebrales que los predispongan a esa actividad en lugar de adquirir esos atributos u ondas cerebrales a través de la propia práctica. La única forma de obtener resultados verdaderamente exactos y objetivos, al decir de estos críticos, es seleccionar un grupo de personas al azar, enseñarle a la mitad a meditar y dejar al resto como grupo de control de no meditadores.

En la década de 1960, investigadores de la Universidad de Tokio desarrollaron un estudio pionero de los maestros zen y sus pupilos en el que midieron las ondas cerebrales mediante electroencefalogramas (EEG) y la frecuencia cardíaca, la respiración, la respuesta galvánica de la piel y las respuestas a estímulos sensoriales. Descubrieron que los meditadores sufrían una progresión ordenada de cambios en las ondas cerebrales, empezando por un cambio a ritmos alfa (las ondas cerebrales asociadas con la atención relajada) más frecuentes y prolongados, y a medida que se profundizaba la meditación, culminaba con un aumento de las ondas theta (asociadas con la relajación profunda, la experiencia espiritual y una mayor creatividad). En estudios posteriores se ha visto que el predominio de las ondas alfa y, en meditadores más experimentados, las theta es una característica constante de la meditación relacionada con la atención consciente.

Aún más interesante, los investigadores descubrieron que los maestros zen de su estudio no se habituaban a un sonido recurrente, como sucedía en los controles ordinarios. En cambio, mostraban los mismos patrones en el EEG cada vez que se producía el sonido. En otras palabras, mantenían de modo regular una consciencia calmada y vigilante, tanto ante las sensaciones internas como las externas, independientemente de la frecuencia con que se les estimulara.

Sin embargo, al final, estas precisiones no son más que puntos delicados y no restan valor en modo alguno a las implicaciones básicas de los extensos estudios: que la meditación es positiva para ti en todos los niveles (mente, cuerpo y espíritu) de forma muy variada y significativa.

El estudio de la meditación trascendental y la respuesta de relajación

En la década de 1970, la meditación contaba con escasos aunque devotos seguidores en Occidente, y los investigadores ya no tenían que viajar a la India o Japón para estudiar sus efectos: podían centrarse en el creciente grupo de practicantes occidentales. La MT, en especial, introducida a finales de la década de 1960 por el Maharishi Mahesh Yogui y apoyada por los Beatles, financió un estudio exhaustivo sobre la eficacia del método y generó un alud de artículos científicos, muchos de los cuales fueron escritos bajo los auspicios de la propia organización Universidad Internacional Maharishi (actualmente Maharishi School of Management).

Los estudiosos de la MT afirmaban que la técnica, que consiste en la repetición de un mantra escogido especialmente, induce un cuarto estado de consciencia singular, diferente de los tres estados habituales de vigilia, fase del soñar y sueño profundo. La característica básica de este cuarto estado, según David Orme-Johnson, uno de los primeros investigadores de la MT, es la extraordinaria coherencia cerebral que suscita. La *coherencia*, que se puede medir por medio de EEG, es el grado de correlación o sincronía entre las diferentes zonas del cerebro. Es como la música armoniosa que extrae el director de una orquesta frente a la cacofonía que se organiza cuando los músicos afinan sus instrumentos. Orme-Johnson afirma que "todos los beneficios de la MT pueden explicarse gracias a la mayor coherencia general del EEG que produce".

Basándose en su estudio de los practicantes de la MT a principios de la década de 1960, Herbert Benson, médico cardiólogo y profesor de la Escuela Médica de Harvard, identificó lo que él llamaba *respuesta de relajación*, un mecanismo reflejo natural que se ponía en marcha con 20 minutos de meditación al día que llevase aparejada un entorno sosegado, la repetición de un sonido o frase, una actitud receptiva y sentarse en una posición cómoda. En esencia, extrajo lo que él consideraba los elementos básicos de la MT de su contexto espiritual y presentó una alternativa genérica. Una vez iniciado, este reflejo aparentemente induce la relajación, reduce el estrés y contrarresta la respuesta de combate-huida. En estudios posteriores, Benson detectó que la respuesta de relajación tenía un efecto beneficioso sobre la hipertensión, los dolores de cabeza, las dolencias cardíacas, el consumo de alcohol, la ansiedad y el síndrome premenstrual. Su éxito de ventas de 1975, *La respuesta de relajación*, fue el primer libro que ayudó a generalizar la práctica de la meditación por razones científicas.

Cuantificar los beneficios de la meditación para la salud

Durante las décadas de 1970 y 1980, el estudio sobre la respuesta de relajación de la MT predominaba en la investigación científica sobre la meditación, y los resultados revelaron sus excepcionales beneficios para varios indicadores de salud, desde la presión arterial y la concentración de colesterol, hasta la longevidad y la frecuencia de las visitas al médico. He aquí una muestra de algunos descubrimientos relacionados con los efectos corporales de la meditación:

✔ **Ritmo cardíaco.** Los estudios demuestran sin resquicios que el ritmo cardíaco disminuye durante la meditación entre 2 o 3 y 15 latidos por minuto; el descenso es más acusado en el caso de los meditadores más expertos. Al mismo tiempo (y posiblemente la razón de la disminución), el rendimiento cardíaco se incrementa hasta en el 15 %.

✔ **Presión arterial.** Uno de los parámetros que con más frecuencia se observa es la presión arterial sistólica, que disminuye de forma regular hasta en 25 mmHg (en individuos normales o moderadamente hipertensos).

✔ **Ondas cerebrales.** Como he indicado con anterioridad, los meditadores experimentan más ritmos alfa, tanto durante las sesiones prácticas como entre ellas. Los meditadores avanzados también presentan breves momentos de theta, durante los cuales afirman sentirse serenos, despejados y conscientes de sí mismos.

✔ **Deshabituación.** Mientras que los meditadores zen experimentan los sonidos nuevos con independencia de la frecuencia con que se produzcan, los meditadores de yoga (a los que se enseña más bien a amortiguar sus sentidos en lugar de potenciar su consciencia) se habitúan a los sonidos y gradualmente se vuelven menos receptivos.

✔ **Sustancias químicas que favorecen el estrés.** Tal y como cabía esperar de una práctica célebre por reducir el estrés, la meditación hace disminuir la concentración de *cortisol* (la principal hormona responsable del estrés segregada por la glándula suprarrenal) hasta en el 25 % en los practicantes expertos, y de *lactato* (una sustancia que se libera en la sangre durante el estrés) hasta en el 33 %.

✔ **Colesterol.** La práctica regular de la meditación reduce la concentración de colesterol sérico hasta en 30 mg/dL.

✔ **Metabolismo.** Docenas de estudios han descubierto que la meditación reduce el consumo de oxígeno hasta en el 55 %, la eliminación de dióxido de carbono hasta en un 50 %, y la frecuencia respiratoria de 14 o 16 respiraciones por minuto hasta tan sólo 1-2.

✔ **Longevidad.** Los estudios a largo plazo de los practicantes de meditación muestran que viven por término medio ocho años más que quienes no la practican, con el 30 % menos de fallos cardíacos y el 50 % menos de muertes por cáncer.

✔ **Usos médicos.** Un estudio desarrollado durante once años en un grupo de practicantes de MT reveló que registraban el 74 % menos de hospitalizaciones, el 55 % menos de visitas ambulatorias y el 63 % menos de gastos médicos respecto a los grupos de control no meditadores.

Las limitaciones de los primeros estudios

Por muy prometedores que fueran los primeros estudios sobre la meditación, tenían algunas limitaciones significativas. Veamos algunas:

Muchos de los primeros estudios no utilizaban la metodología de grupos de control elegidos al azar que la comunidad científica considera por lo general como el criterio de oro. En lugar de ello, algunos estudios se centraban tan sólo en unos cuantos individuos seleccionados, y otros no comparaban adecuadamente los sujetos meditadores con los grupos de control de no meditadores.

Parte de la investigación no ha tenido en cuenta el sesgo. Del mismo modo que muchos estudios sobre medicamentos nuevos están viciados por estar subvencionados por grandes compañías farmacéuticas, algunos de los primeros estudios llevados a cabo sobre la MT fueron cuestionados por estar financiados por la propia organización de la MT y, en efecto, realizados por ella misma. Esta crítica se vio agravada por el hecho de que la MT cobra unos honorarios considerables por la enseñanza de sus técnicas en lugar de ofrecerlas gratuitamente o por un precio mínimo, como sucede con el resto de las tradiciones meditativas. (Muchos, aunque no todos, de los resultados de la investigación de la MT han sido corroborados en estudios posteriores.)

Aunque no por culpa suya, los primeros investigadores no tuvieron acceso a la tecnología que se ha desarrollado en las últimas décadas y que es más sofisticada. Como consecuencia, la mayor parte de los primeros estudios sobre la meditación se centró en los efectos cuantificables para el comportamiento, la salud y los hábitos de vida en lugar de los cambios neurológicos a más largo plazo. Hasta años más recientes, los científicos no han podido determinar que la meditación en realidad modela el cerebro de una forma profunda y permanente.

Trazar un mapa del cerebro meditativo

No hace mucho, los científicos sólo podían obtener una imagen limitada del funcionamiento del cerebro a través del EEG, que medía la frecuencia y la amplitud de los patrones de ondas electromagnéticas que genera el cerebro. Pero cada vez se conocen mejor las zonas de este órgano que corresponden a las diversas funciones neuropsicológicas, y se dispone de formas más perfeccionadas de medir la activación e incluso el crecimiento de determinadas zonas. Por este motivo, cada vez más estudios muestran que la meditación afecta a algo más que a los resultados; también modela la propia consciencia e influye en nuestra forma de experimentar la vida de manera profunda y duradera.

Como a menudo ocurre con la ciencia, muchos de estos avances fueron producto de una creciente sofisticación tecnológica. En lugar de limitarse a colocar electrodos en el cráneo de los sujetos y a conectarlos a máquinas de EEG básicas, los científicos ahora pueden examinarlos mediante resonancia magnética (RM) o un escáner (cuyo nombre más formal es tomografía computarizada). No me gustaría someter a mi cerebro a un análisis tan exhaustivo (ni mi cuerpo a uno de esos dispositivos draconianos), pero, bueno, para eso están los voluntarios para experimentos, ¿no? Como resultado de esos avances tecnológicos, los investigadores pueden identificar con precisión las áreas del cerebro que activa una meditación en particular. Y pueden traducir estos descubrimientos a cambios probables de comportamiento y humor.

Las observaciones de los estudiosos no sólo tienen importancia para los meditadores y quienes desean utilizar la meditación para reducir su estrés o aliviar trastornos, sino que también revelan que el cerebro es mucho más maleable de lo que se creía. En efecto, la *neuroplasticidad*, descubierta no hace mucho, ha llevado a esforzarse por utilizar la meditación y otras técnicas para mantener el cerebro activo y para que crezca de modo adecuado hasta una edad avanzada.

Mientras la tecnología continúe evolucionando, la investigación indudablemente también lo hará; y quizá en un futuro no muy distante cuando acudamos al médico por depresión, dolor o deterioro cognitivo, nos prescribirá meditación en lugar de analgésicos, antidepresivos o medicamentos para el alzheimer.

En esta sección, te invito a realizar un recorrido guiado por el cerebro meditativo, te señalo las zonas que la práctica regular de la meditación afecta especialmente y te explico algunos de los cambios que se producen y el impacto que pueden tener sobre tu vida. Empezaré por fijarme en la creciente importancia de la atención consciente en el campo de la investigación sobre la meditación.

La atención consciente pasa al primer plano: Jon Kabat-Zinn y la reducción del estrés

En las décadas de 1980 y 1990, los estudios sobre la meditación desplazaron su centro de interés de la MT a la atención consciente, debido en gran medida a la obra pionera de Jon Kabat-Zim. Practicante de meditación durante largos años además de biólogo molecular y profesor de medicina, Kabat-Zinn fundó la pionera Clínica de Reducción del Estrés en el Centro Médico de la Universidad de Massachusetts en 1979 y comenzó a enseñar una combinación particular de consciencia del momento presente y hatha yoga consciente que bautizó como *reducción del estrés basada en la atención consciente* (*mindfulness-based stress reduccion* o MBSR, por sus siglas en inglés).

A lo largo de los años, Kabat-Zinn y sus colegas han tratado en su clínica a miles de personas aquejadas de numerosos problemas de salud, muchos de ellos relacionados con el estrés. Los estudios posteriores han descubierto que quienes siguen el programa de ocho semanas de MBSR experimentan una importante reducción del estrés, del dolor y de otros síntomas, y, además, mejora el funcionamiento de su sistema inmunitario. La clínica ha formado (y sigue haciéndolo) a más de setecientos instructores de MBSR, y actualmente existen cientos de programas de esta técnica en el mundo.

Desde la perspectiva de la investigación, la buena noticia es que la MBSR cuantifica y estandariza la enseñanza de la atención consciente, y la despoja de sus elementos espirituales más evidentes. Como resultado, los científicos poseen un punto de referencia seguro que les permite comparar y contrastar sus resultados. La atención consciente —que se puede aprender de forma gratuita y que enseñan muchas tradiciones espirituales de todo el mundo— ha ganado un gran reconocimiento a partir del estudio de las extraordinarias capacidades meditativas de los monjes tibetanos y de una serie de diálogos entre neurocientíficos y el dalái lama.

Desde principios de la década de 2000, los estudios sobre atención consciente han crecido exponencialmente, de manera que todos los años se publican varios estudios sobre atención consciente, más que de cualquier otro método combinado. Hay incluso un boletín digital llamado *Mindfulness Research Monthly*, que relata la crónica de los últimos avances.

¿Estados pasajeros o rasgos perdurables?

Cuando una persona mientras medita está conectada a un dispositivo de registro para hacer un EEG o un ECG o monitorizar la presión arterial, el resultado sólo indica lo que ocurre en el cuerpo durante el propio proceso de la meditación. En otras palabras, los resultados miden estados mentales o corporales que pasan en cuanto finaliza la sesión. Pero cuando se observa a esa persona durante algún período de tiempo más largo para determinar, por ejemplo, si la tensión arterial se mantiene baja entre sesión y sesión de meditación, o bien si afirma estar más contenta incluso después de abandonar la meditación, los resultados indican que ha adquirido unos rasgos que perduran de forma más o menos constante a lo largo de su vida.

Los primeros estudios se centraron básicamente en los estados, pero la investigación posterior sobre los beneficios duraderos de la meditación para la salud enfatizan el desarrollo de ciertas caracte-rísticas. Por ejemplo, hay estudios sobre MT que demuestran que las personas que la practican presentan valores inferiores de cortisol y colesterol, que suelen vivir más años y que utilizan la sanidad con menor frecuencia; todo eso sugiere que la meditación proporciona característi-cas que perduran entre las sesiones de meditación. Igualmente, los estudios que muestran cambios estructurales reales en el cerebro, como el crecimiento de la materia gris o una mayor conectividad interregional, implican que los cambios correspondientes en cognición, emoción y comportamiento duran y se convierten en atributos. Como es natural, dada la extraordinaria plasticidad del cerebro documentada por los estudiosos, si dejas de meditar durante un período prolongado y centras tu atención de forma muy diferente, tu cerebro podría volver a cambiar y esos atributos tan duramente adquiridos desaparecerían.

Crear un mapa de trabajo del cerebro

Ninguno de los estudios avanzados sobre el impacto de la medita-ción en el cerebro habría sido posible sin la sofisticada cartografía cerebral y el conocimiento creciente de cómo las diferentes áreas del cerebro influyen en la mente, el humor y el comportamiento. Aunque en general la meditación activa bastante áreas del cerebro implicadas, entre las más importantes están (no te obnubiles ante la jerga anatómica; procuraré explicarlo con sencillez):

✔ **Córtex prefrontal.** Esta zona del cerebro es responsable de la planificación compleja, la expresión de la personalidad, la toma de decisiones, la gratificación retardada, la moderación del comportamiento social, y la regulación y la inhibición de las emociones. Como su nombre indica, el córtex prefrontal se encuentra en la parte delantera del córtex.

✔ **Córtex del cíngulo anterior.** Situado alrededor del cuerpo calloso (la estructura que une los hemisferios izquierdo y derecho del cerebro), el córtex del cíngulo anterior te permite prestar atención —y eso incluye la atención a la propia atención— y actúa como puente o mediador entre pensamientos y emociones. Como resultado, desempeña una importante función en la regulación de las emociones y en el "cerebro social" empático.

✔ **Amígdala.** Un componente básico del sistema límbico, o cerebro emocional, esta estructura con forma de almendra desempeña un papel fundamental en el procesamiento y el recuerdo de las reacciones emocionales, en especial, el miedo, así como en el aprendizaje de comportamientos con base emocional. La amígdala es la principal responsable de que ante una amenaza nos enfrentemos, huyamos o nos quedemos paralizados. La meditación ayuda a regular esa respuesta.

✔ **Hipocampo.** Esta región desempeña una función importante en la formación de nuevos recuerdos basados en los hechos vividos, en la consolidación de la memoria a corto plazo en memoria a largo plazo, y en la orientación espacial. El daño en el hipocampo es una de las primeras causas del alzheimer.

Identificar la ubicación de las emociones positivas

Uno de los académicos de la meditación al que me he referido anteriormente en este capítulo, Richard Davidson, un distinguido profesor de psicología y psiquiatría de la Universidad de Wisconsin, director del Laboratorio Waisman para la Imagen y el Comportamiento del Cerebro, y director del Laboratorio de Neurociencia Afectiva y el Centro de Investigación de Mentes Sanas, ha centrado sus esfuerzos en la localización de las emociones positivas dentro del cerebro y la manera en que la meditación las evoca. En sus primeras investigaciones, descubrió que la activación del córtex prefrontal izquierdo (CPFI) está estrechamente relacionada con la experiencia de la emoción positiva (cuanto más feliz eres, más se ilumina el CPFI, al parecer porque ayuda a amortiguar las emociones negativas generadas por la amígdala. En cambio, la activación del córtex prefrontal derecho (CPFD) guarda relación con las emociones negativas.

Cuando estudió a los monjes tibetanos budistas a principios de la década de 2000, Davidson se asombró de lo mucho que se les activaba el CPFI y decidió ampliar su observación para ver si la gente corriente podía alcanzar resultados similares. Su pionera investigación reveló que los sujetos que seguían un curso de ocho semanas de MBSR potenciaban la activación del lado izquierdo tanto en reposo como en respuesta a estímulos emocionales. Al mismo tiempo, manifestaron que su ansiedad y otras emociones negativas, y que ese efecto perduraba bastante tiempo después de acabar el curso. ¿Las consecuencias? Si quieres sentirte más feliz, aprende a meditar (Para leer una discusión detallada sobre la meditación y la felicidad, consulta el capítulo 16.)

Cómo la meditación cambia el cerebro

Con la información más reciente sobre el funcionamiento del cerebro, los investigadores han estudiado la correlación entre la meditación, la activación de distintas partes del cerebro, y los cambios en el comportamiento, la cognición y la emoción. Los resultados no son en modo alguno concluyentes —son más bien interesantes atisbos de un vasto terreno virgen por explorar—, pero apuntan al enorme potencial de la meditación para fomentar el desarrollo humano psicológico y neurológico por medio de la activación, la integración y la coordinación de varias regiones del cerebro. Cada año aparecen nuevos e importantes estudios en los que se analiza el impacto de la meditación sobre el cerebro. Los siguientes apartados exponen tan sólo algunos de los descubrimientos más recientes.

Sin duda, este campo de investigación continuará creciendo en las próximas décadas a medida que surjan instrumentos más sofisticados para medir el cerebro, y también en función de la precisión que vaya ganando el conocimiento de la correlación entre regiones cerebrales y funciones cognitivas y conductuales. Si sientes curiosidad por los últimos avances, puedes buscar "investigación sobre meditación y cerebro" en Internet.

Aumentar la materia gris y encoger la amígdala

Una de las cosas más interesantes de las resonancias magnéticas es que permiten a los científicos observar cómo crece y se desarrolla el cerebro (¡y bajo la influencia de la meditación crece!). Los investigadores del Hospital General de Massachusetts descubrieron que los participantes en un estudio que habían seguido el programa de MBSR y habían practicado la meditación durante media hora cada día durante sólo ocho semanas, desarrollaban efectivamente más *materia gris* (la materia neurológica que compone el neocórtex o cerebro superior) en las regiones asociadas con la atención y la memoria, la gestión del estrés, la empatía y la integración emocional. En cambio, la amígdala, foco del estrés y la ansiedad en el cerebro, se encogía.

En lugar de limitarse al testimonio de los meditadores que afirman sentirse más amorosos, más centrados y menos estresados, los científicos poseen la prueba cuantificable de que el cerebro crece y cambia de una forma que se corresponde con los relatos subjetivos de los meditadores.

Reducir la activación del dolor

Numerosos estudios han señalado que los meditadores experimentan menos dolor que los grupos de control de no meditadores. La investigación más reciente con resonancia magnética tiene la explicación. Tras cuatro días de entrenamiento en meditación de atención consciente, los participantes en un estudio que meditaban en presencia de estímulos dolorosos sentían que su dolor se reducía en un 57 % y su intensidad en un 40 %. Cuando los investigadores midieron su cerebro, descubrieron una activación inferior en las regiones asociadas con el dolor, al tiempo que había aumentado la activación en el córtex del cíngulo anterior y otras áreas relacionadas con la regulación y la redefinición de la intensidad emocional. El cerebro de los meditadores no sólo registraba menos dolor, sino que también procesaba la experiencia sensorial de una forma que la hacía más tolerable.

Mejorar la conectividad cerebral y deterioro asociado a la edad

La meditación no sólo hace aumentar la materia gris del cerebro, sino que refuerza y acelera las conexiones entre las diferentes regiones de todo el órgano y aminora la atrofia cerebral relacionada con la edad. Gracias a la tecnología más reciente de imágenes del cerebro, los investigadores de UCLA descubrieron que los sujetos que practicaban la meditación tenían más *fibras de materia blanca* (relacionadas con la conectividad cerebral) y más densas y aisladas que los no meditadores. Los investigadores también descubrieron que esas fibras se deterioraban mucho menos a medida que las personas meditadoras envejecían. Las diferencias eran especialmente pronunciadas en la materia blanca que conecta la parte anterior y la posterior del cerebro, además del córtex frontal (el área asociada con la toma de decisiones, la gratificación retardada y la regulación de las emociones) y el sistema límbico (el punto de las emociones).

Estos descubrimientos ofrecen nuevas pruebas de que la meditación contribuye a regular y a modular las emociones debido a que ayuda a integrar las zonas del cerebro más relacionadas con la reflexión y las emociones.

Minimizar la mente errática y fantasiosa

Aunque soñar despierto a veces se asocia con una mayor creatividad, estudios recientes muestran que las personas son mucho menos felices cuando su mente divaga que cuando están implicadas en la tarea que les ocupa. No es extraño, por tanto, que los estudios sobre el cerebro indiquen que los meditadores expertos presenten una activación inferior en la zona del cerebro llamada "red neuronal por defecto", que está íntimamente asociada con la mente errática; esta disminución continúa incluso cuando no están meditando. Más fascinante aún es descubrir que cuando el modo por defecto está activo en los meditadores, las zonas del cerebro que gobiernan el autocontrol y el control cognitivo también lo están. En otras palabras, los meditadores fantasean menos, pero cuando lo hacen, son mucho más conscientes de ello y regresan con más facilidad al momento presente y a la felicidad relativa que éste proporciona.

Parte II
Empieza a meditar

—A LOS NIÑOS LES ENCANTA QUE
FERNANDO MEDITE.

En esta parte...

*T*endrás la oportunidad de explorar por ti mismo lo
que te ha llevado a la meditación y lo que esperas
conseguir con ella. Después te guío (suavemente) paso
a paso a través del proceso de descubrir cómo meditar.
Primero, vas a dirigir tu mente hacia el interior y empezarás a desarrollar la concentración. Después vas a
explorar la práctica de la meditación de la atención o
presencia consciente, que significa prestar atención a
cualquier experiencia que tengas. Y después llegarás a
experimentar emociones positivas cultivadas deliberadamente, como el amor y la compasión. Cuando finalices
esta parte, conocerás todos los pequeños trucos que
hacen la meditación fácil y divertida, desde cómo sentarte con tranquilidad y seguir la respiración, dónde y cómo
meditar, hasta el equipo que necesitas y cómo usarlo. Si
sigues estas instrucciones, te convertirás en un meditador experto en un abrir y cerrar de ojos.

Capítulo 5

Los cimientos: motivación, actitud y mente de principiante

En este capítulo

▶ Cómo reconocer y mantener la mente de un principiante

▶ Descubre lo que te motiva a meditar

Como práctica efectiva para reprogramar tu mente y abrir tu corazón, la meditación no tiene igual. Pero tradicionalmente la meditación nunca va sola, siempre va acompañada por un énfasis en la motivación y la actitud (es decir, las cualidades de la mente que alimentan la caldera de la meditación y la mantienen en marcha cuando el camino se vuelve difícil).

Algunos profesores de meditación pueden instarte a realizar un voto para dedicar tu meditación al bienestar de los demás, en vez de reservarte todos los regalos para ti. Otros pueden pedirte que analices tus aspiraciones, intenciones o actitudes más profundas, lo que un maestro zen llama tu "petición más íntima". Cualquiera que sea el término utilizado para describirlo, tú necesitas ahondar con profundidad en tu mente y en tu corazón para tener claras las razones que te motivan a meditar. Después puedes recurrir a esta motivación cuando la práctica se vuelva aburrida y monótona, lo que inevitablemente ocurrirá.

Mi sobrino adolescente aspira a convertirse en jugador profesional de béisbol. A pesar de los inconvenientes, puede que lo logre; mide 1,95, es zurdo, con una pelota rápida venenosa y la filosofía de trabajo de un ganador. Hace poco me pidió que le enseñara a meditar para poder lanzar con más aplomo y serenidad. También tengo un primo de treinta y tantos años, que tiene un máster en administración de empresas (MBA) de Harvard y que trabaja en una prestigiosa firma de inversiones de la costa este de Estados Unidos. Cuando hablamos por teléfono el otro día, se preguntaba si la meditación podría ayudar a aliviar el estrés constante que acompaña a este empleo. Una amiga cercana que anda por los cincuenta, y a quien diagnosticaron hace poco cáncer de mama, quiere aprender a meditar para controlar su miedo y facilitar su curación. Y una de mis pacientes de terapia me pidió que le enseñara a meditar porque quería aprender a tranquilizar su mente para poder así tener una visión clara de los patrones recurrentes de pensamiento y acción que trastornan su vida y la hacen infeliz.

Tú puedes sentirte empujado a meditar por el dolor o el sufrimiento o la desesperación de cualquier tipo, o tan sólo puedes sentirte insatisfecho con la calidad de tu vida: el nivel de estrés, la falta de alegría, la velocidad y la intensidad... Cualquiera que sea tu historia, necesitas estar suficientemente motivado si te vas a tomar la molestia de cambiar tu rutina, aminorar el ritmo y dirigir la atención hacia tu interior durante 15 o 20 minutos cada día. En este capítulo, tienes la oportunidad de enfrentarte a tu particular tipo de insatisfacción y de cultivar la motivación que te mantenga meditando semana tras semana.

Comienza (y termina) con una mente de principiante

En última instancia, los grandes maestros de meditación aconsejan que la mejor actitud hacia la meditación que se puede adoptar es una mente abierta, por completo libre de toda preconcepción y expectativa. Uno de mis primeros profesores de meditación, el maestro zen Shunryu Suzuki, llama a esto *mente de principiante* y afirma que la meta de la meditación no es acumular conocimiento, aprender algo nuevo o lograr algún estado de mente especial, sino sencillamente mantener esta perspectiva fresca y despejada.

"Si tu mente está vacía, está siempre preparada para cualquier cosa; está abierta a todo", escribe en su libro *Zen Mind, Beginner's Mind (Mente zen, mente de principiante)*. "En la mente del principiante hay muchas posibilidades; en la mente del experto, hay pocas." Como sugiere el título de este libro, Suzuki enseña que la mente del principiante y la *mente zen* —la mente despierta, clara y libre del maestro zen iluminado— son esencialmente la misma. O como lo expresa otro maestro: "¡El buscador es lo buscado; el que indaga es aquello por lo que indaga!".

Huelga decir que es más fácil hablar de la mente de principiante que mantenerla, o incluso reconocerla. Pero de eso se trata precisamente, la mente "que no sabe" del principiante no puede conceptualizar o identificar la mente de principiante, lo mismo que el ojo no puede verse a sí mismo, aunque es la fuente de todo ver. No importa qué técnica de meditación escojas, trata de practicarla con el espíritu inocente, abierto, "sin saber", de la mente del principiante. En cierto sentido la mente de principiante es la no actitud que subyace a todas las actitudes, la no técnica que está en el corazón de todas las técnicas exitosas.

Tu final es tu principio

Uno de los grandes misterios de la meditación es que inevitablemente uno termina donde comenzó. Como Simón, el del recuadro "Descubre el tesoro que tienes en tu propia casa" del capítulo 1, tú descubres finalmente que el tesoro ha estado escondido todo el tiempo bajo tu propio hogar y que el camino que sigues sirve para guiarte a casa de nuevo. Como expresó T. S. Eliot en su poema "Cuatro cuartetos": "El final de toda exploración / será llegar a donde iniciamos / y conocer el lugar por primera vez".

Para aclarar este misterio, los tibetanos hacen una distinción entre el *suelo*, la *vía* y la *realización*. La mente confusa, sufriente, dicen, tiene en su interior la paz, el amor y la felicidad que tú buscas, el suelo o base para despertar. Pero las nubes de la negatividad (duda, juicio, temor, ira, apego) que oscurecen este suelo —que es quien eres tú realmente en el fondo del corazón— se han vuelto tan densas e impenetrables que necesita embarcarse en la vía de la meditación para alejar las nubes y acercarse a la verdad.

Cuando al fin reconoces tu Ser esencial —el momento de la realización— te das cuenta de que ha estado siempre ahí mismo, donde ahora estás, y que es quien tú has sido siempre, más cercano que tu propio corazón y más inmediato que tu aliento. Este Ser esencial es idéntico a lo que la meditación zen llama la *mente de principiante*.

He aquí las características de la mente de principiante:

✔ **Apertura a cualquier cosa que surja.** Cuando acoges tu experiencia en la meditación sin tratar de cambiarla, te alineas con el Ser mismo, que lo incluye todo —lo claro y lo oscuro, lo bueno y lo malo, la vida y la muerte— sin preferencias.

✔ **Libertad de expectativas.** Cuando practicas la mente de principiante, recibes cada momento con ojos y oídos nuevos. En vez de meditar para alcanzar alguna meta futura, te sientas con la confianza de que la consciencia abierta y dispuesta que lleva a la meditación contiene finalmente todas las cualidades que tú estás buscando, como amor, paz, compasión, sabiduría y ecuanimidad.

✔ **Mente espaciosa y espontánea.** Algunos maestros comparan la mente de principiante con el cielo: aunque las nubes puedan ir y venir, la extensión sin límites del cielo nunca se daña o se reduce de ninguna forma. En cuanto a la espontaneidad, Jesús lo resumió cuando dijo: "Deberéis ser como estos niños para poder entrar en el reino de los cielos". Libre de expectativas y abierto a lo que surja, tú respondes a las situaciones de forma espontánea.

✔ **Consciencia original, primordial.** Un famoso *koan* zen (un enigma provocador) dice así: "¿Cuál era tu cara original antes de que tus padres nacieran?". Este koan señala la cualidad inefable, primordial, de la mente, que es anterior a tu personalidad e incluso a tu cuerpo físico. ¡Quizá la mente de principiante debería llamarse en realidad *mente sin principio*!

Vacía tu taza

Hay una antigua historia zen sobre un erudito que fue a ver a un famoso maestro zen para averiguar el significado del zen. El erudito hacía una pregunta tras otra, pero estaba tan lleno de sus propias ideas que casi no le daba al maestro la oportunidad de contestar.

Después de una hora de monólogo, el maestro le preguntó al erudito si quería una taza de té. Cuando el erudito le extendió la taza, el maestro la llenó y siguió echando té.

"¡Basta! —gritó el erudito— la taza está llena, no le cabe más".

"Sí —respondió el maestro— lo mismo le ocurre a tu mente. No puedes aprender zen hasta que vacíes tu taza."

¿Qué te motiva a meditar?

En nuestra cultura no hablamos mucho de motivación, a menos que sea deficiente o que no la haya y necesitemos recargarla para "motivarnos". En tu vida, puede que seas el tipo de persona que hace las cosas de forma natural, o que las hace porque es divertido, emocionante, educativo o meramente interesante. O quizá eres del tipo responsable que llena su vida de obligaciones y pasa el tiempo cumpliendo con ellas.

Cualquiera que sea tu estilo de motivación, al observarla más de cerca podrás descubrir que tu motivación o actitud ante una actividad tiene un impacto muy grande sobre tu experiencia de la actividad. Tomemos el sexo, por ejemplo. Si lo haces por lujuria, aburrimiento o miedo, tu placer sexual estará impregnado por el aroma del sentimiento que lo motivó. Pero si tienes sexo como una expresión since-ra de amor por tu pareja, puede que te muevas de la misma manera, que toques los mismos lugares, que utilices las mismas técnicas, pero tendrás una experiencia muy diferente.

Bueno, la meditación es como el sexo, ¡lo que obtienes es lo que le pones! De hecho, las tradiciones meditativas sugieren que tu motiva-ción determina el resultado de tu práctica tanto como la técnica que utilizas o el tiempo que inviertes en ella. Así como los pacientes que siguen la terapia junguiana tienen sueños junguianos y los freudia-nos tienen sueños freudianos, los meditadores cristianos tienden a experimentar a Dios o a Cristo, los meditadores budistas ven el va-cío y los que buscan la curación, la paz de mente o un rendimiento superior tienden a obtener aquello por lo que vinieron.

Las tradiciones espirituales a menudo clasifican las actitudes como más altas o más bajas, y generalmente están de acuerdo en que la motivación de ayudar a los demás antes de ayudarse a uno mismo es la más elevada. Sin embargo, tú debes empezar donde estás y ser honesto contigo mismo, que es más importante que aparentar tener una motivación que en realidad no tienes. De cualquier modo, cuanto más medites, más abrirás tu corazón y revelarás tu interés natural, inherente, por el bienestar de los demás. Las siguientes sec-ciones tratan de los cinco estilos básicos de motivación. Consúltalas para tener una idea de dónde estás tú. Fíjate en que los límites entre esos estilos son confusos, cuando menos, y mucha gente tiende a ser una mezcla de los cinco.

Reflexiona sobre tu vida

Los grandes maestros espirituales y de meditación siempre nos han recordado la brevedad de la vida. Los místicos cristianos occidentales tenían una calavera en su escritorio para recordarles su mortalidad. Los monjes y monjas budistas en algunos países asiáticos aún meditan en los cementerios para profundizar su consciencia de la impermanencia. Ya sea mañana, el año que viene o dentro de muchos años, tú y yo finalmente moriremos. Recordar esto de vez en cuando puede ayudarnos a clarificar las prioridades de la vida y recordarnos nuestras razones para meditar.

Por supuesto, si te parece demasiado deprimente pensar en morir, sáltate este ejercicio con toda libertad. Pero puede que descubras que tu aversión inicial se desvanece al abrir tu corazón al carácter precioso de la vida. Tómate 10 minutos o más para hacer esta meditación guiada (adaptada del libro *A Path with Heart —Camino con corazón—* de Jack Kornfield):

1. **Siéntate en silencio, cierra los ojos y respira profundamente unas cuantas veces, relajándote un poco con cada exhalación.**

2. **Imagina que estás al final de tu vida y que la muerte se acerca rápidamente.**

   Sé consciente de lo provisional de la vida; tú puedes morir en cualquier momento.

3. **Reflexiona sobre tu vida mientras la ves pasar ante tus ojos como en un video.**

4. **Según vayas reflexionando, escoge dos cosas que hayas hecho sobre las que ahora te sientes bien.**

   Pueden no ser importantes, que no hayan cambiado tu vida; de hecho, pueden ser sucesos sencillos, aparentemente insignificantes.

5. **Analiza en profundidad qué hace memorables esos momentos, las cualidades de mente y de corazón que les aplicaste.**

6. **Fíjate en cómo te afectan esos recuerdos, qué sentimientos y otros recuerdos despiertan.**

7. **A la luz de esos recuerdos, analiza cómo podrías vivir de manera diferente si tuvieras que vivir tu vida de nuevo.**

   ¿A qué actividades les dedicarías más tiempo de lo que les dedicas ahora? ¿Qué cualidades del Ser buscarías enfatizar? ¿A qué personas les prestarías más (o menos) atención?

8. **Cuando termines este ejercicio y vuelvas a tus tareas habituales, fíjate en si tu actitud hacia tu vida ha cambiado en algo.**

MEDITACIÓN

Mira profundamente en tu corazón

Siéntate en silencio, respira profundamente unas cuantas veces y dedica un tiempo a buscar en tu corazón y en tu mente las respuestas a estas preguntas:

✔ ¿Qué me lleva a practicar la meditación?

✔ ¿Qué me motiva a meditar?

✔ ¿Qué espero lograr?

✔ ¿Qué espero aprender?

Deja a un lado los primeros pensamientos que te vengan a la mente, mira más con más hondura y hazte esta pregunta: "¿Cuál es la insatisfacción o sufrimiento que me empuja?"

✔ ¿Quiero reducir el estrés y tranquilizar la mente?

✔ ¿Quiero ser más feliz y aceptarme más?

✔ ¿Busco respuestas a las preguntas existenciales más profundas como "¿quién soy?" o "¿cuál es el sentido de la vida?"

Quizá estás incluso en sintonía con el sufrimiento de los demás y aspiras a ayudarlos antes que ayudarte a ti mismo. O quizá sólo quieres mejorar tu rendimiento en el trabajo o ser más atento y amoroso con tu familia. Sean las que sean las respuestas que obtengas, anótalas sin juicios, recurre a ellas cuando las necesites para ayudarte a mantenerte motivado, y permite que cambien y que profundicen con el tiempo.

Mejorar tu vida

Imagina por un momento que tu vida es un caos y estás luchando por ordenarla, así que adoptas la práctica de la meditación. Supones que la meditación te enseñará la concentración y disciplina que necesitas para triunfar. O quizá tienes dificultades con tus relaciones y quieres tranquilizar la mente y equilibrar la montaña rusa emocional para no estar en conflicto constante con los demás.

Quizá padeces alguna enfermedad crónica y esperas que la práctica regular de la meditación reduzca tu estrés y mejore tu salud en general. O quizá sólo quieres mejorar tu rendimiento en el trabajo o en los deportes, o aprender a disfrutar más de tu familia, tus amigos y tus actividades de ocio.

Cualesquiera que sean las circunstancias, tu preocupación primordial en este nivel es arreglar o mejorar, tú o tus circunstancias externas, una intención completamente noble.

Entenderte y aceptarte

En cierto momento de tu desarrollo, puede que te canses de tratar de arreglarte, o quizá lo has hecho tan bien que es hora de avanzar hacia la siguiente fase. Aquí es donde te das cuenta de que hay algunos patrones recurrentes y que luchar por cambiarlos sólo los afianza, y por tanto decides dejar de "arreglar" la autoconciencia y la autoaceptación. Como dice el entrenador de la NBA Phil Jackson en su libro *Sacred Hoops* (*Canastas sagradas*): "Si podemos aceptar la mano que nos han repartido, independientemente de lo molesta que nos parezca, la forma de proceder eventualmente se vuelve clara".

Me gusta comparar el cambio con uno de esos juegos chinos de tejer con los dedos, que eran populares cuando era niño: cuanto más duro tiras de él, más atascado queda. Pero si mueves los dedos uno en dirección del otro —el gesto de la autoaceptación— puedes liberarlos con bastante facilidad. Si estás atormentado por la culpabilidad, la duda sobre ti mismo o el autojuicio, puedes ser atraído a la meditación como una forma de aceptarte e incluso de amarte.

En mi trabajo como psicoterapeuta he descubierto que la mala autocrítica puede causar caos en la psique de personas perfectamente equilibradas; y el antídoto contra este mal pasa casi de manera inevitable por la autoaceptación, lo que los budistas llaman "hacer las paces con uno mismo". Cuando practicas aceptarte de forma plena, te calmas y abres tu corazón, no sólo a ti mismo, sino en último término también a los demás (para saber más sobre la autoaceptación, consulta los capítulos 8, 12 y 13).

Ser consciente de tu verdadera naturaleza

Aunque reconozcas la importancia de mejorar o de reconciliarte contigo mismo, puede que te vuelques sobre la meditación con un deseo de rasgar los velos que te separan de la verdadera fuente de todo significado, paz y amor. ¡No te sentirás satisfecho con menos! Quizá estás obsesionado con las grandes preguntas espirituales como "¿Quién soy yo?", "¿Qué es Dios?" o "¿Cuál es el significado de la vida?" En el zen se dice que un anhelo de verdad tan intenso es como una bola de hierro incandescente alojada en el fondo de tu estómago: no puedes digerirla y no puedes escupirla, sólo puedes trasformarla por medio del poder de tu meditación.

Tu búsqueda puede estar motivada por el sufrimiento personal, pero no estás dispuesto a detenerte en el autoperfeccionamiento o en la autoaceptación y te sientes empujado a alcanzar la cumbre de la montaña que describo en el capítulo 1, lo que los grandes maestros llaman *iluminación* o *satori*. Cuando te das cuenta de quién eres en esencia, el tú mismo separado se atenúa y revela su identidad como el Ser mismo. Esta comprensión, a su vez, puede tener amplias ramificaciones, incluyendo, irónicamente, una vida más feliz y armoniosa, amor hacia ti mismo y una autoaceptación completa.

Despertar a los demás

Los budistas tibetanos enseñan que todos los meditadores deben cultivar la motivación más importante de todas: ver a los demás como iguales a uno mismo y poner su liberación por delante de la propia. Conocida como *bodichita* ("corazón despierto"), esta aspiración desinteresada acelera realmente el proceso meditativo al ofrecer un antídoto contra la tendencia natural humana a acaparar nuestros logros y entendimientos, y a defender nuestro territorio psíquico y espiritual. A menos que esté llena de bodichita, dicen los tibetanos, la meditación sólo puede llevarnos hasta cierto punto en el camino de la autorrealización.

Expresar tu perfección innata

En la tradición zen, la motivación más elevada para meditar no es alcanzar un estado mental especial, sino expresar la *verdadera naturaleza*, innatamente pura y no profanada: eso a lo que me referí con anterioridad como la *mente de principiante*, y en el capítulo 1 como el *Ser puro*. Con esta motivación tú nunca dejas tu propio corazón; por el contrario, te sientas con la confianza de que eres la paz y la felicidad que buscas. Este nivel de motivación requiere una enorme madurez espiritual, pero cuando hayas tenido un atisbo de quién eres realmente, podrás verte movido a meditar para hacer real tu comprensión y profundizar en ella.

Cómo vivir en armonía con tu meditación

Ahora que ya sabes qué te motiva a meditar, puedes beneficiarte de unas cuantas directrices para realzar y profundizar tu práctica. En particular, a lo largo de los siglos los meditadores han descubierto que la forma en que uno actúa, en lo que piensa y las cualidades que cultiva, pueden tener un impacto inmediato sobre la profundidad y la estabilidad de su meditación.

Toda tradición espiritual enfatiza algún tipo de conducta recta, y no necesariamente con nociones rígidas sobre lo correcto y lo incorrecto. Cuando tus acciones no concuerdan con tus razones para meditar —por ejemplo cuando estás meditando para reducir el estrés pero tus acciones intensifican el conflicto—, tu vida cotidiana puede estar trabajando en sentido contrario al tiempo que pasas sobre el cojín. (¡La palabra hebrea para "pecado" originalmente significaba "lejos de la verdad"!) Cuanto más medites, más sensible te volverás hacia el modo en que ciertas actividades apoyan o incluso realzan tu meditación, y otras la perturban o la desaniman.

Por supuesto, hay un círculo de retroalimentación constante entre la meditación formal y la vida cotidiana: cómo vives afecta a la forma como meditas y la forma como meditas afecta a cómo vives.

Con estos pensamientos en mente, aquí tienes diez pautas para vivir en armonía con el espíritu de la meditación:

✔ **Sé consciente de la causa y el efecto.** Fíjate en cómo tus acciones —y los sentimientos y pensamientos que las acompañan— influyen en los demás y en tu propio estado mental. Cuando estallas en ira o te dejas llevar por el miedo, observa cómo las ondas de estos sentimientos se sienten, durante horas o incluso días, en la respuesta de los demás, en tu propio cuerpo y en tu meditación. Haz lo mismo con las acciones que expresan bondad o compasión. Como dice la Biblia: "Aquello que siembres, aquello cosecharás".

✔ **Reflexiona sobre la impermanencia y la belleza de la vida.** La muerte es real, dicen los tibetanos; puede venir sin aviso, y este cuerpo, también, un día será alimento de los gusanos y de otras criaturas de la tierra. Reflexionando sobre lo raro que es ser un ser humano en una época en que las comodidades físicas son relativamente abundantes y la práctica de la meditación y de otros métodos para reducir el estrés y aliviar el sufrimiento están tan fácilmente al alcance, tú puedes sentirte más motivado para sacar partido de las oportunidades que tienes.

✔ **Comprende las limitaciones del éxito mundano.** Fíjate en la gente que conoces que ha logrado el éxito mundano al que tú aspiras. ¿Son realmente más felices que tú? ¿Tienen más amor en su vida o más paz mental? A través de la meditación tú puedes lograr un nivel de éxito interior que se basa en la alegría y la tranquilidad más que en el logro material.

✔ **Practica el desapego.** Este clásico consejo budista puede parecer una tarea imposible a primera vista. Pero de lo que se trata aquí no es de ser indiferente o de desentenderse del mundo, sino de darse cuenta de cómo el apego al resultado de tus acciones afecta a tu meditación y a tu paz interior. ¿Cómo sería actuar sinceramente, con las mejores intenciones, y lograr abandonar tu lucha por conseguir cosas que deban ser de una forma determinada?

✔ **Cultiva la paciencia y la perseverancia.** Más que otra cosa, la práctica de la meditación requiere la disposición a seguir intentándolo; llámalo disciplina, diligencia, perseverancia o simplemente capacidad de continuar con algo, cosecharás los mayores beneficios si la practicas de manera regular, día tras día. Además, las cualidades de la paciencia y la perseverancia se traducen muy bien a cada área de la vida (para más información sobre la autodisciplina, consulta el capítulo 10).

✔ **Simplifica tu vida.** Cuanto más complicada sea tu vida, más agitada estará tu mente cuando meditas, y mayor será tu nivel de estrés. Presta especial atención a todas esas actividades adicionales que encajas en tu agenda ya repleta (quizá lo haces para evitar respirar profundamente, escuchar el latido de tu corazón, enfrentarte a tus miedos y lidiar con otros sentimientos desagradables como la soledad, la vacuidad, el dolor o la insuficiencia). Si dejas de correr y escuchas con atención, puede que oigas la voz de tu propia sabiduría interior.

✔ **Vive con honestidad e integridad.** Cuando mientes, manipulas y comprometes tus valores fundamentales, puede que logres esconderte de ti mismo durante un tiempo, hasta que llegas a tu cojín de meditación. Entonces tu consciencia enciende su ronroneo y cada pecadillo retorna para atormentarte. La meditación te devuelve tu imagen como un espejo y lo que ves puede motivarte a poner más en práctica tu potencial positivo.

✔ **Enfréntate a las situaciones con el valor de un guerrero.** Al contrario de sus homólogos del campo de batalla, los "guerreros de la meditación" cultivan el valor de abandonar su agresión y su actitud defensiva, de enfrentar sus miedos y de abrir su corazón a sí mismos y a los demás. "Es más fácil decirlo que hacerlo", podrás pensar, pero la meditación te enseñará cómo hacerlo, y entonces tendrás que estar dispuesto a llevarlo a cabo hasta el final en cualquier situación de la vida real. En último término, cada momento se convierte en una oportunidad de practicar (para más información sobre cómo meditar en cada momento de la vida, consulta el capítulo 17).

✔ **Confía en la tecnología de la meditación y en ti mismo.** Recuerda que la gente ha estado meditando con éxito durante miles de años, mucho más tiempo de lo que ha estado utilizando, digamos, computadoras portátiles o Internet; recordar esto te va a ayudar. Además, aquí estamos hablando de tecnología elemental, de algo que cualquiera puede hacer, como respirar o prestar atención. Simplemente confía en la tecnología, sigue las instrucciones y no te apegues a los resultados.

✔ **Dedica tu práctica al beneficio de los demás.** Como ya dije antes, los tibetanos llaman a esta dedicación bodichita ("corazón despierto") y la consideran esencial para la meditación que cambia la vida. Estudios sobre el impacto de la oración en la curación, citados en *Healing Words: The Power of Prayer and the Practice of Medicine* (*Palabras que curan: el poder de la plegaria y la práctica de la medicina*), de Larry Dossey, han demostrado que las oraciones que piden resultados específicos no son tan eficaces (ni de cerca) como las que piden lo mejor para todos los involucrados. En otras palabras, ¡el amor que recibes es proporcional al amor que das!

Una última mirada

Imagina que nunca volverás a ver a tus amigos o a tus seres queridos de nuevo. Ahora, sigue estos pasos:

1. Siéntate en silencio, respira profundamente unas cuantas veces y cierra los ojos.

2. Deja que los pensamientos, sentimientos y preocupaciones habituales que te rodean se dispersen como la niebla en una mañana soleada.

3. Mira los objetos y a las personas que están en tu campo de visión como si fuera la última vez.

¿Cómo los ves? ¿Cómo te sientes? ¿Qué pensamientos te pasan por la mente?

4. Piensa en la belleza y el carácter precioso de este momento, que es el único que tienes.

5. Reflexiona sobre el reconocimiento de que todo momento es como éste.

6. Cuando termines esta meditación, permite que cualquier comprensión que hayas logrado impregne tu experiencia.

Capítulo 6

Cómo te estresa tu mente y qué puedes hacer al respecto

► Sumérgete en tus pensamientos y sentimientos

► Revisa las diversas formas en que la mente te causa estrés

► Utiliza la meditación para aliviar el estrés y el sufrimiento

Durante miles de años, los expertos y sabios tanto orientales como occidentales nos han venido diciendo que nuestros problemas se originan en nuestra mente. Así que no te sorprenderás si yo me uno al coro de sus voces para decir que estoy de acuerdo con ellos. Sí, tienen razón: tu mente, por sí sola, "puede hacer un cielo del infierno y un infierno del cielo", como dijo el poeta inglés John Milton. Pero ¿cómo —puedes preguntarte— puede algo tan obvio ayudarte cuando no sabes qué hacer con ello? "Claro, el problema es mi mente —puede que digas— pero no puedo operarme para deshacerme de ella."

Puedes empezar por familiarizarte con el funcionamiento de la mente. Como tal vez habrás notado, es un surtido más bien complejo de pensamientos, ideas, historias, impulsos, preferencias y emociones. Sin un diagrama, puede ser tan difícil de manejar como el revoltijo de cables y piezas que hay bajo el capó de tu coche.

Cuando tengas un conocimiento funcional de cómo está estructurada la mente, puedes empezar a fijarte en cómo esos pensamientos y sentimientos distorsionan tu experiencia y te impiden lograr la felicidad, la relajación, la efectividad o la curación que buscas. Después puedes descubrir cómo la meditación puede enseñarte a cambiar todo eso al centrar y tranquilizar tu mente y, finalmente, al profundizar más y al desenmarañar las historias y patrones habituales que te producen sufrimiento y estrés. ¿Quién sabe? ¡Puede que después de todo no necesites una lobotomía!

¿Es más alta o más profunda?

Los maestros espirituales y los defensores del crecimiento personal tienen una afición mareante por las metáforas que implican arriba y abajo. Algunos hablan de excavar en tu experiencia interior como un minero, o de penetrar muy hondo, o de sentir o conocer las cosas profundamente. Otros hablan de la consciencia más alta o de trascender lo mundano o de tener una mente elevada como el cielo. (Aprovecho lo mejor de ambos mundos utilizando las dos tendencias de forma más o menos intercambiable.)

Hasta cierto grado, la diferencia está en las preferencias personales o en el escritor o maestro en particular. Pero también puede referirse a una actitud hacia la experiencia interior: si crees que la fuente del ser está en lo profundo de tu interior, debajo de lo personal, entonces habla de "abajo". Si crees que existe en los escalones superiores de tu Ser o que llega como una gracia o un espíritu desde arriba, entonces habla de "arriba".

En mi humilde opinión, si te sumerges lo suficiente en la profundidad, te encontrarás en la cumbre de la montaña, y si te elevas suficientemente alto, te encontrarás en el fondo del mar. En todo caso, se trata del mismo lugar. Finalmente, de hecho, el ser puro no tiene ubicación: está en todas partes, en todos nosotros, todo el tiempo.

Haz un recorrido por tu interior

Como soy un senderista y un nadador ávido, me gusta usar metáforas naturales, que de hecho se prestan muy bien para describir la meditación. En el capítulo 1, comparo practicar la meditación con escalar una montaña. Aquí voy a poner esa metáfora patas arriba, por así decir, y voy a hacer que te imagines que el viaje que estás haciendo es hacia abajo, al fondo de un lago. (Si quieres imaginarte con equipo de buzo, adelante.) De hecho, el lago al que me refiero eres tú; tú estás viajando a las profundidades de tu propio Ser.

Indaga a través de las capas de tu experiencia interior

Cuando meditas, además de desarrollar tu concentración y de tranquilizar la mente, puede que excaves muy profundamente en tu experiencia interior y que acabes descubriendo capas que ni siquiera sabías que existían. Ahora bien, ¿qué se supone que hay en el fondo? Las grandes tradiciones meditativas tienen diferentes nombres para ello: esencia, ser puro, naturaleza verdadera, espíritu, alma, la perla preciosa, la fuente de toda sabiduría y amor... El zen lo llama "tu cara original antes de que tus padres nacieran". Tú podrías representarlo como una fuente que mana agua pura, refrescante, profundamente saciadora del ser, sin reservas (para saber más sobre esta fuente, consulta el capítulo 1 donde aguarda al caminante en la cima de la montaña de la meditación).

Esta fuente del ser es quien en realidad eres tú en el fondo de tu corazón, antes de que fueras condicionado a creer que de alguna manera eres poco eficiente o inapropiado, como tantos de nosotros creemos. Es tu plenitud, tu ser completo, antes de que empezaras a sentirte separado, solitario o fragmentado. Es la intuición profunda de estar conectado de forma inextricable con algo más grande que tú, y con todos los demás seres y cosas. Es, finalmente, la fuente de toda paz, felicidad, alegría y otros sentimientos positivos y afirmadores de la vida, aunque tú creas que los producen las circunstancias exteriores. (Por supuesto, la gente experimenta esta fuente de manera diferente, lo que explica por qué hay tantas palabras para describirla.)

Conectarse de alguna manera con esta fuente de ser puro es en realidad el objeto de la meditación, ya sea que aspires a convertirte en un iluminado o que sólo trates de reducir el estrés, aumentar tu rendimiento o mejorar tu vida. Y la meditación definitivamente te llevará allí, como explico más adelante en este capítulo. Sin embargo, cuando meditas, también empiezas a encontrar obstáculos que parecen interponerse entre tú y la experiencia del Ser, lo mismo que puedes encontrar capas de sedimento, algas, peces y desechos en tu camino hacia el fondo de un lago. Estas capas no plantean ningún problema a menos que el agua interior sea turbulenta, en cuyo caso pueden dificultar que veas con claridad. (Por *turbulencia* me refiero a una mente ocupada y agitada o un corazón preocupado, asustado, a la defensiva.)

Más o menos en el orden en que puedes ir encontrándolas en la meditación, hablo de estas capas en las siguientes secciones.

Parloteo mental

Cuando diriges tu atención hacia adentro, lo primero que probablemente encontrarás es el incesante parloteo de tu mente. Los budistas comparan a la mente con un mono ruidoso que salta incontrolablemente de una rama a otra sin quedarse nunca quieto.

La mayor parte del tiempo, puedes estar tan atrapado en este parloteo que no eres consciente siquiera de que está ocurriendo. Puede
tomar la forma de revivir el pasado, prepararse para el futuro o tratar de resolver algún problema en el presente. Cualquiera que sea el
contenido, tu mente está constantemente hablándose a sí misma, a
menudo contándose una historia donde apareces tú como héroe... o
víctima. (Las investigaciones muestran que sólo un pequeño porcen-
taje de personas no experimenta el monólogo interior en absoluto,
pero en su lugar tienen imágenes y sentimientos.)

Emociones intensas o recurrentes

Al igual que una película de acción o una comedia romántica te lleva
por una montaña rusa de emociones, los *dramas* que teje tu mente
evocan tu propio juego de emociones. Si estás tratando de calcular
cómo ganar una gran cantidad de dinero en la bolsa de valores, por
ejemplo, o de invitar a salir a ese atractivo hombre o mujer que acabas de conocer en el trabajo, puede que sientas miedo o ansiedad, o
posiblemente emoción o deseo. Si estás obsesionado con las injusti-
cias o la crueldad que has sufrido recientemente, puedes experimentar tristeza, dolor, indignación o resentimiento. Esas emociones, por
supuesto, van acompañadas de una gama de sensaciones corporales
que incluye tensión, excitación sexual, contracción del corazón u
oleadas de energía en el vientre o en la parte de atrás de la cabeza.

Algunos de estos sentimientos pueden ser placenteros, otros desagradables o incluso dolorosos, pero las emociones en sí mismas no
plantean un problema. Lo que pasa es que mientras tú sigas reaccionando a los dramas que montas en el interior de tu cabeza, puedes
estar separándote de los demás o de las dimensiones más profundas
y satisfactorias de tu ser, y también puedes perderte lo que está
ocurriendo en torno a ti (para más información sobre cómo trabajar
con las emociones en la meditación, consulta el capítulo 12).

Aferrarse y rechazar

A un nivel de experiencia algo más sutil que los pensamientos y
emociones se esconde un juego perpetuo de gusto y disgusto, apego
y aversión. Los budistas enseñan que la clave de la felicidad y la alegría está en querer lo que se tiene y en no querer lo que no se tiene
(para saber más sobre la felicidad, ve al capítulo 16). Pero a menudo
nos desagrada lo que tenemos, a la vez que anhelamos lo que no
tenemos y luchamos por tenerlo. O podemos apegarnos profundamente a lo que tenemos y después sufrir cuando el tiempo y las
circunstancias lo cambian o nos lo quitan. Ya que el cambio es inevitable, esta tendencia a aferrarnos fuertemente a nuestra experiencia
o a rechazarla puede provocar en realidad un sufrimiento constante.

Cómo distinguir
entre pensamientos y sentimientos

En mi trabajo como psicoterapeuta, he descubierto que muchas personas tienen dificultad para distinguir entre los pensamientos y los sentimientos. Por ejemplo, si les pregunto qué sienten, pueden contestar: "Siento que no debería volver a ser tan abierto con mi pareja". Aunque esta afirmación comienza con la palabra adecuada, en realidad es más un juicio que un sentimiento.

He aquí unos cuantos indicadores para señalar la diferencia:

✔ **Los sentimientos se producen como un conjunto de sensaciones reconocibles en el cuerpo.** Cuando estás enfadado, por ejemplo, puedes sentir tensión en los hombros y en la mandíbula, y experimentar una oleada de energía en la parte de atrás de la cabeza. Cuando estás triste, al contrario, puedes sentir pesadez en el pecho y en el corazón, y una sensación de congestión en la nariz y en la garganta. Por medio de la meditación, puedes descubrir cómo experimentar tus sentimientos directamente como sensaciones, separadas de los pensamientos y las historias que los perpetúan (para más información sobre la meditación con pensamientos y sentimientos, consulta el capítulo 12).

✔ **Los pensamientos son las imágenes, recuerdos, creencias, juicios y reflexiones que flotan en tu mente y que a menudo hacen surgir tus sentimientos.** Si haces que la palabra "sentir" vaya seguida de la palabra "que", probablemente en ese mismo instante estés expresando más bien un pensamiento o una creencia en lugar de un sentimiento. Puedes practicar fragmentando los sentimientos fuertes en las partes en que se componen preguntándote a ti mismo: "¿Cuáles son las imágenes y pensamientos que hay en mi mente que me mantienen sintiendo lo que siento? ¿Y qué estoy experimentando realmente en el cuerpo, independientemente de mis pensamientos?".

Los pensamientos no sólo generan sentimientos, a menudo se disfrazan de sentimientos (impidiendo entonces que sientas en realidad los verdaderos sentimientos), intentan apartarte de tus sentimientos, o los juzgan o los suprimen por completo. Cuanto más puedas desenredar tus pensamientos de tus sentimientos, más clara y conscientemente podrás relacionarte con tu experiencia interior y expresarla.

Creencias y patrones de vida negativos

Aquí tienes otra metáfora de la naturaleza: imagina que tus pensamientos y emociones, e incluso los dramas que se desarrollan continuamente en tu cerebro, son las hojas y las ramas de un arbusto o árbol interior, subterráneo (piensa en algo incontrolable, como moras o bambú). ¿Qué supones tú que constituye la raíz, de la cual brotan sin cesar las hojas y las ramas?

Bien, puede que te sorprendas al descubrir que la raíz es un conjunto de creencias y experiencias, muchas de ellas negativas, que se han formado como resultado de lo que la gente —especialmente la gente que es significativa en tu vida, como los seres amados y los amigos— te ha hecho y dicho a lo largo de los años. Estas creencias y experiencias se han entretejido durante toda tu existencia en una especie de patrón de vida que define lo que tú crees que eres y cómo ves a la gente y a las circunstancias que te rodean. (Digo que puede que te sorprendas porque la mayoría de nosotros no nos damos cuenta de los patrones de nuestra vida, aunque puede que hayas notado algún parecido entre tu vida y algunas series de televisión, *Los Simpson*, por ejemplo.)

El asunto es: tu tendencia a identificarte con tu patrón de vida en realidad limita tu gama de posibilidades y te produce sufrimiento ya que actúa como un *filtro* a través del cual interpretas tu vida de forma negativa. Volviendo a la metáfora del arbusto, podrás mantenerlo podando sus ramas, pero seguirás viviendo la misma vieja historia hasta que lo arranques de raíz.

La sensación de separación

Aún más a más profundidad que tus historias —algunos dirían que es el suelo en el que crecen las historias— yace un sentimiento de estar separado de la vida o del Ser mismo. Aunque las tradiciones meditativas enseñan que la separación es en realidad una ilusión y que estamos conectados de manera inextricable unos con otros, la sensación de estar separados yace ciertamente en lo más profundo. A menudo se remonta a las experiencias de la primera niñez, cuando te viste forzado por las circunstancias a separarte de modo prematuro de tu madre o de otra figura protectora. A veces puede rastrearse al mismo trauma del nacimiento, cuando tuviste que cambiar tu paraíso placentario por una realidad más fría y áspera (o quizá, como sostienen otras tradiciones, forma parte del equipo embrionario ya al nacer).

Cualquiera que sea su origen, este sentimiento de separación puede dar lugar a una especie de miedo primordial: si estoy separado, entonces eso quiere decir que termino en mi piel, y todo lo que está fuera de ahí debe ser *otro*. Como esos otros a menudo son más grandes que yo y yo tengo sólo un control muy limitado sobre sus acciones, mi supervivencia debe de estar en juego, y necesito protegerme a toda costa.

Los patrones de vida evolucionan como estrategias para sobrevivir en un mundo de aparente separación, en el cual los demás se perciben como potencialmente amenazantes, intrigantes, exigentes o censuradores.

Descubre cómo la agitación enturbia tu mente y tu corazón

No es necesario decir que cuando te sientas a meditar y estás experimentando agitación interior, puede que te resulte difícil

Sé consciente de tu diálogo interior

Empieza esta meditación prestando atención a tus pensamientos. Después de unos cuantos minutos, fíjate en lo que te están diciendo las voces que hay dentro de tu cabeza. (Si no eres consciente de ninguna voz, en su lugar puedes observar tus sentimientos o imágenes.) ¿Predomina una voz o hay varias voces que reclaman tu atención? ¿Te critican o te animan? ¿Te avergüenzan o te alaban? ¿O se concentran principalmente en las personas que te rodean? ¿Algunas de las voces discuten unas con otras?

¿Qué clase de tono emocional tienen esas voces? ¿Son amorosas y delicadas o iracundas e impacientes? ¿Hay una voz que reconozcas más como tuya que las otras? ¿Alguna de ellas te recuerda a otras personas de tu vida, pasada o presente? ¿Cómo te hacen sentir?

Permítete 10 minutos para realizar este ejercicio. Cuando le hayas pillado el truco, puedes hacer una pausa de vez en cuando durante el día y prestar atención a tu diálogo interior. Lo importante es que tú no eres tus pensamientos y que no tienes por qué creer necesariamente los mensajes que te envían (consulta el recuadro "Tú no eres tus pensamientos ni tus sentimientos", más adelante en este capítulo).

conectarte con el Ser. A veces, por supuesto, puedes tener momentos en los que tu mente sencillamente se tranquiliza sola y puedes ver incluso el fondo del lago. (Para utilizar otra metáfora de la naturaleza, piensa en esos días nublados en los que la capa de nubes de repente se rompe y el sol brilla radiante a través de ella con todo su esplendor.) Estos momentos pueden estar provocados por sentimientos de paz y tranquilidad interior, por brotes de amor y alegría, o por indicios de tu unidad con la vida. Pero la mayor parte del tiempo tal vez sientas como si estuvieras nadando braza a través de agua embarrada.

Bien, la agitación y la confusión con las que tropiezas cuando meditas no se materializan por arte de magia. Están ahí todo el tiempo, enturbiándote la mente y el corazón, y actuando como un filtro que oscurece tu visión clara. Puedes experimentarlas como claustrofobia o densidad interior; estás tan lleno de tus propias emociones u opiniones que no tienes más espacio para las ideas y los sentimientos de los demás, o incluso para ideas o sentimientos nuevos o desconocidos que puedan brotar dentro de ti. O puedes quedar tan atrapado en tu propio drama que no seas consciente siquiera de que estás filtrando tu experiencia.

Por ejemplo, yo tengo un amigo, un programador informático, que recibió mucho amor y apoyo cuando era niño. Ahora, de adulto, se considera inherentemente competente y valioso, aunque no es Steve Jobs. Como resultado de ello, disfruta de su profesión, experimenta sólo una ansiedad mínima cuando tiene que tomar decisiones respecto al trabajo, ve a los demás como inherentemente compasivos y rezuma una autoconfianza palpable que atrae a los demás y los invita a confiar en él.

En contraste, tengo otro amigo, un empresario independiente, que tiene varios títulos universitarios y que ha recibido incontable formación relacionada con su trabajo, pero que en el fondo de su ser cree que es inherentemente indigno. Sin importar cuánto trabaja, nunca parece salir adelante. Además, no disfruta de verdad de su trabajo porque está siempre angustiado por el miedo a fracasar y se imagina que los demás están conspirando para minarle la moral o desacreditarlo.

En cada caso, la forma como cada amigo se ve a sí mismo e interpreta lo que ocurre a su alrededor determina si es feliz o está estresado.

Como muestran estos ejemplos, es la agitación y la confusión interior, a través de las cuales filtras y distorsionas tus experiencias —no las experiencias en sí—, lo que causa la mayor parte de tu sufrimiento y estrés. Lo bueno es que la meditación puede enseñarte a calmar las aguas turbulentas de la mente y del corazón, a convertir tu claustrofobia interior en espaciosidad y a encontrar el camino superando tus filtros (o evitándolos por completo) para que puedas experimentar la vida más directamente y reducir el estrés en el proceso. Pero antes de describir cómo conseguir estos regalos a través de la meditación, permíteme explicarte con detalle cómo se producen el sufrimiento y el estrés.

La mala noticia: cómo te estresa la mente

Hace poco una amiga mía que tiene treinta y tantos años decidió pedir un aumento. Aunque había trabajado para la empresa como diseñadora gráfica durante años y hacía mucho que le correspondía un aumento, estaba abrumada por las dudas sobre sí misma. Todos los días, mientras se dirigía al trabajo en su coche, se angustiaba y se obsesionaba con las voces conflictivas que batallaban en su interior.

En particular, ensayaba continuamente su conversación futura con su jefe y repasaba todas las cosas que había hecho para hacerla merecedora de más dinero: los proyectos que había desarrollado, los anuncios publicitarios y folletos que había diseñado, etc. A veces salía de esas conversaciones imaginarias sintiéndose triunfadora; otras, salía alicaída y derrotada. Mientras escuchaba todo este parloteo mental, sus sentimientos fluctuaban salvajemente, desde la emoción y la confianza hasta el miedo y la inseguridad.

A veces, ella podía oír una voz muy poco audible (que sospechosamente sonaba como la de su padre) que le decía que dada su ineptitud general, no merecía un aumento y que era afortunada de tener al menos un empleo. Como respuesta, se sentía avergonzada y desesperada.

Después entraba en escena una voz enfadada y vengativa, que alegaba que su jefe era un autócrata desagradecido y que ella debería irrumpir en su oficina y ponerlo en su sitio. Entonces una voz confiada y afirmativa le recordaba cuánto había contribuido en el trabajo, y qué tipo de persona buena era en conjunto. Por último, una voz que sonaba como la de su madre le aconsejaba quedarse tranquila y ecuánime y estar agradecida por las migajas que la vida le pusiera en el camino.

Después de casi una semana de intenso esfuerzo y tensión interiores, durante la cual tuvo dificultades para dormir y casi no pudo

Tú no eres tus pensamientos ni tus sentimientos

Busca un lugar tranquilo donde puedas sentarte durante los próximos 10 minutos. Cuando estés instalado cómodamente, haz lo siguiente:

1. **Respira profunda y lentamente unas cuantas veces.**

2. **Dirige tu atención hacia tus pensamientos. (Si tiendes a ser una persona emocional, puedes hacer el mismo ejercicio con tus emociones.)**

   En vez de quedarte atrapado en tus pensamientos (o emociones), como probablemente te pasa de forma habitual, obsérvalos de cerca, de la misma manera en que un pescador observa la punta de su caña, o un tenista la pelota. Si ves que tu atención pierde intensidad, vuelve a lo que tengas entre manos.

   Al principio, tu mente puede parecer un tapete de pensamientos o emociones, y puedes tener ciertas dificultades en determinar dónde termina un pensamiento y dónde empieza el siguiente. Puedes observar también que ciertos pensamientos o emociones recurren a tu mente como canciones populares, por ejemplo, preocupaciones repetitivas o imágenes o fantasías favoritas. Si estás especialmente atento, puedes empezar a darte cuenta de que cada pensamiento o emoción tiene un comienzo, un centro y un final.

3. **Al finalizar los 10 minutos detente y reflexiona sobre tu experiencia.**

   Has experimentado alguna distancia respecto a tus pensamientos o emociones? ¿O te has perdido un poco en el proceso de pensar o sentir?

El objeto de este ejercicio no es lo bien que tú puedas rastrear tu pensamiento o tu sentir, sino experimentar ser el observador de tus pensamientos. Te lo creas o no, ¡tú eres el pensador, no los pensamientos! Cuando empieces a tomar cierta perspectiva respecto a tus pensamientos por medio de la práctica de la meditación, podrás descubrir que empiezan a perder el poder que una vez tuvieron sobre ti. Tú puedes tener pensamientos, pero ellos no te tendrán a ti.

rendir en el trabajo, mi amiga después de vencidos todos los obstáculos mentales concertó una cita con su jefe. Llena de emociones encontradas, entró en su oficina, ¡y él le ofreció de inmediato un aumento mayor del que ella había planeado pedir! Como al fin pudo ver, todas las imágenes, emociones e ideas que la habían estado perturbando durante los días anteriores a la reunión no tenían ninguna relación con lo que luego pasó.

¿Algo de esto te suena? Como mi amiga —de hecho como casi todo el mundo que conozco, ¡incluyéndome a mí!—, puede que pases mucho tiempo absorto en los cautivadores pero finalmente ilusorios ambientes elaborados en la "fábrica de fantasías" de tu cabeza (la única que es anterior en el tiempo a Disney y Pixar), es decir, el *neo-córtex*.

En un momento determinado puedes estar preocupándote por el futuro —cómo voy a ganar suficiente dinero, a organizar unas vacaciones estupendas, a impresionar a mi amante, a divertir a mis hijos— y perderte en un sueño lleno de esperanza y miedo. Al momento siguiente, puedes estar obsesionado con el pasado —por qué no dije la verdad, o por qué no acepté aquel empleo o aquella propuesta— y sentirte abrumado por el arrepentimiento y la auto-rrecriminación.

Y como mi amiga, puedes haberte dado cuenta de que, para tu pesar, tienes muy poco control sobre las preocupaciones, las fantasías y las obsesiones que genera tu mente. En vez de tener pensamientos y sentimientos, a menudo parece que los pensamientos y los sentimientos te tienen a ti.

La razón por la que estos pensamientos y sentimientos parecen incontrolables es que surgen de una historia o un patrón de vida más profundo que puede haber sido inconsciente durante mucho tiempo. Por ejemplo, tú puedes sustentar el concepto subliminal de que nada de lo que haces es suficientemente bueno, así que te presionas con ansiedad para compensar tus defectos. O todo lo contrario, puedes creer que mereces más de lo que estás recibiendo, así que estás descontento con lo que tienes. Quizá crees que eres inherentemente poco atractivo, así que no importa cuánto lo intentes compensar, ya que te sientes avergonzado e incómodo respecto al sexo opuesto. O quizá ves las relaciones íntimas como inherentemente amenazadoras, así que haces todo lo que puedes para evitar ser vulnerable. Tu historia o drama interior tiene un gran impulso que te arrastra, seas consciente de ello o no. A veces puede parecer una tragedia, con villanos y víctimas incluso. Otras veces, puede parecer más como una comedia, una novela romántica, una fantasía o un documental aburrido. Lo importante es que tú eres el centro en torno al cual se desenvuelve este drama, pero estás tan a menudo cautivado por la escena que no puedes ver lo que en realidad está pasando fuera, en el mundo real que te rodea.

Como resultado de esto, puedes estar a todas horas actuando y reaccionando excesiva e inapropiadamente, basándote no en las circunstancias reales sino en las imágenes distorsionadas que hay en tu cerebro. (Si tú eres como yo, sin duda has tenido momentos en

Piensa y siente con una mente de meditador

En caso de que te preocupe que la meditación pueda hacerte dejar de pensar y sentir, aquí tienes unas cuantas distinciones útiles que aprendí de uno de mis maestros, Jean Klein, autor de *Who Am I? (¿Quién soy yo?)* y *The Ease of Being (La sencillez de ser)*.

A Jean le gusta distinguir entre el pensamiento común y el pensamiento creativo; el pensamiento funcional y la memoria psicológica; y la emotividad y la emoción. (Aunque enseña un acercamiento directo a la verdad espiritual a través de la inquisición en uno mismo más que en la meditación, me he tomado la libertad de aplicar sus métodos, porque creo que también son relevantes para la práctica de la meditación.)

✔ **Pensamiento común contra pensamiento creativo.** Cuando tu mente empieza a cavilar una serie interminable de pensamientos, unidos unos a otros como los vagones de un tren, sin espacios entre ellos, estás atrapado por tu propio proceso claustrofóbico de pensamiento y no tienes espacio para el pensamiento fresco, original o para la solución de problemas. Pero cuando tu mente está completamente abierta y *desamueblada*, como a Jean le gusta decir —un estado de mente que puedes cultivar en la meditación—, tienes gran cantidad de espacio interior para que los pensamientos creativos broten de tu fuente de Ser puro. Al contrario de los pensamientos comunes, estos pensamientos son completamente apropiados a la situación que se presenta.

✔ **Memoria psicológica contra pensamiento funcional.** Cuanto más medites, más liberas tu mente de la *memoria psicológica*, que es el tipo de pensamiento turbulento, obsesivo y centrado en uno mismo, generado por tus historias y que se centra en la persona separada y fragmentada que imaginas ser. En lugar de ello, tus pensamientos se vuelven principalmente funcionales, surgen en respuesta a las circunstancias y se detienen cuando ya no se los necesita.

✔ **Emotividad contra emoción.** De la misma manera, las emociones poderosas y perturbadoras que a veces parecen gobernar tu vida —lo que Jean Klein llama *emotividad*—, en realidad están enraizadas en tus historias, no en la realidad, y tienen poco en común con la verdadera emoción. Más sutil que la emotividad y enraizada en el amor, la *emoción verdadera* surge naturalmente del ser mismo en respuesta a situaciones donde la sensación ilusoria de separación ha disminuido o se ha disuelto a través de la práctica de la meditación, o de cualquier otra práctica espiritual de autobúsqueda.

los que súbitamente te has despertado, como de un sueño, y te has dado cuenta de que no tienes ni idea de lo que quería decir o sentía realmente la persona con la cual estabas interactuando.) Además, te arriesgas a perder por completo la belleza e inmediatez del momento presente según se manifiesta.

Como mencioné antes, este drama interior es el que causa la mayor parte de tu sufrimiento y estrés, no las experiencias en sí mismas. No es que la vida no te ofrezca su cuota de tiempos difíciles y situaciones dolorosas, o que los que no tienen techo o los niños que se mueren de hambre en diferentes lugares del mundo no sufran en realidad, pero la mente añade a menudo una capa adicional de sufrimiento innecesario a las innegables dificultades de la vida, al interpretar la experiencia de manera negativa o limitada (consulta el recuadro "Distingue entre sufrimiento, dolor y estrés", más adelante en este capítulo). Las siguientes secciones destacan algunas de las formas más importantes de cómo la mente te tensiona.

Preocupación con el pasado y el futuro

Como la mayoría de las mentes, la tuya puede que revolotee del pasado al futuro y de nuevo de vuelta al pasado, y que sólo ocasionalmente se detenga a descansar en el presente. Cuando estás preocupado con lo que te pueda suceder el próximo mes o el próximo año, provocas una gama de emociones tensionantes basadas en la esperanza, el miedo y la expectativa, que no tienen nada que ver con lo que está ocurriendo en este momento. Y cuando estás reviviendo el pasado —que después de todo no tiene existencia excepto como pensamientos e imágenes dentro de tu cerebro—, puedes saltar del pesar al resentimiento, a la tristeza y al dolor.

Por contraste, cuando meditas, estás practicando el traer tu mente una y otra vez al momento presente, donde, como dice el poeta persa Rumi, "la única noticia es que no hay noticias". Al volver a la simplicidad del aquí y el ahora, puedes resguardarte de las circunstancias tensionantes de tu mente (consulta la sección "Vuelve al momento presente" más adelante en este capítulo).

Resistencia al camino que toman las cosas

La mayoría de nosotros nos esforzamos (llenos de infelicidad) por conseguir lo que creemos que necesitamos para ser felices, mientras ignoramos o estamos a disgusto con lo que ya tenemos. Ahora bien,

Corazones y mentes

Cuando hablo de cómo la mente causa sufrimiento y estrés estoy utilizando el término genéricamente para incluir tanto las emociones como los pensamientos, porque los dos son inseparables. Ciertos idiomas orientales, como el chino mandarín y el sánscrito, utilizan la misma palabra para referirse a la mente y al corazón, y muchos sabios orientales enseñan que la mente reside realmente en el centro del corazón.

Cuando tienes un pensamiento sobre situaciones potencialmente cargadas, como relaciones sentimentales, trabajo, problemas financieros o tropiezos en la vida, casi invariablemente tienes una respuesta emocional, aunque el pensamiento sea subliminal. De hecho, el campo de la medicina de la mente-cuerpo ha corroborado que la mente y el cuerpo no pueden ser separados; en realidad los pensamientos producen cambios químicos en la sangre, que afectan al metabolismo y al sistema inmunológico, y las alteraciones en la química de la sangre provocadas por drogas, por toxinas o por emociones de estrés del entorno, pueden cambiar el modo en que piensas y sientes.

De forma similar, las historias que gobiernan tu vida constan de complejas capas de emociones, creencias y contracción física que no pueden separarse fácilmente. Por medio de la práctica de la meditación, tú puedes empezar a separar esas capas, empaparlas de consciencia y llegar a comprender los patrones que las mantienen.

no me interpretes mal; no quiero decir que actúes de forma pasiva y que no hagas nada para mejorar tu vida, pero, como uno de mis maestros solía decir, el secreto para mejorar la vida es aceptar primero las cosas como son, que es precisamente lo que la práctica de la meditación puede enseñar. En particular, la resistencia al camino que toman las cosas por lo común viene en dos sabores: la resistencia al cambio y la resistencia al dolor.

Resistencia al cambio

Te guste o no, el cambio constante es inevitable. Si tratas de oponerte a la corriente del cambio aferrándote a una imagen de cómo se supone que deben ser las cosas, vas a sufrir, porque de ninguna manera puedes hacer que la vida se mantenga quieta. Como decía el filósofo griego Heráclito: "No se puede entrar dos veces en el mismo río".

Por medio de la meditación puedes descubrir cómo fluir con la corriente al desarrollar una mente abierta, flexible y receptiva. De hecho, la meditación proporciona el laboratorio perfecto para estudiar el cambio al sentarte en silencio y observar los pensamientos, los sentimientos y las sensaciones que van y vienen. O puedes ponerte rígido, oponerte y hacer el proceso más doloroso. ¿Te has dado cuenta alguna vez de cómo algunas personas se vuelven más malhumoradas y deprimidas según envejecen, mientras que otras envejecen con gracia y con un brillo alegre en los ojos? La diferencia está en su habilidad para adaptarse a los cambios desafiantes que la vida les pone en el camino.

Resistencia al dolor

Como el cambio, el dolor es inevitable, pero lo mismo ocurre con el placer, por supuesto. De hecho, no se puede tener lo uno sin lo otro, aunque a la mayoría de nosotros nos encantaría que fuera de otra manera. Cuando contraes el vientre y retienes el aliento contra el ataque del dolor, sea emocional o físico, en realidad intensificas el dolor. Y cuando le sumas una historia o argumento al dolor —por ejemplo: "Esto no debería estar pasándome" o "Seguro que he hecho algo para merecer esto"— simplemente estás añadiendo una capa adicional de sufrimiento, lo que hace que tu cuerpo se tense y se resista aún más, y eso sólo sirve para perpetuar el dolor en lugar de aliviarlo.

Por medio de la meditación, puedes aprender a respirar profundamente, a relajar el vientre, a cortar de raíz tus historias y a relajarte respecto a tu dolor (para descubrir cómo relajar el vientre, consulta el capítulo 10). A menudo, el dolor se irá de forma natural, e incluso cuando no lo haga, por lo general se hará mucho más soportable.

Mente que juzga y compara

La tendencia de tu mente a compararte con los demás (o con un ideal imposible) y a juzgar cada cosita que no haces de forma perfecta o adecuada sólo te mantiene angustiado, frustrado y molesto. En general, esta tendencia se origina en tus historias o en tu patrón de vida, un conjunto de creencias, a menudo negativas, sostenido profundamente (consulta la sección "Creencias y patrones de vida negativos", en la página 106). Después de todo, si tal como eres, crees que eres encantador e inherentemente perfecto, tu mente no tiene nada con qué compararte. Cuando practicas la meditación puedes desarrollar la capacidad de observar los juicios y las comparaciones de tu mente sin identificarte con ellos o confundirlos con la verdad (para más información sobre esta capacidad, consulta la sección "Penetra en tu experiencia de comprensión", más adelante en este capítulo).

Pesimismo e impotencia aprendidos

Como sugieren numerosos estudios psicológicos, tu habilidad para controlar situaciones estresantes depende en gran medida de si crees que tienes los recursos necesarios para poder lidiar con ello. Eso es cierto, la *creencia* en que tienes lo que se necesita es quizá tu recurso más importante. Si tu historia sigue diciéndote que no estás a la altura, sencillamente está haciendo que las situaciones estresantes sean aún más estresantes.

La meditación puede enseñarte habilidades para salir adelante, como centrar y tranquilizar la mente, volver al momento presente, y cultivar emociones y estados mentales positivos que te ayuden a evitar los pensamientos negativos y molestos, y que te den la fuerza necesaria para lidiar con las personas y las circunstancias difíciles (consulta la sección "La buena noticia: cómo la meditación alivia el sufrimiento y el estrés", en la página siguiente). Por último, puedes descubrir cómo ver más allá de tu historia y establecer contacto directo con la verdadera fuente de optimismo y alegría, el manantial del Ser puro que hay dentro de ti.

Emociones abrumadoras

Aunque no tienes por qué saber identificar tu historia, puede que seas dolorosamente consciente de cómo las emociones poderosas como la ira, el miedo, la añoranza, el dolor, los celos y el deseo nublan tu mente, te atormentan el corazón y te hacen actuar de manera que más tarde lamentas. En un principio, la meditación no te va a librar de estas emociones, pero te enseñará cómo centrar y tranquilizar la mente y evitar que estas emociones te distraigan. Si quieres, puedes utilizar la meditación para que te ayude a observar estas emociones cuando surgen, sin evitarlas o suprimirlas. Con el tiempo, puedes desarrollar una comprensión penetrante en la naturaleza de estas emociones y su relación con las historias subyacentes que las generan, y en último puedes investigar estas historias e incluso desmantelarlas por completo (para más información sobre cómo meditar con emociones desafiantes, consulta el capítulo 12).

Fijar la atención

La tendencia de la mente que se fija o se obsesiona con ciertos pensamientos y emociones hace que el cuerpo se contraiga. ¿Alguna vez te has fijado en la tensión y la ansiedad que acumulas cuando reproduces con la mente la misma situación una y otra vez, incluso cuando se trata de una situación claramente positiva? Por contraste, una mente alerta, abierta y fluida —que puedes desarrollar a través de la práctica frecuente de la meditación de la atención consciente (consulta el capítulo 7)— te permite fluir de experiencia en experiencia sin que te quedes atascado. Por último, puedes practicar la consciencia receptiva (véase el capítulo 1), la cualidad de la mente espaciosa, parecida al cielo, que acepta lo que surja.

Aferrarse a un ser separado

Las grandes tradiciones meditativas enseñan que la raíz del sufrimiento y el estrés, que da lugar a las historias, es la creencia en que estás inherentemente separado: de los demás, del resto de la vida y del Ser mismo. Como te sientes separado y solo, necesitas protegerte y asegurar tu supervivencia a toda costa. Pero tú sólo tienes un poder limitado y estás rodeado de fuerzas que están más allá de tu control. Mientras sigas luchando para defender tu terreno, el sufrimiento va a continuar, no importa cuánto intentes evitarlo. La meditación te ofrece la oportunidad de bajar la guardia, de abrir tu consciencia y, finalmente, de vislumbrar quién eres tú en realidad, más allá de tus historias y de las ilusiones de un ser separado y aislado.

La buena noticia: cómo la meditación alivia el sufrimiento y el estrés

¡Ahora vamos con la buena noticia! En el caso de que hayas encontrado deprimente toda la charla anterior en este capítulo, déjame que te tranquilice: tu historia o tu problema puede disfrazarse como tu verdadera identidad, pero no lo es. Tu Ser esencial permanece puro y sin daño, sin importar lo elaborada y convincente que se vuelva tu historia. Además, aunque puedan parecer muy tercos e intratables, en realidad tu mente y tu corazón son maleables. Por medio de la práctica frecuente de la meditación puedes reducir tu sufrimiento y estrés al serenarte y, finalmente, disipar la turbulencia y la confusión que hay en tu interior. Como dijo un maestro antiguo: "Si tu mente no está enturbiada por cosas innecesarias, este momento es el mejor momento de tu vida".

Distingue entre sufrimiento, dolor y estrés

¡Huy! ¿Quién quiere abrumar el cerebro con un tema tan poco apetitoso? Sin embargo, cuanta más claridad tengas respecto al sufrimiento y al estrés, más fácilmente podrás minimizar su impacto en tu vida. Con esto en mente, puede que quieras tener en cuenta las siguientes distinciones (muy útiles aunque, la verdad, no son oficiales):

✔ **El dolor es una experiencia directa, visceral, con un mínimo de revestimiento conceptual.** Tu mejor amigo te dice algo cruel y sientes que el corazón te da un vuelco. Te golpeas el pulgar con un martillo y eso duele. Coges la gripe y sientes la cabeza como si alguien te la estuviera apretando en un torno. El dolor duele, pura y llanamente.

✔ **El sufrimiento, por contraste, es lo que se produce cuando la mente se aprovecha del dolor.** Por ejemplo, tú decides que tu pareja ha herido tus sentimientos porque con toda seguridad te odia en secreto, lo que significa que hay algo terriblemente malo en ti… y lo siguiente que sabes es que te sientes deprimido además de herido. O conviertes tu dolor de cabeza en una señal de advertencia segura de una enfermedad grave, lo cual añade una gran dosis de miedo y desesperación a una situación ya se por sí difícil. El sufrimiento, en otras palabras, es el resultado de ver las situaciones a través de la lente deformante de la historia que te cuenta tu mente.

✔ **La respuesta de estrés es un mecanismo fisiológico para adaptarse a las circunstancias físicas o psicológicas desafiantes.** Ciertos elementos estresadores físicos, tales como el calor o el frío excesivo, un ruido extremadamente alto o un ataque violento, serán estresantes sin importar cómo los interpreta la mente. Pero el efecto estresante de la mayoría de los estresadores depende del giro que le añada la mente a la situación. Por ejemplo, conducir hacia el trabajo en medio de un tráfico intenso, sentarte después a tu mesa durante ocho horas comprobando documentos y haciendo llamadas telefónicas, y conducir por último hasta tu casa, puede ser sólo algo estresante en un nivel puramente físico, te lo creas o no. Pero cuando tienes miedo de llegar tarde, tienes una relación conflictiva con tu jefe, estás furioso con varios de tus compañeros de trabajo, y todavía estás dándole vueltas a la discusión que tuviste con tu pareja o con tu mejor amigo, no es de extrañar que llegues a casa arrastrándote al final del día, completamente exhausto. Al igual que tu mente puede trasformar el dolor en sufrimiento, también puede convertir situaciones estresantes normales en situaciones de un estrés extraordinario.

Para empezar, puedes desarrollar la habilidad de enfocar y concentrar la mente; eso la calmará y evitarás que se agite. Según vayas profundizando en tu concentración, los pensamientos y los sentimientos que han estado alimentándose dentro burbujean y se evaporan de forma natural, un proceso que me gusta llamar *liberación espontánea*.

Cuando hayas desarrollado una fuerte concentración, puedes expandir tu consciencia para incluir los pensamientos, los sentimientos y las historias y patrones más profundos que subyacen en ellos mismos. Después, a través del poder de la *comprensión penetrante,* puedes explorar las distintas capas de la experiencia interior, llegar a conocer cómo funcionan y finalmente utilizar esta comprensión para desmantelar los patrones que te producen estrés.

Desarrolla el enfoque y la concentración

Así pues, tu mente parlotea constantemente, agitándote y estresándote, y tú te preguntas qué puedes hacer para calmarla. Bien, puedes empezar practicando una técnica de meditación que enfatice la concentración, tal como seguir o contar las respiraciones (consulta el capítulo 7), o recitar un mantra (consulta el capítulo 3). Cuando le pilles el truco, puedes seguir pasando de tu diálogo interior al momento presente, dondequiera que estés. Y si te sientes inclinado a ello, puedes desarrollar cualidades positivas que contrarresten algunas de las tendencias negativas de tu mente y tu corazón.

Estabiliza tu concentración

Si has tratado alguna vez de tranquilizar la mente impidiéndole que piense, ya sabes lo inútil que eso puede llegar a ser (consulta el recuadro "Detén tu mente", más adelante en este capítulo). Pero cuanto más inviertas tu energía mental en un solo foco durante la meditación, más aguda se volverá tu mente y más se retirarán al fondo las distracciones. Finalmente, puedes desarrollar la capacidad de estabilizar tu concentración en un único foco durante varios minutos cada vez, volviendo con suavidad al momento presente cuando tu mente se disperse.

La focalización creciente trae consigo una experiencia de armonía y quietud interiores a medida que el sedimento en el lago turbulento de tu mente se asienta de forma gradual, dejando el agua limpia y clara. Esta experiencia está acompañada por lo general por sentimientos de calma y relajación, y ocasionalmente por otros sentimientos placenteros como amor, alegría, felicidad y éxtasis (que por cierto se originan en el fondo del lago, en el puro Ser).

A niveles más profundos de concentración puedes experimentar una total absorción en el objeto, un estado conocido como *samadhi*. Cuando este poder de concentración centrada se dirige como un rayo láser a las actividades cotidianas, puedes llegar a entrar en lo que el psicólogo Mihaly Csikszentmihalyi llama *flujo*, un estado de supremo gozo en el que el tiempo se detiene, la autoconsciencia desaparece y tú te fundes en uno con la actividad misma.

Vuelve al momento presente

Cuando hayas empezado a desarrollar la concentración, puedes utilizarla en tu vida diaria para pasar de tu drama interior al momento presente. Puede que no elimines la turbulencia, pero podrás ver más allá de ésta. Es más o menos como quitarse las gafas de sol y mirar las cosas directamente, o como abrir los ojos como platos cuando empiezas a quedarte dormido. Cuanto más mires más allá del drama, más verás la frescura del Ser reflejada en lo que observas. Volver al momento presente una y otra vez marca un camino que te permite dar una vuelta alrededor de tu situación y que fortalece tu conexión directa con la vida (para más información sobre cómo volver al momento presente, consulta los capítulos 7 y 16).

Cultiva emociones y estados de mente positivos

También puedes utilizar la concentración que desarrolles para cultivar alternativas positivas a la agitación, el miedo, la rabia, la depresión y las demás emociones poderosas que surgen cuando estás atrapado en tu historia. De hecho, la práctica del cultivo de actitudes positivas en sí misma puede desarrollar tus poderes de concentración. Estos estados de mente positivos incluyen el amor compasivo, la compasión, la ecuanimidad y la alegría (para más información sobre el cultivo de emociones positivas, consulta el capítulo 11).

Permite la liberación espontánea

Cuando meditas de manera regular, empiezas a darte cuenta de que los pensamientos y los sentimientos que se han acumulado dentro de ti se disipan de forma natural como la niebla que surge de la superficie de un lago. No tienes que hacer nada especial para que esto suceda, ocurre regularmente a medida que tu concentración se hace más profunda y tu mente se apacigua. Puedes sentarte a meditar sintiéndote abrumado por las preocupaciones, y levantarte media hora después sintiéndote de algún modo más liviano, más espacioso y más libre de angustias. ¿Quién sabe por qué ocurre este misterioso proceso? Se podría decir que meditar es como levantar la tapa de una olla de agua hirviendo: tú abres un espacio para que el agua se evapore y libere la presión que se ha estado acumulando dentro.

Para fomentar este proceso de liberación espontánea puedes practicar técnicas de meditación que contemplen la *consciencia receptiva*, una consciencia abierta, espaciosa, que acoge cualquier cosa que surja (necesitarás desarrollar la concentración primero). Cuando tu mente no está fija en un objeto particular —ya sea un pensamiento, un recuerdo o una emoción—, sino que está abierta y desapegada como el cielo, tú ya no estás invirtiendo energía en tu drama, sino invitando más bien a lo que se agita dentro de ti a desplegarse y marcharse.

Penetra en tu experiencia de comprensión

En las secciones anteriores, destaco las técnicas de concentración y consciencia que te muestran cómo eludir tu drama, desarrollar alternativas, o aquietar la mente para que la situación no te perturbe. El problema es que estas técnicas todavía dejan tus historias interiores más o menos intactas, y cuando tu concentración se debilita o tu amor compasivo decae, ¡vuelven a distraerte y estresarte los mismos viejos pensamientos y las emociones perturbadoras!

Por medio de la práctica de la comprensión penetrante, puedes llegar a conocer tu drama, lograr comprender cómo te produce sufrimiento, ver más allá de él y finalmente liberarte de su presencia completamente.

Toma consciencia de tu experiencia interior

Cuando te sientas en silencio durante 10 o 15 minutos y te das cuenta de tus pensamientos y sentimientos, estás provocando un cambio radical en tu relación con tu experiencia interior (para más información sobre cómo observar pensamientos y emociones, consulta el capítulo 12). En lugar de ser arrastrado por la corriente, te conviertes por un momento en un observador que está en la orilla, mirando el río de tu experiencia fluir a tu lado. Aunque la diferencia pueda parecer intrascendente y tú puedas sentir que no estás haciendo ningún progreso, de hecho ya has empezado a aflojar la presión que tu historia ejerce sobre tu vida. De manera gradual, empiezas a notar espacios en blanco en el parloteo de tu mente y lo que una vez pareció tan grave y sólido, lentamente se vuelve más ligero y lleno de aire fresco. Puedes encontrarte riéndote de tu tendencia a preocuparte y obsesionarte, o quizá te detengas y te fijes en lo que estás sintiendo antes de reaccionar.

Cuando practicas el aceptar tu experiencia como es, incluyendo tus juicios y autocrítica, puedes descubrir también que tu actitud hacia ti mismo empieza a cambiar de manera sutil. En lugar de impaciencia o desprecio, puedes empezar a notar paulatinamente cierta autoaceptación, al familiarizarte más con los patrones repetitivos de tu mente. Es más, puedes incluso desarrollar cierta compasión por ti mismo cuando ves lo autocrítico, distraído o asustado que puedes llegar a ser.

Sé consciente de tu historia y de cómo te confunde

Cuando meditas de manera regular y observas tus pensamientos y sentimientos, empiezas a notar que ciertos temas y argumentos recurrentes se desarrollan una y otra vez en tu mente. Quizá seas consciente de la tendencia a obsesionarte por todas las veces que la gente te malinterpretó o no te dio el apoyo que necesitabas. Quizá te observes comparándote con otra gente y juzgándote mejor, o peor. Posiblemente te encuentres fantaseando sobre la pareja ideal, aunque estés felizmente casado desde hace años. O puede que te des cuenta de que estás a todas horas haciendo planes de futuro mientras ignoras lo que está pasando aquí y ahora.

Cualesquiera que sean tus patrones particulares, puedes observar cómo van surgiendo para perturbarte y apartarte de la realidad o de los objetivos que tienes enfrente, aunque sea una tarea sencilla como seguir tu respiración o recitar un mantra. Gradualmente te darás cuenta de que tu historia es sólo eso, una historia que tu mente mantiene dando vueltas y que te separa de los demás y te produce dolor. Como John Lennon dijo: "La vida es lo que está ocurriendo mientras tú estás ocupado haciendo otros planes". Cuando empiezas a ver tu historia como lo que es, ya no permites que te confunda de la misma manera.

Cambia tu historia

Como podrás notar después de meditar un tiempo, únicamente el ser consciente de tu historia puede cambiarla en formas sutiles (o incluso no tan sutiles). Cuando desarrollas cierta distancia respecto a ella —al saber y comprender que es sólo una historia, y no quien eres tú en realidad—, de forma natural tú te vas volviendo menos reactivo, la gente responde hacia ti de forma diferente y por tanto las circunstancias cambian. ¡Pronto tu vida no es ya la misma vieja historia!

Por supuesto, puede que ya estés esforzándote por cambiar tu vida manipulando las circunstancias o reprogramando tu mente con afirmaciones o pensamientos positivos. Pero primero tienes que utilizar el poder de la comprensión penetrante para modificar tus patrones e historias habituales; de lo contrario, las perspectivas y patrones más saludables no podrán echar raíces, y entonces seguirías corriendo siempre por los mismos viejos surcos.

Conoce quién eres realmente más allá de tu historia

Aunque consigas ser consciente de tu historia, o mantenerte a cierta distancia de ella y empezar a alterarla de algún modo relevante, puede que sigas identificándote con ella hasta que logres vislumbrar quién eres tú realmente más allá de tu historia.

Estos destellos pueden tomar muchas formas diferentes. Quizá tengas momentos inesperados de paz y tranquilidad en los que tus pensamientos se calman —o incluso se detienen por completo— y un dulce silencio te empapa la mente. O puedes experimentar una avalancha de amor incondicional que abre por momentos tu corazón y que te da un breve atisbo de unidad más allá de toda separación aparente. O quizá tengas una intuición súbita de tu interconexión inherente con todos los seres, o una sensación de estar en presencia de algo mucho más vasto que tú. Cualquiera que sea la comprensión que se levante más allá de tu historia, puede alterar de forma irrevocable la idea que tienes de quién eres. Nunca más podrás creer plenamente que sólo eres la personalidad limitada que tu mente insiste en creer que eres.

Todavía puedo recordar lo fresco y claro que parecía todo después de mi primer retiro de meditación —los colores vívidos, las caras radiantes de la gente—, aunque había pasado cinco días sin hacer nada más que esforzarme por contar mis respiraciones de una a diez sin perderme. Me sentía como si me hubieran arrancado una venda de los ojos y pudiera ver las cosas claramente por primera vez. Todo lo que me encontraba parecía irradiar Ser, y supe como nunca antes que pertenecía a esta Tierra. Por supuesto, la intensidad se desvaneció después de unos cuantos días, pero nunca olvidé ese primer atisbo de visión clara, libre de los filtros perceptivos que había llevado a cuestas toda la vida.

Libérate de tu historia

Cuando hayas captado un destello de quién eres en realidad, más allá de tu mente (e incluso de tu cuerpo), puedes seguir reconectándote con este nivel más profundo del Ser en tus meditaciones y también en tu vida cotidiana. Para volver a la metáfora del lago, puedes zambullirte hasta el fondo una y otra vez porque ya sabes cómo es y cómo encontrarlo. La mayoría de los acercamientos a la meditación ofrecen la posibilidad de este atisbo (para instrucciones más específicas, consulta el capítulo 14).

Aunque tu historia puede continuar reproduciéndose en la pantalla de video de tu cerebro, puedes desarrollar la capacidad de desconectarte o incluso dejar de identificarte con ella completamente. Como dice un amigo mío, uno llega a darse cuenta de que la personalidad es un caso de identidad equivocada, y de que lo que cada uno es, es la vasta extensión del Ser mismo, en la cual los pensamientos y sentimientos personales surgen y se desvanecen.

Lograr una comprensión tan profunda puede llevar años de meditación; sin embargo siempre está a tu alcance, no importa el tiempo que hayas meditado, de hecho, ¡incluso si no has meditado! Muchas personas cuentan que se han reído a carcajadas cuando finalmente han visto que la verdadera naturaleza estaba ahí todo el tiempo, tan evidente como la proverbial nariz de la cara.

Contra la creencia popular, la gente que aprende a integrar esta comprensión y vive su enseñanza en cada momento no se vuelve más desapegada o desinteresada de la vida. Más bien, como su historia y su sensación de separación se han despejado como la niebla, en realidad percibe las situaciones y a la gente con más inmediatez y compasión, y es capaz de actuar más apropiadamente, de acuerdo con las circunstancias.

Detén la mente

Mucha gente cree que el objeto de la meditación es detener la mente. Para tener una sensación visceral de la futilidad de tales esfuerzos, puedes intentar detener la mente y ver lo que pasa. Prueba el siguiente ejercicio:

1. **Siéntate en silencio y respira lenta y profundamente unas cuantas veces.**

2. **Durante los próximos 5 minutos, trata de dejar de pensar.**

   Correcto, haz lo que puedas por evitar que tu mente genere más pensamientos. Trata de tararear en silencio o concentrarte en el dedo gordo del pie o recordar un hermoso día en el campo. O simplemente trata de estar tan tranquilo como puedas. Haz lo que creas que pueda funcionar.

3. **Al finalizar los 5 minutos, reflexiona sobre tu experiencia.**

   ¿Has tenido éxito? ¿Has podido realmente dejar de pensar durante un período prolongado de tiempo? ¿Has descubierto que el esfuerzo de dejar de pensar sólo generó más pensamientos? Este ejercicio revela lo terca y tenaz que puede ser tu mente, en caso de que no te hubieras dado cuenta.

Capítulo 7

Meditación de la presencia consciente: aquí y ahora

- -

En este capítulo

▶ Cambia tu forma de pensar de fuera hacia adentro

▶ Descubre cinco maneras rápidas de relajar el cuerpo

▶ Sintonízate, reduce el ritmo y explora tu respiración y tus sensaciones

▶ Juega con el zoom de la consciencia

- -

Si estás buscando instrucciones sencillas y concisas para la meditación, has venido al capítulo adecuado. Uno puede estar reflexionando toda la vida sobre los beneficios de la meditación o la naturaleza de la mente, pero no hay nada como ponerse manos a la obra para ver lo terca y salvaje que puede ser la mente en realidad.

Como mencioné en el capítulo 6, los budistas comparan la mente con un mono que salta incontrolablemente de rama en rama —de futuros planes a recuerdos, del pensamiento a la emoción, de la vista al sonido— sin asentarse nunca en un lugar. Algunos maestros contemporáneos prefieren una analogía más hogareña al compararla con el cachorrito caprichoso que se pasa el día corriendo sin parar de un sitio a otro, orinándose despreocupadamente por donde quiera que vaya. Ya sabes lo que es tratar de entrenar a un cachorro, no se puede dominar ni enseñarle a que se siente hasta que acepte obedecer. Bien, lo mismo ocurre con la mente. De hecho, si intentas forzarla para que se tranquilice, sólo consigues agitarla aún más y termina yéndose a no se sabe dónde, ¡como un cachorro que persigue su cola!

En vez de eso, la práctica de la meditación implica hacer volver suavemente la mente una y otra vez a un solo foco de atención. En este capítulo tienes la oportunidad de averiguar cómo meditar sobre la respiración, una de las formas de meditación más populares a lo largo de las tradiciones espirituales del mundo. También descubrirás técnicas de atención consciente para "entrenar a tu cachorro", equilibrando relajación y vigilancia, y extendiendo tu meditación para incluir toda la gama de experiencias del momento presente.

Paradójicamente, la actividad mundana repetitiva y en apariencia inconsecuente de prestar atención a tu respiración puede llevarte al fin hacia todos los fascinantes beneficios que promete la meditación, incluyendo la reducción del estrés, la mejora del rendimiento, el aumento de la apreciación y goce de la vida, una conexión más profunda con tu Ser esencial, e incluso estados meditativos avanzados como el amor incondicional o percepciones transformadoras sobre la naturaleza de la existencia. Pero antes de que te emociones contando tus galletas (o las de tu cachorro, como puede ocurrir), necesitas dar el primer paso hacia la caja de las galletas.

Vuelve tu atención hacia adentro

Como dice el saber popular, un viaje de mil kilómetros empieza con un solo paso. En el caso de la meditación este paso sencillo, pero esencial, implica apartar la mente de tus preocupaciones externas habituales —o, muy a menudo, de las historias que te cuenta sobre los sucesos externos— y llevarla hacia tu experiencia sensorial interior.

Si eres como la mayoría de la gente, estás tan atrapado en lo que está sucediendo a tu alrededor —la mirada de los demás, los gritos de la familia y los compañeros de trabajo, la última noticia en la radio, el mensaje que aparece en la pantalla de tu computadora— que olvidas prestar atención a lo que está sucediendo en tu propia mente, cuerpo y corazón. De hecho, nuestra cultura ha sido diseñada para seducirte a buscar la felicidad y la satisfacción fuera de ti. En un mundo tan confuso e irresistible, incluso el gesto más rudimentario de autoconciencia puede parecer un reto de proporciones monumentales.

Tómate unos minutos ahora mismo para darle la vuelta a tu mente y prestar atención a lo que estás percibiendo y sintiendo. Fíjate en cuánta resistencia sufres al intentar mover la consciencia desde su foco externo hasta tu simple experiencia de ti mismo. Fíjate con qué diligencia tu mente revolotea de pensamiento en pensamiento y de imagen en imagen, tejiendo una historia que te tiene a ti como personaje central.

Debido a que estos patrones habituales están tan profundamente enraizados, hacer algo en apariencia tan inocuo como volver la atención una y otra vez hacia un foco interno básico, como tu respiración, puede precisar gran valor y paciencia. Puedes tener miedo de lo que descubrirás si te aventuras en un terreno esencialmente desconocido, o de lo que te perderás si te vuelves hacia adentro, aunque sea durante unos pocos minutos, pero este cambio de lo exterior a lo interior es precisamente el gesto sencillo pero radical que requiere la meditación.

Aunque hablo de volverse hacia adentro, el cambio que sugiero en realidad tiene varias dimensiones relacionadas con él:

✔ **Del contenido al proceso.** En lugar de enfrascarte en el significado de lo que estás percibiendo, pensando o sintiendo, puedes trasladar tu interés y tu atención a cómo ocurre la experiencia, o al mero hecho de la experiencia misma. Por ejemplo, en vez de perderte en pensar o fantasear, puedes fijarte en cómo tu mente revolotea de pensamiento en pensamiento, o meramente observar que estás pensando. En lugar de paralizarte por el miedo o por lo que imaginas que significa o está tratando de decirte, puedes sentir cómo las oleadas de tensión se mueven por tu vientre o, mucho más simple, notar que estás sintiendo.

✔ **De lo exterior a lo interior.** Para prestar atención particular a la experiencia interior, primero necesitas equilibrar tu tendencia habitual a ser tan inclinado a lo externo. Con el tiempo, podrás llevar la misma cualidad de consciencia a toda experiencia, interior o exterior.

✔ **De lo usado a lo directo.** Incluso más útil que lo interior y lo exterior es la distinción entre una experiencia de segunda mano y una directa. La *experiencia de segunda mano* ha sido filtrada y distorsionada por la mente y a menudo está preocupada por pensamientos sobre el pasado o el futuro, mientras que la *experiencia directa* se encuentra sólo en el presente y se accede a ella a través de los sentidos. Además de volverse hacia adentro, la meditación implica apartar tu atención de la historia que tu mente elabora acerca de tu experiencia y dirigirla hacia la experiencia misma.

✔ **Del hacer al ser.** Tú te pasas casi todas las horas del día corriendo de una tarea (o proyecto o actividad) a otra. ¿Recuerdas qué es simplemente ser, como ocurría cuando eras un bebé o un niño pequeño, pasando el rato una tarde de verano jugando o tumbado en la hierba? La meditación te da la oportunidad de realizar este cambio fundamental del hacer a ser.

Relaja el cuerpo

Como nos recuerda el campo emergente de la medicina de la mente y el cuerpo —y que los yoguis y sabios nos han estado diciendo durante milenios—, tu cuerpo, tu mente y tu corazón forman un todo continuo e inseparable. Cuando tus pensamientos se pasan el día saltando (como el mono proverbial) de preocupación en preocupación, tu cuerpo responde contrayéndose y tensándose, especialmente en ciertos lugares clave como la garganta, el corazón, el plexo solar y el vientre. Cuando la incomodidad se vuelve suficientemente intensa, tú la registras como una emoción, miedo quizá, ira o tristeza.

Al conectarlo con tu experiencia directa —y en último término con un reino de puro Ser más allá de la mente—, la meditación relaja de forma natural tu cuerpo al mismo tiempo que enfoca tu mente. Como principiante, sin embargo, puede que no experimentes esta relajación durante días o incluso semanas. Así que puede resultarte útil practicar una de las técnicas de la siguiente lista antes de que empieces a meditar, en especial si tiendes a ser tenso. Por supuesto, relajar el cuerpo tiene sus propios beneficios maravillosos, pero tu cuerpo no permanecerá relajado hasta que tú seas capaz de trabajar con tu mente.

Si nunca antes has relajado el cuerpo de manera deliberada, empieza con la meditación que aparece en el recuadro titulado "Relajación profunda". Como lleva 15 minutos por lo menos, es probable que no lo hagas cada vez que medites, pero te muestra cómo relajar el cuerpo parte por parte. Cuando hayas practicado este ejercicio unas cuantas veces, tu cuerpo tendrá un recuerdo de cómo se siente al estar profundamente relajado y entonces puedes pasar a una de las relajaciones de 5 minutos que aparecen en la lista siguiente. A propósito, la relajación profunda es un antídoto estupendo contra el insomnio, ¡practícala en la cama y quédate dormido!

He aquí cinco técnicas breves de relajación:

✔ **Ducha de relajación.** Imagínate tomando una ducha caliente. Mientras el agua cae por tu cuerpo y baja por tus piernas, arrastra con ella toda la incomodidad y la angustia, dejándote fresco y vigorizado.

✔ **Tratamiento con miel.** Imagina un montón de miel tibia encima de tu cabeza. A medida que va derritiéndose, corre por tu cara, tu cabeza y tu cuello, cubriéndote los hombros, el pecho y los brazos, y envolviendo gradualmente todo tu cuerpo hasta los dedos de los pies. Siente la ola sensual de líquido tibio que disipa

todas las tensiones y el estrés y te deja completamente relajado
y renovado.

✔ **Lugar apacible.** Imagina un lugar seguro, protegido y apacible,
quizá un bosque, un prado o una playa de arena. Sumérgete
plenamente en el lugar con todos los sentidos. Fíjate en lo
tranquilo y relajado que te sientes aquí; ahora permite que este
sentimiento empape cada célula de tu cuerpo.

✔ **Escaneo del cuerpo.** Comenzando por la coronilla, escanea tu
cuerpo de arriba abajo. Cuando llegues a una zona de tensión
o incomodidad, permítele que suavemente se abra y que fluya;
después sigue adelante.

✔ **Respuesta de relajación.** Escoge una palabra o una frase breve
que para ti tenga un profundo significado espiritual o personal.
Ahora cierra los ojos y repite este sonido con suavidad, una y
otra vez (para instrucciones más detalladas sobre cómo practicar la Respuesta de relajación, consulta el capítulo 20).

Desarrolla la atención consciente

En este capítulo te propongo un acercamiento a la meditación conocida como *atención consciente*, la consciencia segundo a segundo de
tu experiencia según se desenvuelve. La atención consciente combina la *concentración* (consciencia en extremo centrada) y una consciencia más receptiva que simplemente acepta lo que surge. Como
la atención consciente crece, como una casa, sobre un cimiento de
concentración, necesitarás fortalecer y estabilizar tu concentración antes de poder proceder a la práctica completa de la atención
consciente. Por eso, las meditaciones iniciales que se ofrecen aquí
enfatizan el centrarse sobre un objeto particular de concentración:
tu respiración.

Por último, la meta de la meditación de atención consciente es desarrollar la capacidad de estar plenamente presente para lo que ocurra
aquí y ahora. Cuando hayas estabilizado tu concentración enfocán-
dote en la respiración, puedes expandir tu consciencia para incluir
toda la gama de sensaciones corporales, y de manera eventual puedes acoger todo lo que se presente en tu campo de experiencia.

Aunque es supremamente sencilla, dominar esta técnica avanzada
puede llevarte unos cuantos años de paciente práctica, pero ya
podrás empezar a tener atisbos de una consciencia más expandida
después de unas cuantas semanas de meditación regular.

MEDITACIÓN

Relajación profunda

He aquí una meditación que puedes hacer en cualquier momento que dispongas de 15 o 20 minutos de tiempo para ello y quieras deshacerte de la tensión que has acumulado en tu ocupada vida. También es una forma excelente de prepararte para las demás meditaciones de este libro, porque te hace sentir relajado, descansado y en contacto contigo mismo.

1. Busca un lugar cómodo donde puedas tumbarte. Quítate los zapatos, aflójate el cinturón y otra ropa todo lo que te apriete, y túmbate de espaldas con los brazos a los lados y las piernas ligeramente separadas.

2. Siente tu cuerpo como un todo, incluyendo los lugares donde entra en contacto con la superficie de la cama o el suelo.

3. Cierra los ojos y sé consciente de tus pies. Mueve los dedos, flexiona los pies y después suelta toda la tensión tanto como puedas, permitiendo que tus pies se derritan en el suelo.

4. Lleva la consciencia a la parte baja de las piernas, a los muslos y a las caderas. Imagínatelos volviéndose pesados y relajados y derritiéndose luego en el suelo.

Si la imagen de derretirte no te llama la atención, podrías intentar disolverte, hundirte o desaparecer.

5. Lleva tu consciencia a la parte baja del abdomen. Imagina que toda la tensión se disipa, tu respiración se vuelve más profunda y tu vientre se abre y se suaviza.

6. Lleva tu consciencia a la parte alta del abdomen, al pecho, el cuello y la garganta; siente cómo esas áreas se abren y se suavizan.

7. Lleva la consciencia a tus hombros, tus brazos y tus manos. Imagínatelos volviéndose pesados, relajados y derritiéndose en el suelo.

8. Lleva la consciencia a la cabeza y la cara. Siente cómo la tensión se derrite desde tu cara, atraviesa la cabeza y pasa al suelo.

9. Escanea tu cuerpo desde la cabeza hasta los dedos de los pies, buscando restos de tensión o incomodidad.

Si los encuentras, imagínatelos relajándose completamente.

10. Experimenta tu cuerpo como si fuera un campo de relajación, sin partes ni límites.

11. Continúa descansando de esta manera durante 5 o 10 minutos más; transcurridos éstos, empieza a mover los dedos de las manos y los pies muy lentamente, estira los brazos y las piernas, abre los ojos y siéntate despacio.

Échate un vistazo por dentro y fíjate en cómo te sientes. ¿Más relajado? ¿Tu cuerpo se siente más ligero o más expandido? ¿El mundo parece diferente de alguna forma? Ahora levántate poco a poco y continúa con tus actividades diarias.

Céntrate en la respiración

Comparado con navegar en la Red o con ver una película en la tele, fijarte en tu respiración puede parecer una forma aburrida de pasar el tiempo libre. El hecho es que los medios nos han convertido en unos adictos a la estimulación, ya que han inundado nuestros sentidos con imágenes computarizadas y con sonidos sintéticos que cambian a la velocidad de un rayo láser. Hace poco oí al director de una agencia publicitaria jactarse de que su último anuncio publicitario en televisión bombardeaba al espectador con seis imágenes por segundo, mucho más rápido de lo que la mente consciente podía registrarlas.

En contraste, prestar atención al ir y venir de tu respiración desacelera tu mente para que se acople con la velocidad y el ritmo de tu cuerpo. En vez de seis imágenes por segundo, tú respiras un promedio de doce a dieciséis veces por minuto. Y las sensaciones son mucho más sutiles que cualquier otra cosa que veas u oigas en

CONSEJO

Libérate de tus expectativas

Cuando inviertes en la bolsa o haces ejercicio en un gimnasio para perder peso, esperas resultados, y continuamente estás revisando los valores o la báscula para saber cómo te va. No obstante, si llevas la misma actitud a la meditación, estarás contradiciendo tu propósito, que es liberarte por completo de tus pensamientos y simplemente estar presente en el aquí y el ahora. Una de las grandes paradojas de la meditación es que no puedes cosechar los beneficios hasta que te liberes de todas las expectativas y aceptes las cosas como son. Entonces se te devuelven los beneficios al mil por cien.

Al principio, por supuesto, vas a preguntarte continuamente si lo estás haciendo bien. Pero no te preocupes, no hay una forma equivocada de meditar, ¡excepto quizá sentarte y tratar de medir lo bien que te está yendo! Un día puedes sentirte como si estuvieras en la cima del mundo: lleno de energía, con la mente clara y capaz de seguir la respiración con relativa facilidad. "Bravo, estoy pillándole el truco", piensas. Al día siguiente estás tan abrumado por los pensamientos o emociones que te sientas durante 20 minutos sin darte cuenta siquiera de tu respiración. ¡Bienvenido a la práctica de la meditación! El asunto no es hacerlo bien, sino hacerlo, una y otra vez.

Uno de mis maestros de zen solía comparar la meditación con caminar en la niebla un día tibio de verano. Aunque puede que no prestes atención a lo que está pasando, pronto estarás empapado.

El significado de la respiración

Las culturas tradicionales identificaban la respiración con la fuerza vital que anima todas las cosas. Por ejemplo, la palabra latina *spiritus* (la raíz de *espiritual*), la palabra griega *anima* (de la cual derivamos la palabra *animado*), la hebrea *ruach* y la sánscrita *brahman* pueden sonar muy diferentes, pero tienen algo en común: todas significan tanto respiración como espíritu

o alma. Cuando sigues tu respiración con consciencia, no sólo estás armonizando tu cuerpo y tu mente, lo que te da un sentido de armonía interior y de plenitud, sino que también estás explorando la frontera viva donde se encuentran el cuerpo, la mente y el espíritu, y sintonizándote con una dimensión espiritual del Ser.

televisión; más como los sonidos de la naturaleza, que es, después de todo, de donde venís tú y tu cuerpo.

Además, lo extraordinario respecto a tu respiración como foco de meditación es que siempre está a tu alcance, siempre cambiante y sin embargo siempre más o menos igual. Si tu respiración fuera cada vez totalmente diferente, no proporcionaría la estabilidad necesaria para que cultives la concentración; si no cambiara nunca de ninguna manera, te quedarías dormido con rapidez y no tendrías nunca la oportunidad de desarrollar la curiosidad y vigilancia que son tan esenciales para la práctica de la atención consciente.

Como preliminar a la práctica de seguir la respiración, podrías pasar unas cuantas semanas o meses sólo contando tus respiraciones. Es una manera estupenda de desarrollar la concentración y proporciona una estructura preestablecida que te recuerda de manera constante cuándo estás distraído. Si fueras un estudiante neófito de zen, podrías pasarte años contando tus respiraciones antes de pasar a una práctica más desafiante, pero si quieres aventurarte o tienes ya cierta confianza en tu concentración, sin duda empieza con la práctica de seguir la respiración. Confía en tu intuición para que te diga qué método es el mejor para ti.

Cuenta las respiraciones

Empieza por sentarte en una posición cómoda que puedas mantener durante 10 o 15 minutos (para un examen completo de la postura en la meditación, incluyendo diagramas, consulta el capítulo 8). Después, respira profundamente unas cuantas veces y exhala con lentitud. Sin tratar de controlar la respiración de ninguna manera, permítele que encuentre su profundidad y ritmo natural. Respira siempre por la nariz a menos que no puedas por alguna razón.

Ahora, empieza a contar cada inspiración y espiración hasta llegar a diez; entonces vuelve a contar desde uno. En otras palabras, cuando inspires cuenta "uno", cuando espires cuenta "dos", cuando inspires de nuevo cuenta "tres" y así sucesivamente hasta diez. Si te pierdes, vuelve a uno y empieza de nuevo.

Para ayudarte a concentrarte, te puede resultar útil extender el número en la mente a lo largo de toda la inspiración o espiración, en vez de pensar el número rápidamente y dejarlo. Por ejemplo, permite que "u-u-u-n-n-n-o" dure tanto como la inspiración, que "d-o-o-o-s" dure tanto como la espiración y así sucesivamente. También puedes encontrar útil susurrar los números, especialmente al principio, diciendo "uno" con mucha suavidad mientras inspiras, "dos" mientras espiras y así sucesivamente.

Aunque este ejercicio pueda parecer muy tonto a primera vista, puede que te sorprendas al descubrir que nunca logras llegar al diez sin perder la cuenta. No tienes que detener el parloteo de la mente de ninguna manera, pero si te distraen tus pensamientos y pierdes la cuenta de tu respiración, vuelve al uno y empieza otra vez.

Cuando le pilles el truco a contar cada inspiración y espiración —digamos después de un mes o dos de práctica regular— puedes pasar a contar sólo las espiraciones. Sin embargo, si tu mente empieza a distraerse con las inspiraciones, vuelve al primer método hasta que te sientas listo para avanzar de nuevo. Con el tiempo, puede que quieras simplificar la práctica aún más señalando simplemente "adentro" en la inspiración y "afuera" en la espiración.

Sigue las respiraciones

Empieza por sentarte y respirar exactamente como lo hiciste para contar tus respiraciones. (Si prefieres seguir las instrucciones grabadas para esta meditación, escucha la pista 4 del audio.) Cuando te sientas calmado, permite que tu atención se centre bien en la sensación de tu respiración al entrar y salir a través de tu nariz, o en el subir y bajar de tu vientre mientras respiras. (Aunque puedes alternar tu foco de una sesión a la siguiente, es mejor si te atienes a un solo centro de atención durante toda la sesión de meditación; en general siempre te irá mejor si utilizas el mismo foco cada vez que medites.)

Conoce la respiración

Cuando empiezas a prestar atención de forma deliberada a tu respiración por primera vez, puedes sentirte sorprendido (y en cierta medida frustrado) al descubrir que tu cuerpo se tensa y tu respiración se vuelve rígida, laboriosa y poco natural. De repente, ya no puedes recordar cómo respirar, aunque lo has estado haciendo bien desde que naciste.

No te preocupes, no lo estás haciendo mal. Sólo necesitas desarrollar una relación más liviana, más delicada, con tu consciencia, para seguir tu respiración pero sin controlarla. Es más o menos como aprender a montar en bicicleta, uno se cae una y otra vez hasta que un día, milagrosamente, echa a andar. Desde ese momento se convierte en una segunda naturaleza.

Puede servirte de ayuda empezar por explorar tu respiración, sin tratar necesariamente de seguirle el rastro en cada bocanada. Fíjate en lo que pasa cuando respiras, cómo tu caja torácica sube y baja, cómo se mueve tu vientre, cómo pasa el aire hacia adentro y hacia afuera a través de tu nariz. Puedes descubrir que algunas respiraciones son más cortas y más superficiales. Algunas pueden bajar por completo hasta tu vientre, mientras que otras escasamente alcanzan la parte superior de tus pulmones antes de volver a salir. Algunas pueden ser ásperas o fuertes, otras suaves o débiles.

Pasa 5 o 10 minutos explorando tu respiración con la curiosidad fresca de un niño que se encuentra una flor o una mariposa por primera vez. ¿Qué has descubierto que antes no sabías? ¿En qué se diferencia cada nueva respiración de la anterior? Cuando te sientas cómodo con tu respiración, puedes empezar la práctica de contar o seguir tus respiraciones.

Presta toda la atención al entrar y salir de la respiración, como una madre sigue los movimientos de su hijo, amorosa pero persistentemente, suave pero con precisión, con consciencia relajada pero centrada. Cuando te des cuenta de que tu mente se ha distraído y que te has perdido por los cerros de Úbeda, hazla volver delicada pero firmemente a tu respiración.

Al final de la espiración (y antes de inspirar de nuevo), se produce muy a menudo una pausa durante la cual tu respiración ya no es perceptible. En ese momento, puedes permitir que tu atención descanse en un punto de apoyo predeterminado, como el ombligo o las manos, antes de volver a tu respiración con una nueva inspiración.

Los pensamientos y las imágenes continuarán bullendo y arremolinándose en tu mente mientras meditas, pero no te preocupes. Simplemente sé paciente y persistente, y vuelve de nuevo a tu respiración. De manera gradual, puedes desarrollar incluso una fascinación por todas las pequeñas sensaciones de tu vientre y tu caja torácica que se mueve, se abre y cambia de forma mientras respiras, o por tu aliento que acaricia la punta de tu nariz, cosquilleando tus fosas nasales y enfriándolas según entra y sale. También puedes darte cuenta de que tu mente tiende a calmarse o de que tu pensamiento tiende a cambiar en la espiración o en la inspiración. Al sintonizarte con un nivel más sutil de experiencia mientras meditas, puedes abrirte a una apreciación más sutil de cada momento de tu vida en su desarrollo.

Expándete a las sensaciones

En cuanto hayas desarrollado cierta facilidad para seguir tu respiración, puedes expandir tu consciencia mientras meditas para incluir toda una gama de sensaciones tanto dentro como fuera de tu cuerpo: tacto, olfato, oído, vista. Imagina que tu consciencia es como el zoom de una cámara fotográfica. Hasta ahora, has estado enfocado en exclusiva en tu respiración; ahora puedes volver atrás ligeramente para incluir el campo de sensaciones que rodea tu respiración.

Céntrate en tu cuerpo, no en la respiración

A algunas personas les parece prácticamente imposible contar o seguir sus respiraciones. En vez de ello, cuando meditan, prefieren centrarse en su cuerpo como un todo. Puedes empezar por desplazar tu atención lentamente a través de tu cuerpo desde la cabeza hasta los pies; después pasa a sostener todo el cuerpo a la vez en tu consciencia. Cuando tu mente divague, vuelve a tu cuerpo. O puedes utilizar el enfoque zen de centrarte en una parte particular del cuerpo, como la parte baja de la espalda o del abdomen. No obstante, cuando encuentres un foco que te funcione, mantente en él. La idea es desarrollar tu atención consciente, no dar vueltas por todo tu cuerpo en busca de un lugar para meditar.

Si encuentras difícil expandir tu consciencia de una vez, puedes empezar por explorar una sensación cuando ésta te llame la atención. Por ejemplo, estás siguiendo tu respiración cuando de repente llama tu atención un dolor en la espalda. En vez de mantenerte enfocado en la respiración como habrías hecho antes, puedes dirigir tu atención hacia el dolor y explorarlo completamente hasta que ya no predomine en tu campo de experiencia. Entonces vuelve a tu respiración hasta que de nuevo algo te saque de ella.

También puedes experimentar con expandir tu consciencia para incluir un tipo de sensación en particular, como, por ejemplo, sensaciones corporales o sonidos. Por ejemplo, puedes pasarte toda una meditación escuchando los sonidos que te rodean, sin centrarte en ninguno en particular. De esta forma, puedes equilibrar la consciencia altamente concentrada que se requiere para seguir la respiración con la consciencia más receptiva necesaria para percibir una amplia gama de sensaciones. Esta mezcla de foco y receptividad constituye el corazón de la práctica de la atención consciente.

Cuando estés más cómodo incluyendo sensaciones en tus meditaciones, puedes experimentar con expandir tu consciencia para incluir todo el campo sensible (es decir, oír, ver, oler, tocar y gustar). Empieza por seguir tu respiración y entonces abre completamente el zoom, permitiendo que las sensaciones entren y salgan de tu consciencia.

El objeto de la meditación no es descubrir algunas técnicas fantásticas para ocupar tus horas de ocio; es realizar el cambio sencillo pero decisivo del hacer al ser. No cometas el error de convertir la práctica de la meditación en otro asunto urgente en una lista de cosas pendientes. En lugar de eso, utilízala como un oasis acogedor en medio del hacer, una oportunidad para ser, sin estrategia ni agenda. En otras palabras, hazlo sencillo. Empieza por probar unas cuantas técnicas para decidir cuál te funciona; después practica la que hayas escogido. En realidad, el método que utilices no tiene importancia; todos acaban por transportarte al aquí y ahora.

Acepta todo lo que surja

Cuando te acostumbres a incluir sensaciones, puedes abrir las puertas de tu consciencia de par en par y aceptar cualquier experiencia —incluso pensamientos y emociones— sin juicio ni discriminación. Al igual que las sensaciones, los pensamientos y los sentimientos entran y salen de tu consciencia como nubes en el cielo, sin sacarte de tu centro. Si te desequilibra, sinplemente regresa a la consciencia del momento presente, abierta, libre de prejuicios.

Después de todo, el cielo nunca está inquieto u oprimido, no importa cuántas nubes se amontonen, pues él seguirá siendo tan vasto y espacioso como siempre. De la misma forma, tú puedes sentarte con una mente espaciosa similar al cielo. Al principio, puede que tu atención vaya de aquí para allá como una linterna, explorando un objeto y otro, pero, entonces, simplemente debes volver una y otra vez a una mente espaciosa, como el cielo. (Para más información sobre cómo acoger cualquier cosa que surja, consulta al capítulo 12.)

Entrena a tu cachorro: mete en cintura tu mente errante

Como un cachorro caprichoso, tu mente tiene buenas intenciones, sólo que tiene voluntad propia y necesita desaprender algunos hábitos bastante odiosos. Del mismo modo en que no le pegarías a un cachorro por orinarse en la alfombra, sino que lo llevarías pacientemente una y otra vez a su montón de papeles, necesitas estar reconduciendo a tu mente errante una y otra vez, pacientemente, a su foco de concentración, sin ira ni violencia, ni juicio de ningún tipo. Después de todo, quieres que tu "mente cachorro" te quiera y te trate como a un amigo en vez de encogerse en tu presencia.

De hecho, tu mente merece incluso más paciencia que un cachorro, porque ha desarrollado la tendencia a fantasear, a preocuparse y a obsesionarse durante toda una vida de mal entrenamiento. Mientras practicas ser amable y paciente con tu mente, notarás que ésta se suaviza y se relaja de forma natural en el momento presente, que es después de todo el objeto de la meditación. Por otra parte, si fuerzas a tu mente a concentrarse como si fueras un sargento presionando a su tropa, sólo vas a conseguir aumentar tu tensión e incomodidad, y probablemente no vas a estar motivado para meditar de nuevo.

Como señalo en otros capítulos, descubrir cómo meditar es muy parecido a aprender a tocar un instrumento musical. Primero tienes que aprender algunas técnicas básicas; después, practicar las mismas escalas una y otra vez. Al igual que seguir la respiración, practicar escalas puede parecer muy aburrido, pero semana a semana te vuelves imperceptiblemente mejor, hasta que un día logras tocar melodías sencillas. Y cuanto más practicas, más sutilezas percibes y más interesante se vuelve tocar, incluso escalas sencillas, o seguir tu respiración.

El Buda histórico comparaba meditar con afinar un laúd. Si aprietas demasiado las cuerdas, se rompen, y entonces no se puede tocar el

Simplemente sentarse

Como alternativa a la meditación de atención consciente, puede que quieras experimentar la práctica zen del *simplemente sentarse*, que por lo común implica dos fases o pasos: simplemente respirar y simplemente sentarse.

Cuando seas todo un experto en seguir tu respiración, puedes practicar el *convertirte en tu respiración*, fusionarte por completo con el flujo de la inspiración y la espiración, hasta que tú, como un observador separado, desaparezcas y quede sólo tu respiración. Entonces ya no estás respirando; en lugar de eso, tu respiración te está respirando a ti. Al igual que acoger cualquier cosa que surja, esta práctica, conocida como *simplemente respirar*, es

en extremo sencilla, pero requiere una cualidad de consciencia que es tanto centrada como relajada.

El paso siguiente, *simplemente sentarse*, requiere expandirse para incluir todo el mundo de la experiencia sensible. Pero, en vez de ser consciente de tu experiencia, tú "desapareces" y sólo permanece tu experiencia: ver, oler, oír, sentir, pensar. Como lo expresa un amigo mío que practica zen: "Cuando te sientas, las paredes de la sala de meditación se derrumban y entra todo el mundo". Por último, esta práctica lo lleva a uno al mismo lugar que la atención consciente; es sencillamente la alternativa zen.

---

instrumento. Si las dejas demasiado sueltas, no puedes lograr los sonidos correctos. De igual manera, necesitas escuchar tu instrumento —tu cuerpo y tu mente— cuando meditas para determinar qué clase de entonación precisa. Si estás tenso, puede que debas empezar con una relajación profunda; si estás adormilado o confuso, quizá necesites sentarte derecho, prestar atención y enfatizar tu concentración.

Según vayas reconduciendo delicadamente a tu cachorro una y otra vez, también empezarás a darte cuenta de los temas y las historias que distraen repetidamente tu atención. Quizá tu mente vuelve a preocuparse por tu puesto de trabajo, o por las discusiones con tu pareja o cónyuge, o se centra en fantasías sexuales, o en canciones de moda. Cualesquiera que sean los huesos favoritos que le gusta roer a tu cachorro, te debes ir familiarizando de manera gradual con ellos mientras a la vez observas cómo te distraen.

Después de semanas o meses de práctica regular, vas a desarrollar una comprensión mucho más profunda de cómo funciona la mente, y de cómo produce sufrimiento y estrés. Y al igual que las cancio-

Vuelve a la respiración

Programa tu reloj para que te avise del inicio de cada hora. Cuando suene la señal, detén lo que estés haciendo y sigue tu respiración con plena atención durante 60 segundos. Si estás haciendo algo que no puede interrumpirse, como conduciendo en medio del tráfico o hablando con tu jefe, sigue tu respiración tan atentamente como puedas durante la actividad.

nes de éxito, que al principio te encantan pero que con el tiempo te cansas de oírlas, las viejas historias de siempre empiezan a perder su poder de perturbarte y acabas desarrollando mayor ecuanimidad y paz mental (para más información sobre cómo trabajar sobre tus historias y tus temas habituales, consulta el capítulo 12).

Capítulo 8

Prepara el cuerpo para la meditación

• •

En este capítulo

▶ Los beneficios y retos de sentarse en silencio

▶ Algunos trucos tradicionales para sentarse derecho

▶ Medita como una montaña o un árbol

▶ Sentado con las piernas cruzadas, arrodillado y sentado en una silla

• •

Quizá ya conoces unas cuantas técnicas de meditación, pero no has empezado realmente a practicarlas porque no puedes estar sentado tranquilamente durante más de un par de minutos, y no digamos ya 5, 10 o incluso 15.

Quizá te empiezan a doler la espalda o las rodillas y te preocupas porque puedes estar haciéndote un daño irreparable. O te empieza a picar el cuerpo en los sitios más extraños y no puedes contener el impulso de rascarte. O cada sonido te llega a los oídos magnificado mil veces —como mínimo, en Dolby estéreo— y empiezas a imaginar ladrones o grifos que gotean detrás de cada puerta.

Quizá tuviste un maestro (o una madre o un padre) que te hizo permanecer sentado a la mesa hasta que terminaras tus deberes, y ahora cualquier ejercicio que pase por tener que sentarse sin moverse te hace retorcer de incomodidad.

Sí, el simple hecho de tener que sentarse en silencio hace surgir con toda seguridad cualquier gramo de inquietud que uno no sabía que tenía. Y sí, la meditación funciona mejor cuando puedes mantener tu cuerpo relativamente quieto y tu espalda relativamente derecha. Así que, ¿qué hacer?

En este capítulo, vas a explorar la topografía de la meditación y a descubrir lo que tiene que enseñarte el estar sentado en silencio. Descubrirás algunas técnicas para enderezar la columna sin hacerte daño en la espalda. Y tendrás una oportunidad de practicar algunas posturas explosivas de yoga para estirar y relajar los músculos que más intervienen al estar sentado, para que puedas sentarte quieto durante más tiempo, ¡y disfrutarlo más! (Para una guía oral para preparar tu cuerpo para la meditación sentado, escucha la pista 5 del audio.)

Poner una serpiente en un palo de bambú, o el sutil arte de sentarse en la inmovilidad y el silencio

Cuando uno de mis primeros profesores de meditación, el maestro zen Shunryu Suzuki, hablaba de la práctica de sentarse en silencio, solía decir que la mejor manera de mostrarle a una serpiente su verdadera naturaleza era ponerla en un palo hueco de bambú. Tómate unos segundos para pensar un poco en esta metáfora inusual. ¿Qué podía haber querido decir con ella?

Bien, imagina que tú eres la serpiente dentro del bambú. ¿Qué se siente? Cada vez que trates de deslizarte, que es al fin y al cabo, lo que les gusta hacer a las serpientes, te das contra las paredes de tu casa, recta como un palo. Si prestas atención, empiezas a darte cuenta de lo inquieto que eres realmente.

De la misma manera, sentarse en cierta postura y mantener el cuerpo relativamente quieto, te proporciona un palo de bambú que refleja todo impulso y distracción. Alcanzas a ver lo inquieto que puede llegar a ser tu cuerpo, y lo hiperactiva que puede ser tu mente, que es en realidad la fuente de la inquietud de tu cuerpo: "Quizá me debería rascar donde me pica o contestar ese teléfono o hacer aquello". Para cada plan o intención hay un impulso correspondiente en tus músculos y en tu piel, pero nunca notarás toda esta actividad a menos que te sientes inmóvil y en silencio.

Lo gracioso es que cuando estás enfrascado felizmente en alguna actividad que te gusta mucho, como ver una película, navegar por la red o practicar tu pasatiempo favorito, puedes permanecer sentado en la misma posición durante horas sin darte cuenta. Pero trata de hacer algo que encuentras aburrido o desagradable —en especial una actividad tan extraña y poco conocida como centrar tu atención

Siéntate en silencio, sin hacer nada

Cuando era un joven meditador zen, trabajaba como ayudante en un centro que albergaba una gran variedad de pacientes, desde una joven que se recuperaba de un cáncer de huesos hasta el padre del congresista de la localidad, que se estaba muriendo de enfisema.

En medio de esa variedad de pacientes, me fascinaba una persona en particular, un viejo pescador italiano que había perdido las dos piernas en un accidente de pesca. Cuando lo venían a visitar los miembros de su familia, los recibía con gran dignidad, recibiendo sus respetos como el patriarca de la familia. Mientras que otros pacientes se contentaban con quedarse acostados en la cama todo el día en pijama, él se vestía y se acicalaba todos los días y se sentaba con orgullo —en una postura recta— en su silla de ruedas, observando silenciosamente el drama que se desarrollaba a su alrededor.

Un día, yo andaba corriendo de aquí para allá, sin saber muy bien lo que se suponía que tenía que hacer. Al verlo, él me llamó en voz alta, con un brillo travieso en los ojos: "¡Oye! ¿No tienes nada que hacer?" "Sí —respondí yo, obviamente nervioso— no sé qué se supone que debo hacer." "No tienes nada que hacer —dijo él—. ¡Entonces siéntate!"

en ti mismo y seguir la respiración o prestar atención a tus sensaciones corporales— y de repente cada minuto puede parecer una hora, cada dolor una dolencia de consecuencias letales para tu vida y cada asunto en tu lista de tareas pendientes una urgencia ineludible.

Cuando constantemente estás actuando y reaccionando en respuesta a los pensamientos y a la estimulación externa, no tienes oportunidad de llegar a saber cómo funciona tu mente. Sin embargo, al sentarte inmóvil y en silencio, como la serpiente dentro del bambú, tienes ante ti un espejo que te muestra con exactitud lo escurridiza y esquiva que puede ser tu mente.

Mantenerte quieto también te da una gran agudeza cuando estás trabajando para desarrollar la concentración. Imagina a un cirujano o a un pianista de concierto que no pueda aquietar el cuerpo mientras está realizando su labor. Cuantas menos distracciones físicas tengas, más fácil resulta seguir la respiración, practicar un mantra o la meditación que sea.

Una advertencia: estas instrucciones para sentarse no pretenden convertir tu cuerpo en una piedra, al igual que el bambú no pretende convertir a la serpiente en un palo. Mientras estés vivo, vas a seguir moviéndote. La finalidad es poner tu intención en sentarte inmóvil y darte cuenta de lo que pasa. A Buda le gustaba utilizar la metáfora de un laúd; si las cuerdas están demasiado flojas, no puedes tocarlo y si están demasiado tensas, se rompen. Si eres demasiado rígido contigo mismo, acabarás sintiéndote mal, pero si no paras de mover tu cuerpo, nunca lograrás concentrar y tranquilizar la mente lo suficiente como para cosechar los beneficios de la meditación.

Cómo sentarse recto y vivir para contarlo

Si examinas las posturas de meditación de las grandes tradiciones espirituales del mundo, descubrirás que todas tienen una cosa en común: la inquebrantable estabilidad de una montaña o un río. Observa los faraones arrodillados en las pirámides de Egipto, por ejemplo, o los Budas de piernas cruzadas en las grutas indias o en los templos japoneses. Están sentados sobre una base amplia que parece estar enraizada profundamente en la tierra, y tienen una presencia afianzada que dice: "No puedo ser movido. Estoy aquí para permanecer" (véase la figura 8-1).

Cuando te sientas derecho como una montaña o un árbol, tu cuerpo actúa como un enlace entre el cielo y la tierra, y por analogía, conecta tu existencia física, encarnada, con la dimensión sagrada o espiritual del Ser. Muchas tradiciones hablan de la importancia de tender un puente sobre el abismo aparente que nos separa de Dios o el Absoluto. Los místicos judíos y sufíes enseñan que el alma es una chispa del fuego celestial que anhela volver a su fuente. Los cristianos representan el alma como una paloma ascendiendo, y los yoguis tántricos indios (consulta el capítulo 3) describen la unión extática de *Shakti*, la energía femenina de la evolución espiritual que se eleva a través de la columna vertebral, con *Shiva*, el principio masculino de la trascendencia desapegada.

Si encuentras toda esta información espiritual demasiado esotérica o poco realista, podrías tener en cuenta que sentarte derecho también otorga algunos beneficios prácticos. Al alinear la columna vertebral y abrir los canales que atraviesan el cuerpo por su centro, la posición de sentarse recto fomenta una circulación de energía sin impedimentos que, a su vez, contribuye a estar más despierto en todos los sentidos: físico, mental y espiritual. Además, es mu-

Figura 8-1:
Para mayor
estabilidad y
afianzamiento,
siéntate como
si fueras una
montaña (aquí
se muestra el
loto completo)

cho más fácil sentarse quieto durante períodos largos cuando las vértebras están colocadas como una pila de ladrillos, una encima de otra. De lo contrario, con el tiempo, la gravedad tiene esa fastidiosa costumbre de empujar tu cuerpo hacia la tierra y, en el proceso, provocar los dolores tan típicos de un cuerpo que lucha con las fuerzas de la naturaleza. Así que la postura más cómoda para sentarse a largo plazo es derecho, lo que te pone en armonía con la naturaleza.

Por supuesto, siempre puedes apoyarte contra la pared, o contra algo parecido que se te ocurra. Pero cuando tu cuerpo se apoya tiende a encorvarse hacia una dirección, incluso de forma sutil; y la idea de hacer meditación es la de apoyarte en tu experiencia directa, más que depender de un apoyo externo que te "respalde". Cuando te sientas como una montaña o un árbol, estás haciendo una afirmación: "Estoy enraizado profundamente en la tierra, y al mismo tiempo abierto a los poderes superiores del cosmos, independiente y, sin embargo, inextricablemente conectado con toda la vida".

CONSEJO

Controla el dolor

Si te sientas en la misma posición durante un período largo de tiempo, vas a experimentar algún dolor físico o incomodidad, ¡sin importar los estiramientos que hagas! Un dolor en la espalda por aquí, uno en la rodilla por allá, una punzada en el hombro, alfileres y agujas en los pies, la lista de quejas es potencialmente interminable. Y cuanto más tiempo permanezcas sentado, más intensa puede llegar a ser la incomodidad, y más fuerte la tentación de moverte para evitarlo.

En lugar de cambiar de inmediato de posición o de esforzarte por ignorar tu incomodidad, practica expandir suavemente tu consciencia para incluir en ella tu incomodidad, mientras continúas atendiendo a tu respiración o al objeto de meditación que sea. Si el dolor es fuerte, puedes explorarlo de modo directo con la misma atención consciente y compasiva que le prestas a tu respiración.

Fíjate también en cómo responde tu mente a tu incomodidad. ¿Se inventa alguna historia sobre tu incomodidad del tipo: "No me estoy sentando correctamente", "Debo de tener algún problema en la espalda", "Quizá me estoy dañando las rodillas"? ¿Y eso intensifica tu incomodidad, al juzgarlo tan malo o indeseable, haciendo que tu tensión en torno a ello aumente?

Al abrir tu consciencia a tu dolor y a cómo responde la mente ante él, puedes empezar a relajarte en relación con ese dolor, y empezarás a darte cuenta de que poco a poco va disminuyendo. Puesto que el dolor físico y emocional son inevitables, la meditación sentado proporciona un laboratorio maravilloso para experimentar con nuevas formas de relacionarse con el sufrimiento y la incomodidad en todas las áreas de tu vida, para finalmente poder ir más allá de ellos.

A propósito, también tienes la opción de moverte (con consciencia) cuando el dolor o la incomodidad se vuelven demasiado intensos. Simplemente juega en tu límite entre abrirte y resistirte. Recuerda que ciertos tipos de dolor merecen tu atención inmediata, especialmente una punzada, un dolor que empieza en cuanto te sientas, o un dolor agudo (más que apagado) en las rodillas. En tales casos, es mejor que pruebes otro modo diferente de sentarte.

Qué hacer de cintura para abajo y otras fantasías

Lo mismo que un árbol necesita echar raíces profundas para que no se caiga cuando crece, tú necesitas encontrar una posición cómoda para la mitad inferior de tu cuerpo, que puedas mantener durante 5, 10 o 15 minutos, o incluso más, si se quiere. Después de varios milenios de experimentación, los grandes meditadores han establecido un montón de posturas tradicionales que parecen funcionar muy bien. Aunque parezcan muy diferentes desde afuera, estas posturas tienen una cosa en común: la pelvis se inclina ligeramente hacia delante, acentuando la curvatura natural de la parte baja de la espalda.

Las siguientes posturas están organizadas más o menos en orden, desde la más fácil hasta la más difícil de hacer, aunque la facilidad depende de tu cuerpo en particular y tu grado de flexibilidad. Por ejemplo, a algunos les gusta la postura clásica del loto (cuyo nombre deriva de su parecido con la flor) como a un pato le gusta… bueno, un estanque de lotos. Además, la postura del loto, aunque es un tanto difícil, tiene algunas ventajas definitivas (consulta el recuadro "Por qué Buda se sentaba en la posición del loto", más adelante en este capítulo), y tú puedes trabajar para lograrla estirando tus caderas con los ejercicios de yoga descritos en la sección "Prepara el cuerpo para sentarte", más adelante en este capítulo. Sobre todo, no te preocupes sobre qué se ve mejor; simplemente experimenta hasta que encuentres la que mejor te funciona.

Sentado en una silla

Fíjate que digo sentado, no encogido (véase la figura 8-2). El truco para meditar en una silla es poner las nalgas un poco más altas que las rodillas, lo que inclina tu pelvis hacia adelante y te ayuda a mantener la espalda recta. Las viejas sillas de cocina de madera funcionan mejor que las tapizadas; pruébalo con un pequeño cojín o un trozo de espuma bajo las nalgas.

De rodillas (con banco o sin él)

Esta postura era muy popular en el antiguo Egipto y en Japón (donde se conoce como *seiza*) (véase la figura 8-3). Arrodillarse puede ser… bueno, duro para las rodillas, a menos que tengas un apoyo adecuado. Trata de colocar un cojín bajo las nalgas y también bajo los pies, o utiliza un banco de meditación *seiza* especialmente diseñado, preferiblemente uno acolchado. De lo contrario, se te pueden dormir el trasero y otras partes delicadas.

Posición fácil

Esta posición no está recomendada para períodos largos, porque no es muy estable y no sostiene derecha la columna. Simplemente siéntate sobre el cojín con las piernas cruzadas delante, al estilo sastre. (Te lo creas o no, ¡los sastres en una época se sentaban así!) Las rodillas no tienen que tocar el suelo, y mantén la espalda tan recta como puedas.

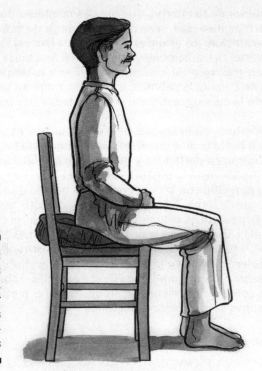

Figura 8-2:
Si meditas en una silla, puedes poner al día unos cuantos hábitos antiguos

Figura 8-3:
Utiliza un cojín o un banco para asegurarte de que tus partes delicadas no se te duermen cuando te arrodilles

Puedes estabilizar mejor esta postura colocando cojines bajo las rodillas; disminuye gradualmente la altura de los cojines según tus caderas se vayan volviendo más flexibles (lo que ocurrirá poco a poco con el tiempo). Cuando tus rodillas toquen el suelo, quizá ya estés listo para la postura birmana o para la del loto (véase la siguiente sección para esas posiciones).

Esta postura puede ser una alternativa a corto plazo para las personas que no pueden lograr las otras posturas de esta sección, porque no pueden arrodillarse por problemas en las rodillas o porque no quieren sentarse en una silla por alguna razón.

Posición birmana

Utilizada en todo el sudeste asiático, la posición birmana (véase la figura 8-4) implica apoyar las dos pantorrillas y los pies sobre el suelo, una frente a la otra. Aunque es menos estable que la serie de lotos, es mucho más fácil de adoptar, especialmente para principiantes.

En todas las posturas de piernas cruzadas, primero dobla la pierna por la rodilla, en línea con el muslo, antes de rotar el muslo hacia el lado. De lo contrario, te arriesgas a lesionarte la rodilla, que está hecha para flexionarse sólo en una dirección, al contrario de la ca-

Figura 8-4:
La posición birmana es una alternativa fácil y cómoda con las piernas cruzadas, es muy popular en el sudeste asiático

beza del fémur y la articulación de la cadera, que pueden rotar en un movimiento mucho más amplio.

Cuarto de loto

Exactamente como el medio loto (consulta la siguiente sección), excepto en que el pie descansa sobre la pantorrilla de tu pierna contraria, en vez de sobre el muslo (véase la figura 8-5).

Medio loto

El medio loto es más fácil de realizar que el famoso loto completo (consulta la siguiente sección) y es casi igual de estable (véase la figura 8-6). Con las nalgas en un cojín, pon un pie sobre el muslo contrario. Asegúrate de que ambas rodillas toquen el suelo y de que tu columna vertebral no esté inclinada hacia un lado. Para distribuir la presión sobre tu espalda y tus piernas, recuerda alternar las piernas de una sentada a otra, si puedes; en otras palabras, primero la pierna izquierda sobre el muslo y la derecha sobre el suelo, y en otra ocasión la izquierda sobre el suelo y la derecha sobre el muslo.

Figura 8-5: Como su nombre indica, el cuarto de loto tiene sólo una parte de la dificultad de la de su homóloga más ambiciosa, el loto completo

Figura 8-6:
En el medio
loto, trata de
alternar las
piernas de
una sentada
a otra tanto
como puedas

Loto completo

Esta postura está considerada el Everest de las posiciones sentado (revisa la figura 8-1). Con las nalgas sobre un cojín, cruza el pie
izquierdo sobre el muslo derecho y el pie derecho sobre el muslo
izquierdo. Como con su hermana más asimétrica, el medio loto, es
mejor alternar las piernas para distribuir la presión uniformemente.

El loto completo se ha practicado a través del mundo durante miles
de años. Se trata de la más estable de las posturas, aunque no debes
intentarla a menos que seas especialmente flexible, e incluso en ese
caso te sugiero que te prepares haciendo alguno de los estiramientos descritos más adelante en este capítulo, en la sección "Prepara
el cuerpo para sentarte".

Pon derecha tu columna sin rígor mortis

Cuando estés sentado en una posición cómoda, con la pelvis inclinada ligeramente hacia adelante, prueba a dirigir tu atención a enderezar la espalda. Por supuesto, poner la columna *derecha* es un término inadecuado cuando se usa para referirse a la columna vertebral, porque una espalda saludable, de hecho, tiene varias curvas claras, una en la región lumbar o parte baja de la espalda, otra en la zona torácica o espalda media y una tercera en el cuello o zona cervical.

Por qué Buda se sentaba en la posición del loto

Desafortunadamente, no aprendimos a sentarnos con las piernas cruzadas sobre el suelo cuando éramos niños, como hicieron la mayoría de los indios y muchos otros asiáticos tradicionales. Como resultado de ello, al principio puedes encontrar difícil sentarte con las piernas cruzadas, y puedes sentirte inclinado a retirarte a la aparente facilidad y comodidad de una silla. Pero me gustaría animarte a intentar que te sentaras con las piernas cruzadas en algún momento, si tu cuerpo y tu nivel de comodidad lo permiten. No es necesariamente tan difícil o doloroso como parece, y además tiene algunas ventajas únicas.

Por una parte, cruzar las piernas crea un cimiento sólido y estable para el resto del cuerpo y tiende a inclinar la pelvis hacia adelante de forma natural en el ángulo adecuado para apoyar la columna vertebral.

Además, hay algo en la manera de sentarse como solían hacerlo los grandes meditadores del pasado que da un cierto poder y autoridad a tu meditación, como si cruzar las piernas lo sumergiera a uno en un río de consciencia que se remonta miles de años atrás.

Por último, sentarse con las nalgas sobre la tierra o muy cerca de ella lo conecta a uno directamente con la gravedad y otras energías que emanan de la tierra, y otorgan una sensación palpable de solidez y de fuerza a la meditación.

En último término, por supuesto, cualquier cosa que hagas con la mitad inferior del cuerpo estará bien, siempre y cuando puedas sentarte con comodidad y mantener erguida la espalda con relativa facilidad. Pero recuerda que puedes ir preparándote para el lujo de sentarte con las piernas cruzadas estirando gradualmente las caderas hasta que, un día, ambas rodillas toquen el suelo y —*voilà*— consigas hacerlo.

Medita sobre tu postura

Como alternativa a seguir la respiración, especialmente cuando quieres tranquilizar la mente antes de sumergirte en la práctica de la atención consciente (consulta el capítulo 7), puedes probar una técnica tradicional zen que consiste en concentrarse en una parte en particular de tu cuerpo. Trata de poner tu mente en la palma de la mano, con tus manos colocadas en el *mudra* zen (véase la figura 8-1 y el recuadro "Qué hacer con los ojos, la boca y las manos" en este capítulo) o en tu vientre, en un punto a unos 6 centímetros bajo el ombligo (conocido como el *hara*, en japonés). Después de practicar esto durante un período de tiempo y de que tu atención se estabilice, puedes expandir tu foco para incluir todo tu cuerpo, manteniendo el mismo nivel de concentración de estilo zen.

Por desgracia, estas curvas naturales a menudo se exageran por las malas posturas que adoptamos ante la computadora u otros entornos sedentarios, de tal modo que vas adquiriendo gradualmente el hábito de sentarte encorvado, con los hombros hacia adelante, la parte superior de la espalda caída y el cuello y la cabeza estirados hacia adelante como un buitre, ¡exactamente como estoy sentado yo ahora!

Puede que no seas capaz de corregir malos hábitos como éstos en unas pocas sesiones de meditación, pero puedes probar a "extender" la columna vertebral —un término más adecuado que "enderezar"— y suavizar esas curvas de forma lenta pero segura hacia tu natural y elegante curvatura. Intenta también trasladar estos nuevos hábitos de sentarte a tus otras actividades, de modo que con el tiempo vayas corrigiendo suavemente tu postura mientras conduces o te sientas en tu escritorio, por ejemplo.

Prueba uno de los tres ejercicios siguientes para ayudarte a descubrir cómo se siente una columna derecha o extendida. No te molestes en mirarte al espejo o en compararte con algún ideal que hayas visto en algún libro (incluido éste).

Lo importante es cómo se siente tu cuerpo desde dentro. Tienes que sentirte centrado, estable, conectado a la tierra, y alineado con la fuerza de la gravedad.

Qué hacer con los ojos, la boca y las manos

Cuando empecé a meditar en la década de 1960, no podía por ningún medio saber qué hacer con los ojos. Se me extraviaban y pasaban sin control de enfocados a desenfocados, y empecé a obsesionarme con hacer bien algo que siempre había sido natural para mí. Quiero decir, ¡nunca me había preocupado qué hacer con los ojos antes! Con el tiempo sencillamente me olvidé de ellos y nunca más me volvieron a molestar.

Para ahorrarte una confusión parecida sobre tus ojos y otras partes principales del cuerpo, te voy a dar las siguientes instrucciones:

Ojos. En un principio, necesitas decidir si quieres sentarte con los ojos cerrados, completamente abiertos o medio abiertos. Después simplemente puedes olvidarte de ellos y dejarlos hacer lo que quieran. Cada alternativa tiene sus pros y sus contras.

Tener los ojos cerrados aparta tu atención de las distracciones externas y te ayuda a centrarte en tu experiencia interior. Por desgracia, también fomenta el soñar despierto y el pensar. Tener los ojos completamente abiertos es en realidad la posición más difícil porque expande tu consciencia para incluir toda la gama de experiencias, tanto exteriores como interiores. Lo bueno es que esta posición facilita levantarse de una posición sentado y extender la meditación a las actividades diarias, que se hacen con los ojos abiertos. Lo malo es que si no te has concentrado lo suficiente, puedes distraerte con facilidad con cualquier cosa que se cruce en tu campo de visión.

Yo por lo general recomiendo a la gente que se siente con los ojos medio abiertos, al estilo zen, mirando con un ligero foco a un punto en el suelo aproximadamente a un metro o metro y medio al frente, en otras palabras, mirando hacia abajo en un ángulo de 45 grados. Si te sientes inquieto o distraído, puedes cerrar los ojos un poco más (o del todo); si te sientes somnoliento o embotado, puedes abrirlos más. Si te descubres mirando fijamente, relaja un poco los ojos y suaviza el enfoque.

Manos. Puedes poner las manos allí dondequiera que se sientan cómodas, siempre que las mantengas ahí durante todo el período de meditación. Los meditadores expertos por lo general las ponen en el regazo o sobre los muslos.

✔ **En el regazo.** Trata sencillamente de coger una mano con la otra, o puedes probar la posición más formal del *mudra* (posición de las manos) zen, en la cual tu palma izquierda se coloca sobre la derecha, unos 10 o 12 centímetros por debajo del ombligo, con los pulgares tocándose levemente, cerca del ombligo, formando un óvalo con los dedos.

✔ **Sobre los muslos.** Sencillamente apoya las manos sobre ellos, con las palmas hacia abajo. O vuélvelas hacia arriba y, si quieres, toca el dedo índice con el pulgar de cada mano, formando un óvalo en un *mudra* yoga tradicional. Como con todas las demás opciones en este capítulo, experimenta hasta que encuentres la que te funcione mejor.

Boca. Mantenla suavemente cerrada (pero no apretada) mientras respiras por la nariz, con la lengua tocando ligeramente el paladar para que no ande dando vueltas por el lugar como acostumbran a hacer las lenguas.

✔ **Suspende tu cabeza de una cuerda.** Imagina que todo tu cuerpo está suspendido en el aire atado a una cuerda que te sujeta sólo por la coronilla. (La *coronilla* es el punto más alto de la parte superior de tu cráneo, en la parte de atrás.) Según sientes la cuerda tirando de tu cabeza hacia arriba en el aire, nota cómo se alarga de forma natural tu columna, cómo tu pelvis se inclina hacia adelante, tu barbilla se retrotrae y tu nuca se aplana ligeramente.

✔ **Apila tus vértebras una encima de otra.** Imagina tus vértebras como si fueran unos ladrillos que estás apilando, uno encima de otro, empezando por el primero en la base de la columna. Siente cómo tu columna crece hacia el cielo ladrillo a ladrillo, como un rascacielos.

✔ **Siéntate como una montaña o un árbol.** Imagina tu cuerpo como una montaña o un árbol, con una base amplia que se extiende profundamente en la tierra y un tronco o una cima que se eleva hacia el cielo (véase la figura 8-7). Nota lo estable, afianzado y autosuficiente que te sientes.

Cuando sepas cómo te sientes al sentarte derecho con la columna extendida, puedes balancear tu cuerpo de un lado a otro como un péndulo, primero ampliamente y después disminuyendo de forma gradual los ángulos hasta que llegues a descansar en el centro. A continuación, puedes inclinar la pelvis ligeramente hacia adelante, acentuando la curvatura natural de la parte baja de tu espalda, y después doblarte hacia adelante y hacia atrás desde la cintura (manteniendo la espalda recta) hasta que llegues al centro. Por último, retrotrae la barbilla y lleva la cabeza hacia atrás con suavidad. Ahora estás preparado para iniciar la meditación.

Al principio, puede que necesites usar estas técnicas e imágenes una y otra vez para ayudarte a regresar a una posición cómoda, sentado erguido, pero, con el tiempo, descubrirás que sentarte derecho se

convierte en un asunto mucho más intuitivo e inmediato. Simplemente te sentarás, te balancearás un poco de un lado a otro, extenderás con delicadeza tu columna y empezarás a meditar.

Zafus, bancos y otra parafernalia exótica

Dependiendo de qué tradición de meditación explores, probablemente encontrarás una gama de diferentes objetos para sentarte. A algunos yoguis que conozco les gusta poner en el suelo una minúscula bolsa rectangular rellena de arroz antes de acomodarse hábilmente sobre ella y cruzar la piernas en loto completo. Muchos practicantes de zen y otros budistas prefieren los cojines regordetes y redondos conocidos como *zafus* (palabra japonesa que significa "cojín para sentarse"), combinados a menudo con colchonetas planas y cuadradas rellenas de algodón para una altura adicional, si se necesita (véase la figura 8-8).

Los zafus se han introducido en las salas de meditación de todo linaje y denominación espiritual, desde los sufíes y los budistas hasta

SABIDURÍA TRADICIONAL

Cuatro posiciones (y otras más)
"probadas y comprobadas" de meditación

Si no puedes sentarte cómodamente en ninguna de las posiciones habituales, puedes animarte a ensayar la tradición budista, que ofrece cuatro alternativas igualmente aceptables para la meditación formal:

✔ Sentado

✔ De pie

✔ Caminando

✔ Acostado

Las estatuas gigantes de India y el sudeste asiático muestran al mismo Buda meditando acostado sobre su lado derecho, con la cabeza apoyada en la mano. Los yoguis y los ascetas han meditado durante mucho tiempo de pie, a veces sobre una sola pierna. Y la meditación caminando todavía se practica por todo el mundo, desde los monasterios zen de Japón y los monasterios de la selva de Tailandia, hasta las comunidades sufíes de Oriente Próximo y las ermitas cristianas de Europa y América del Norte.

De igual manera, los sufíes reconocen una quinta postura tradicional: la danza giratoria de los derviches; y los taoístas enseñan el arte marcial taichí como meditación en movimiento. En Occidente, algunos seguidores del psicólogo suizo C. G. Jung han desarrollado una forma meditativa conocida como el *movimiento auténtico*, y algunos cristianos practican caminar alrededor de un laberinto en espiral como una forma de contemplación. Finalmente, cualquier actividad puede convertirse en meditación si se hace conscientemente, como describo en el capítulo 17.

En retiros formales de silencio, he visto a gente meditando en silla de ruedas, novatos sentados en altos cojines rodeados de almohadas, y experimentados meditadores que no hacen otra cosa sino caminar o estar acostados durante tres días. También he visto una foto del gran yogui indio Swami Muktananda meditando colgado de un árbol como un pájaro.

Lo primordial es saber que no hay una sola forma correcta de hacerlo; descubre cuál es la que a ti te funciona.

los monasterios cristianos (para más información sobre los sufíes, consulta el capítulo 3). Los zafus están rellenos generalmente de *kapok*, que son unas fibras naturales sedosas que mantienen su forma a pesar de las repetidas sentadas. Pero también he visto otros zafus rellenos de cascarilla de trigo sarraceno o de algodón, e incluso algunos rectangulares y gruesos rellenos de espuma de poliuretano.

Figura 8-8:
Observa este equipo de meditación: zafu, colchoneta de apoyo y un banco con una pequeña almohada

Diez pasos rápidos para preparar tu cuerpo para la meditación

Esta práctica lista te proporciona un resumen de los pasos descritos anteriormente en este capítulo:

1. Acomoda las piernas.

2. Estira la columna.

3. Balancea el cuerpo de un lado al otro como un péndulo.

4. Balancea el cuerpo de adelante para atrás.

5. Inclina la pelvis ligeramente hacia adelante y suelta el vientre.

6. Retrotrae suavemente la barbilla.

7. Apoya la lengua en el paladar y respira por la nariz, si es posible.

8. Apoya las manos en los muslos o en el regazo.

9. Relaja el cuerpo desde la cabeza hasta los dedos de los pies, soltando tanta tensión o incomodidad como puedas.

10. Empieza la meditación.

Antes de comprar un zafu, asegúrate de probar un buen número de formas y tamaños diferentes, revisando que sean relativamente cómodos, que tengan buena estabilidad y una altura adecuada. Debes poder sentarte de forma que ambas rodillas toquen el suelo, si es posible, y que tu pelvis se incline un poco hacia adelante.

Si practicas de rodillas, puedes intentar sentarte en un zafu o en otro cojín adecuado puesto en el suelo entre tus piernas, o puedes usar uno de los bancos de meditación diseñados exclusivamente para ese propósito. De nuevo, prueba antes de comprar. Si te sientas en una silla, escoge una con un asiento firme y un respaldo recto, no uno de esos sillones lujosos en los cuales puedes hundirte cómodamente y quedarte dormido. Asegúrate de que tus nalgas estén algo más altas que tus rodillas.

Cabeza y hombros en su lugar

En el zen, la buena postura se refiere a algo más que a la posición de la espalda y las piernas; se refiere a una actitud hacia la vida en general. Atento y al mismo tiempo relajado, hay que enfrentarse a cada momento y a cada situación con un porte que sugiera "estoy abierto a lo que surja. Estoy presente y preparado para responder". Uno de mis maestros, el maestro de meditación tibetano Chogyam Trungpa Rinpoche, solía llamar a esto "mantener buena cabeza y hombros".

Si tienes un reloj con alarma, prográmalo para que suene cada hora en punto durante todo el día. (Si no lo tienes, haz este ejercicio a intervalos al azar.) Cuando suene tu reloj, tómate un momento para prestarle atención a tu cuerpo. En este momento, ¿estoy de pie o sentado? ¿Estoy encorvado o torcido? Si es así, ¿cómo me sentiría si extendiera suavemente la columna y me alineara con la gravedad?

Fíjate en cómo este pequeño cambio afecta a tu estado de ánimo y a tu actitud hacia la vida.

Capítulo 9

Dónde sentarse, qué ropa ponerse y otra información práctica

....

En este capítulo

▶ Asegúrate de estar cómodo y abrigado durante la meditación

▶ Encuentra momentos para la meditación que encajen en un horario apretado

▶ Calcula la duración de tus meditaciones, ya sean largas o cortas

▶ Comer y beber adecuadamente, y superar tus adicciones favoritas

▶ Crea un espacio para la meditación que fomente su práctica

....

Cuando empecé a meditar en la universidad, tomaba el metro una vez a la semana desde mi apartamento en la zona residencial hasta el pequeño centro zen en el este de Manhattan. Cada vez que entraba, el olor a incienso, las colchonetas japonesas de paja, el sencillo altar y los ropajes oscuros de los miembros del centro, todo me recordaba que había entrado en un lugar especial, un lugar dedicado a la práctica de la meditación. Podía sentir que mi respiración se hacía más profunda y que mi mente adaptaba un ritmo más lento, y me sentía frustrado por no poder trasladar la calidad de meditación que experimentaba allí al pequeño y un tanto agobiante apartamento que compartía con tres amigos.

A lo largo de los años, he aprendido que el espacio físico que rodea la meditación —dónde, cuándo, durante cuánto tiempo te sientas, qué ropa usas, qué clase de energía inviertes— puede tener un impacto poderoso en la calidad de tu meditación. Tratar de contar las respiraciones en un aeropuerto ajetreado o en una oficina ruidosa puede ser un reto agradable, por supuesto, pero alcanzarás más rápidamente mayor profundidad en un lugar más tranquilo que esté dedicado de manera específica a la meditación.

Uno de tus sueños puede ser ir a un ashram o a otra comunidad espiritual donde todo esté organizado convenientemente y donde lo único que tienes que hacer es meditar, comer y dormir. Existen lugares así, por supuesto, y puede que tengas la suerte de encontrar uno, pero si las circunstancias de tu vida no te permiten disponer de tanto tiempo libre, tal vez tengas que buscar el tiempo y el espacio para la meditación allí donde tu ajetreada vida te deje un hueco. Por eso escribí este capítulo.

En estas páginas descubrirás cómo escoger el lugar adecuado para tu meditación, recibirás algunas indicaciones para determinar cuándo y durante cuánto tiempo sentarte, y algunas sugerencias para levantar un altar que inspire tus esfuerzos. Crear y mantener tu rincón de meditación es lo mejor que hay después de meditar en un monasterio (para más información sobre meditar con otras personas, consulta el capítulo 17).

Qué ropa ponerte: escoger la comodidad por encima de la moda

Esto puede parecer una tontería, pero te sorprendería ver cuántas personas se presentan a meditar con tejanos de marca y camisetas pegadas al cuerpo, lo cual hace prácticamente imposible respirar o cruzar las piernas. La clave para sentarse con comodidad es ésta: usa ropa suelta y evita constreñir tu respiración o tu circulación de cualquier modo. Las sudaderas y un pantalón ancho generalmente son un equipo estupendo para sentarse.

Puesto que la temperatura corporal y la presión sanguínea tienden a disminuir durante la meditación, puede que te enfríes más de lo habitual. Asegúrate de tener un suéter o una mantita de lana cerca para abrigarte.

Cuándo meditar: cualquier momento es un buen momento

Si estás demasiado ocupado, programa períodos de meditación para cualquier momento que puedas encontrar. Pero si te puedes permi-

tir el lujo de escoger o te gustaría meditar tan frecuentemente como
te sea posible, en las secciones siguientes te voy a indicar algunos
de los mejores momentos para sentarte.

En último término, todo momento y toda actividad pueden proporcionar una oportunidad de ser consciente (para más información sobre
la atención consciente en la vida cotidiana, consulta el capítulo 17).

Al comenzar la mañana

Tradicionalmente, se considera que el mejor momento para meditar son la primera o las dos primeras horas después de levantarse,
con preferencia alrededor de la salida del sol. Tu mente y tu cuerpo
están frescos y repletos de energía gracias al sueño profundo, y
todavía no has empezado a obsesionarte con tus preocupaciones
habituales. Por lo tanto, puedes encontrar más fácil centrarte y
permanecer presente. Meditando al comenzar tu jornada también
estableces el tono para el resto del día y puedes extender la paz de
mente que generes a tus otras actividades.

Antes de irse a la cama

Mientras que algunas personas necesitan una hora o dos para des-
pertarse de la niebla soñolienta del sueño, otras tienen sólo el tiempo justo para saltar de la cama, tomarse una taza de café y salir a
toda prisa para no perder el transporte de la mañana. Tanto si eres
de los que estás grogui cuando te levantas como si eres de los que
tiene que ponerse en marcha en el momento en que pones los pies
en el suelo, trata de meditar por la noche antes de irte a dormir. Es
una forma estupenda de prepararse para dormir, porque permite
que tu mente se tranquilice y cambie de forma natural y con facilidad del estado de vigilia al sueño. De hecho, la gente que se sienta
a meditar a la hora de ir a dormir cuenta a menudo que su sueño es
mucho más reparador y que necesita dormir menos.

Por supuesto, el inconveniente es que puede que te sientas demasiado cansado o estresado para meditar al final del día, y puede
que en su lugar termines tomándote un baño caliente o mirando la
televisión. Pero cuando adquieras la costumbre, descubrirás que las
meditaciones por la noche son una opción excelente y con algunas
ventajas muy evidentes.

Justo después del trabajo

Aunque no es tan fiable como la mañana o la noche, porque a menudo ese momento te lo roban las citas imprevistas, las cenas tempranas o las obligaciones familiares, la transición entre el trabajo y el tiempo de estar en casa puede ser una oportunidad adecuada para respirar profundamente y dejar que tu cuerpo y tu mente se tranquilicen, en vez de ponerte a leer el periódico o encender el televisor.

Las horas del almuerzo y los descansos para el café

Si tienes un despacho para ti y un tiempo destinado a almorzar o a tomarte un café —una condición laboral muy importante, porque cada vez más personas comen a toda prisa hoy en día—, procura traer la comida al despacho o tomarte el café antes y pasar el resto del tiempo meditando. Podrías incluso preparar un espacio especial en tu despacho, que incluyera un pequeño altar, si lo deseas.

Mientras esperas a tus hijos y otros tiempos muertos predecibles

Si eres como muchos padres, que durante la semana llevan a sus hijos de una actividad a otra, puedes pasarte horas sentado en el coche o haciendo recados mientras esperas que terminen. En vez de leer una revista o escuchar las noticias, prueba a meditar. (Puedes hacer lo mismo cuando esperas en el médico o el dentista.) Tal vez no sea el mejor entorno y tu postura no sea la ideal, pero sin duda se trata de un período de tiempo precioso en el que no haces nada. Utilízalo sabiamente.

Cuánto tiempo meditar: desde meditaciones rápidas hasta largas sentadas

La meditación se parece al sexo en muchos aspectos, y éste es uno de ellos: puedes preferirla corta y rápida o larga y lenta. Pero sean cuales sean tus predilecciones, probablemente estarás de acuerdo conmigo con que algún contacto sexual con tu ser amado es mucho mejor que nada de sexo.

Bien, aplica esto a la meditación y entenderás lo que digo. Si no puedes programar media hora, entonces medita unos minutos. Sentarse durante 5 o 10 minutos cada día es mucho mejor que sentarse una hora una vez a la semana, aunque puede que quieras hacer las dos cosas. En cuanto a todas las orientaciones de este libro, prueba con las diferentes opciones hasta que encuentres la que te va mejor.

Los relojes digitales, teléfonos móviles, las tabletas y otros dispositivos te sirven para calcular el tiempo que dedicas a la meditación sin tener que mirar el reloj; y tienen algunas melodías agradables para avisarte. También puede que quieras marcar el comienzo y el final de tu meditación con el sonido de una campanita, como se hace en muchas culturas tradicionales.

Tengas 5 minutos o 1 hora para meditar, aquí te sugiero cómo sacar el máximo partido de tu tiempo:

5 minutos

Si eres principiante, unos pocos minutos pueden parecer una eternidad, así que empieza lentamente y aumenta el tiempo de tus sesiones según te dicte tu interés y tu disfrute. Puedes descubrir que, una vez que hayas logrado calmar tu cuerpo y hayas empezado a centrarte en la respiración, se te haya acabado el tiempo. Si la sesión parece demasiado corta, siempre puedes dedicarle un poco más de tiempo la próxima vez. Según se desarrolla tu práctica, descubrirás que incluso 5 minutos pueden ser inmensamente regeneradores.

De 10 a 15 minutos

Si eres como la mayoría de la gente, necesitarás varios minutos al comienzo de la meditación para tranquilizarte, otros cuantos para meterte en el proceso y algunos al final para reorientarte, lo que significa que 10 o 15 minutos te deja un poco en el medio para profundizar tu concentración o expandir tu consciencia.

Cuando hayas llegado hasta aquí, trata de estabilizarte en 15 minutos diarios durante varias semanas y observa cómo se desarrollan tus poderes de concentración.

Meditar caminando

Entre períodos de meditación formal sentados, meditadores de todo el mundo han practicado durante mucho tiempo el caminar con consciencia atenta. Además de romper la monotonía de la clásica posición, es una estupenda meditación con todo derecho, y una forma maravillosa de practicar la extensión de la atención consciente, que aprendes sobre el cojín o la silla, al mundo ordinario del movimiento y la actividad.

En algunos monasterios zen, la meditación caminando se parece más a una especie de carrera contenida, consciente. En partes del sudeste asiático, el movimiento puede ser imperceptiblemente lento. He aquí un enfoque más moderado que puedes practicar, no sólo entre períodos de meditación sentado, sino también en cualquier momento que quieras bajar un poco el ritmo y prestar atención mientras caminas. Si el clima lo permite, por supuesto, camina afuera. También puedes caminar arriba y abajo en tu casa (para instrucciones orales detalladas, escucha la pista 6 del audio).

1. **Empieza caminando a tu paso habitual, siguiendo la inspiración y la espiración según caminas.**

2. **Coordina la respiración con los pasos.**

   Por ejemplo, puedes dar tres pasos por cada inspiración y otros tres por cada espiración, lo que, como podrás notar, es mucho más lento de cómo camina la mayoría de la gente. Si quieres cambiar la velocidad de tu ritmo, cambia el número de pasos por respiración, pero mantén el mismo ritmo cada vez que camines. (Si tus inspiraciones y espiraciones son de diferente longitud, adapta tus pasos de acuerdo con ellas.)

3. **Además de la respiración, sé consciente de los pies y las piernas según los levantas y los mueves.**

   Sé consciente del contacto de los pies con el suelo. Mira sin fijarte mucho frente a ti, con los ojos bajos en un ángulo de 45 grados. Resiste la tentación de mirar alrededor y "hacer turismo con la vista". Mantente relajado, tranquilo y cómodo mientras caminas.

4. **Disfruta de tu caminar regular y consciente todo el tiempo que quieras.**

   Si tu atención se dispersa o empiezas a apresurarte, vuelve suavemente la atención al caminar.

De 20 minutos a 1 hora

Cuanto más tiempo te sientes, más tiempo tendrás entre los preliminares y los finales para tranquilizarte y hallar un estado de mente centrado y relajado. Si tienes la motivación y puedes lograr encontrar este tiempo, desde luego dedícale 20 minutos, 40 minutos o 1 hora a la meditación cada día. Notarás la diferencia y comprenderás por qué la mayoría de los maestros de meditación recomiendan sentarse todo ese tiempo de una vez. Quizá es el lapso de atención humano, fíjate si no en los proverbiales 50 minutos a 1 hora de la psicoterapia o la duración óptima de la mayoría de los programas de televisión.

Mantener una práctica constante y regular es mejor que excederse un día y abstenerse el resto de la semana.

Qué comer y beber antes de meditar y qué evitar

Las comidas pesadas pueden hacerte sentir soñoliento, especialmente cuando son ricas en carbohidratos, así que si tienes previsto meditar, ese día procura comer ligero. O espera por lo menos una hora después de una comida principal. También podrías pensar en seguir la orientación tradicional zen de comer hasta que estés dos tercios lleno, en vez de esperar a estar completamente lleno; además, esto tampoco le iría mal a tu cintura.

En cuanto a beber (y fumar), he aquí unas cuantas sugerencias: conozco meditadores expertos a quienes les gusta tomarse un capuchino antes de sentarse, y al menos a un maestro zen que convirtió en costumbre meditar a primera hora de la mañana después de pasarse la noche anterior bebiendo sake. Pero, como regla general, antes de meditar es mejor abstenerse de consumir sustancias que alteren la mente, como por ejemplo café, alcohol, tabaco, marihuana u otras drogas recreativas.

A medida que tu práctica se vaya desarrollando y vayas dándote cuenta de los beneficios de estar presente y centrado, mejor que en las nubes o drogado, puede que disminuyas su consumo de forma natural. De hecho, puede que descubras que la meditación te hace más sensible a tu estado mental y que te proporciona una emoción natural que convierte esas sustancias en innecesarias u obsoletas. Y si tu motivación primordial para meditar es reducir el estrés o mejorar la salud, puedes replantearte la posibilidad de abstenerte completamente de alguna sustancia en cuestión. Lo creas o no, la autocomplacencia sólo añade más carga al estrés que ya acumulas.

Dónde meditar: crea un espacio sagrado

Quizá hayas visto alguna vez esas pinturas chinas donde aparece un sabio barbudo con una túnica flotante sentado en contemplación profunda en la base de una cumbre majestuosa con una cascada tronando a su lado. Quizá incluso en algunos momentos hayas deseado poder convertirte en ese sabio, desaparecer en las montañas y meditar en el silencio y la simplicidad durante el resto de tus días. ¡Ay, hoy en día la vida generalmente no nos apoya para hacer realidad tales fantasías!

Sin embargo, en vez de afeitarte la cabeza y dirigirte a las colinas, puedes seguir unas cuantas orientaciones sencillas para crearte un lugar especial para la práctica de la meditación. Verás cómo el espacio que vas a preparar enriquecerá tu vida de una forma que ahora no puedes ni imaginar.

Por qué es mejor meditar siempre en el mismo sitio

Igual que resulta de gran ayuda tener un momento regular para meditar, hay algunas ventajas evidentes en sentarse en el mismo lugar día tras día, en lugar de moverse de un lugar a otro. Entre ellas:

✔ **Menos distracciones.** Como principiante, ya tienes demasiadas distracciones con las que luchar, tanto internas como externas. ¿Por qué añadir todos los matices de un entorno constantemente cambiante? Una vez que te acostumbres a ver esas manchitas en la alfombra y esos rayones en la pintura, podrás liberar tu atención para centrarte en lo que estás haciendo: la meditación.

✔ **Buenas vibraciones.** Cuanto más frecuentemente te sientes en tu sitio, más impregnas el lugar y sus alrededores con la energía de tus esfuerzos, tus buenas vibraciones, si prefieres llamarlas así. Cada vez que vas allí, tu meditación se afianza y recibe apoyo de la energía que has invertido, por lo mismo que te sientes especialmente cómodo y relajado en tu sillón favorito.

✔ **Recuerdos apacibles.** Cuando hayas escogido tu lugar, empieza a asociarlo con la meditación, especialmente si mantienes tu altar o tu equipo para sentarte allí. Sólo cruzar por allí de camino a otras actividades te recuerda volver a meditar cuando tengas una oportunidad. Y si tu meditación incorpora aspiraciones espirituales, tu lugar se convierte en un sitio sagrado donde tienen lugar tus meditaciones y reflexiones más profundas.

Cómo escoger el lugar adecuado

Si compartes un piso pequeño con un compañero o un amigo, o tu familia ha usurpado todo metro cuadrado de espacio utilizable en tu casa, por supuesto escoge el único rincón desocupado y hazlo tuyo. Si tienes más libertad de acción, he aquí unas cuantas orientaciones para escoger tu lugar. Y recuerda, incluso un modesto espacio en el suelo que reúna estas características es mejor que una habitación suntuosa que no las reúna.

✔ **Alejado de los sitios de paso.** Tú conoces perfectamente las rutas de tránsito frecuente de tu casa, así que procura evitarlas. Y si no quieres que alguien de manera involuntaria irrumpa cuando estás empezando a tranquilizarte, diles a tus compañeros de piso o a tus familiares que te retiras a meditar; lo entenderán. Y si no... bueno, será otro problema que finalmente tendrás que enfrentar.

✔ **Apartado del trabajo.** Si trabajas en casa o tienes un escritorio dedicado a negocios personales, mantenlo fuera de la vista —y de la mente— cuando estés meditando. Y si es posible, recuerda desconectar cualquier teléfono; no hay nada que distraiga más la mente que preguntarte quién está tratando de ponerse en contacto contigo justo ahora. (Si te olvidas de apagar el teléfono, simplemente acepta el timbre como parte de tu meditación y resiste el impulso de levantarte y contestar.)

✔ **Relativamente tranquilo.** Especialmente si vives en la ciudad, probablemente no podrás eliminar los ruidos de fondo habituales: el zumbido del tráfico, los gritos y risas de los niños en la calle, el ruido de la nevera. Pero deberías, si es posible, evitar escuchar cualquier tipo de conversación, especialmente entre personas que conoces, y los sonidos de la televisión, la radio, la música de moda y otras distracciones familiares. Éstos son los ruidos reconocibles que pueden arrastrar a tu mente lejos de su tarea asignada, sobre todo cuando estás empezando. Como es natural, las meditaciones guiadas de los MP3, que se pueden descargar desde nuestra página web, son una honrosa excepción.

✔ **Ni demasiado oscuro ni demasiado iluminado.** Sentarte en un punto claro y soleado puede ser demasiado energizante e incluso molesto; de igual modo, sentarte en la oscuridad puede provocarte sueño. Asegúrate de modular la iluminación teniendo en cuenta tu nivel de atención. Si tienes sueño, abre las persianas o enciende otra luz; si estás acelerado, baja un poco la iluminación.

✔ **Con aire fresco.** Puesto que estamos hablando de respiración, sería estupendo poder tener una provisión de aire fresco en el sitio donde meditas. Evita los sótanos con olor a cerrado y las habitaciones sin ventanas; además de ser malos para la salud, tienden a disminuir tu energía (junto con tu nivel de oxígeno) y a provocarte sueño.

✔ **Cerca de la naturaleza.** Si no tienes un árbol o un jardín cerca de la ventana donde meditas, puedes tener una planta o un jarrón lle-

Medita en medio de la naturaleza

Como puede que ya hayas notado, el mundo natural tiene una capacidad incomparable para relajar tu cuerpo y calmar tu mente. Cuando estás sentado junto al océano escuchando las olas o caminando por las montañas entre rocas y árboles, no tienes que practicar ninguna técnica de meditación formal, sólo abre tus sentidos y deja que la naturaleza produzca su magia. Sin ningún esfuerzo por tu parte, empezarás a sentir que tu mente se aquieta, tus preocupaciones se disipan, tu respiración se hace más profunda y lenta, tu tensión se disuelve y tu corazón se llena de gratitud y amor.

Como especie, evolucionamos en el mundo natural y las plantas y animales nos han estado enseñando a meditar durante todo el tiempo que nosotros hemos estado invirtiendo en cruzar las piernas. Cuando meditas en medio de la naturaleza, has llegado al lugar al que perteneces, y la tranquilidad y familiaridad que sientes allí te invitan a volver a ti mismo, a tu "naturaleza" más íntima. (¡Qué fascinante y apropiado que la palabra sea la misma!) Entrar en un escenario natural puede detener tu mente en seco, haciendo que sientas la presencia de algo más profundo y más significativo.

Proponte meditar en medio de la naturaleza tan frecuentemente como puedas y toma nota del estado de mente y de corazón que evocas. Incluso si vives en medio de la ciudad, por lo general podrás encontrar con facilidad un parque o un jardín, o una pequeña parcela de bosque o agua. Entonces, cuando medites en casa de nuevo, puedes invocar la resonancia de tus momentos en la naturaleza para ayudar a profundizar tu práctica.

no de flores o unas cuantas piedras cerca. No es para estar mirándolos mientras estás sentado, pero los objetos naturales irradian cierta energía especial que proporciona sustento a tu práctica. Además, puedes aprender algunas cosas mirando cómo meditan las piedras o los árboles, lo han estado haciendo durante mucho más tiempo que nosotros (consulta el recuadro "Medita en medio de la naturaleza" anteriormente en este capítulo).

Cómo preparar un altar y por qué tomarse la molestia de hacerlo

Para muchas personas, la palabra "altar" está cargada de significados. Quizá te vengan recuerdos de tus tiempos de monaguillo, o recuerdas altares que has visto en ocasiones especiales como bodas, funerales o actos conmemorativos.

Para los propósitos de este libro, utilizo la palabra "altar" para referirme a una colección de objetos con significado y resonancia especiales para ti, que reúnes en un lugar y utilizas para inspirar tu meditación. Si eres cristiano, por ejemplo, tu altar puede incluir un crucifijo o una imagen de Jesús; si eres judío, puedes tener un libro sagrado o una estrella de David; o, si eres budista, puedes escoger contemplar una estatua de Buda o una foto de tu maestro. Y si no tienes inclinaciones religiosas particulares, puedes contentarte con unas cuantas piedras, una vela y una planta.

¿En qué dirección debo mirar?

Si meditas con los ojos cerrados, no importa realmente a qué dirección apunta tu cuerpo. Pero si mantienes los ojos abiertos, es mejor que evites el ajetreo o que te puedan distraer. Por ejemplo, los monjes zen (en ciertas tradiciones) habitualmente se sientan de cara a la pared.

También puedes mirar hacia una vista natural, relajante, si tienes una, o sólo mirar hacia tu altar, con su atractiva colección de objetos significativos. Cualquier cosa que veas cuando meditas, asegúrate de que sea sencilla y contribuya a tu paz interior.

Aunque un altar no es esencial para la meditación, puede ser una expresión creativa y en constante evolución de tu vida interior, un reflejo de tus aspiraciones, creencias y valores más profundos. Mirar tu altar antes de sentarte puede evocar tu conexión con una dimensión espiritual del Ser, o puede meramente recordarte por qué estás aquí: para desarrollar la concentración, relajarte, abrir tu corazón, curar tu cuerpo. Éstos son algunos de los principales elementos que aparecen en muchos altares (véase la figura 9-1); siéntete libre de improvisar y añadir o quitar como te parezca:

✔ Campanas

✔ Velas

✔ Flores

✔ Incienso

✔ Objetos naturales

✔ Cuadros (de la naturaleza o figuras inspiradoras)

✔ Textos sagrados

✔ Estatuas (de figuras inspiradoras)

Algunas tradiciones recomiendan que los altares apelen a todos los sentidos, de ahí el incienso, las campanas, las flores y las velas, que son pilares principales en muchos altares caseros. En particular, la fragancia de tu incienso favorito puede vincularse fácilmente en tu cerebro con la meditación, haciendo que te relajes un poco siempre que la huelas.

Figura 9-1:
Usa un altar para inspirar tu meditación

En cuanto a tu meditación, es mejor que al principio mantengas sencillo tu altar. Utiliza una mesita (pequeña y baja, si meditas sobre el suelo) cubierta con una tela. Si quieres, puedes enriquecerlo y expandirlo con el tiempo, o puede que prefieras mantener un conjunto de objetos y rotarlo según te mueva el espíritu. Por ejemplo, puedes adaptar tu altar a las estaciones, con flores en primavera, conchas marinas en verano, hojas secas en otoño, ramas de pino en invierno, etc.

Una nota sobre las imágenes. Puede que quieras dedicar tu altar a mentores, maestros y otras figuras cuya presencia te llene de inspiración, y poner en tu escritorio a esas personas amadas para las cuales tus sentimientos pueden ser más complejos, como hijos, padres, amigos o tu pareja.

Encuentra la belleza

Incluso en las situaciones más caóticas y menos atractivas, si lo intentas puedes entrar en sintonía con una cualidad o dimensión de belleza. Imagina que tu mente es como un reproductor de CD y que estás tratando de sintonizar una pista en particular. O toma uno de esos rompecabezas que tienen una figura en el fondo. Al principio no puedes ni siquiera percibir la figura que hay en el fondo, pero en cuanto la has visto, lo único que tienes que hacer es cambiar tu consciencia para verla de nuevo.

Así que la próxima vez que te encuentres en un lugar o ante una circunstancia desagradable —preferiblemente una que no tenga una fuerte carga emocional, porque eso podría hacer este ejercicio demasiado difícil— haz lo siguiente:

1. **Tómate un momento para buscar la belleza.**

Puedes vislumbrar una pradera verde en la distancia, o un ramo de flores sobre una mesa, la risa de un niño o un mueble agradable desde un punto de vista estético. O puedes simplemente notar una sensación cálida en tu vientre o en tu corazón.

2. **Respira profundamente, pon a un lado tu estrés e incomodidad y disfruta la belleza.**

Permítete resonar con ella por unos momentos como lo harías con una pieza de música que te guste o con un paseo por el bosque.

3. **Cambia otra vez tu foco a la situación en cuestión y fíjate en si tu actitud ha cambiado de alguna manera.**

Debes saber que puedes cambiar tu consciencia de este modo siempre que te sientas inclinado a ello.

Capítulo 10

Esfuerzo, disciplina y soltar

• •

En este capítulo

▶ Cómo desarrollar excelentes hábitos de meditación sin estar tenso

▶ El secreto para tener más energía, en la meditación y en la vida

▶ Los tres aspectos de la disciplina y las cinco fases de soltar

• •

Como menciono en capítulos anteriores, la meditación tiene mucho en común con los deportes. Primero tienes que aprender la mecánica, cómo sentarte derecho, acomodar las piernas, relajar el cuerpo y centrarte en la respiración. Después necesitas entender las reglas del juego, cuánto tiempo lleva, dónde se practica, qué ropa usar. Pero cuando tienes claros los detalles, necesitas saber cómo aplicarte de forma que obtengas lo mejor de lo que has descubierto.

Digamos que quieres correr una maratón y que consigues entrenamiento experto sobre los fundamentos de correr. Después empiezas a hacer 5 o 6 kilómetros todos los días. El paso siguiente es calcular cómo trabajar con la mente y el cuerpo de modo que puedas recorrer la distancia sin agotarte por completo. Tienes que dominar algunas cualidades interiores intangibles como la disciplina, el esfuerzo, y cierta facilidad o comodidad en su ejecución, cualidades que realmente no pueden enseñarse, sólo se pueden describir o evocar.

Pues bien, lo mismo se aplica a la meditación. La disciplina te agarra por el cuello y te sienta día tras día, incluso cuando continuar se vuelve difícil. El esfuerzo centra tu mente continuamente y la devuelve una y otra vez a tu respiración o a tu mantra (o cualquier otro objeto de meditación). Y el soltar te permite relajarte y abrirte a lo que estés experimentando, sin importar lo desafiante o difícil que sea. Descubrir cómo aplicar estos tres ingredientes a la práctica de la meditación es justo de lo que trata este capítulo.

Disciplina sólo significa repetir y repetir

Si eres como la mayoría de la gente, la palabra "disciplina" puede resultarte un tanto desagradable. Quizá te recuerda a algún profesor mandón que te obligaba a quedarte después de clase o los castigos de cuando eras pequeño cuyo propósito era "llevarte recto". O quizá asocias la disciplina con soldados marchando en fila o con presos subordinados a sus guardianes. La disciplina de la que hablo aquí es muy diferente.

Cuando digo *disciplina*, quiero decir el tipo de autodisciplina que impulsa a deportistas sobresalientes como Kobe Bryant o Serena Williams a levantarse cada mañana y correr varios kilómetros y después practicar sus jugadas o sus reveses una y otra vez, mucho después de que ya les salgan bien. Es el tipo de autodisciplina que motiva a los grandes escritores a sentarse ante la computadora todos los días, sin importar cómo se sienten, para escribir.

La verdad es que tú ya tienes autodisciplina, aunque puede que no seas consciente de ello. Necesitas autodisciplina para llegar a tiempo al trabajo o para organizar una agenda repleta de compromisos de negocios, de intereses personales y de responsabilidades familiares. Necesitas autodisciplina para pagar tus cuentas o cuidar un jardín u ocuparte de tus hijos. Solamente necesitas aplicar la misma autodisciplina a la práctica de la meditación.

La autodisciplina no es nada más que la capacidad de hacer algo una y otra vez. Sin embargo, me parece útil desglosarla un poco más en tres partes: compromiso, coherencia y autocontrol. A continuación, explicaré cada una de ellas.

Haz un compromiso contigo mismo y mantenlo

Cuando te comprometes en el matrimonio o en otra relación monógama, haces un acuerdo contigo mismo y con tu pareja de permanecer juntos en lo bueno y en lo malo, sin importar lo que traiga la vida. Sin este compromiso, podrías sentirte tentado a irte cuando tu pareja se enfada o haga algo que no puedes soportar, o cuando te descubras arrepintiéndote o "desenamorándote". Por supuesto, siempre puedes decidir terminar la relación, pero mientras estés comprometido, harás todo lo que puedas por mantenerla.

Lo mismo puede decirse de la meditación. El compromiso es el fundamento de tu práctica de meditación. Sin compromiso, no seguirás meditando cuando estés cansado, tengas dolor de cabeza o no te apetezca, cuando prefieras hacer otra cosa o tropieces con alguno de los obstáculos que trato en el capítulo 13.

¿Y qué te impulsa a comprometerte con la meditación? Tienes que estar motivado (consulta el capítulo 5), lo que significa que tienes que saber cómo puedes beneficiarte de lo que tiene que ofrecerte la meditación (consulta el capítulo 2), y debes tener fuertes razones personales para continuar. Estas razones pueden incluir un deseo de aliviar sufrimiento o estrés personal, una aspiración a alcanzar un foco y claridad mayores, y una preocupación por el bienestar de los demás.

El proceso de compromiso habitualmente requiere cinco pasos diferenciados, aunque no tienes por qué ser necesariamente tan formal:

- ✔ **Motivarse.** ¡Ay, la vida duele! Necesito aprender cómo controlar mi dolor.

- ✔ **Establecer tu intención.** ¡Ya sé, voy a meditar 30 minutos todos los días!

- ✔ **Llegar a un acuerdo contigo mismo.** Desde ahora hasta finales de mes, me comprometo a levantarme a las siete de la mañana y contar mis respiraciones antes de ir al trabajo.

- ✔ **Perseverar.** ¡Huy! No fui consciente de lo difícil que resulta sentarme en silencio durante tanto tiempo, pero ¡me niego a romper mi compromiso conmigo mismo!

- ✔ **Adquirir impulso.** ¡Bravo! Cuanto más medito más fácil me resulta, estoy empezando a disfrutarlo de verdad.

Naturalmente, estos pasos pueden producirse en un orden un poco diferente, y quizá te encuentres repitiendo algunos una y otra vez. De hecho, el compromiso se profundiza por medio de la repetición constante.

Sé consecuente día tras día

Toma de nuevo el deporte como ejemplo. Si entrenas un día y después no haces nada en una semana, no progresarás mucho. De hecho, puede que termines lastimándote un músculo o haciéndote daño en la espalda porque no has preparado tu cuerpo gradualmente, como la mayoría de los especialistas de la forma física recomiendan.

Si no te gustan los deportes, prueba la jardinería

Aunque meditar tiene mucho en común con practicar un deporte, para alguna gente meditar puede ser más parecido a la jardinería. Después de que siembres las semillas, no tratas de sacar los brotes fuera del suelo a la fuerza, ¿verdad? Sólo riegas y fertilizas, cuidas y vuelves a regar, y con el tiempo aparecen las plantitas por sí mismas, animadas a salir a la luz por una mezcla compleja y misteriosa de química, genética, fototropismo y quién sabe qué más.

El caso es que tú no tienes que saber, sólo tienes que hacer lo que te corresponde,

¡y apartarte del camino! Si te dejas llevar y riegas en exceso o perturbas el suelo prematuramente, estás interfiriendo en el proceso.

De la misma manera, en tu meditación sólo necesitas realizar la cantidad justa de esfuerzo; no hay que regar demasiado ni estar escarbando el suelo en busca de señales de progreso, pero tampoco te vayas durante una semana y dejes tu terreno descuidado. Haz lo que tengas que hacer sin apegarte a los resultados y tu jardín florecerá de forma natural, por sí mismo.

Cuando meditas, estás desarrollando ciertos "músculos" como la concentración, la atención consciente (atención a cualquier cosa que surja, momento a momento) y la consciencia receptiva (para más información sobre estos "músculos" mentales y emocionales, consulta el capítulo 1). La clave está aquí también en la coherencia; tú necesitas mantenerte en forma, y para ello debes mantener cierta regularidad, sin importar cómo te sientes de un día a otro. De hecho, tus sentimientos proporcionan el forraje para tu práctica de meditación, según expandes tu consciencia desde tu respiración para incluir toda la gama de tu experiencia. No debes estar de ninguna forma especial, ¡sencillamente ponte a ello y sé tú mismo!

Como solía decir un antiguo maestro zen, "Buda con cara de sol, Buda con cara de luna", con lo cual quería decir, feliz o triste, con energía o cansado, siéntate como el Ser que eres en este momento.

Sé especialmente cauteloso con los dos extremos: la pereza o autoindulgencia ("Mejor duermo, descanso o veo la televisión") y el perfeccionismo ("No estoy listo para meditar, no soy lo suficientemente listo, o bueno, o competente"). Recuerda, aquí estoy hablando de la meditación para principiantes, y además, la mejor forma de convertirse en "suficientemente bueno" para meditar es ¡sencillamente hacerlo!

Contrólate, tanto sobre el cojín como fuera de él

Hablando en términos generales, el *autocontrol* es la cualidad de la mente que le impide a uno actuar según cada impulso o deseo que le pasa por el cerebro, y que lo ayuda a discriminar entre un comportamiento útil y positivo de otro superfluo y perjudicial. Si eres deportista, necesitas autocontrol para que te ayude a evitar la comida basura o a salir por la noche cuando estás entrenando para una competición importante. Si eres meditador, el autocontrol puede funcionar en varios niveles diferentes:

✔ **Antes de la meditación.** Puedes escoger comer bien y con moderación, o evitar sustancias que alteran la mente como el tabaco o la cafeína, porque quieres mantener la mente clara y fresca para tu meditación.

✔ **Durante la meditación.** Puedes utilizar el autocontrol para mantener apartada tu mente de sus fantasías y preocupaciones habituales, llevándola al objeto de tu meditación, ya sea tu respiración, un mantra o cualquier otro foco de atención. Sin embargo, ten cuidado en no confundir el autocontrol con la represión, la evasión o el juicio. No necesitas criticarte por haberte distraído, ni sacar a la fuerza de tu mente los pensamientos o sentimientos "indeseables". En cambio, acoge lo que surja, mientras vuelves suavemente a centrarte en el objeto de tu meditación.

✔ **Después de la meditación.** Según tu práctica va ganando en profundidad y en fortaleza, irás desarrollando a la vez cierto poder o energía de mente; en Oriente lo llaman *samadhi* (para más información sobre la energía, consulta la sección "El tipo de esfuerzo correcto: ni demasiado tenso ni demasiado suelto"). Puedes echar a perder esa energía fantaseando u obsesionándote, o puedes utilizar el autocontrol para canalizar tu energía hacia la práctica de ser consciente de momento en momento.

Al igual que la autodisciplina, en nuestra cultura el autocontrol tiene mala fama. Después de todo, ¿no se supone que debes decir lo que piensas y hacer lo que te parece bien? Pero lo que te parece bien para un momento dado puede no ser lo mismo que lo que te parece bien a largo plazo, y el autocontrol es la facultad que te ayuda a distinguir entre las dos cosas. Por ejemplo, puedes sentirte tentado a comprar a crédito esos billetes de avión a Hawái porque te sientes muy bien, pero puedes tener sentimientos completamente diferentes cuando te llegue la cuenta de la tarjeta de crédito. De la misma manera, puede parecerte estupendo pasarte la meditación permitiéndote fantasías, hasta que empieces a preguntarte al cabo de un mes o dos por qué no puedes contar todavía las respiraciones de uno a diez. Sobre todo, recuerda ser indulgente contigo mismo.

El tipo de esfuerzo correcto: ni demasiado tenso ni demasiado suelto

Si la disciplina es la capacidad de seguir haciendo algo una y otra vez, entonces el *esfuerzo* es la cualidad de energía y fuerza que tú pones en la actividad misma. Aunque presentarse en el gimnasio todos los días requiere disciplina, se necesita esfuerzo para hacer aeróbic o levantar pesas. ¡Estoy seguro de que sabes de qué te estoy hablando! Al igual que con la disciplina, puedes encontrar útil dividir el esfuerzo en tres partes: energía, seriedad y esfuerzo sin esfuerzo.

Hacer lo que más te gusta

Escoge una actividad que te guste especialmente. Puede ser bailar, cocinar, pintar, hacer el amor o jugar con tus hijos. La próxima vez que realices esa actividad, entrégate a ella completamente, sin reservas. No te contengas ni ahorres energía de ningún modo. Trata de meterte de lleno en esa actividad, igual que hacen los niños. No mires el reloj ni te preguntes qué estás haciendo; simplemente hazlo sin reservas hasta que parezca que te fundes con esa actividad y seáis uno.

¿Cómo sabrás cuándo parar? ¿Te encontrarás desconectando de pronto? ¿O llegarás a un punto de parada natural en el que intuitivamente sabrás que es el momento? ¿Cómo te sientes al acabar? ¿Te sientes cansado y sin fuerzas? ¿O te sientes lleno de energía y excitación? Piensa en este ejercicio la próxima vez que te sientes a meditar.

Da tu energía al cien por cien

Hay una ley de la energía que se aplica también tanto a la meditación como a los deportes y a la vida en general: cuanto más gastas,
más recibes a cambio. Puedes ser tacaño respecto a tu energía,
repartiéndola entre una actividad y otra como si tuvieras sólo una
cantidad que dar. Pero si amas algo y te entregas a ello sin reservas,
puedes darte cuenta de que la energía se alimenta a sí misma y crece continuamente.

Un año, en las finales de la NBA, Michael Jordan tenía una afección
intestinal tan grave que necesitaba medicación intravenosa y casi
no se tenía en pie. Sin embargo, llevado por su dedicación (lo que él
llamaba "corazón") y alimentado por una energía que parecía sacada
de una fuente mucho más grande que su cuerpo agotado, se vistió
para su equipo y anotó 38 puntos. Jordan personificaba la cualidad
de la entrega sin reservas.

En la meditación pasa lo mismo, cuanto más incondicionalmente
practiques, más sacarás de esa fuente de energía en apariencia ilimi-
tada. Es como si la llama dentro de tu corazón empezara a canalizar
la energía nuclear que alimenta al sol. Pero no confundas la entrega
incondicional con el esfuerzo; cuando meditas, recuerda relajarte y
abrirte mientras centras tu mente. Lo que caracteriza la práctica de
la meditación es este equilibrio único entre lo activo y lo receptivo,
el yang y el yin (para más información sobre este equilibrio, consulta la sección "Haz un esfuerzo sin esfuerzo").

Aplícate "seriamente"

Mientras que el autocontrol te previene de hacer lo que podría ser
perjudicial o poco saludable, y la entrega sin reservas proporciona
la chispa que enciende tu meditación, la seriedad te permite llevar
tu mente al foco. No importa qué pensamientos o sentimientos surjan para seducirte a que te alejes, tú sigues conectándote, siguiendo
la respiración, recitando el mantra o prestando atención consciente
a la vida diaria. Al igual que se necesita coherencia para volver a
sentarse día tras día, se necesita aplicarse en serio para volver al
foco de la meditación momento a momento, sin esforzarse ni darse
por vencido. La seriedad no es sexy ni emocionante, ¡es simplemente esencial! (Quizá era ésto a lo que se refería Oscar Wilde en *La
importancia de llamarse Ernesto*).

Cava tu camino hacia la libertad

Una de las grandes tradiciones meditativas cuenta la historia de un prisionero que está sentenciado a cadena perpetua por un crimen que no ha cometido. Al principio, lamenta su destino y busca satisfacción en fantasías de venganza. Después se sacude estos pensamientos y decide liberarse, sin importarle lo que ocurra. Así que empieza a cavar un hueco en el muro de su celda con una cuchara, más o menos como Tim Robbins en *Cadena perpetua*.

Día tras día, semana tras semana, año tras año, cava, progresando lentamente pero con seguridad. Entonces un día, agotado por el trabajo, se apoya contra la puerta trasera de su celda ¡y ésta cede bajo su peso! En un instante se da cuenta de que todos esos años, mientras estaba esclavizado en sus intentos de liberarse, la puerta a la libertad estuvo abierta todo el tiempo, pero tal vez nunca se habría dado cuenta si no hubiera tratado de escapar con tanto ahínco.

El sentido de esta historia es claro: si practicas la meditación con esfuerzo constante y coherente, por último experimentarás momentos en que todo el esfuerzo se desploma, la puerta se abre de par en par y estás sencillamente presente, consciente, tranquilo y relajado.

Aunque estos momentos pueden parecer bastante comunes cuando ocurren, pueden tener un efecto curativo muy poderoso sobre tu cuerpo y tu mente porque te ofrecen un breve atisbo de tu totalidad y tu plenitud, libre de los revestimientos del condicionamiento y el esfuerzo.

No obstante, la paradoja está en que la puerta permanece siempre abierta y los atisbos del Ser están siempre disponibles, en una mirada amorosa, en la risa de un niño, o en el silencio de los árboles, pero puede que tengas que esforzarte y practicar durante años antes de tropezar con ellos. Y por otra parte, ¡puede que no!

Haz un esfuerzo sin esfuerzo

Cuando era un meditador neófito, uno de mis maestros, el maestro zen Shunryu Suzuki, solía decir algo muy misterioso: "Sigue la ola, conduce la ola". Pero yo no supe nunca lo que quería decir hasta que empecé a practicar surf. ¡Ahora lo entiendo!

Cuando estoy en el mar flotando en mi tabla, solo con el viento y el sol, soy terriblemente consciente de lo pequeño e insignificante que soy en comparación con el poder impresionante del agua. Sería presuntuoso decir que cabalgo las olas, ¡en realidad las olas me llevan a mí!

Sé que no puedo intentar controlar el agua de ninguna manera. Sin embargo, necesito hacer cierto esfuerzo: necesito concentrarme en la crecida de la ola, impulsarme en el momento preciso y poner mi cuerpo de la manera correcta para agarrar la ola en su cúspide, de forma que pueda llevarme a la orilla. Y necesito mantenerme concentrado mientras cambio mi peso muy sutilmente de un lado a otro para cabalgar la ola lo mejor que pueda.

Bien, meditar es como practicar surf. Si presionas demasiado y tratas de controlar la mente, terminarás sintiéndote rígido, tenso y continuamente agotado como resultado de tu esfuerzo. Pero si te quedas atrás y no haces ningún esfuerzo, no tendrás el foco o concentración necesarios para mantener tu posición mientras las olas del pensamiento y la emoción te inundan.

Al igual que el surf —o el esquí, o cualquier deporte, da lo mismo—, la meditación requiere un equilibrio (constantemente cambiante) entre el yin y el yang, de controlar y dejarse llevar, de esfuerzo y de relajación. Como menciono en el capítulo 1, la concentración es el yang de la meditación (enfocada, poderosa, penetrante) y la consciencia receptiva es el yin (abierta, expansiva, acogedora). Aunque puede que al principio tengas que realizar un esfuerzo considerable para desarrollar la concentración, trata de no ponerte tenso ni obsesionarte con ella. Permite que tu esfuerzo sea sin esfuerzo, como el de un surfista experto.

Con el tiempo, tu concentración surgirá de forma natural y mantenerla sólo te requerirá un mínimo esfuerzo, y entonces podrás relajarte y abrir tu consciencia a lo que surja. Incluso las nociones de yin y yang (consciencia y concentración) se desplomarán al final y simplemente podrás Ser, con un esfuerzo sin esfuerzo, que es el objeto real de la meditación.

Además del esfuerzo sin esfuerzo, la meditación plantea otras muchas paradojas que la mente no puede comprender, pero que el cuerpo y el corazón captan con facilidad. Para practicar la meditación ayuda:

- ✔ **Ser serio pero alegre.** Después de todo, la meditación trata de que uno se anime; no obstante, si tú no eres suficientemente serio no harás ningún progreso.

- ✔ **Estar alerta y sin embargo relajado.** Aprende a equilibrar estas dos cualidades en tu meditación. Si te relajas demasiado, te arriesgas a quedarte dormido, pero si estás demasiado alerta (es decir, nervioso) podrías ponerte tenso.

✔ **Ser espontáneo pero controlado.** Puedes estar totalmente "en el momento" y abrirte a lo que surja en tu consciencia sin volverte impulsivo o permitirte todas las fantasías o caprichos.

✔ **Ser comprometido pero desapasionado.** Mientras estás centrado y atento, puedes evitar quedar atrapado en las convincentes historias emocionalmente cargadas que teje tu mente.

Cómo soltar y de qué prescindir

En ciertas partes de Asia tienen un ingenioso método de atrapar monos vivos. El cazador hace un agujero en un coco, lo suficientemente grande para que un mono pueda meter la mano dentro, pero no tanto para que pueda sacarla con el puño cerrado. Después el cazador pone un plátano maduro dentro, sujeta el coco a una cuerda y espera. Al coger el plátano, el mono se mantiene tan apegado a conservar la fruta que se niega a soltar, y entonces el cazador puede pescar al animal como un pez en el anzuelo.

Como menciono en el capítulo 7, la mente es como un mono en más de un aspecto. No sólo salta de pensamiento en pensamiento como un mono de árbol a árbol, sino que también tiene una enojosa tendencia a aferrarse a ciertas ideas, opiniones, pensamientos, recuerdos y emociones, como si su vida (y la tuya) dependiera de ello, y a rechazar otras con igual fuerza.

Este movimiento constante entre el apego y la aversión te causa estrés, porque estás luchando constantemente por controlar lo que no puede controlarse. Los pensamientos y los sentimientos vienen y van, te guste o no, y el mercado de la bolsa cae y las relaciones terminan, a pesar de tus preferencias por lo contrario (para más información sobre cómo la mente causa sufrimiento y estrés, consulta el capítulo 6).

En Alcohólicos Anónimos (y también en otras terapias de doce pasos), la gente recita la oración siguiente: "Dame serenidad para aceptar lo que no puedo cambiar, valor para cambiar lo que puedo y sabiduría para reconocer la diferencia". En la meditación, tú desarrollas el poder de controlar o cambiar lo que puedes —no los sucesos o circunstancias de tu vida, sino la forma en cómo te relacionas con ellos— y la paz de mente para aceptar lo que no puedes cambiar.

La meditación te enseña a aflojar tu apego (de mono) sobre la experiencia y a crear una especie de espaciosidad y relajación interior al soltar el control y permitir que las cosas sean como son. Este proceso tiene varias dimensiones o etapas, que a menudo (aunque no siempre) se producen en el orden que se presenta a continuación.

Suspender el juicio

Si eres como la mayoría de la gente, estarás juzgando constantemente tu experiencia como buena, mala o indiferente, y reaccionando de acuerdo con ello:

✔ "Ah, me gusta eso, voy a tratar de conseguir más".

✔ "Odio eso, voy a tratar de evitarlo a toda costa".

✔ "Eso no me ofrece nada, no voy a prestarle ninguna atención".

Cuando meditas, empiezas a darte cuenta de que la corriente constante de juicios y la forma como dominan tu mente distorsionan tu experiencia. En vez de permitir este patrón habitual, puedes practicar el ser testigo de tu experiencia de forma imparcial, sin juicio. Cuando surjan los juicios, lo que sin duda ocurrirá, puedes simplemente ser consciente de ellos, evitando la tentación de también juzgarlos. Gradualmente, la costumbre de juzgar irá soltando el agarre sobre tu mente.

Aceptar

La otra cara de suspender el juicio implica aprender a aceptar las cosas como son. No tiene que gustarte necesariamente lo que ves, y eres bienvenido a cambiarlo, pero primero tienes que experimentarlo plena y claramente, sin los recubrimientos del juicio y la negación. Por ejemplo, puedes tener un montón de rabia bullendo, pero crees que esta emoción en particular es mala o incluso maligna, así que rehúsas reconocerla.

En la meditación, tienes la oportunidad de observar la rabia como es —pensamientos iracundos recurrentes, oleadas de rabia en el vientre— sin tratar de cambiarla o librarte de ella (para más información sobre meditar con emociones y estados de mente desafiantes, consulta el capítulo 12). Cuanto más aceptes toda la gama de experiencias de esta forma, más espacio creas dentro de ti para contenerla, y más ayudas a desactivar esos viejos conflictos entre las diferentes partes de ti mismo.

Soltar

Los participantes en programas de doce pasos a veces hablan de "soltar y permitir a Dios". La primera etapa implica soltar la ilusión de que tienes control ilimitado sobre tu vida. En la meditación de

MEDITACIÓN

Acepta y suelta

Agarrar y apartar con fuerza, desear y odiar, defender y atacar —conocidos tradicionalmente como *apego* y *aversión*— son las causas primarias del sufrimiento y el estrés. Junto con la indiferencia, conforman los tres venenos proverbiales de la tradición de la meditación.

Afortunadamente, puedes cultivar los antídotos contra estos tres venenos practicando los dos gestos o funciones más importantes de la meditación: aceptar y soltar. Están entrelazados inextricablemente: hasta que aceptes, no puedes soltar; hasta que sueltes, no tienes espacio para aceptar de nuevo. Como dice un maestro zen: "Suéltalo y te llenará la mano". He aquí un pequeño ejercicio que te da una oportunidad de practicar tanto el aceptar como el soltar:

1. **Empieza por sentarte con comodidad y respirar profundamente unas cuantas veces. Ahora pon tu atención en el vaivén de tu respiración.**

2. **Después de unos minutos, cambia tu consciencia hacia tus pensamientos y sentimientos.**

   Toma la actitud de acoger lo que surja en tu experiencia sin juzgarlo o rechazarlo.

3. **Según vienen y van los pensamientos y sentimientos, fíjate en el movimiento para evitar, rechazar o no ver lo que encuentras desagradable o inaceptable.**

   Acepta este movimiento según continúas acogiendo tu experiencia, sea la que sea.

4. **Después de 5 o 10 minutos, cuando sientas que puedes aceptar, cambia tu atención al proceso de soltar.**

   Toma la actitud de soltar lo que surja, sin importar lo urgente o atractivo que sea.

   Fíjate en el movimiento de sostener, recrearte o involucrarte en los pensamientos y sentimientos que encuentras agradables o convincentes. Contrólalos suavemente y continúa aflojando tu agarre y soltando.

Cuando sientas que puedes tanto aceptar como soltar, puedes combinarlos en la misma meditación. Lo que surja, recíbelo y suéltalo. Ése es el ritmo doble de la meditación de atención o presencia consciente.

atención consciente, puedes practicar el soltar abandonando todos los esfuerzos de controlar tu mente —y todas las ideas que puedas tener sobre cómo se supone que debe ser tu meditación— y relajándote en el momento presente según te desenvuelves, tanto dentro como fuera de ti. Lo creas o no, tú ya sabes cómo soltar, lo haces todas las noches cuando te duermes.

Desenmascarar

Soltar tiene también una dimensión más profunda. Cuanto más aflojas el poder absoluto de tus gustos y disgustos, preferencias y prejuicios, recuerdos e historias, más te abres a la experiencia de solamente Ser, más allá de cualquier identidad o interpretación limitada. Estas identidades son como las capas de una cebolla o como nubes que ocultan el resplandor del sol. Según profundizas en la meditación, puedes aprender a aceptar y después soltar estas nubes, sin confundirlas con la luz que ocultan. Al dejar de identificarte cada vez más con lo que no eres —las máscaras que esconden tu verdadera naturaleza— empiezas gradualmente a identificarte con lo que sí eres: Ser puro (para más información sobre el Ser puro, consulta el capítulo 1).

Entregarse

A medida que la meditación te muestra una experiencia de Ser puro, puedes empezar a reconocer el valor de la segunda etapa de los doce pasos: "permitir a Dios". La verdad es que el poder o fuerza que está realmente controlando tu vida (y que es lo que tú eres en esencia) es mucho más grande que tu pequeño ser, y es eminentemente digno de confianza; algunos dirían incluso que es sagrado o divino.

Cuando empiezas a aflojar tu agarre sobre el timón de tu vida, no te sumerges de cabeza en el abismo del caos, como podrías temer; en vez de ello, cedes tu control aparente a aquel que lo ha tenido siempre, llámalo Dios o Sí mismo o Ser puro. En tu meditación, puedes experimentar realmente esta entrega como una relajación cada vez más profunda en el silencio o quietud sagrados que te rodean, cubren y sostienen.

Respira con el vientre

Una respiración saludable implica abrir y expandir tanto el vientre como el pecho. Culturalmente tendemos a valorar un pecho amplio y un vientre reducido. Como resultado de ello, aprendemos pronto a "encogerlo" y a no permitir que nuestro vientre (o nuestros sentimientos) se muestren. (Te lo creas o no, hay culturas en las que un vientre relajado y expandido se considera atractivo.)

El problema es que no nos permitimos respirar con el vientre. Lo único que hace esta costumbre es limitar la cantidad de oxígeno vivificante que recibimos y acentuar el patrón tensionante de apretar nuestros músculos abdominales y nuestro *diafragma* (el gran músculo interno que sirve de fondo a la caja torácica) y de retener la respiración.

Para contrarrestar este patrón y ayudarte a que te relajes, prueba el siguiente ejercicio, sacado del hata yoga:

1. **Fíjate en cómo estás respirando en este momento.**

   ¿Qué partes de tu cuerpo se expanden cuando respiras y qué partes no? ¿Con qué profundidad y rapidez estás respirando? ¿Dónde sientes tu respiración tensa o constreñida? ¿Cómo sientes los músculos del vientre y el diafragma?

2. **Haz un esfuerzo consciente por expandir el vientre cuando respiras.**

   Utilizo adrede la palabra "esfuerzo" porque tus músculos abdominales y tu diafragma pueden estar muy tensos al principio.

3. **Respira profundamente y con lentitud con tu vientre.**

   Fíjate en la resistencia de tu cuerpo a cambiar sus patrones de respiración habituales.

4. **Continúa respirando así durante 5 minutos y después respira de forma natural.**

   ¿Notas alguna diferencia? ¿Se sienten más relajados tus músculos abdominales? ¿Estás respirando más profundamente que antes? ¿Te sientes con más energía o más calmado?

Practica este ejercicio con regularidad, al menos una vez al día. Puede ser especialmente útil cuando tu vientre se contrae y tu respiración se constriñe. Simplemente vuelve a tu respiración abdominal y fíjate en lo que pasa.

Capítulo 11

Abre el corazón
con amor y compasión

Quizá te estés preguntando por qué dedico un capítulo de este libro al corazón. Después de todo, ¿no es cierto que la meditación implica sentarse en silencio y centrar la mente, mientras que los asuntos del corazón se reservan mejor para los encuentros románticos y las discusiones familiares íntimas?

Bien, las grandes tradiciones meditativas enseñan que puedes cultivar la energía del corazón en la meditación de la misma forma que cultivas la consciencia (para más información sobre la consciencia, consulta el capítulo 1). Ya sea que tome la forma de amor, alegría, paz, compasión o devoción, puedes generar y expandir esta energía conscientemente y de forma deliberada para producir un campo que te beneficie, y no sólo a ti, sino también a la gente que te rodea.

Como la luz del sol, el resplandor de un corazón abierto calienta y nutre a todos los que toca. Pero el corazón, como el sol, a menudo está cerrado y oculto por nubes, en forma de emociones y estados mentales difíciles, como el miedo, la ira, el juicio y la duda. Cuando meditas, de manera gradual despejas algunas de estas nubes al aquietar y calmar tu mente agitada (consulta el capítulo 6). Puedes también trabajar directamente desenmarañando las historias negativas que tu mente te cuenta y lidiando con las emociones desafiantes, como explico en el capítulo 12. Por otra parte, puedes adoptar el enfoque que describo en este capítulo: puedes alejar las nubes amplificando el calor natural de tu corazón a través de prácticas diseñadas para cultivar el amor y la compasión.

No obstante, antes de mostrarte cómo hacer esto, me gustaría llevarte a realizar una visita guiada por la zona. Sí, ya sé que tú ya sabes dónde tienes el corazón. Pero ¿lo has explorado alguna vez con atención? ¿Sabes qué hace que se cierre y qué lo mantiene cerrado? ¿Y has pensado alguna vez en lo mucho que puede beneficiarte si lo abres? Aquí tienes algunas respuestas.

Cómo se cierra el corazón y cómo puedes abrirlo de nuevo

No hace falta decirte que no naciste con el corazón cerrado. Como sabe cualquiera que alguna vez ha pasado tiempo con recién nacidos, los bebés tienen un corazón que irradia amor como el sol en los trópicos. Pero a medida que crecen, los golpes, magulladuras y dificultades de la vida los fuerzan gradualmente a proteger su ternura y otras emociones más suaves con una capa de dureza y de actitud defensiva: las nubes de las que hablaba antes. Esa capa rodea y encierra el corazón, protegiendo su vulnerabilidad, pero también manteniendo su amor encerrado dentro y evitando que entre el amor de los demás.

Quizá seas uno de esos raros individuos cuyo corazón permanece abierto la mayor parte del tiempo. Si es así, ¡enhorabuena! O quizá te envuelves en un manto de nubes —o algo aún más denso, como una armadura— cuando sales por la puerta de tu casa cada mañana, pero las dejas a un lado cuando estás con los amigos o los miembros de tu familia. Quizá tu corazón se abre y se cierra de forma natural en un movimiento de marea alta y baja como el tiempo. O puede que estés entre los millones de personas que tienen dificultades para dejar entrar el amor o para extenderlo a los demás.

¡No te desanimes! Definitivamente puedes descubrir cómo abrir de nuevo tu corazón, como explico más adelante en esta sección. Pero, primero, me gustaría describir los factores que mantienen cerrado tu corazón cuando éste debería estar abriéndose y los beneficios que acompañan a un corazón abierto, en el caso de que no te los hayas imaginado ya.

Algunos factores que mantienen cerrado el corazón

Como la mayoría de los seres humanos, tú cierras tu corazón (ya sea automática o deliberadamente) porque te sientes furioso, herido o amenazado por los demás. Quizá tienes miedo de que se aprovechen de tu bondad, de que aplasten tus buenos sentimientos con su insensibilidad o de que aviven viejos recuerdos dolorosos. O quizá simplemente estás marcado por todas las veces que te han tratado mal y no quieres permitir que ocurra de nuevo. Todos tenemos nuestras razones particulares para cerrar nuestro corazón. Sean cuales sean las tuyas, puede que te estén impidiendo recibir el amor que realmente quieres.

He aquí algunos de los factores más comunes que cierran el corazón:

✔ **Miedo.** Cuando tienes miedo, por la razón que sea —de que te ataquen, te critiquen, te manipulen, te avasallen—, cierras tu corazón como autodefensa. Como dice un dicho popular "Amar es soltar el miedo", y aprender a confiar, en ti y en los demás.

✔ **Resentimiento.** Cuando te aferras a las viejas heridas y dejas que la amargura y el resentimiento habiten tu corazón, cierras tu corazón, no sólo a las personas que te hirieron, sino también a la vida.

✔ **Aflicción no resuelta.** Esta emoción natural del hombre puede atascarse si continúas dándoles vueltas a tus pérdidas y te niegas a superar el pasado. Cuando la aflicción llena tu corazón, eres reacio a abrirlo porque no quieres sentir el dolor que hay dentro.

✔ **Envidia.** En realidad se trata de una clase de resentimiento; la envidia puede cerrar tu corazón hacia la persona que tiene lo que tú desearías tener, y a ti mismo también por, de alguna manera, sentirte "inferior".

✔ **Dolor.** Conocido también como sentimiento herido, este sentimiento, si se nutre hasta que llegue a niveles intolerables, puede hacer que cerques tu corazón completamente y pongas un aviso en la alambrada que diga: "¡Prohibido pasar!".

✔ **Codicia y apego.** Mientras estés emocionalmente apegado a hacer que la vida vaya en un sentido determinado, vas a cerrar tu corazón en cuanto otras personas interfieran. De hecho, emociones como la aflicción, el dolor e incluso el resentimiento, en último término se enraízan en el apego y en el miedo a perder aquello a lo que se está apegado.

✔ **Apego a uno mismo.** Si crees que eres un individuo aislado, separado de los demás y de su propio Ser esencial, vas a centrar tu vida en tu pequeño pedazo de césped —tus posesiones, tus logros, tu felicidad— y a cerrar tu corazón, si es necesario, para defenderlo. Conocido también como *ego* en muchas tradiciones meditativas, el apego a uno mismo perpetúa la separación y crea los otros factores de esta lista.

Finalmente, por supuesto, sólo las personas más iluminadas, menos egoístas, pueden mantener el corazón abierto todo el tiempo. Es decir, ¡personas como Jesús o el dalái lama! En cuanto al resto de nosotros, cerraremos el corazón una y otra vez. Únicamente cuando hayamos disuelto las barreras que nos separan de los demás —que es lo que busca la iluminación— podremos mantener el corazón abierto incluso en las circunstancias más difíciles.

Pero, iluminado o no, tú puedes desarrollar definitivamente la habilidad de abrir tu corazón cuando escojas hacerlo. De hecho, la práctica regular de la meditación desgasta de forma gradual la experiencia

La clave es la bondad

Aunque el cultivo de un corazón abierto merece en definitiva un capítulo aparte, es considerado tradicionalmente el fundamento sobre el que reposa la práctica de la meditación, más que una técnica o enfoque particular.

En el sudeste asiático, por ejemplo, a los meditadores se les enseña a desarrollar la generosidad, la paciencia y el amor compasivo antes de aprender a meditar. Y los practicantes del budismo tibetano dedican el beneficio de cada meditación a la paz y la armonía de todos los seres, no sólo a sí mismos. Como dice el dalái lama, que recibió el Premio Nobel de la Paz: "Mi religión es la bondad".

Tú puedes seguir todas las técnicas al pie de la letra, pero si no tienes el corazón puesto en ello, nunca cosecharás todos los beneficios maravillosos de la meditación.

Para estar abierto al momento presente, por ejemplo, como enseña la meditación de la atención consciente (para más información sobre la atención consciente, consulta el capítulo 7), necesitas estar abierto a todas las dimensiones de tu ser: cuerpo, mente, espíritu y corazón. Así que asegúrate de llevar una buena dosis de amor y cuidado a tu meditación, ¡especialmente hacia ti mismo!

de separación que hace que el corazón permanezca cerrado (para más información sobre la separación, consulta el capítulo 6). ¿Quién sabe? ¡Un día puede que abras tu corazón y no vuelvas a cerrarlo nunca más!

Algunas buenas razones para mantenerte abierto

Imagina que aterriza en la Tierra un extraterrestre y trata de entender a los seres humanos a partir de nuestra música pop. Probablemente sacaría la conclusión de que consideramos el amor (¡sea lo que sea eso!) como infinitamente más precioso que todo lo demás junto. Pero una vez que el alienígena descubra cómo medir el amor, podría sorprenderse al descubrir la poca cantidad de la impagable sustancia que fluye realmente entre nosotros la mayor parte del tiempo. El amor, deduciría sin duda el extraterrestre, no sólo es precioso, es increíblemente difícil de encontrar.

Para tratarse de criaturas que quieren ser amadas, apreciadas e incluso adoradas, la verdad es que vamos por ahí satisfaciendo nuestro deseo de una manera curiosa y nada satisfactoria. En vez de manufacturarlo en la pequeña máquina de amor que tenemos en el pecho, nos lamentamos de no conseguir bastante, buscamos frenéticamente a alguien que nos lo dé y tratamos de que nos quieran mejorando nuestra apariencia o ganando más dinero. Pero la verdad es que la canción "The End" de los Beatles tiene razón: el amor que recibes es igual al amor que das. En otras palabras, la forma más eficaz de conseguir amor es generándolo.

Al cultivar los sentimientos de cuidado y amor, tú puedes proporcionarte realmente el alimento que buscas. Al mismo tiempo, al irradiar esos sentimientos hacia los demás, puedes tocar sus tiernos corazones y suscitar de forma natural los mismos sentimientos en ellos, creando un flujo de amor que se mantiene circulando entre todos y desarrollándose por sí mismo.

Si nunca has experimentado este tipo de corriente con alguien distinto a ti mismo, quizá hayas conocido a gente que vive así. Sus ojos brillan con una estima muy positiva, sus palabras hablan bien de todo el mundo, y suscitan amor dondequiera que van. Por medio de las prácticas descritas aquí, tú también puedes empezar a generar una corriente de sentimientos de amor. Todo depende de ti.

He aquí algunos de los innumerables beneficios de aprender a amar:

✔ **Energía y comunicatividad.** Si alguna vez has estado enamorado (¡quizá lo estás ahora mismo!), sabes lo vital y vivo que puedes sentirte cuando tu corazón está completamente abierto. En vez de la sensación habitual de limitación que experimentas normalmente, sientes que no tiene fronteras, como si no pudieras saber realmente dónde acabas tú y empieza el mundo exterior (o tu ser amado).

✔ **Paz y bienestar.** Cuando tu corazón está lleno de amor, te sientes feliz y apacible sin ninguna razón externa. De hecho, el amor, la felicidad, la alegría y el bienestar son sólo nombres y versiones diferentes de la misma energía básica, la energía amorosa, dadora de vida, del corazón.

✔ **Buena salud.** Sí, el amor da vida y realza la vida. Por un lado, une a la gente para crear bebés y, en general, el amor contribuye a una salud óptima al proporcionar una chispa vital inconmensurable que no sólo nutre los órganos internos, sino que también proporciona al cuerpo (y a la persona) una razón para vivir. Dean Ornish, autor del *Programa de Dean Ornish para revertir la enfermedad cardíaca*, descubrió que el amor es más importante que cualquier otro factor en el proceso curativo, incluidos la dieta y el ejercicio. Ornish halló que para curar tu corazón, necesitas abrir tu corazón.

✔ **Sentido de pertenencia e interconexión.** Como dice otra vieja canción, el amor hace girar al mundo, y ciertamente acerca a la gente y la mantiene conectada. Cuando abres tu corazón a los demás, te sientes unido con ellos de un modo significativo. En su sentido más profundo, el amor es la fuente de todo significado y sentido de pertenencia.

✔ **Despertar espiritual.** A medida que se desgasta poco a poco tu sensación de separación de los demás, los sentimientos amorosos pueden revelar de modo eventual la naturaleza esencial de la vida, que es, paradójicamente, amor. Por último, como enseñan los sufíes, somos, en definitiva, amor buscándose a sí mismo.

Descubre tu "punto suave"

Uno de mis maestros de meditación tibetana, Sogyal Rinpoche, solía hablar del *punto suave* como el lugar dentro de uno donde se sienten emociones de ternura y amor. El punto suave puede encontrarse en tu corazón, incluso bajo toda dureza o actitud defensiva. Para llegar a él, tienes que arriesgarte a tropezar con sentimientos que de otro modo podrías desear evitar, como miedo, ira y todos aquellos de los que ya hemos hablado antes en este capítulo. Reconocerás el punto

El guerrero del corazón

Para todos vosotros, chicos (y chicas) duros que creéis que abrir el corazón está reservado para los débiles y los tontos, he aquí un consejo sabio del maestro de meditación tibetana Chogyam Trungpa. (No ajeno a la dureza, Trungpa, como el dalái lama y miles de tibetanos, huyó de su país natal cuando los chinos lo invadieron, y cruzó el Himalaya, por una serie de pasos de montaña llenos de precipicios, hacia la India.)

En su libro *Shambhala: The Sacred Path of the Warrior (Shambhala: la senda sagrada del guerrero)*, explica que enfrentar el miedo y la negatividad y estar dispuesto a mantener el corazón abierto —incluso en las circunstancias más adversas—

requiere un valor tremendo. Aunque tú probablemente te imaginas a los guerreros como impenetrables, insensibles y con fuertes defensas, Trungpa asume una perspectiva opuesta. El guerrero sagrado que practica la meditación, propone él, no tiene miedo de sentir ternura, ni de comunicar su dulzura a los demás.

La cuestión es que tú puedes cuidar de ti mismo —e incluso defenderte del daño, cuando sea necesario— sin cerrar tu corazón. Un corazón abierto no te hace impotente o ineficaz. Muy al contrario, te permite responder sabiamente y con habilidad a las situaciones, porque sientes el sufrimiento de los demás, así como el tuyo.

suave cuando llegues a él, porque tiene una ternura que está matizada a menudo con cierta tristeza o melancolía sobre la condición humana. (De hecho, al principio puedes encontrar algo doloroso abrir tu corazón, simplemente por esta tristeza, que es en realidad una de las semillas de la compasión.)

Puesto que necesitarás estar familiarizado con tu punto suave para practicar las meditaciones que se te proponen en este capítulo, puede que quieras experimentar con el ejercicio siguiente:

1. **Empieza por cerrar los ojos, respira profundamente unas cuantas veces y relaja el cuerpo un poco en cada espiración.**

   Recuerda ser amable contigo mismo.

2. **Imagina la cara de alguien que te quiso mucho cuando eras niño y cuyo amor te conmovió profundamente.**

   En Oriente, recomiendan utilizar a la madre, pero algunos occidentales tienden a tener relaciones más problemáticas con sus padres, así que puede que prefieras elegir a tu abuela o abuelo o a otra figura de amor incondicional. (Si nunca recibiste este tipo de amor de niño, puedes pensar en una persona famosa que consideres que ama incondicionalmente, como Jesús, Buda o la Virgen María.)

3. **Recuerda un ejemplo particular en el cual esa persona mostró su amor por ti y tú realmente lo recibiste y permitiste que te nutriera.**

4. **Fíjate en los sentimientos tiernos y amorosos que ese recuerdo evoca en tu corazón.**

   El lugar donde los sientes es tu punto suave.

5. **Siente si algún otro sentimiento acompaña la ternura y gratitud que percibes.**

6. **Si encuentras difícil volver a experimentar el amor, presta atención a lo que te obstaculiza.**

   ¿Cuáles son los sentimientos que montan guardia sobre tu punto suave?

7. **Empieza a explorar la zona en torno a tu punto suave.**

   ¿Cuál es el estado de tu corazón en este momento? ¿Qué otros sentimientos se agitan dentro de ti, además de (o en lugar de) el amor? ¿Notas alguna tensión u opresión en torno a tu corazón que te impide abrirte al amor?

8. **Sé consciente de lo que percibes, sin juicio o autocrítica.**

El amor empieza contigo

Puede que encuentres difícil sentir amor y extenderlo a los demás porque no recibiste mucho cuando eras niño. Aunque nunca aprendieras a dar y recibir amor libremente, la gente está pidiéndote de continuo lo que tú crees que no tienes. Tú eres como una persona que vive en el desierto con un pozo seco; no puedes compartir agua con los demás porque no tienes nada. O a lo mejor tu pozo sí tiene agua, pero se seca constantemente justo cuando más la necesitas.

Las meditaciones de este capítulo cavan un pozo profundo en tu punto suave, donde las aguas del amor nunca se secan. (De hecho, el amor del que estoy hablando no pertenece a nadie; sólo brota de una fuente misteriosa e inextinguible.) Sin embargo, es posible que al principio necesites preparar la bomba de extracción. Por eso las instrucciones tradicionales aconsejan que empieces cada meditación sobre el amor y la compasión centrándote en ti. Cuando hayas llenado tu propio pozo hasta el borde, puedes empezar a repartir el exceso incluyendo también a los demás.

Del mismo modo en que no puedes curar a los demás realmente hasta que te hayas curado tú mismo, no puedes amar a los demás hasta que te sientas profundamente amado por ti mismo. Además, tú mereces tener y sentir amor por lo menos tanto como los otro. En Occidente, a menudo practicamos la autonegación, mientras que igualamos el amor por uno mismo con el egoísmo. Sin embargo, lo cierto suele ser lo contrario: las personas que se aman a sí mismas dan un amor más libre y generoso que los que no.

Como remedio para la extendida enfermedad occidental de la auto-crítica y la autonegación, las tradiciones meditativas ofrecen la práctica del amor por uno mismo. En particular, a medida que trabajas en abrir tu corazón, puedes recordar mantener tu corazón abierto a ti mismo, incluso, paradójicamente, cuando está cerrado.

Aprecia tu propia bondad

Si tienes dificultad en extender los sentimientos de amor hacia ti mismo, puede que quieras tomarte 5 o 10 minutos para reflexionar sobre tus buenas cualidades o las cosas buenas que has hecho en tu vida. ¡Adelante, no te hará daño!

En Occidente, tenemos un tabú cultural que no nos permite alabarnos. En vez de ello, nos centramos a menudo en nuestros defectos, lo que termina por hacernos retraídos y temerosos. "El orgullo precede a la caída", dice el viejo refrán, sugiriendo que cualquier satisfacción que sientas por ti mismo o por tus logros podría destruirte.

"¿Quién te crees que eres?", entona la voz de infancia de una madre o padre exasperados, enseñando, sin querer, a avergonzarse y a dudar de uno mismo.

Al contrario de lo que tus padres (u otras personas influyentes) puedan haberte dicho o dado a entender, está bien ser feliz y sentirte bien contigo mismo. Al centrarte en tu bondad, generas sentimientos positivos, expansivos, que te nutren a ti y a todos los que te rodean. "La alegría —dijo Buda— es la puerta de entrada al nirvana."

Cuatro dimensiones del amor

Como el agua, el amor viene en muchas formas y tamaños. Del mismo modo que un lago cristalino de montaña, un estanque tranquilo de un bosque, un arroyo fino como un hilo y un río caudaloso están todos compuestos por agua, así las emociones como la bondad, la compasión, el perdón, la devoción, la generosidad y la paz o la ecuanimidad surgen en el corazón y finalmente se componen de amor. *Recuerda*: Éstas no son abstracciones, son cualidades humanas naturales que tú puedes aprender a cultivar y a comunicar a los demás.

Entre todas estas emociones, los budistas enfatizan las siguientes cuatro como las piedras angulares de una vida feliz y realizada (para más sobre amor y felicidad, consulta capítulo 16):

✔ **Amor compasivo.** Surge espontáneamente en respuesta a la bondad de los demás y consta de sentimientos cálidos, amorosos y protectores, que pueden aumentarse y extenderse deliberadamente. En su forma de realización plena, el amor compasivo es un sentimiento de buena voluntad hacia todos los seres sin excepción.

✔ **Compasión.** Lleva el amor un paso más allá. Además de cuidar de los demás, tú sientes también su sufrimiento y te sientes motivado a ayudar y a aliviarlo. (La palabra "compasión" significa "sufrir con".)

✔ **Alegría empática.** Es la otra cara de la compasión. Consiste en sentimientos alegres que surgen en respuesta a la felicidad y la buena fortuna de los demás.

✔ **Ecuanimidad.** Puede cultivarse por medio de las prácticas básicas de meditación que se enseñan en este libro; también se conoce como firmeza de corazón. Sin importar lo que suceda, tú te expandes para incluirlo sin permitir que te moleste o te perturbe.

En las secciones siguientes, me centro en el amor y la compasión, con especial atención a la gratitud y al perdón como antídotos contra el resentimiento y el miedo que mantienen tan a menudo cerrado el corazón.

Cómo generar amor hacia ti mismo y hacia los demás

Como mencioné anteriormente, tú tienes una fábrica de amor aquí mismo en el pecho. ¡Ahora vas a descubrir cómo usarla! Cuando eras niño, probablemente recibiste muchos consejos sobre cómo usar la mente. Tus profesores te enseñaron a resolver problemas de matemáticas y a memorizar hechos; tus padres puede que te hayan ayudado con las tareas escolares; quizá leíste incluso algún libro sobre lectura rápida o sobre cómo mejorar los hábitos de estudio. Pero ¿alguna vez alguien te sentó y te explicó cómo amar? Claro que tuviste modelos, pero ¿te enseñaron cómo hacer lo que hacían? En esta sección, vas a adquirir algunas habilidades que nunca estudiaste en casa ni en el colegio.

Abre las puertas

Los pasos siguientes son una meditación para conectarte con tu punto suave e iniciar la corriente de amor incondicional, conocido también como amor compasivo. (Para distinguir este amor del amor condicional, imagina el amor de una buena madre por su bebé. Da su amor libre e incondicionalmente, sin esperar nada a cambio excepto la felicidad y el bienestar de su bebé.) Como con todas las meditaciones que se presentan en este capítulo, puede que quieras empezar con 5 o 10 minutos de una práctica de atención consciente, como contar o seguir tu respiración (consulta el capítulo 7 o escucha la pista sobre atención consciente en los archivos MP3 que te puedes descargar en nuestra página web), para profundizar y estabilizar tu concentración. No obstante, una vez que le pilles el truco, el cultivo del amor compasivo en sí puede ser una forma excelente de desarrollar la concentración (para instrucciones orales detalladas sobre la meditación de amor compasivo, escucha la pista 7 del audio).

1. **Empieza por cerrar los ojos, respira profundamente unas cuantas veces y relaja el cuerpo un poco con cada espiración.**

2. **Imagina la cara de alguien que te amó mucho cuando eras niño y cuyo amor te conmovió con intensidad.**

3. **Recuerda alguna ocasión en que esa persona te demostró su amor y que tú lo acogiste.**

4. **Siente la gratitud y el amor que este recuerdo evoca en tu corazón. Permite que estos sentimientos se desborden y te llenen el corazón.**

5. **Extiende suavemente estos sentimientos a este ser amado.**

Puede que incluso experimentes una circulación de amor entre los dos mientras das y recibes amor libremente.

6. **Permite que esos sentimientos amorosos se desborden y empapen todo tu ser de manera gradual.**

Déjate llenar de amor.

Dirige el flujo

Cuando hayas iniciado el flujo de amor, puedes canalizarlo, primero hacia ti mismo y después hacia las demás personas a tu alrededor. Después de practicar la meditación anterior durante 5 minutos o más, continúa de la manera siguiente:

1. **Mientras permites que el amor compasivo llene tu ser, puede que quieras expresar los deseos e intenciones que subyacen a ese amor.**

Por ejemplo, podrías decirte a ti mismo, como lo hacen los budistas: "Que yo pueda ser feliz. Que pueda estar en paz. Que pueda estar libre de sufrimiento". O puedes escoger algo de la tradición religiosa occidental, como: "Que pueda estar lleno de la gracia de Dios". Usa las palabras que mejor te parezcan con toda libertad. Sólo asegúrate de que sean generales, sencillas y emocionalmente evocadoras. En cuanto al receptor, cerciórate de acoger el amor así como de extenderlo.

2. **Cuando te sientas completo contigo mismo, entonces piensa en alguien por quien sientas gratitud y respeto. Tómate un poco de tiempo (al menos unos minutos) para dirigir la corriente de amor hacia esa persona, utilizando palabras similares para expresar tus intenciones.**

No te apresures; permítete sentir el amor tanto como puedas, más que simplemente imaginarlo.

3. **Tómate algún tiempo para dirigir este amor compasivo hacia un ser amado o un amigo querido de forma similar.**

4. **Dirige este flujo de amor hacia alguien por quien tengas sentimientos neutros, quizá alguien a quien ves de vez en cuando, pero por el cual no tienes sentimientos positivos ni negativos.**

5. **Ahora, la parte más difícil de este ejercicio: dirige tu amor compasivo hacia alguien por quien tengas sentimientos lige-**

RECUERDA

Permite que la vida siga abriéndote el corazón

A medida que avanza tu jornada diaria, sin duda tropiezas con momentos en que sientes un torrente espontáneo de amor o compasión. Quizá ves a una mendiga anciana empujando un carrito de compras, oyes a un perro aullando tristemente o ves la cara de un niño hambriento o a una madre que sufre en algún lugar lejano en las noticias de la noche, y tu corazón se dirige a ese ser con compasión. O quizá alguien hace algo inesperadamente amable por ti, un buen amigo te recuerda que te ama o miras a los ojos a alguien a quien

aprecias profundamente y sientes el amor y la gratitud desbordarse en tu corazón.

En vez de apresurarse a pasar al siguiente momento o de rechazar el sentimiento con incomodidad, puedes tomarte un tiempo para cerrar los ojos, meditar al respecto y permitir que se profundice. La vida tiene la capacidad, por sí misma, de mantener abierto tu corazón, si la dejas. Tu tarea es simplemente extender esos momentos hasta que de forma gradual empiecen a llenar tu vida.

ramente negativos, por ejemplo alguien con quien te sientes irritado o herido.

Al extender el amor a esta persona, aunque sólo sea un poco al principio, empiezas a desarrollar la capacidad de mantener abierto tu corazón incluso en circunstancias desafiantes. Con el tiempo, puedes extender el amor hacia personas por las que experimentas emociones más fuertes, como ira, miedo o dolor.

Como las otras meditaciones de este libro, el amor compasivo puede beneficiarse de la práctica extendida. En vez de unos cuantos minutos para cada fase, trata de pasar 5 o incluso 10. Cuanto más tiempo y atención le des, más empezarás a notar cambios sutiles (¡o no tan sutiles!) en la forma como te sientes en cada momento.

Puedes descubrir que tu corazón continúa irradiando un deseo de bienestar para los demás (y para ti mismo) mucho después de que hayas terminado tu meditación formal. También puedes descubrir que situaciones que una vez te hicieron proferir palabras duras o que te asustaron y te provocaron un retraimiento, ahora suscitan sentimientos más suaves, como simpatía o compasión. Incluso si no sientes nada al principio, solamente repetir tus deseos e intenciones puede tener un efecto apreciable.

En su libro *Lovingkindness* (*Amor incondicional*), la profesora budista estadounidense Sharon Salzberg cuenta la historia de un retiro en el cual no hizo nada más que extender el amor compasivo hacia sí misma de la mañana a la noche durante siete días. Cuenta que no sentía nada en absoluto y que encontró todo el esfuerzo terriblemente aburrido. El día que se fue se le cayó una jarra que se rompió en mil pedazos contra el suelo. En lugar de una andanada de autorrecriminaciones, su respuesta inmediata fue muy sencilla: "Eres una torpe, pero te amo". "Caray —pensó—, después de todo sí que pasó algo."

Cómo transformar el sufrimiento en compasión

Cuando te hayas convertido en todo un experto en abrir tu corazón y extender el amor hacia ti mismo y hacia los demás, tal vez quieras experimentar con la compasión, que es sencillamente otra forma de amor. (O podrías empezar por aquí y dejar el amor compasivo para más tarde.) Cuando te conmueves por el sufrimiento de los demás y sientes un deseo espontáneo de ayudar a aliviar su dolor de alguna manera, estás experimentando la emoción conocida como *compasión*. Al contrario de la lástima, la compasión no te separa de los demás ni te hace sentir superior. Muy al contrario: en el momento de la compasión, las murallas que por lo común te mantienen separado se desploman y sientes el dolor de los otros como si fuera tuyo.

Puede que seas reacio a cultivar la compasión porque tienes miedo de sentirte abrumado por el enorme sufrimiento que te rodea. Al fin y al cabo, "el mundo está repleto de violencia, pobreza y enfermedad", puedes argumentar, "y no hay mucho que yo pueda hacer para remediarlo". Pero la verdad es que cuanto más te permitas experimentar la compasión, menos abrumado te sentirás en realidad.

Si sólo quieres utilizar la meditación para mejorar tu vida, no tienes que molestarte en leer esta sección (aunque me gustaría sugerirte que puedes mejorar tu vida inconmensurablemente abriendo tu corazón a la compasión). Pero si quieres extender los beneficios de tu meditación a los demás —y convertirte en un ser humano más compasivo en el proceso—, entonces no podría recomendarte un conjunto de prácticas más útiles. Empieza por cultivar la compasión. Después, si quieres, prueba a usarla para transformar el sufrimiento de los demás en tu propio corazón. Aunque estas prácticas pueden ser sencillas, son extremadamente efectivas para disolver las nubes que ocultan el corazón.

Algunos ejercicios preliminares para generar compasión

He aquí algunas meditaciones breves para cultivar la compasión. Han sido adaptadas de *The Tibetan Book of Living and Dying* (*El libro tibetano de la vida y de la muerte*) de Sogyal Rinpoche, un maestro de meditación tibetano que escribe: "El poder de la compasión no conoce límites".

RECUERDA

¿Y si no puedes abrir tu corazón o surgen emociones difíciles cuando lo haces?

Si no sientes mucho, o nada, en tu corazón mientras haces los ejercicios de este capítulo, no te preocupes. Al igual que durante un tiempo puedes necesitar una bomba antes de obtener agua de un pozo subterráneo, puedes descubrir que necesitas repetir tus intenciones y deseos de bienestar para los demás una y otra vez antes de tener resultados apreciables, y que tus sentimientos fluctúan de un día a otro. Simplemente sigue, con la confianza de que finalmente sentirás surgir el amor en tu corazón. Y si no ocurre, también está bien. No importa lo que sientas, tus buenos deseos tendrán un beneficio inconmensurable para todo el mundo, incluido tú mismo.

Algunas personas descubren que estas prácticas de apertura del corazón sacan a la superficie emociones negativas desafiantes como la aflicción, el miedo, el resentimiento o la rabia. Si te ocurre esto, mi consejo una vez más es: no te preocupes, ¡no estás haciendo nada malo!

Todo lo contrario, estás trayendo a la consciencia las emociones no resueltas y no integradas que han mantenido cerrado tu corazón. Sólo extiende el amor compasivo hacia ti y hacia las emociones mismas, acogiéndolas en tu corazón tanto como puedas. Al igual que el amor de la Bella convirtió a la Bestia en un príncipe, tú puedes transformar finalmente tus partes más feas a través del poder del amor compasivo (para más información sobre cómo trabajar con emociones desafiantes, consulta el capítulo 12).

Comprende que los demás son lo mismo que tú

Cuando tengas dificultades con un ser amado o un amigo, mira más allá de tu conflicto y del papel que desempeña esta persona en tu vida, y pasa algún tiempo reflexionando en el hecho de que esta persona es un ser humano igual que tú. Tiene el mismo deseo de felicidad y bienestar, el mismo miedo al sufrimiento, la misma necesidad de amor. Nota cómo esta meditación cambia tus sentimientos por esa persona y afecta a tu punto de vista.

Ponte en el lugar del otro

Cuando te encuentres con alguien que está sufriendo y no sepas cómo ayudarlo, tómate un tiempo para imaginarte en la posición de esta persona. ¿Cómo sería si tú estuvieras experimentando los mismos problemas? ¿Cómo te sentirías? ¿Qué necesitarías? ¿Cómo te gustaría que respondieran los otros? Fíjate en si ahora tienes un sentido más claro de cómo ayudar a esta persona.

Imagina a un ser amado en el lugar del otro

En lugar de ponerte tú en el lugar de alguien que está sufriendo, puedes encontrar más fácil aún generar compasión si imaginas que alguien a quien tú amas profundamente está experimentando las mismas dificultades. ¿Cómo te sentirías? ¿Qué harías para ayudarlo? Ahora transfiere esos sentimientos a la persona que realmente está sufriendo y fíjate en cómo cambia tu apreciación de la situación. (Esta meditación no sólo no le hará daño a tu ser amado, asegura Sogyal Rinpoche, en realidad puede beneficiarse de tener compasión dirigida hacia él o ella.)

Dedica tus acciones

Cuando sepas cómo se siente la compasión, puedes practicar dedicando el valor de todas tus acciones positivas al bienestar de los demás. En particular, puede que quieras seguir la práctica tradicional de dedicar cualquier virtud o mérito que puedas acumular de tus meditaciones a todos los seres de todas partes. Puedes hacerlo simplemente expresando la intención en palabras de tu elección, acompañadas por un deseo sincero de que todos los seres sean felices y libres del sufrimiento.

Transforma el sufrimiento con el poder del corazón

Como puedes descubrir cuando hagas la práctica siguiente, el corazón es ciertamente un órgano poderoso. Por supuesto, no me refiero al corazón físico, sino a un centro energético situado en la mitad del pecho, muy cerca del corazón anatómico. Sin embargo, los dos tienen una conexión íntima, como confirma el trabajo del doctor Ornish: para curar tu corazón, necesitas abrir tu corazón. Para saber más sobre los centros de energía, consulta el capítulo 13.

Al hacer esta meditación de forma regular, puedes desarrollar realmente la capacidad de transformar tu sufrimiento y el de los demás en paz, alegría y amor. Lo asombroso es que el proceso no te debilita ni te abruma, como podrías temer. Muy al contrario, ayuda a desarrollar confianza en la fuerza y resistencia de tu corazón y en tu habilidad para tocar las vidas de los demás.

Si no me crees, prueba esta meditación. En cuanto la tengas más o menos dominada, practícala regularmente durante varias semanas y fíjate en lo que pasa. Si la gente que te rodea no sufre menos (y puede que sí), te puedo garantizar que tú finalmente terminarás sintiéndote más apacible y amoroso (para más instrucciones orales detalladas, escucha la pista 8 del audio).

1. **Empieza por sentarte en una postura cómoda, respira profundamente unas cuantas veces y medita de tu manera habitual durante unos minutos.**

   Para instrucciones de meditación completas, consulta el capítulo 7.

2. **Cierra los ojos e imagina los individuos más amorosos y compasivos que hayas conocido o de los que hayas oído hablar reunidos todos encima de tu cabeza.**

   Si lo crees apropiado, incluye figuras religiosas o espirituales, como Jesús, Mahoma, la Virgen María, el dalái lama o tu santo o sabio preferido.

3. **Imagina que todos se fusionan en un solo ser que brilla e irradia el calor y la luz del amor y la compasión.**

4. **Imagina que este ser desciende a tu corazón, donde toma la forma de una esfera de luz infinitamente radiante y compasiva que se fusiona con tu punto suave.**

En las fases siguientes, vas a practicar cómo recibir la negatividad, transformarla en la esfera que hay dentro de tu corazón y enviar energía positiva hacia ti y hacia los demás.

Fase 1: Transforma la atmósfera

1. **Tómate un momento para fijarte en el estado de tu mente en este momento.**

2. **En una inspiración recoge la negatividad, agitación, oscuridad o depresión que encuentres ahí y llévalas a la esfera de luz que hay en tu corazón, donde imaginas que se transforman en claridad, calma, paz y alegría.**

3. **En la espiración, respira estas cualidades positivas hacia tu mente y siente cómo la llenan y la purifican.**

4. **Continúa inspirando oscuridad y espirando luz durante varios minutos.**

Si te es de ayuda, podrías imaginar lo negativo como un humo oscuro y caliente y lo positivo como una luz fresca y blanca.

Fase 2: Transfórmate tú mismo

1. **Imagínate enfrente de ti mismo y toma consciencia de tu estrés, tu sufrimiento y tu insatisfacción.**

   Puedes descubrir, por ejemplo, que estás enfadado con tu jefe, temeroso de un reto que se te avecina o incluso herido o amargado por el maltrato que recibiste de niño.

2. **Permítete sentir compasión por ti y por tu sufrimiento.**

3. **Mientras coges aire, inspira hacia la esfera de luz de tu corazón el sufrimiento que encuentres y espira una energía tranquilizadora, amorosa y compasiva que se desarrolla y llena el "tú mismo" que está frente a ti.**

   Si te resulta útil utilizar una imagen particular para esta energía, como flores o una brisa fresca, adelante. O puedes utilizar la imagen de luz blanca sugerida en la fase anterior.

4. **Continúa recibiendo y devolviendo de esta forma durante 5 minutos o más.**

Fase 3: Transforma situaciones

1. **Lleva a la memoria una situación reciente en la que actuaste mal o inapropiadamente.**

   Quizá te culpes o sientas remordimientos, o tal vez has estado oponiéndote a esos sentimientos. Recuerda la situación tan vívidamente como te sea posible.

2. **Fíjate en cómo tus acciones afectaron a la otra gente involucrada en ella.**

3. **Toma plena responsabilidad de tus acciones.**

Fíjate en que dije responsabilidad, no culpa. Metiste la pata y reconoces sin reservas que lo hiciste, sin castigarse por ello, pero también sin negar o justificar lo que hiciste.

4. **Inspira la responsabilidad así como la culpa, el dolor u otras emociones negativas involucradas, y espira perdón, comprensión, reconciliación y armonía.**

5. **Continúa así durante unos minutos.**

Si te viene a la mente otra situación, resérvala y haz esta práctica con ella en otra ocasión.

Fase 4: Transforma a los demás

1. **Imagina a un amigo o a un ser amado que esté sufriendo en este momento.**

2. **Inspira el dolor y el sufrimiento de la persona con compasión y espira amor, paz, alegría y curación.**

3. **Después de varios minutos, empieza a ampliar el círculo de tu compasión para incluir primero a otras personas que quieres, después a aquellos hacia los cuales tienes sentimientos neutrales y después a aquellos que no te gustan o con quienes te cuesta relacionarte.**

(Para más información sobre el orden de esta progresión, consulta la sección "Cómo generar amor hacia ti mismo y hacia los demás", anteriormente en este capítulo.) Inspira tu sufrimiento y dolor, y espira paz, amor y alegría, utilizando cualquier imagen que encuentres útil.

4. **Extiende tu compasión de esta forma: primero a todas las personas del mundo y después a todos los seres en todas partes.**

Aunque no podrás visualizarlos, puedes sentir su presencia mientras inspiras y espiras.

5. **Termina la meditación dedicando la virtud que hayas acumulado por medio de esta práctica al beneficio de todos los seres.**

Puedes hacer estas fases en desorden o separadamente si lo prefieres, pero es importante empezar la práctica cada vez contigo mismo.

Eliminar las tensiones del vientre

Stephen Levine, un profesor de meditación norteamericano que ha escrito extensamente sobre curación y sobre el morir, afirma que el estado del vientre refleja el estado del corazón. Al eliminar conscientemente las tensiones de tu vientre una y otra vez, tú puedes soltar y abrir los sentimientos de ternura de tu corazón. La meditación siguiente está adaptada de su libro *Guided Meditations, Explorations and Healings* (*Meditaciones guiadas, exploraciones y otras sanaciones*).

1. **Comienza por sentarte cómodamente y respira hondo unas cuantas veces.**

2. **Permite que tu consciencia se establezca de forma gradual en tu cuerpo.**

   Toma consciencia de las sensaciones de tu cabeza y permite lentamente que tu consciencia descienda por tu cuello y tus hombros hasta que llegues al torso y los brazos.

3. **Cuando llegues a tu vientre, relaja suavemente esa zona de tu cuerpo.**

   Suelta conscientemente cualquier tensión o retención.

4. **Permite que tu respiración entre y salga de tu vientre.**

   Cuando inspiras, tu abdomen se eleva. Cuando espiras, tu abdomen baja.

5. **Con cada respiración, continúa realizando tu vientre.**

   Suelta la ira, el miedo, el dolor o las penas no resueltas que puedas estar reteniendo en el vientre. Tal vez quieras ayudar el proceso repitiendo silenciosamente una palabra o frase como "relájate" o "despréndete".

6. **A medida que continúas relajando tu vientre, fíjate en cómo responde tu corazón.**

7. **Después de 5 minutos o más con esta meditación de eliminar tensiones del vientre, abre los ojos y sigue con tu rutina diaria.**

   De vez en cuando, revisa tu vientre. Si notas que lo estás tensionando de nuevo, respira suavemente y relaja.

Parte III
Solución de problemas y últimos ajustes

The 5th Wave   Rich Tennant

—NO, SI LA TÉCNICA ES BUENA. CREO QUE
EL PROBLEMA ES EL TURBANTE.

En esta parte...

Aprender a meditar es como aprender a conducir. Puedes dar vueltas por el aparcamiento tranquilamente y muy seguro de ti mismo, pero espera a que llegue la hora punta...

En esta parte, te proporciono una guía experta para sortear los avatares de la meditación en medio del tráfico pesado interno, como cuando las emociones intensas o el pensamiento repetitivo amenazan retenciones y un buen atasco. O cuando los devaneos y las distracciones parecen sacarte del camino y te quedas como dormido ante el volante. Aquí encontrarás la posibilidad de unir todas tus habilidades recién adquiridas en una rutina que puedes seguir día tras día.

Capítulo 12

Medita con emociones desafiantes y patrones habituales

• •

En este capítulo

▶ Trata tus experiencias con suavidad, cariño y curiosidad

▶ Algunas sugerencias sobre cómo controlar el miedo, la ira y la tristeza

▶ Afloja tus puntos tensos, tus patrones habituales y tus historias subconscientes

▶ Libérate de tus patrones moviendo la energía y actuando sobre ellos conscientemente

▶ Busca a un terapeuta que te ayude si te encuentras realmente atascado

• •

La meditación tiende a hacerte más calmado, más abierto y más relajado, al menos la mayor parte del tiempo. Cuando sigues tu respiración, repites un mantra o practicas alguna otra técnica básica todos los días, tu mente empieza a tranquilizarse de forma natural, mientras que los pensamientos y los sentimientos surgen y se liberan como el gas de una botella de gaseosa. El proceso es tan relajante que los practicantes de la meditación trascendental lo llaman "desestresante".

Sin embargo, cuando meditas regularmente durante un período de tiempo, puedes descubrir que ciertas emociones o estados de mente continúan volviendo para distraerte o perturbarte. En vez de dispersarse, las mismas fantasías sexuales, pensamientos tristes o temerosos, o recuerdos dolorosos, pueden seguir rodando en tu consciencia como en un CD rayado, que siempre se atasca en el mismo surco. O puedes estar meditando sobre la compasión amorosa (consulta el capítulo 11) pero seguir tropezando con algún resentimiento o rabia no resueltos. En vez de mirar la niebla que se levanta del lago, has comenzado tu descenso hacia las aguas embarradas y a veces turbulentas de tu experiencia interior (para una exploración más detallada de estas aguas, consulta el capítulo 6).

Al principio es posible que te sientas sorprendido, consternado o incluso asustado por lo que encuentras, y puedes sacar la conclusión de que estás haciendo algo mal. Pero ¡no temas! La verdad es que, de hecho, tu meditación ha empezado a profundizarse y ya estás preparado para ampliar tu rango de técnicas de meditación para que te ayuden a navegar por este nuevo terreno.

En este punto, puedes encontrar útil extender tu práctica de la atención consciente (consulta el capítulo 7) desde tu respiración y tus sensaciones corporales a tus pensamientos y emociones. Según enfocas delicadamente la luz de tu consciencia en esta dimensión de tu experiencia, puedes empezar a ordenar lo que está ocurriendo en realidad dentro de ti. En el proceso, puedes llegar a conocerte mejor, incluso a reconciliarte contigo mismo. Si perseveras, con el tiempo puedes empezar a penetrar e incluso desenmarañar algunos viejos patrones habituales de pensamiento, de sentimiento y de comportamiento, patrones que te han producido sufrimiento y estrés, y que te han mantenido atascado durante mucho tiempo (para más información sobre cómo la mente causa sufrimiento y estrés, consulta el capítulo 6).

Cómo reconciliarte con tu experiencia

Si eres como la mayoría de la gente que conozco (¡incluyéndome a mí!), tiendes a ser muy duro contigo. De hecho, probablemente te tratas de una forma en la que nunca podrías tratar a tus seres queridos o a tus amigos. Cuando cometes un error, quizá te insultas o acumulas juicios y críticas ásperas contra ti, incluyendo una lista de todos los demás errores que has cometido a lo largo de los años. Cuando sientes una emoción tierna o vulnerable, puede que la rechaces por considerarla de gente débil o blandengue y que intentes pasar por encima de ella, en vez de darte tiempo para sentirla en su plenitud.

Por ejemplo, hace unos días, cuando no podía encontrar las llaves, me sobresalté al oír una voz irritable e impaciente dentro de mí, ¡que me reñía por ser tan estúpido y olvidadizo! ¿Te resulta familiar? La mayoría de nosotros tenemos una imagen de cómo se supone que debemos actuar, pensar y sentir, nos esforzamos constantemente por hacer que nuestra experiencia y nuestra conducta se adecúen a ella y nos culpamos cuando no lo hacemos.

En la meditación, tienes una oportunidad de invertir esa tendencia y de sentir tu experiencia tal como es, sin tratar de juzgarla o cambiarla (para más información sobre reservarse el juicio y aceptar lo que se es, consulta el capítulo 10). Para cambiar el estrés, el conflicto y la turbulencia que hay en tu interior por paz y armonía, necesitas reconciliarte contigo mismo, lo que significa tratarte con la misma indulgencia, cariño y curiosidad con la que tratarías a un amigo cercano. Puedes empezar por empapar con una consciencia suave y nada prejuiciosa todos tus pensamientos y sentimientos.

Abraza tus pensamientos y sentimientos

Cuando te sientas familiarizado con la práctica de seguir la respiración y expandir tu consciencia para incluir las sensaciones (consulta el capítulo 6), puedes expandir tu consciencia aún más allá para incluir los pensamientos, las imágenes, los recuerdos y los sentimientos. Como con las sensaciones, empieza por seguir la respiración y después permítete explorar un pensamiento o un sentimiento cuando éste se vuelva tan fuerte que empiece a llamar tu atención hacia él. Cuando ya no domine tu campo de consciencia, vuelve suavemente a tu respiración.

Por supuesto, si has estado meditando durante un tiempo puedes haber notado que de continuo eres arrastrado por el torrente de pensamientos y sentimientos que se desbordan por tu mente. En un momento dado estás contando, siguiendo la respiración o practicando un mantra, y al momento siguiente estás dándole vueltas a una conversación que mantuviste ayer o planeando la comida de mañana. Es como si sin darte cuenta hubieras abordado un barco y de repente te encontraras unas cuantas millas más lejos de la costa, arrastrado por la corriente. Cuando ocurre esto, sencillamente necesitas darte cuenta de que estás vagando, y debes retornar a donde empezaste.

Sin embargo, ahora, en lugar de ver esta dimensión de tu experiencia como una distracción, vas a incluirla en tu meditación con consciencia presente. Cuando encuentres tu atención vagando en un pensamiento o un sentimiento, sé consciente de lo que estás experimentando hasta que pierda intensidad; entonces, regresa suavemente a tu foco primario.

Nombra tu experiencia

A medida que expandes la meditación para incluir pensamientos y sentimientos, puede resultarte útil practicar el *nombrar* o prestar

atención a tu experiencia. Empieza por la atención consciente a
tu respiración y nombra en silencio la inspiración y la espiración.
Cuando estés completamente tranquilo y concentrado, puedes
incluir incluso sutilezas como "respiración larga", "respiración
corta", "respiración profunda", "respiración superficial" y así sucesivamente.

Procura nombrar de una manera sutil y baja, como una voz suave y
que no juzga en el fondo de tu mente. Como dice el maestro de meditación budista Jack Kornfield en su libro A *Path with Heart* (*Camino
con corazón*), dedica el "95 % de la energía a sentir cada experiencia
y el 5 % a un suave nombre en el fondo".

Cuando ya seas todo un experto en nombrar la respiración, puedes
extender la práctica a cualquier sensación, pensamiento o sentimiento fuerte que desvíe tu atención de la respiración. Por ejemplo,
según sigues y nombras tu respiración, puede que encuentres que
tu concentración se interrumpe por una emoción dominante. Nombra esta experiencia suave y repetidamente durante todo el tiempo
que persista —"tristeza, tristeza, tristeza" o "ira, ira, ira"—, después
vuelve la atención con delicadeza a tu respiración. Haz lo mismo con
los pensamientos, las imágenes y los estados de mente: "planear,
planear, planear", "preocuparse, preocuparse, preocuparse" o "ver,
ver, ver".

Utiliza las palabras más sencillas que puedas encontrar y concéntrate en una cosa cada vez. Esta práctica te ayuda a tomar un poco de
perspectiva o distancia de tu experiencia exterior constantemente
cambiante, en vez de perderte en un bucle sin fin.

Al nombrar pensamientos y emociones particulares, estás recono-
ciendo también que existen. Como mencioné antes, a menudo inten-
tamos suprimir o negar experiencias que consideramos indeseables
o inaceptables, como la ira, el miedo, el exceso de juicio o el sentirse
herido. Pero cuanto más trates de esconderte de tu experiencia,
más terminará dominando tu conducta, como señaló tan sabiamente
Freud hace más de un siglo.

Nombrar te permite proyectar la luz penetrante de la consciencia en
lo más recóndito de tu corazón y tu mente e invitar a tus pensamientos y sentimientos a salir de su escondite hacia la luz del día. Tal vez
al principio no te guste lo que te encuentres, pero entonces también
puedes nombrar tus autojuicios y autocríticas. Finalmente, puedes
darte cuenta de que ya no te sorprendes por lo que descubres sobre
ti mismo, y cuanto más te reconcilies con tus defectos y fragilidades
aparentes, más podrás abrir tu corazón a las imperfecciones de los
demás.

Sin embargo, el nombrar constantemente tiene desventajas, ya que te aparta de la experiencia directa, interponiendo palabras y conceptos entre tu atención consciente y la realidad. Así que si utilizas esta técnica, hazlo de forma lúcida y juiciosa como primer paso para familiarizarte con tu vida interior y hacer amistad contigo mismo. Después, a medida que vayas sintiéndote más cómodo con tu experiencia consciente tal cual es, abandona de forma gradual el hábito.

Acepta lo que surja

Cuando te acostumbres a incluir las sensaciones, los pensamientos y los sentimientos en tu meditación, puedes abrir las puertas de tu consciencia de par en par y aceptar todo lo que surja, sin juicio ni resistencia. Imagina que tu mente es como el cielo y que la experiencia interior y exterior viene y va como las nubes.

Al principio, puede que tu atención se vea arrastrada de aquí para allá, explorando un objeto y luego otro. No tienes que controlar tu atención de ninguna forma; simplemente permite que vague por donde quiera, de los pensamientos y las sensaciones a los sentimientos y viceversa.

Con el tiempo, en tu meditación podrás tener períodos en los que tu mente se siente abierta, expandida y nada perturbada por los pensamientos, los sentimientos o las distracciones externas. Ante cualquier cosa que experimentes, mantén abierta tu consciencia y acepta lo que llegue (para más información sobre los diferentes niveles de experiencia que puedas encontrarte, consulta el capítulo 6).

Una nota de advertencia: esta práctica, aunque es sumamente sencilla, en realidad es muy avanzada y requiere unos poderes de concentración muy desarrollados para mantenerla. Es también difícil de enseñar, algo así como montar en bicicleta. Primero, tienes que descubrir cómo se mantiene el equilibrio, y, después, debes volver a ese punto de equilibrio cuando empieces a caerte.

Cómo meditar con emociones desafiantes

Como psicoterapeuta, meditador y profesor de meditación, he descubierto un par de cosas a lo largo de los años sobre cómo se relaciona la gente con el mundo misterioso y a veces imponente de las emociones humanas. Por una parte, muchas personas creen que tienen una caja de Pandora de emociones desagradables (como la rabia, los celos, el odio y el terror) ocultas en su interior y temen que si la abren, estas energías demoníacas las abrumarán tanto a ellas mismas como a las personas que aman. Por otra parte, tienden a creer que estos sentimientos "negativos" son insondables e irresolubles, y que es mejor que los eviten, sin importar lo doloroso que pueda ser mantenerlos dentro.

Desafortunadamente, cuando uno se pasa la vida negando sus sentimientos y oponiéndose a ellos, se acaba pagando un precio muy alto. Los sentimientos negativos no reconocidos pueden impedir el flujo de sentimientos más positivos como el amor y la alegría. Como resultado de ello, puedes terminar sintiéndote solo porque te falta un contacto emocional cercano con los demás, y puedes ser incapaz de dar y recibir amor cuando tienes una oportunidad de hacerlo.

Además, los sentimientos negativos que se desarrollan dentro de ti tienden a producir estrés, a debilitar el sistema inmunológico y a abonar el terreno para las enfermedades relacionadas con el estrés, como la úlcera, el cáncer y las enfermedades cardíacas. También retienen energía vital muy valiosa que de otra manera podrías canalizar de forma creativa o constructiva. Además, las emociones que se reprimen y se niegan persistentemente tienen la costumbre desagradable de estallar de manera inapropiada, cuando menos se espera, llevándote a hacer y decir cosas que puedes acabar lamentando más adelante.

Por supuesto, algunas personas van al otro extremo y parecen estar tan completamente empapadas de reacciones emocionales poderosas que no pueden tomar decisiones sencillas o seguir una conversación racional. Pero esas personas no están en realidad experimentando sus emociones, están recreándose en ellas y permitiéndoles que controlen su vida.

La meditación te ofrece una forma alternativa de relacionarte con tus emociones. En vez de suprimirlas, recrearte en ellas o explotar, puedes experimentar tus emociones directamente como son, como un juego de pensamientos, imágenes y sensaciones. Cuando veas que manejas con habilidad la experiencia de seguir la respiración y expandir la consciencia para incluir la corriente de pensamientos y sentimientos (algo que puede llevarte meses o incluso años), puedes concentrar tu atención en emociones particulares que encuentres retadoras o problemáticas y desarrollar la "comprensión penetrante" de la naturaleza de la experiencia.

En vez de ser insondables o interminables, como la mayoría de la gente cree, puedes descubrir que incluso las emociones más poderosas vienen en oleadas que tienen una duración limitada cuando las experimentas plenamente. Como solía decir uno de mis profesores: "Aquello a lo que te resistes, persiste"; y lo que uno acoge tiene una tendencia a soltarse y liberarse (consulta el recuadro "Enfréntate a tus demonios", más adelante en este capítulo).

Aquí tienes unas cuantas indicaciones para explorar algunas de las emociones más comunes. Aunque los sentimientos vienen en muchas formas y colores, he descubierto que todos son, más o menos, variantes o combinaciones de unos cuantos básicos: ira, miedo, tristeza, alegría, excitación y deseo. (En mi opinión, el amor es más profundo que la emoción; es una expresión fundamental del Ser mismo.) Al igual que la rica paleta de colores de un artista puede finalmente descomponerse en cian, magenta y amarillo, las emociones difíciles o retadoras como los celos, la culpa, el aburrimiento y la depresión son combinaciones (o reacciones) de cuatro sentimientos básicos: ira, miedo, tristeza y deseo. Si tienes problemas con cierto sentimiento, abórdalo como lo harías con uno de estos cuatro (para más detalles sobre el deseo, consulta el capítulo 13).

Meditar con ira

Después de practicar meditación regularmente durante varios años cuando era un veinteañero, me enorgullecía de estar siempre tranquilo y ecuánime y de no enfadarme nunca. Entonces, un día, mi novia en aquel momento me confesó que tenía una aventura con otro hombre. Sin dudarlo, tomé una taza de la mesa y la arrojé contra la pared. Recuerdo que me sobresaltó la repentina intensidad de mis emociones. En un momento parecía perfectamente tranquilo y al siguiente estaba bullendo de rabia. Mi ira puede haber sido apropiada a las circunstancias, pero ciertamente no la había expresado de forma adecuada. Humillado, me dirigí al cojín de meditación para investigar con más profundidad, después de romper con mi novia, por supuesto.

Mucha gente, en especial las mujeres, tiene un gran tabú respecto a enfadarse porque no se les ha permitido expresar su ira, incluso durante su infancia. Así que gasta grandes cantidades de energía tratando de evadir el sentimiento. Otras personas parece que están perpetuamente bullendo de ira y viejos resentimientos, aunque puede que no se den cuenta de ello.

Cuando meditas con ira, puedes empezar por fijarte en dónde y cómo la experimentas en tu cuerpo. ¿Dónde ves que se encuentran las tensiones? ¿Qué pasa con tu respiración? ¿Dónde notas un incremento de energía? ¿Cómo afecta a las emociones más suaves? A medida que continúas tomando consciencia de tu ira, ¿notas que se

Enfréntate a tus demonios

Los tibetanos cuentan una historia maravillosa acerca del gran maestro de meditación Milarepa, que vivió hace unos novecientos años. Éste buscó grutas remotas en el Himalaya, donde practicó la meditación. Una vez, se encontró que una gruta estaba habitada por un grupo de demonios que lo distraían de su práctica. (Por lo que parece, en aquellos tiempos los demonios frecuentaban las grutas, buscando un poco de acción, ¡sin duda!)

Primero trató de dominarlos, pero no cedían. Después decidió rendirles homenaje y extender su amistad y su compasión hacia ellos, y la mitad se marcharon. Al resto les dio la bienvenida de todo corazón y los invitó a volver cuando quisieran. Ante esa invitación, todos menos uno (particularmente feroz) se desvanecieron como un arcoíris. Sin ninguna preocupación por su cuerpo y con un amor y compasión supremos, Milarepa se dirigió al demonio y puso la cabeza en su boca como ofrenda. El demonio desapareció sin dejar rastro y no volvió nunca más.

Ten en cuenta la historia de Milarepa la próxima vez que luches contra tus demonios interiores, las emociones o estados de mente que te apabullan o que te resultan desagradables. ¡Imagínate qué pasaría si les dieras la bienvenida en vez de apartarlos!

desplaza o que cambia de alguna manera? ¿Cuánto dura? ¿Tiene un comienzo y un final?

A continuación, puedes volver la atención hacia tu mente. ¿Qué clase de pensamientos e imágenes acompañan a los sentimientos de ira? ¿Te descubres culpando a los demás y defendiéndote? Si profundizas un poco más y quitas la capa inicial de ira, ¿qué encuentras debajo? Según mi experiencia, la ira surge generalmente como respuesta a una o dos emociones más profundas: un sentimiento herido o miedo. Cuando te sientes herido, como yo por la traición de mi novia, puedes descargar tu ira contra la persona que crees que te hirió. Y cuando tienes miedo, puedes protegerte con la espada y la armadura de la ira antes que reconocer tu miedo, incluso ante ti mismo. Bajo los sentimientos heridos y el miedo, la ira por lo común enmascara una capa aún más profunda de apego a que las cosas sean de determinada forma. Cuando las circunstancias cambian o no salen de acuerdo a un plan, te sientes herido o temeroso y después furioso como respuesta.

Con la ira, como con todas las emociones, deja a un lado todo juicio o resistencia que puedas tener y enfréntate a ella directamente. Tal vez descubras que se vuelve más intensa antes de liberarse, pero quédate con ella. Bajo la ira puede haber manantiales más profundos de poder, que puedes descubrir cómo evocar sin enfadarte.

Meditar con miedo y ansiedad

Muchas personas son reacias a admitir que tienen miedo, incluso ante sí mismas. De alguna manera, creen que si lo reconocen, le están dando poder para gobernar su vida. En otras palabras, en el fondo, ¡tienen miedo de su miedo! En especial los hombres llegan a grandes extremos para ocultar sus miedos o ansiedades tras una fachada de confianza, ira o racionalidad. En el otro extremo, por supuesto, algunas personas parecen tener miedo de prácticamente todo.

La verdad es que si eres humano —y no biónico o extraterrestre— vas a tener miedo o ansiedad, al menos ocasionalmente. Además de la inyección de adrenalina que sientes cuando tu supervivencia física parece estar en juego, experimentas el miedo que surge de manera inevitable cuando te enfrentas a lo desconocido o a las inseguridades de la vida, que hoy en día puede ser muy a menudo. En último término, tienes miedo porque crees que se trata de una entidad separada, aislada, rodeada por fuerzas que están más allá de tu control. Cuanto más se derrumban los muros que te separan de los demás, por medio de la práctica de la meditación, más disminuyen de forma natural tu miedo y tu ansiedad (para más información sobre la separación y el aislamiento, consulta el capítulo 6).

Al igual que con la ira, puedes utilizar la meditación para explorar y finalmente reconciliarte con tu miedo. Después de todo, es sólo una emoción como otras emociones, compuesta de sensaciones físicas, pensamientos y creencias. Cuando trabajes con el miedo, es muy importante que seas amable y delicado contigo mismo.

Empieza por hacerte las mismas preguntas que te hiciste acerca de la ira. ¿Dónde y cómo lo experimentas en tu cuerpo? ¿Dónde ves que se encuentran las tensiones? ¿Qué pasa con tu respiración? ¿O con tu corazón? A continuación, fíjate en los pensamientos e imágenes que acompañan al miedo. A menudo el miedo surge al imaginar el futuro y pensar que vas a ser incapaz de enfrentarte a él. Cuando ves estas expectativas catastróficas como lo que son y vuelves al momento presente —las sensaciones de tu cuerpo, el ir y venir de tu respiración— puedes descubrir que el miedo cambia y empieza a dispersarse. Después, cuando vuelve, puedes simplemente nombrarlo —"miedo, miedo, miedo"— como a un viejo amigo y conocido.

También puede que quieras amplificar un poco las sensaciones y permitirte temblar, si lo deseas. Puedes incluso imaginar que el miedo te abruma y te hace lo peor (sabiendo, por supuesto, que sobrevivirás); se trata de un enfoque muy útil si tienes miedo de tu miedo, como le pasa a mucha gente. Enfrentarte directamente a tu miedo sin tratar de librarte o escapar de él requiere un gran valor; sin embargo, estas prácticas tienen también la capacidad de traerte al momento presente y abrir tu corazón a su vulnerabilidad.

Meditar con la tristeza, el dolor y la depresión

La mayoría de la gente encuentra más fácil expresar tristeza que ira o miedo. Por desgracia, no le dedica a la tristeza el tiempo y la atención que se merece porque en su infancia le reprochaban que llorara. La vida nos enfrenta inevitablemente a una serie de desengaños y pérdidas; la tristeza y el dolor no expresados pueden crecer dentro y conducirnos en última instancia a una depresión. La mayoría de las personas a las que hago terapia sufren depresión leve, que puede ser también el resultado de ira reprimida o "impotencia aprendida" (para más información sobre la impotencia aprendida, consulta el capítulo 6).

Para reconciliarte con tu tristeza, necesitas sostenerla delicadamente y con amor, y darle suficiente espacio para expresarse. Al igual que con la ira y el miedo, empieza por explorar las sensaciones. Quizá notes una pesadez en el corazón, una constricción en el diafragma o una sensación de congestión en los ojos y en la frente, como si estuvieras a punto de llorar y no pudieras. Puede que quieras amplificar estas sensaciones y ver lo que pasa.

Después, presta atención a los pensamientos, imágenes y recuerdos que alimentan la tristeza. Quizá continúas reviviendo la pérdida de un ser amado o el momento en que un amigo íntimo te dijo algo desagradable. Si estás deprimido, puede que sigas reciclando las mismas creencias y juicios negativos y autodestructores, como "no soy suficientemente bueno" o "no tengo lo que se necesita para triunfar".

A medida que abres tu consciencia para incluir toda la gama de experiencias asociadas con la tristeza, tal vez viertas algunas lágrimas sinceras, sientas que en el proceso te animas un poco y que tu tristeza empieza a recuperarse (para saber cómo trabajar con las creencias profundas, consulta las dos secciones siguientes de este capítulo). En último término, mientras estés abierto a tu sufrimiento y al de los demás, experimentarás cierta mezcla de tristeza y ternura en tu corazón.

Cómo desenmarañar los patrones habituales a través de la consciencia

A medida que exploras tus emociones (como se explicó en las secciones anteriores), puedes descubrir poco a poco que no son tan abrumadoras o interminables como temías. Con nombrarlas y la consciencia presente, la mayoría de las emociones fluirán por tu cuerpo y se liberarán de forma gradual. Por ejemplo, mientras estudias suavemente tu ira o tu miedo, éstos pueden intensificarse al principio, después quebrarse y por último dispersarse como una ola en la playa.

Pero ciertas emociones y contracciones físicas persistentes, junto con los pensamientos y las imágenes que las acompañan y las alimentan, parecen seguir retornando, sin importar las veces que te fijas en ellas y las nombras. Éstas son las historias y los patrones habituales que se clavan profundamente en el cuerpo-mente, como las raíces de las que brotan los pensamientos y sentimientos recurrentes (para más información sobre esas "historias", consulta el capítulo 6).

En tus meditaciones, puedes seguir representándote una y otra vez una historia del pasado (incluidas todas las emociones y estados de mente que la acompañan) en la cual sufres algún abuso o injusticia. Quizá te ves como un fracasado y fantaseas de manera obsesiva sobre un futuro imaginario en el que eres más feliz y tienes más éxito. O puede que te preocupes repetidamente por tu empleo o por tu relación sentimental porque crees que no puedes confiar en la gente o que el mundo no es un lugar seguro.

En su libro *A Path with Heart* (*Camino con corazón*), el maestro de meditación budista Jack Kornfield llama a estos patrones habituales "visitantes insistentes", e indica que siguen volviendo a tu meditación (¡y a tu vida!) porque están atascados o de algún modo no resueltos. Cuando les prestas la atención amorosa que requieren y profundizas en ellos (aplicando la comprensión penetrante que explico a fondo en el capítulo 6), al principio tal vez descubras que son más complejos y están mucho más enraizados de lo que habías imaginado. Pero con una exploración persistente, gradualmente se desenmarañan y revelan la energía y la sabiduría ocultas que contienen. De hecho, cuanto más deshaces tus patrones, más liberas las contracciones físicas y energéticas que yacen en tu corazón, y más libre, espacioso, expansivo —y sí, ¡saludable!— te vuelves tú.

He aquí una breve sinopsis de las técnicas primarias para desenmarañar patrones habituales. Experimenta con ellas por tu cuenta y si las encuentras útiles, siéntete libre de incorporarlas a tu meditación. Si te atascas o te gustaría ahondar más pero no sabes cómo, puede que quieras buscar un maestro de meditación o un psicoterapeuta que esté familiarizado con este enfoque (para más información sobre cómo buscar un terapeuta, dirígete a la sección "Cómo (y cuándo) buscar ayuda con tus patrones", más adelante en este capítulo. Para saber más sobre cómo buscar un maestro, consulta el capítulo 13. Y para un tratamiento más detallado de muchas de estas técnicas, recurre a *Camino con corazón*, de Jack Kornfield).

Ponles nombre a tus "melodías"

Como una forma más bien humorística de empezar, aconseja Kornfield, puedes ponerles nombre y numerar tus "diez melodías favoritas". (Puedes detenerte en cinco, si lo prefieres.) Después, cuando recurras a una en particular, simplemente puedes fijarte en ella y nombrarla sin tener que meterte una vez más en el mismo patrón doloroso. Esto no es más que otra versión de nombrar tu experiencia (explicado con anterioridad) y puede serte útil, pero sólo te lleva hasta allí.

Expande tu consciencia

La parte del patrón que se revela en tu meditación puede ser únicamente la punta del proverbial iceberg. Quizá te sientes tenso en la parte inferior del vientre de continuo y no sabes por qué. Si expandes tu consciencia, es posible que descubras que bajo la superficie hay una capa de sentimiento herido. Cuando además le añades algunos pensamientos e ideas, puedes llegar a pensar profundamente que no eres competente. Por tanto, sientes miedo de no poder controlar las situaciones y te sientes herido cuando la gente te critica porque eso sólo corrobora tu propia imagen negativa. Al acoger toda la gama de pensamientos, imágenes y sentimientos, puedes llegar a crear un gran espacio interior donde el patrón puede desplegarse y liberarse poco a poco. (Confía en mí, este enfoque funciona de verdad, ¡aunque no obtendrás resultados de inmediato!)

Siente tus sentimientos

Los patrones persisten a menudo hasta que se sienten completamente los sentimientos que subyacen. Es correcto, he dicho "sentir", ¡no basta con reconocer o nombrar! Mucha gente mantiene sus sentimientos a distancia o los confunde con pensamientos o ideas. Yo pude hablar en abstracto del dolor o el miedo, pero me llevó años de meditación (y alguna terapia experta; consulta la sección "Cómo (y cuándo) buscar ayuda con tus patrones") el llegar a saber cómo los sentía realmente en mi cuerpo. Otras personas (como ya he mencionado antes en este capítulo en la sección "Cómo meditar con emociones desafiantes") se enredan por completo en sus sentimientos. A medida que expandes tu consciencia, pregúntate: "¿Qué sentimientos no he sentido todavía?"

Sentir tus sentimientos no los hace mayores o peores, al menos no a largo plazo. ¡En realidad les permite avanzar y liberarse!

Nota tu resistencia y tu apego

Como ya he mencionado antes, aquello a lo que uno se resiste, persiste; a lo que podría añadir que aquello a lo que uno está apegado, también persiste. Si una historia en particular o una emoción retadora siguen rodando en tu mente, podrías explorar tu relación con ellas. Por ejemplo, podrías preguntar: "¿Qué siento respecto a este patrón o historia particulares?", "¿Tengo un interés personal en aferrarme a ellos?". Si es así, te cuestionarías: "¿Qué saco con ello?", "¿Qué temo que pase si suelto?", "¿Estoy juzgándolos como indeseables y luchando por librarme de ellos?" En este caso, te plantearías: "¿Qué es lo que no me gusta de ellos?". Cuando consigas relajarte y aceptar el patrón con consciencia (como se explicó en las secciones anteriores), podrás descubrir que el patrón, que parecía tan arraigado y afianzado, también se relaja.

Encuentra la sabiduría

A veces las historias o patrones recurrentes tienen un mensaje que enviar y no dejan de fastidiar hasta que tú escuchas. Si mantengo el mismo sentimiento incómodo o difícil durante la meditación y no cambia con la consciencia, podría "dejarlo expresarse" y pedirle que me hable como si fuera un amigo íntimo. "¿Qué estás tratando de decirme?", le puedo preguntar. "¿Qué necesito oír?" A veces descubro que una parte sensible y vulnerable de mí necesita cariño y atención. Otras veces, oigo la voz de la responsabilidad recordándome

MP3 EN LA WEB

Reemplaza los patrones negativos por energía positiva

Muchas tradiciones meditativas proponen invocar ayuda externa en el largo proceso vital de purificar y eliminar los patrones habituales. No, no estoy hablando de psicoterapia o de antidepresivos, me refiero a los seres o energías espirituales que supuestamente existen con el único propósito de inspirar y fomentar tu evolución espiritual. Las religiones occidentales tienen a sus ángeles y a sus santos; el hinduismo y el budismo, a sus deidades y protectores; el chamanismo, a los ayudantes del espíritu y a los poderes animales.

Ahora bien, puede que tú no aceptes toda esta información espiritual, pero te sugeriría que pruebes este ejercicio de todos modos. En vez de aliados espirituales, tal vez quieras imaginarte personas que te han dado apoyo incondicional en el pasado, o podrías simplemente focalizar la imagen de una estrella luminosa. La cuestión es que este ejercicio por sí mismo puede ser un aliado poderoso en el proceso de tratar con emociones o experiencias dolorosas o difíciles. Como con todas las meditaciones, cuanto más practiques más efectividad vas a conseguir (para instrucciones de audio detalladas, consulta la pista 9 del audio).

1. **Empieza por sentarte y meditar de tu manera habitual durante unos minutos.**

 Si no tienes una forma habitual, puedes encontrar alguna en el capítulo 6, o sencillamente siéntate en silencio y espera más instrucciones.

2. **Imagina una esfera luminosa de luz blanca suspendida a unos 30 centímetros de tu cabeza y ligeramente delante de ti.**

 Como un sol, esta esfera encarna e irradia todas las cualidades positivas, sanadoras, armoniosas que tú más quieres que se manifiesten en tu vida en este momento. (Puede que al principio quieras ser más específico: fuerza, claridad, paz, amor; con el tiempo puedes proyectar sólo la luz.)

3. **Imagínate empapándote de todas esas cualidades con la luz sanadora como si estuvieras tomando un baño de sol.**

4. **Imagina que esta luz irradia en todas las direcciones, hasta los rincones más alejados del universo, y atrae la energía de todas las fuerzas benévolas que apoyan tu crecimiento y tu evolución de nuevo hacia la esfera.**

5. **Visualiza esta energía positiva y sanadora que brilla desde la esfera, como la luz de mil soles, fluyendo por tu cuerpo y tu mente, eliminando toda la negatividad y la tensión, la oscuridad y la depresión, la preocupación y la ansiedad, y reemplazándolos por resplandor, vitalidad, paz y todas las demás cualidades positivas que tú estás buscando.**

6. **Continúa imaginando que esta luz poderosa y sanadora inunda todas las células y moléculas de tu ser, disolviendo todas las contracciones**

y los lugares atascados de los que puedas ser consciente y dejándote limpio, claro y tranquilo.

7. Visualiza esta esfera luminosa bajando gradualmente a tu corazón, donde continúa irradiando esta luz poderosa.

8. Imagínate a ti mismo como un ser luminoso con una esfera de luz en tu corazón que irradia constantemente claridad, armonía y pureza, primero a cada célula y partícula de tu propio ser y después, a través de ti, a todos los demás seres en todas las direcciones.

Puedes conservar los sentimientos e imágenes que evoca este ejercicio a lo largo del resto de tu día.

atender algún compromiso importante (para una forma útil de escuchar a esas voces, consulta el recuadro "Centrarse: meditación occidental para desatascarse", más adelante en este capítulo).

Llega al corazón del asunto

Al igual que el gran meditador tibetano Milarepa (consulta el recuadro "Enfréntate a tus demonios", anteriormente en este capítulo), a veces uno necesita meter la cabeza en la boca del demonio antes de que desaparezca para siempre. En otras palabras, puede que necesites explorar la *contracción energética* que hay en el centro de tu patrón. (Cuando uso el término "energético" aquí, me refiero al modelo oriental del organismo como un sistema de caminos y centros energéticos que pueden bloquearse o contraerse. Esos bloqueos dan lugar a emociones y estados de mente dolorosos y que, en último término, pueden provocar enfermedades. Para más información sobre los centros y caminos de energía, consulta el capítulo 13.)

Para explorar la contracción energética que hay en el corazón de tu patrón, puedes dirigir suavemente tu consciencia hacia el mismo centro de la contracción y describir con detalle lo que allí encuentres. Cuando desentierras el recuerdo, el sentimiento o la creencia que mantiene el patrón unido, puede suceder que la contracción se libera, tu consciencia se expande y tu meditación empieza a fluir con más suavidad. (***Nota:*** Cuando trates con contracciones excepcionalmente dolorosas y arraigadas, tal vez quieras consultar con un profesional calificado. Ve a la sección de este capítulo titulada "Cómo (y cuándo) buscar ayuda con tus patrones".)

Empapa de Ser el lugar bloqueado

Después de que hayas meditado por un tiempo y recibido algunos atisbos de tu inherente plenitud y entereza (lo que llamo "Ser" en el capítulo 1), puede que quieras probar el siguiente atajo. Aparta los pensamientos y las ideas que acompañan a tu patrón, y sencillamente sé consciente de la contracción física y energética. Ahora, desvía tu atención a tu plenitud y entereza, que puedes experimentar como una energía calmada y relajada en tu cuerpo, un sentimiento profundamente amoroso en tu corazón, una sensación de expansión o espacio, o cualquier otro sentimiento único tuyo. Imagina tu plenitud y tu entereza extendiéndose de forma gradual, penetrando y empapando la contracción con tu Ser puro. Continúa este ejercicio mientras la contracción se libera y se disuelve en Ser (para una versión aún más poderosa de esta técnica, dirígete al recuadro "Reemplaza los patrones negativos por energía positiva", anteriormente en este capítulo).

Trabaja con los patrones antes de bloquearte

Cuando le cojas el truco a observar tus patrones reactivos y tus historias y preocupaciones repetitivas, y a desenmarañarlos en la meditación, puedes empezar a trabajar con ellos según surgen en la vida diaria. Por ejemplo, puedes notar en tu meditación que tiendes a reproducir un drama en el que otras personas te están quitando continuamente lo que te mereces por derecho propio y tú terminas sintiéndote herido y resentido. Cuando te des cuenta de que esta historia y las creencias que la acompañan (por ejemplo: "Nunca logro lo que quiero" o "Nadie me quiere") aparecen en tus relaciones o en el trabajo, puedes usar las habilidades que has adquirido para dar un paso atrás y resistir a la tentación de ser absorbido como de costumbre.

Cuanto mejor desenmarañes tus patrones en la meditación, con más rapidez podrás abordarlos según surgen, y gradualmente te volverás más libre y menos reactivo. Con el tiempo, incluso puedes empezar a trasladar tu identidad de los patrones a la consciencia espaciosa en la que los patrones surgen y desaparecen.

Trabaja con patrones habituales:
un caso concreto

Aquí tienes un ejemplo de cómo trabajar con patrones habituales, basado en mi experiencia. No hace mucho, me di cuenta de una tensión particular en la parte baja de mi abdomen, no sólo cuando meditaba, sino también entre sesiones. Cuando la tensión se prolongó durante varios días, decidí investigarla más a fondo. Delicadamente, dirigí mi consciencia y mi respiración hacia esa área.

A medida que expandía mi consciencia, noté que también me sentía tenso en la garganta y en la mandíbula. Cuando profundicé en esa sensación, de forma gradual fui tomando consciencia de que tenía miedo de algo, aunque al principio no estaba seguro de qué. No sólo eso, estaba oponiéndome al sentimiento apretando la mandíbula. De alguna manera no me gustaba ese sentimiento y quería librarme de él.

Sin tratar de cambiar el sentimiento de modo alguno, medité y respiré con él du-rante un rato. Pronto empezó a aflojarse un poco, pero no a desenmarañarse por completo. Entonces pedí con delicadeza más información y me di cuenta de que tenía miedo de una presentación que iba a hacer. Me vinieron vívidamente a la mente varios recuerdos de sentirme poco preparado cuando era niño, y experimenté oleadas de tristeza y algunas lágrimas, seguidas de autocompasión.

Ahora bien, mientras dirigía mi cons-ciencia al centro de la contracción de mi vientre, ésta se liberó rápidamente y en su lugar llenaron el área sentimientos de comodidad y bienestar. Al sentirme más relajado y expandido, volví a mi medita-ción habitual. Varios días después, cuando hice la presentación, me di cuenta de que me sentía más relajado y más seguro que de costumbre.

Cómo dejar a un lado los patrones, por ahora

Si crees que tus patrones habituales están demasiado profundamen-te enraizados para desenmarañarlos (¡al menos por ahora!), puedes lograr algún alivio temporal aplicando una o más de las siguientes técnicas.

No hay necesidad de luchar de inmediato contra un patrón hasta el fondo; a veces sólo tienes que hacer que se desplace o se mueva un poco para que puedas continuar con la meditación.

Soltar o dejar ser

Te lo creas o no, eres capaz de soltar el patrón y seguir adelante. Sin embargo ten cuidado; si lo que estás haciendo en realidad es tratar de apartarlo, éste puede volver a atormentarte. En vez de esfuerzo y aversión, este enfoque requiere una disposición a aceptar las cosas como son (para más explicaciones sobre los pasos de soltar, consulta el capítulo 10).

A veces basta sólo con detenerse, ser consciente de la contracción y relajar poco a poco el cuerpo hasta que la contracción se libere (para instrucciones detalladas sobre cómo relajarse profundamente, consulta al capítulo 7). O puedes mover tu consciencia hacia el Ser mismo (o comoquiera que experimentes el Ser) y dejar ser al patrón sin intentar cambiarlo.

Desviar la atención

Como dice la Biblia: "Hay un tiempo para cada propósito bajo el cielo", incluso para trabajar con tus patrones habituales. Si estás preocupado por asuntos más urgentes, puede que necesites poner tus patrones a un lado y proyectar tu atención hacia donde más la necesites. Puedes volver a tus patrones más tarde, cuando tengas tiempo y energía.

Mover la energía

A veces puedes encontrar útil dirigir la energía vinculada a un patrón en particular hacia otra actividad. Ve a dar una vuelta, baila con la música a todo volumen o lava los platos. Tal vez no estés desenmarañando el patrón, pero estás acallando su voz, por así decir, como robándole el trueno a la tormenta (para continuar con la metáfora, incluso puedes usar la lluvia para regar la cosecha).

Quizá hayas visto uno de esos westerns en los que el héroe sale a cortar leña en vez de tomar el rifle y disparar a sus vecinos. Bien, está "moviendo la energía", sea consciente o no de ello. También puedes mover la energía internamente, por ejemplo convirtiendo el miedo hacia un suceso que se avecina en entusiasmo y curiosidad.

Representarlo en la imaginación

Cuando una emoción o un impulso parecen demasiado intensos para desplazarlos o moverlos, puedes representarlos en tu meditación, imaginándote a ti mismo exagerándolos y después permitiendo que se desplieguen completamente con atención consciente. Este enfoque difiere de la mera fantasía, que tiende a tener una cualidad obsesiva e inconsciente. En vez de ello, al prestar atención mientras le sueltas el freno a esta emoción o patrón, llegas a darte cuenta de que no es tan abrumadora como podías haber creído.

Al mismo tiempo, tienes una oportunidad de observar sus limitaciones y el daño o el dolor que podrían causar. Por ejemplo, podrías imaginarte representando tu rabia o tu deseo conscientemente y darte cuenta de lo que pasa. ¿Te abruma por completo? ¿Cómo afecta a las otras personas involucradas? ¿En realidad te produce la satisfacción que estás buscando?

Representarlo en la vida real, conscientemente

Cuando un patrón parece ser demasiado poderoso como para oponerse a él, puedes representarlo en la vida, como lo haces de manera habitual, pero esta vez con consciencia. Fíjate en cómo lo sientes en tu cuerpo mientras sigues la actuación hasta el final. Por ejemplo, puedes estar tratando valientemente de oponerte al deseo de un helado, pero pierdes con rapidez tu fuerza de voluntad. En vez de eso, puedes tomarte el helado mientras te vas fijando en cada bocado y en cada sensación (mientras te lo comes y también después). De hecho, incluso puedes intentar comer tanto helado como quieras. Si lo haces de forma consciente, quizá descubras que obtienes tanto placer al comer que te saciarás antes y comerás menos. En ese proceso, llegarás incluso a transformar tu relación con la comida. (Para más información sobre la atención consciente en la vida diaria, consulta el capítulo 15.) Sin embargo, procura no actuar según patrones potencialmente peligrosos para ti mismo o para los demás.

Escoger un terapeuta que te ayude con tus patrones

Quizá estás tan lleno de pensamientos y sentimientos negativos que encuentras casi imposible concentrarte, incluso en la meditación.

Centrarse: meditación occidental para desatascarse

He aquí una técnica de meditación llamada "centrarse", desarrollada por Eugene Gendlin, un profesor de psicología de la Universidad de Chicago, para ayudar a gente como tú y yo a descubrir dónde estamos trabados y efectuar los cambios necesarios, tanto internos como externos. (Aunque esta técnica utiliza el mismo término, difiere de la atención centrada descrita en otra parte de este libro.)

Al centrarte en tu *sensación sentida* sobre un problema —el lugar de tu cuerpo donde lo albergas y lo identificas— puedes descubrir información valiosa sobre quién eres y lo que realmente quieres y necesitas. Para instrucciones más detalladas, te recomiendo el libro de Gendlin, *Focusing (Focusing. Proceso y técnica del enfoque corporal)*.

1. **Empieza por tomarte unos minutos para instalarte cómodamente y relajarte.**

2. **Revisa esa parte dentro de ti donde sientes cosas y pregunta: "¿Cómo me va?, ¿qué es lo que no me sienta bien?, ¿a qué necesito prestar atención ahora mismo?".**

   No estás buscando una emoción intensa, sino algo más sutil y elusivo: una sensación sentida. (Por ejemplo, una sensación sentida es el lugar interior donde vas a consultar cuando alguien te pregunta: "¿Qué sientes de esa persona o situación?". No es un sentimiento, y definitivamente no es un pensamiento, sino más bien algo parecido a un conocimiento corporal.)

3. **Toma lo que encuentres, resérvalo y haz las mismas preguntas de nuevo hasta que tengas una lista de tres o cuatro cosas en las que podrías centrarte en este momento.**

4. **Escoge una, pero no te centres en ella. En vez de eso, permite cierto espacio en torno a ella.**

   Aparta cualquier pensamiento y análisis que puedas tener y permanece sólo con tu sensación sentida de esta cosa concreta, en su totalidad.

5. **Pregúntate: "¿Cuál es el quid de este problema?".**

   No te precipites sobre ninguna conclusión ni trates de entenderlo. Solamente permite que este quid emerja en el silencio. Puedes descubrir que lo que obtienes es diferente de lo que tu mente esperaba. Lo sabrás en tu cuerpo.

6. **Siéntate con el quid de esta sensación sentida durante 1 minuto o más y permite que emerja de él una palabra, imagen o sentimiento.**

   No trates de entenderlo. Solamente sé consciente del quid con delicada curiosidad, esperando que un conocimiento más profundo se revele.

7. **Compara esta palabra, imagen o sentimiento con la sensación sentida en tu cuerpo, preguntando: "¿Esto es correcto?, ¿realmente encaja?".**

   Si es así, sentirás un cambio sentido: una respiración profunda, un suspiro de alivio o una ligera relajación en tu interior. Si no, pregúntale a la sensación sentida: "Entonces, ¿qué se siente correcto?", y espera una respuesta. *Recuerda:* Estás pidiéndole información a tu cuerpo, no a tu mente.

8. **Cuando recibas una respuesta que parezca correcta, siéntate con ella en silencio durante unos minutos y permite que tu cuerpo te responda.**

El cambio sentido puede continuar desplegándose o tú puedes experimentar una liberación de energía o alguna otra reverberación perceptible en el cuerpo.

Aquí tienes un ejemplo de centramiento. Digamos que te has obsesionado con una conversación que tuviste ayer con una amiga, y le estás dando vueltas en la mente una y otra vez sin resolución. Así que decides dejar a un lado tus pensamientos y prestar atención a tu sensación interior de la conversación. Cuando te vuelves hacia el interior, percibes que la sensación sentida está localizada en el corazón y el quid de la misma resulta ser algo relacionado con el tono de voz de tu amiga.

Mientras te sientas con la sensación sentida, te das cuenta de que el quid del problema no es su tono de voz exactamente, sino algo que ha disparado en ti. ¿Qué es? Bueno, es un sentimiento de celos... no, no es eso exactamente; es una sensación de no dar la talla, de no ser tan bueno como ella; o más en concreto, de no hacer lo que en realidad amas, como hace ella. Eso es, tomas consciencia de que no estás haciendo lo que de verdad quieres hacer con tu vida y las palabras de tu amiga dispararon esa sensación dentro de ti.

Con esta comprensión, notas un cambio sentido o una liberación en tu interior, posiblemente acompañada de lágrimas de reconocimiento y tristeza. Acabas de terminar una ronda de centramiento y puedes utilizar la misma técnica para cualquier otro problema o sensación sentida.

Las voces (o imágenes) que hay en tu cabeza están continuamente escupiendo preocupaciones, lamentaciones, juicios y críticas con tal volumen y velocidad que casi no te oyes pensar ni a ti mismo. O quizá puedes centrarte en la respiración o recitar el mantra con cierto éxito, pero cuando una historia o patrón particularmente convincente se dispara, resultas del todo barrido por su intensidad.

Mi primera sugerencia es seguir meditando regularmente y ver lo que pasa. ¿Cómo te sientes después de unas cuantas semanas o meses de práctica constante? ¿Estás haciendo algún progreso? ¿Te sientes más tranquilo y apacible? ¿Tu concentración se profundiza?

Sin embargo, si ciertos patrones persisten —especialmente si interfieren con tu capacidad de hacer tu trabajo o de mantener relaciones amistosas o amorosas satisfactorias—, podrías pensar en la psicoterapia. Ahora bien, sé que algunas personas aún se sienten un poco cohibidas o avergonzadas si admiten que necesitan ayuda para sus problemas, pero enfócalo de esta manera: la gente ha estado consultando a hechiceros, chamanes, rabinos, sacerdotes y ancianos durante tanto tiempo como los seres humanos han tenido problemas, o quizá más.

Lo cierto es que la psicoterapia (nuestra versión moderna y secular del sabio consejo) viene en muchas formas y tamaños; tantos, de hecho, como los profesionales que la practican. Sin devaluar ninguna rama particular de la psicoterapia (después de todo estoy hablando de mi profesión), me gustaría señalar unas cuantas directrices para escoger a un psicoterapeuta que pueda ayudarte a liberarte de las limitaciones que te producen tus patrones habituales. Lo admito, baso estas recomendaciones en mis intereses y preferencias particulares, y en mis más de treinta años de experiencia como terapeuta y mis cuarenta de meditador y de maestro de meditación.

Hablar es importante, pero tú necesitas hacer más

Incluso la clásica terapia freudiana, que consiste básicamente en hablar, espera llegar al momento en que las comprensiones alcancen un lugar más profundo y disparen un cambio interior o una liberación emocional. (¿Recuerdas el punto crucial en la película *El indomable Will Hunting,* cuando Robin Williams le dice a Matt Damon: "No fue tu culpa"?) El problema es que la terapia que se basa sólo en hablar llega a su destino más lentamente, y a veces no de forma completa.

A menos que tengas a un Robin Williams cerca, busca un terapeuta que combine la charla con una o más técnicas que te lleven lo más rápido posible a un lugar más profundo; por ejemplo, la hipnoterapia, la imaginería guiada, la imaginación activa, el juego con arena, la terapia centrada en el cuerpo, el trabajo con la respiración, el centramiento, o el EMDR (siglas inglesas Eye Movement Desensitization and Reprocessing).

Averigua

Si quieres nombres de terapeutas apropiados, pregúntales primero a tus amigos, a miembros de la familia o a personas que tengan intereses o valores similares. No seas tímido, puede que te sorprendas al descubrir la gran cantidad de personas que conoces que han consultado con un psiquiatra en los últimos años. Después llama a estos terapeutas y pasa un tiempo hablando con ellos por teléfono. Recuerda, tienes derecho a preguntarles cualquier cosa que quieras saber. Podrías incluso programar una sesión o dos con cada uno de ellos antes de tomar una decisión. Después de todo, te irá mejor si gastas ahora un poco más de dinero en consultas de prueba, que descubriendo al cabo de seis meses o un año que cometiste un error.

Escoge la persona, no las credenciales

Aunque el terapeuta venga muy bien recomendado y la pared del consultorio esté cubierta de diplomas y certificados, estudia a esa persona. ¿Te escucha con cuidado y entiende lo que le dices? ¿Parece

Ponte en contacto con tu niño interior

Cuando te sientes agitado o trastornado, puede que quieras entrar en contacto con el niño que hay dentro de ti, la parte de ti que siente las cosas profundamente. Aquí tienes una meditación para que te ayude a reafirmar y a nutrir a tu niño interior.

1. Comienza por fijarte en lo que estás sintiendo y dónde lo estás sintiendo.

2. Tómate un tiempo para respirar y relajar los sentimientos.

3. Imagina que hay un niño o una niña dentro de ti que tiene estos sentimientos.

   Este niño es la parte joven y no desarrollada de ti mismo. Puedes tener una imagen o sólo una sensación visceral o un conocimiento interior.

4. Hazte estas preguntas: "¿Qué edad tiene este niño?, ¿cómo se llama?, ¿qué clase de atención quiere de mí en este momento?".

El niño puede querer ser tranquilizado o tomado en brazos, o puede simplemente querer jugar.

5. Si es posible, imagínate dándole al niño lo que quiere.

6. Continúa unido a este niño todo el tiempo que quieras, hablando con él y abrazándolo de la manera que creas más apropiada.

7. Cuando termines, fíjate en cómo te sientes.

   Seguramente estarás más relajado o con mayor confianza, o por lo menos, menos molesto o temeroso.

8. Asegúrate de darle un abrazo a tu niño interior (si el niño se siente cómodo recibiéndolo), dile que lo quieres mucho, asegúrale que os veréis de nuevo de vez en cuando y, por favor, ¡hazlo!

capaz de sincronizarse emocionalmente contigo, además de ser una persona muy intuitiva? ¿Te sientes cómodo en su presencia? ¿Confías en esa persona para contarle tus puntos más delicados y tus problemas más difíciles? En un análisis final, debes confiar plenamente en tus sentimientos y en tu intuición.

Decide si la espiritualidad te importa

Si tienes una orientación espiritual particular —o estás en el proceso de desarrollarla—, puede que quieras buscar un terapeuta que tenga una orientación similar. Si no tienes una selección suficientemente amplia de dónde escoger, al menos busca un terapeuta que respete la espiritualidad, en vez de desacreditarla. No sólo estará abierto a hablar contigo sobre meditación y experiencias *transpersonales* (es decir, más allá de lo personal), sino que puede ayudarte a combinar la meditación con la terapia, para trabajar en tus problemas de forma más efectiva.

Para más información sobre la orientación que ofrezco por teléfono y Skype a personas en todo el mundo, consulta mi página web `zzz1 vwhskdqergldq1ruj`

Capítulo 13

Sortea los obstáculos del camino y los efectos secundarios

• •

En este capítulo

▶ Utiliza los obstáculos en tu meditación como si fueran agua para tu molino

▶ Afronta los estados alterados y las experiencias poco usuales sin distraerte

▶ Explora tus siete centros de energía y lo que tienen que enseñarte

• •

Como cualquier viaje, la meditación puede tener su cuota de vistas impresionantes al borde de la ruta que te inspiran y te pican la curiosidad; también puede presentar obstáculos, desvíos e impedimentos que te impiden avanzar. Como menciono en el capítulo 1, me gusta pensar en este libro como una detallada guía de viaje. El capítulo actual proporciona un manual de solución de problemas para usarlo cuando te tropieces con problemas en el motor, una rueda pinchada o un retraso inesperado.

Por supuesto, puede que en tu camino jamás se crucen las dificultades y que llegues a donde vas sin ningún contratiempo en tu itinerario. Si te va bien en tu meditación, por ahora puedes saltarte tranquilamente este capítulo, pero si quieres un anticipo de las dificultades que puedes ir encontrándote —¡o algunas sugerencias sobre los obstáculos a los que ya has empezado a enfrentarte!—, entonces sigue leyendo. Puedes aprovechar algunas sugerencias para hacer frente a los más comunes cuando se crucen en tu camino y hallarás descripciones de estaciones pintorescas en el camino que podrían convertirse en desvíos si estás confundido y no sabes cómo sortearlas cuidadosamente.

Cómo navegar entre los obstáculos en tu viaje meditativo

Aunque la meditación puede ser tan compleja como quieras, la práctica básica (como digo en el capítulo 1) es en realidad muy sencilla: simplemente siéntate, permanece en silencio, dirige tu atención hacia el interior y centra la mente. Nadie dijo nunca que sería fácil, sin embargo, ¡al menos no todo el tiempo!

Además de las emociones difíciles y de los patrones habituales que describo en el capítulo 12, todo meditador constante tropieza inevitablemente con unos cuantos de los clásicos bloqueos u obstáculos. (No te desanimes por la palabra "obstáculo". Estos retos pueden ralentizar tu marcha, pero no tienen por qué detenerte.) No estás haciendo nada malo cuando te entra sueño o te sientes inquieto o aburrido, o pospones repetidamente tu meditación o te preguntas si merece el esfuerzo. De hecho, solamente te estás enfrentando con muchos de los patrones habituales que te producen problemas en todas las áreas de tu vida. La meditación proporciona un laboratorio en el que puedes investigar estos patrones con atención consciente, de forma que puedas aplicar los resultados en tu trabajo, con tus amigos o en tu vida familiar. (Los "obstáculos", en otras palabras, proporcionan agua para el molino de la autoconsciencia y el cambio de conducta.)

Como promuevo a lo largo de este libro, asegúrate de tratarte a ti mismo y a los obstáculos que surjan en tu viaje con la misma amabilidad, cariño y curiosidad con la que tratarías a tu mejor amigo. El asunto es no pasar por encima de los obstáculos hacia un lugar más elevado de claridad y reposo. Más bien, los mismos obstáculos proporcionan una materia prima excepcional para tu trabajo de laboratorio a medida que descubres cómo abrirte a lo que surja en tu experiencia con consciencia delicada y sin juicio. En vez de obstáculos, puede que prefieras pensar en ellos como mensajeros que portan los dones de energía incrementada, sabiduría y autoaceptación. Como explico en el capítulo 12, puede resultar útil empezar por nombrar tu experiencia antes de proceder a una exploración más avanzada.

Los siguientes apartados ofrecen una guía para tratar con los obstáculos más comunes que se producen durante la meditación.

Somnolencia

La mayoría de nosotros caminamos dormidos gran parte de nuestra vida, prestando sólo una mínima atención a lo que está ocurriendo a nuestro alrededor. ¿Alguna vez has conducido hasta tu casa y una vez allí te has preguntado cómo lo has hecho? Puesto que el objeto de la meditación es despertar y ser consciente, no es de extrañar que todos los meditadores se enfrenten al embotamiento y a la distracción, por lo menos de forma ocasional.

Es probable que el obstáculo más común, la somnolencia, se te presenta de muchas formas y tamaños. Empieza por explorar tu experiencia: ¿dónde sientes la somnolencia en tu cuerpo?, ¿qué le ocurre a tu mente?, ¿estás cansado físicamente o sólo mentalmente embotado? Puedes estar bostezando porque no has dormido bien durante días, en cuyo caso debes dejar de meditar y hacer una buena siesta.

Más a menudo, sin embargo, tu mente se volverá nebulosa cuando te estés oponiendo a sentir alguna emoción desagradable o indeseable, como miedo o tristeza. Podrías preguntarte: "¿Qué estoy evitando en este momento?, ¿qué hay bajo la superficie de esta somnolencia?". (Podrías incluso extender esta indagación a los otros momentos de tu vida en los que te embotas o te ofuscas.)

Una vez que hayas estado meditando durante un tiempo, puedes descubrir que te entra sueño cuando tu mente se tranquiliza, ya que entonces pierdes la estimulación que la mantiene ocupada. En este punto, tal vez necesites aumentar tu energía abriendo los ojos de par en par y sentándote derecho. Si tu somnolencia persiste, puedes levantarte y caminar o echarte agua fría en la cara para ayudarte a permanecer despierto.

Agitación

Cuando sientas dificultad para prestar atención a tu meditación porque tu mente está agitada, preocupada o ansiosa y tú estás deseoso de seguir con otras actividades, puedes empezar por nombrar la agitación (para detalles sobre nombrar los sentimientos, ve al capítulo 12) y fijarte en cómo la experimentas en tu cuerpo. Quizá tienes el vientre tenso, o la cabeza, o experimentas una sensación de inquietud en los brazos y las piernas. Quizá notas que estás apoyado incómodamente en el borde del cojín, como si estuvieras preparado para levantarte en cualquier momento y comer algo o hacer una llamada telefónica.

Fíjate también en lo que está haciendo tu mente. ¿Salta incontrolablemente de un tema a otro o se preocupa de manera obsesiva por un suceso o responsabilidad que se avecina? Tanto como sea posible, observa tu inquietud sin dejarte atrapar por la agitación, o seducir por el impulso de levantarte e irte. Puede que también quieras practicar el contar las respiraciones o usar otra técnica de concentración para ayudar a aquietar la mente hasta que puedas reanudar tu práctica regular (o quizá ésa es tu práctica regular). Como la somnolencia, la agitación puede ser también una respuesta a sentimientos dolorosos o desagradables que no quieres experimentar.

Cuando el miedo ya no es un obstáculo

En su libro *When Things Fall Apart (Cuando todo se derrumba: palabras sabias para momentos difíciles)*, la maestra budista estadounidense Pema Chodron cuenta la historia de un joven occidental que fue a la India en la década de 1960. Quería superar desesperadamente sus emociones negativas, en especial el miedo, que él creía que era un obstáculo a su progreso.

El maestro que conoció allí seguía diciéndole que dejara de esforzarse, pero el joven tomaba su instrucción sólo como otra técnica para liberarse de su miedo.

Finalmente, su maestro lo envió a una cabaña al pie de la montaña a meditar. Una noche, mientras estaba sentado en meditación, oyó un ruido, y al darse la vuelta, vio una enorme serpiente con la cabeza levantada, balanceándose en una esquina. El joven quedó aterrorizado. Se quedó sentado frente a la serpiente, incapaz de moverse o de quedarse dormido. No

podía usar ninguna técnica de meditación para evitar sus sentimientos, sólo podía permanecer sentado con su respiración y su miedo y la serpiente en el rincón.

Hacia la mañana, mientras la última vela se apagaba, el joven experimentó una corriente de amor y compasión por todos los animales y las personas del mundo. Podía sentir su sufrimiento y sus anhelos, y podía ver que él había estado utilizando su meditación para separarse no únicamente de los demás, sino de sí mismo.

En la oscuridad, empezó a llorar. Sí, era terco, orgulloso y temeroso, pero también era único y sabio e inconmensurablemente precioso. Con profunda gratitud, se levantó, caminó hacia la serpiente y se inclinó en un saludo. Después se quedó dormido en el suelo. Cuando se despertó, la serpiente había desaparecido, lo mismo que su necesidad desesperada de luchar contra su miedo.

Aburrimiento

Como la mayoría de la gente, puedes creer que te aburres porque el objeto de tu atención carece de valor o de interés. Pero podrías examinar tu aburrimiento más detenidamente. La verdad es que el aburrimiento surge porque tú no estás prestando suficiente atención o porque tienes algún pensamiento en mente o alguna preferencia que te impide estar de un modo incondicional en el momento presente. De hecho, la mayoría de nosotros nos hemos acostumbrado tanto a la estimulación constante que tenemos mucha dificultad para sentarnos quietos cuando nos estamos concentrando en algo tan sencillo como... bueno, como seguir la respiración.

El aburrimiento, como la agitación, puede impedir que experimentes las bellezas más sutiles de la vida; y la meditación puede proporcionarte una oportunidad maravillosa de explorar tu aburrimiento. Empieza por nombrarlo: "aburrimiento, aburrimiento" (para más detalles sobre poner nombre a los sentimientos, ve al capítulo 12). ¿Cómo lo experimentas en tu cuerpo? ¿Qué historias produce tu mente? En vez de reaccionar a tu aburrimiento, simplemente permítete estar aburrido de forma consciente. ¡Puedes llegar a fascinarte tanto con tu aburrimiento que no te sientas ya aburrido!

Miedo

A veces te sientas a meditar y te das cuenta de que tienes la mente repleta de pensamientos y sentimientos de miedo que hasta hace un momento no eras consciente que tenías. ¿De dónde han salido? Tal vez hayas estado ansioso o temeroso sobre algo pero no te has dado cuenta hasta que has empezado a meditar. O tu atención consciente puede haber sacado a la superficie antiguos miedos para que los explores y los liberes. Quizá tienes miedo de tu misma meditación, miedo de no ser capaz de hacerlo bien o de enfrentarte a tu estrés, o miedo de los recuerdos o sentimientos retadores que podrán surgir mientras meditas.

Si es así, ¡no estás solo! El miedo es una de las emociones humanas más omnipresentes y básicas, no es de extrañar que asome la cabeza en la meditación. Puedes utilizar tu práctica como una oportunidad excelente de trabajar con tu miedo siguiendo las instrucciones dadas en el capítulo 12.

Duda

Este obstáculo puede ser especialmente desafiante porque pone en cuestión todo el viaje. "¿Tengo lo que se necesita para meditar? Mi mente nunca se tranquiliza, quizá debería probar el yoga o el taichí. ¿Qué sentido tiene seguir la respiración? ¿Cómo puede esta práctica traerme relajación o paz de mente?" Por supuesto, hacer preguntas y obtener respuestas satisfactorias es importante, pero cuando has decidido probar la meditación, necesitas aprovechar tus dudas como si fueran agua para tu molino, en vez de tomártelas continuamente en serio.

La duda puede ser también el resultado de presionarse demasiado y de tener expectativas muy altas; en la meditación tienes que dejar a un lado tus expectativas (como explico en el capítulo 7) y sencillamente hacerlo, con fe en que los beneficios se acrecentarán con el tiempo. Para desarrollar esta fe, puede que quieras leer otros libros como éste que ensalzan las virtudes de la meditación.

La duda agita tu mente y hace difícil la concentración. Empieza por nombrar tu duda (lee el capítulo 12) y notar las sensaciones que evoca y las historias que teje. Con consciencia presente, la duda se tranquiliza gradualmente y retrocede al fondo. Con el tiempo, todas tus pequeñas dudas pueden incluso unirse en una gran duda que te motiva a indagar en profundidad en la naturaleza de la existencia y a producir algunas respuestas por ti mismo.

Postergación

Como la duda, el dejar las cosas para más tarde puede detener tu meditación. Después de todo, si sigues posponiéndola, no podrás cosechar los beneficios. Si tiendes a posponer las cosas en otras áreas de tu vida, ahora tienes una oportunidad de mirar, más allá de tus excusas habituales, a los sentimientos y preocupaciones más profundos que alimentan este patrón. Tómate un tiempo para preguntarte honradamente —pero también de forma delicada y sin juzgarte— qué es lo que te impide que lleves tus intenciones hasta el final.

Como he ido diciendo en las secciones anteriores, puedes tener miedo, estar aburrido o tener dudas sobre el valor de la meditación. Quizá una parte de ti se autosabotea porque no quiere que realices los cambios positivos que te ofrece la meditación, y por eso sigue minando tus esfuerzos. O puede que estés demasiado inquieto y distraído para encontrar tiempo para la actividad que podría ayudarte a enfrentar tu inquietud y tu distracción. Cuando vuelvas a poner tu meditación sobre sus rieles, puedes explorar más a fondo estos patrones. (Puede que también quieras refrescar tu motivación o desarrollar autodisciplina, en cuyo caso puedes retornar al capítulo 5 o 10.)

Vigilancia excesiva

La próxima vez que veas a una madre con su bebé, fíjate en cómo cuida a su hjo. ¿Observa constantemente su cara en busca de signos de enfermedad o incomodidad? Si tiene una relación sana con su hijo, mira con delicadeza sus ojos con atención cálida y amorosa, pero sin ansiedad o preocupación.

Podría serte útil llevar la misma atención delicada y consciente a tu meditación. Si tiendes a volverte obsesivo o perfeccionista, o te concentras como un rayo láser en tu foco, puedes terminar más estresado que cuando empezaste. En su lugar, relaja tu atención como una madre amorosa, fijándote en tu experiencia sin preocuparte o ponerte tenso. Tal vez también quieras indagar en el temor más profundo que puede estar motivando tu exceso de vigilancia.

El exceso de vigilancia puede también tomar la forma de un control constante de tu progreso, un preguntarte a todas horas: "¿Cómo me va en este momento?". El problema es que el verdadero progreso en la meditación implica estar simplemente presente sin preocupaciones adicionales como la de preguntarte cómo te está yendo. Una vez más, puedes relajar tu consciencia y permitirte hacer lo que haces.

Juzgarte a ti mismo

Como el miedo, juzgarse a uno mismo es una experiencia casi universal, por lo menos en el mundo occidental. Puede que introduzcas el juicio en tu meditación —no la estás haciendo bien, no sabes concentrarte— o en tu Ser en general: eres un incompetente, no eres digno de amor, no eres suficientemente bueno, etc. La mente que juzga puede incluso disfrazarse de observador objetivo o de entrenador espiritual, que compara de continuo tu progreso con un ideal interiorizado. "Si fueras como Buda estarías totalmente tranquilo y en paz", podría decir. O, "si fueras un buen cristiano (o musulmán, o judío), no experimentarías ira o miedo". Por fortuna, como solía decir uno de mis maestros, "la comparación mata", queriendo decir que tiende a aguar la vitalidad y expresión únicas que te pertenecen sólo a ti y que no pueden ser comparadas con nada más.

Al nombrar o darte cuenta de tus juicios sobre ti mismo (lee el capítulo 12) puedes lograr distanciarte un poco de ellos, en vez de tomar su palabra como el evangelio, como muchos de nosotros hacemos. ¿Cómo suena la voz de tu juicio? ¿Qué historias te impone como una verdad? ¿Te recuerda a alguien, digamos a uno de tus padres o a un jefe? ¿Tratas de apartar aspectos de tu experiencia porque de algún modo te resultan indeseables? Fíjate en cómo sientes el juicio en el cuerpo. Cuando te quedas atrapado en el juicio, puedes descubrir que te contraes y que te pones tenso en respuesta a ello.

A medida que te vayas familiarizando con tus juicios puedes empezar a acogerlos como viejos amigos, no sólo en la meditación, sino también en la vida cotidiana, sin creerte su historia.

Apego y deseo

Al igual que el miedo y el juicio intentan evitar u oponerse a ciertas experiencias, el apego se aferra fuertemente a lo que tienes, mientras que el deseo trata siempre de encontrar algo mejor. Cuando sientes apego, a tu carrera, a tu relación sentimental o a tus posesiones materiales, puede que te resistas a soltarlas cuando las circunstancias cambian. ¿Quién no haría eso? Pero el apego puede ser una preparación para el dolor, porque la vida tiene una curiosa tendencia a hacer lo que le parece bien, a pesar de tus preferencias por lo contrario. Con el deseo, la insatisfacción de no tener lo que quieres y de tener lo que no quieres corre como una dolorosa corriente subterránea bajo la superficie de la consciencia.

No estoy recomendando el desapego y la falta de deseos completos; después de todo, ¡sólo Buda podría conseguirlo! Ni estoy diciendo que deseo y placer son equivalentes; de hecho, la experiencia del deseo puede ser sumamente desagradable, como una picazón atormentadora que no cesa nunca, sin importar cuánto te rasques; el verdadero placer, por el contrario, llena una necesidad humana profunda y natural. Lo que sugiero es que tú puedes crear cierto espacio alrededor de tus deseos y apegos de modo que no te abrumen los vaivenes impredecibles de la vida (para más información sobre el apego, consulta el capítulo 6).

El apego y el deseo pueden aparecer en tu meditación de muchas formas. Quizá codicias momentos de relativa calma y te desanimas cuando tu mente se agita o se preocupa. O puede que tengas un aprecio particular por ciertos pensamientos —fantasías de éxito económico, por ejemplo, o imágenes del último mes de vacaciones— y descubras que eres reacio a soltarlos y que te cuesta volver a la respiración o al mantra. Quizá estás a todas horas deseando y anhelando algún logro imaginario que simplemente está fuera de tu alcance.

Como con los otros obstáculos, puedes explorar tu apego y tu deseo, primero nombrándolos delicadamente según surgen (lee el capítulo 12) y después fijándote en los pensamientos y sensaciones de los que se componen.

Orgullo

Ésta es una posibilidad clásica de meditación. Has estado sentándote regularmente durante unas cuantas semanas y un día tu mente se serena como la superficie de un estanque tranquilo de un bosque. En seguida empiezas a pensar lo siguiente: "¡Qué bien! Casi no estoy pensando y he contado las respiraciones de uno a diez durante casi cinco minutos. ¡Estupendo! Realmente le estoy pillando el truco a esto de la meditación. Pronto seré todo un experto. Quizá llegue incluso a iluminarme…".

No sólo has sido mordido por el dientes del orgullo, que se agarra a tus logros y los utiliza para reforzar tu autoimagen, sino que también te has salido de la pista de tu meditación. El orgullo también puede tomar la forma de alardear con tu familia y con tus amigos sobre la frecuencia con la que meditas o meramente de sentirte especial y superior a los demás.

Como explico en la sección "Apego y deseo", tal vez quieras investigar los pensamientos y sentimientos que forman tu orgullo. Bajo él, puede que encuentres miedo o inseguridad, o un deseo de ser amado y apreciado. O puedes recordarte que la meditación no tiene nada que ver con los logros, sino con estar presente en el momento para lo que surja. En cuanto te inflas por lo bien que estás meditando, te escapas de la meditación, así que vuelve delicadamente a tu respiración.

Esconderse

Si estás intentado evitar enfrentarte a ciertos problemas o retos en tu vida, puedes volver a la meditación como un escape conveniente y terminar pasando horas en el cojín que podrías invertir mejor pagando tus cuentas, preparándote para un cambio en tu profesión o compartiendo tus sentimientos con tu pareja. El *New Yorker* publicó una tira cómica hace unos años que se refería a este problema: un monje zen se sienta apaciblemente en su cojín, mientras detrás de un biombo, en el fondo, se apila un caótico montón de cachivaches.

La meditación puede ayudarte a calmar la mente, a abrir el corazón y a enfrentarte a tus miedos y otros sentimientos que pueden cruzarse en tu camino, pero finalmente tú necesitas apartar el biombo y aplicar lo que has aprendido al mundo real. (En otras palabras, la meditación, como el trabajo, el sexo o ver la televisión, puede volverse adictiva si abusas de ella.) Ahora bien, uno no se vuelve adicto si se pasa media hora o una hora todos los días meditando, o incluso si va a un retiro de vez en cuando. Pero si te sorprendes escondiéndote de los retos de la vida, presta atención: los temas recurrentes en tu meditación pueden no ser distracciones, sino preocupaciones apremiantes que requieren tu respuesta.

Evitar problemas

Al igual que puedes esconderte de los problemas de la vida, también puedes utilizar la meditación como una forma cómoda de evitar enfrentarte a problemas psicológicos y emocionales más profundos. Particularmente si desarrollas una fuerte concentración, puedes centrarte en la respiración o en cualquier otro objeto de meditación mientras reprimes sentimientos desagradables o "no espirituales". Conozco a gente que, después de muchos años de meditación en monasterios o ashrams, descubre al fin que está sentada literalmente sobre una vida entera de sufrimiento, resentimiento o dolor no resueltos. Si sigues las indicaciones que se te proporcionan en el capítulo 12 para trabajar con las emociones, es probable que no tengas que enfrentarte a este obstáculo en particular.

Cómo disfrutar de los efectos secundarios sin desviarte del camino

Además de los obstáculos, tú también puedes encontrar muchas experiencias inusuales y absorbentes en tu viaje, a las que me gusta llamar efectos secundarios o *atracciones a la orilla del camino*. Anteriormente en este capítulo y en el capítulo 12, describo emociones, patrones y estados de mente normales que demuestran ser retadores cuando tu meditación se vuelve más profunda. Aquí estoy hablando de lo que los investigadores de la consciencia llaman *estados alterados*, experiencias no ordinarias del cuerpo, la mente y el corazón, que aunque son esencialmente inofensivas, pueden sobresaltar, confundir o asustar a un meditador neófito.

Algunas personas meditan durante años y nunca experimentan nada fuera de lo normal. Por ejemplo, yo, como monje zen, seguía esperando un avance drástico, pero sólo logré alguna penetración ocasional tras miles de horas de meditación. Otros se sientan y con unas pocas sesiones empiezan a tener atisbos de lo que los investigadores llaman la *dimensión transpersonal* de la experiencia. Una amiga ha visto ángeles y otros seres trascendentes, meditando y fuera de la meditación.

Las tradiciones meditativas difieren también en cuanto a su actitud respecto a tales experiencias extraordinarias. Algunas enseñan que lo importante es simplemente estar aquí y ahora, y cualquier otra cosa que ocurra es una distracción potencial. Otra tira cómica del *New Yorker* lo expresa brevemente: un viejo monje sentado en meditación se vuelve hacia su joven compañero y dice, aparentemente en respuesta a una pregunta: "Después no pasa nada. Así es esto". De acuerdo con estas tradiciones, si se produce un momento de verdadero despertar, sólo toma la forma de un cambio de perspectiva, sin fuegos artificiales ni luces destellantes. Por el contrario, otras tradiciones ven las experiencias extraordinarias como hitos significativos o posiblemente necesarios, incluso, en el camino hacia la libertad y el despertar (para más información sobre las experiencias espirituales, consulta el capítulo 15).

En la meditación de atención consciente, el método que describo en este libro (véase el capítulo 7), uno simplemente se acerca a lo extraordinario de la misma manera que saluda lo ordinario, con atención delicada y consciente. El asunto es aceptar lo que surja —y en ese proceso despertar a lo que tú ya eres—, así que cualquier experiencia con la que te encuentres a lo largo del camino es sólo una atracción en el arcén de la carretera. Disfruta de ella y sigue caminando. Si te distrae o se vuelve dolorosa, deberías consultar con un maestro calificado.

Para ayudarte a controlar estas experiencias sin extraviarte ni sentirte abrumado, el maestro budista Jack Kornfield, en su libro *A Path with Heart (Camino con corazón)*, sugiere que tengas presente estas tres instrucciones:

✔ **Los efectos secundarios son solamente eso.** No te apegues a ellos ni los tomes como una indicación de logro espiritual o de fracaso espiritual. Solamente sigue avanzando.

✔ **Si debes hacerlo, para el carro.** Si los efectos secundarios se vuelven demasiado intensos, deja de meditar por un tiempo y dedícate a actividades que te hagan "aterrizar", que conecten tu cuerpo con la tierra, como trabajar en el jardín, hacer que te hagan un masaje o caminar por el campo (para ayudarte a conectarte con la tierra, prueba la meditación del recuadro "Qué hacer cuando te sientes desconectado de lo mundano", más adelante en este capítulo).

✔ **Aprecia los estados alterados como parte de la danza más amplia de la meditación.** No dejes que tu resistencia o la lucha contra ellos te atrape. Simplemente trata de aceptarlos como haces con la experiencia diaria.

Las subsecciones siguientes destacan unas cuantas de las experiencias extraordinarias con que puedes tropezarte en tu meditación, divididas por conveniencia en cuatro categorías separadas. Para descripciones más detalladas de estas experiencias, te recomiendo muy especialmente el recientemente mencionado *A Path with Heart*.

Arrobamiento y éxtasis

Cuando tu concentración se vuelve más profunda (pero a veces antes), puedes empezar a tener las experiencias físicas fuera de lo normal que se conocen como *arrobamiento*. Quizá la forma más común de arrobamiento consiste en el movimiento placentero de energía sutil (o no tan sutil) a través del cuerpo. Según te mueves, esta energía encuentra áreas de tensión y contracción que se abren y se liberan en respuesta a ella. Las liberaciones energéticas pueden tener la forma de vibraciones, temblor o movimientos repentinos o repetitivos conocidos en la tradición del yoga como *kriyas*. Por ejemplo, puedes sentir espasmos que te suben por la columna o movimientos involuntarios de los brazos o la cabeza.

Aunque la energía del arrobamiento se experimenta por lo general como algo placentero, que puedas sentirte es comprensible sorprendido y un poco perturbado al ver que tu cuerpo se mueve de una forma que tú no pareces controlar. Jack Kornfield, por ejemplo, cuenta que sus brazos empezaron a aletear como un pájaro mientras meditaba intensamente en un monasterio en Tailandia. Siguió el consejo de su maestro de observar los movimientos sin tratar de detenerlos o controlarlos, y de manera gradual remitieron por sí mismos.

El arrobamiento es más que sólo energía; viene también en varias formas y sabores. Por ejemplo, puedes sentir escalofríos o destellos de calor sin razón aparente. O puedes experimentar tu cuerpo como extremadamente denso o como transparente o lleno de luz. O puedes tener sensaciones de picazón o de hormigueo seguidas de oleadas de placer o deleite. El arrobamiento puede adoptar tantas formas como las personas que lo experimentan.

Recuerda que no te estás volviendo loco o haciendo algo malo si experimentas arrobamiento; de hecho, el arrobamiento generalmente significa una profundización de la concentración. En la medida de lo posible, continúa meditando mientras llevas la atención consciente a tu experiencia y permites que la energía haga su trabajo curador de liberar tus lugares bloqueados. Si la energía se vuelve demasiado intensa, deja de meditar y haz algo ordinario y físico, como recomienda Kornfield.

En cuanto al *éxtasis*, es el arrobamiento poderoso que acompaña a una penetración espiritual o a una experiencia unitiva. Los místicos de la tradición judeocristiana, por ejemplo, experimentan el éxtasis cuando alcanzan el punto álgido de su viaje: la unión con Dios.

Visiones y otras experiencias sensoriales

Si no experimentas arrobamiento, no te desanimes, puedes tener otros estados alterados en el canal visual. Mi amiga, la que ve ángeles, también tiene visiones de viajar a los reinos de su meditación, donde se encuentra con seres iluminados que le enseñan y le dan fuerza. Estas experiencias no la perturban; muy al contrario, las disfruta e incluso las alienta.

Aunque tal vez no tengas unas visiones tan elaboradas, puede que veas luces o imágenes de colores de lo que parecen ser vidas pasadas o recuerdos, o atisbos vívidos de otras realidades. De igual manera, no debes sentirte mal, tómatelo sólo como pruebas de una concentración que se vuelve más profunda y no te distraigas del foco de tu meditación. Por supuesto, si ves que son significativas, valora lo que te ofrecen. Pero el objeto de la meditación tal como la enseño en este libro es despertar al momento presente, no pasar el tiempo de tu meditación explorando el mundo interminable de los estados alterados.

Además de los fenómenos visuales, también puedes tener experiencias auditivas u olfativas, incluyendo voces interiores, música, sonidos poderosos, resonantes, u olores poco usuales. O puedes darte cuenta de que la meditación realza tu sensibilidad perceptiva, de modo que ves, oyes, hueles o sientes las cosas de forma más aguda. (Dependiendo de tus gustos particulares y de lo que estás percibiendo, puedes encontrar este aumento de sensibilidad agradable o desagradable.)

Qué hacer cuando te sientes desconectado de lo mundano

A veces la gente que medita encuentra que sus *chakras superiores* (es decir, los centros de energía desde el corazón hasta la coronilla) se abren más rápidamente que sus chakras inferiores, lo que provoca una oleada de energía y penetración hacia su cabeza y sus hombros, mientras que la mitad inferior de su cuerpo permanece relativamente estancada o insensible. En particular, los que se desvían por algunos de los llamativos efectos secundarios de la meditación pueden empezar a sentirse desconectados de las cosas mundanas y a perder contacto con sus necesidades básicas de comida, sueño y ejercicio físico.

He aquí un sencillo ejercicio que puede ayudarte a conectarte a la tierra cuando empiezas a sentir como si fueras a salirte del cuerpo hacia un reino más etéreo:

1. **Empieza por sentarte en silencio, cerrar los ojos y respirar profundamente unas cuantas veces.**

   Si es posible, siéntate en el suelo, con la espalda relativamente recta (para más información sobre las posiciones sentado, consulta el capítulo 8).

2. **Centra tu consciencia en la parte baja del abdomen, en un punto aproximadamente a 6 centímetros debajo del ombligo y a 4 dentro del cuerpo.**

   Los practicantes de artes marciales llaman a esta zona el *t'an t'ien* y creen que es un foco de energía vital, o chi. Explora esta zona con atención consciente, fijándote en cómo te sientes.

3. **Dirige tu respiración hacia esa zona, expandiéndola cuando inspires y contrayéndola cuando espires.**

   Respira conscientemente y de forma deliberada hacia su t'an t'ien durante 5 minutos o más, y permite que tu consciencia y tu energía se concentren ahí. Fíjate en cómo tu centro de gravedad pasa de la parte superior de tu cuerpo a tu t'an t'ien.

4. **Continúa respirando con tu t'an t'ien, e imagina que eres un árbol con raíces que entran profundamente en la tierra.**

   Siente y visualiza que estas raíces se originan en el t'an t'ien y crecen, a través de la base de tu columna, hacia abajo, dentro del suelo, y que se extienden por el terreno tan abajo como puedas imaginar.

5. **Siente y visualiza estas raíces extrayendo energía de la tierra hacia tu t'an t'ien en la inspiración, y siente la energía extenderse a través de las raíces en la espiración.**

   Continúa sintiendo y visualizando esta circulación de energía —hacia arriba al inspirar, hacia abajo al espirar— durante 5 o 10 minutos.

6. **Cuando tu t'an t'ien se sienta recargado y fuerte, puedes levantarte y seguir con tu rutina.**

   De vez en cuando, puedes detenerte un momento e imaginar tus raíces una vez más.

Altibajos emocionales

A medida que tu mente se tranquiliza y aceptas tu experiencia, creas un espacio interior para que las emociones no sentidas (y posiblemente inconscientes) salgan a la superficie y se liberen (para más información sobre el proceso de la liberación espontánea, consulta el capítulo 12). Una de mis primeras amigas zen, pasó los primeros años de meditación llorando en silencio sobre su cojín. A menudo sentía que sus sentimientos no tenían mucho contenido ni guión, sólo sucedían como olas de energía en su cuerpo. Otras personas que conozco meditan de manera regular durante años con poca emoción y entonces, de repente, como un avión, entran en una área de turbulencia y experimentan días o incluso semanas de ira o de dolor.

Si encuentras difícil controlar las emociones, puedes consultar las indicaciones que doy en el capítulo 12, o tal vez quieras pedirle consejo a un maestro de meditación cualificado. (Para más información sobre la guía para la meditación que ofrezco por teléfono, consulta mi página web `zzz1vwhskdqergldq1ruj`. Para obtener consejo sobre cómo buscar un maestro, consulta el capítulo 15.) Por otra parte, puedes continuar sentándote con consciencia atenta mientras permites que las emociones corran a través de tu cuerpo, tu mente y tu corazón. A veces estos sentimientos —que, por cierto, pueden incluir éxtasis y alegría, así como tristeza y dolor— provienen de capas profundamente inconscientes que se remontan a la niñez o a la infancia. Otras veces, puede parecer que los sentimientos no tienen nada que ver contigo. Cualquiera que sea tu experiencia, puedes practicar el aceptarla con consciencia atenta sin tratar de cambiarla o rechazarla.

Aperturas energéticas

Cuando meditas con regularidad durante semanas o meses, generas energía que empieza a acumularse en tu cuerpo. Con el tiempo, esta energía puede tomar la forma relativamente sutil de un arrobamiento (como se ha descrito en la sección anterior), o puede expresarse como *kundalini*, la poderosa fuerza vital que, de acuerdo con la tradición tántrica india, anima todas las cosas y yace enroscada en la base de la columna como una serpiente (para más información sobre el tantra indio, consulta el capítulo 3).

La meditación puede despertar a la kundalini y elevarla por el canal energético central (que está alineado con la columna pero que es distinto a ella), y lo mismo pueden hacer otras actividades y sucesos como el nacimiento de un hijo, el sexo, la oración, las emociones

Séptimo chakra (conocido también como el "chakra de la corona")

Sexto chakra (llamado a veces el "tercer ojo")

Quinto chakra (también conocido como el "chakra de la garganta")

Cuarto chakra (llamado también el "chakra del corazón")

Tercer chakra

Segundo chakra

Primer chakra

Figura 13-1:
He aquí un mapa de los chakras (centros de energía) con los símbolos tradicionales para cada uno

fuertes y los traumas físicos. Mientras se eleva la kundalini —cosa que puede ocurrir lentamente y de forma gradual o repentina e inesperadamente—, ésta se va encontrando con los siete centros de energía principales (conocidos también como *chakras*) que se hallan situados a lo largo del canal central, desde la base de la columna hasta la coronilla de la cabeza (para un mapa detallado de los chakras, mira la figura 13-1. ***Nota:*** Los chakras se muestran en orden de abajo hacia arriba, con el primero situado en la base de la columna y el séptimo en la parte superior de la cabeza).

Descritos por las personas que pueden verlos como ruedas que giran o vórtices de energía, los chakras trasforman la energía de una frecuencia en otra (por ejemplo, de espiritual en emocional) y actúan como intermediarios entre la vida interior de un individuo y el mundo exterior. En aparencia, trabajan mejor cuando están abiertos y relativamente equilibrados. Cuando están cerrados o desequilibrados —lo que ocurre con frecuencia— puedes experimentar ciertos problemas, dolencias o situaciones difíciles que se corresponden con algún chakra en particular.

En concreto, las personas que meditan a menudo pueden tener una tendencia a abrir los chakras superiores (desde el corazón a la corona) con relativa facilidad, mientras mantienen sus chakras inferiores relativamente cerrados. Por ejemplo, muchas personas encuentran más fácil tener experiencias espirituales o sentir amor incondicional por todos los seres que controlar asuntos personales fundamentales como la confianza, la seguridad, la intimidad y la autoafirmación. Como resultado de ello, estos centros inferiores pueden requerir especial atención y una investigación amorosa y delicada antes de que se abran.

Ciertas técnicas de meditación apuntan a despertar la kundalini y guiarla a través de los chakras hasta que llegue a la coronilla, donde finalmente estalla en un momento de poderosa iluminación. Otras trabajan en abrir y energizar chakras particulares (por ejemplo, para meditaciones que abren el corazón, consulta el capítulo 11). La técnica primaria que propongo en este libro, conocida como meditación de atención o presencia consciente, no se centra en absoluto en los chakras. Pero las personas que practican la atención consciente pueden experimentar la apertura de centros de energía particulares como efecto secundario de su viaje meditativo. (Por cierto, el tantra indio, que tiene ramas en el hinduismo y en el budismo, no es la única tradición que habla de los chakras. Los cabalistas judíos, los derviches suííes y los sabios taoístas tienen todos sus sistemas y centros de energía específicos.)

Para ayudar a reconocer esas aperturas si ocurren y cuando ocurren, describiré cada uno de los chakras con cierto detalle. Además de las experiencias descritas en la lista que sigue, tú puedes sentir tensión o constricción en la zona donde un chakra está relativamente cerrado y un aumento notorio de energía cuando se abre. Utiliza las expresiones positivas para ayudar a relajar y a abrir cada chakra, si lo deseas.

✔ **Primer chakra.** Situado en la base de la columna y relacionado con los asuntos de la supervivencia y la seguridad. Cuando está relativamente cerrado, puedes sentirte inseguro y sin conexión con el mundo terrenal, posiblemente incluso con cierto terror e incluso desconfianza hacia tu capacidad de sobrevivir. A medida que se abre, puedes sentir cómo fluye la energía de tu cuerpo hacia la tierra, acompañada de imágenes y sentimientos asociados con la seguridad y la supervivencia así como una sensación general de estabilidad y confianza. *Expresión positiva:* "Me siento seguro y en casa en el mundo y en mi cuerpo".

✔ **Segundo chakra.** Situado en la parte baja del abdomen, a unos 6 centímetros debajo del ombligo y relacionado con los asuntos de la sexualidad, la creatividad y el apego emocional. Cuando está relativamente cerrado, puedes sentirte avergonzado de tu cuerpo, inhibido en el sexo y desconectado de los demás desde el punto de vista emocional. A medida que se abre, puedes experimentar una avalancha de sentimientos o imágenes sexuales, incluyendo posibles imágenes del pasado de abuso o disfunción, así como una sensación de potencia, jovialidad y fluidez con los demás. *Expresión positiva:* "Soy un ser creativo, sexual y emocional".

✔ **Tercer chakra.** Situado en el plexo solar, justo debajo del diafragma y relacionado con los asuntos del poder interpersonal y la autenticidad. Cuando este chakra está relativamente cerrado, puedes encontrar difícil confiar (en ti o en los demás), establecer límites interpersonales o expresar o incluso reconocer tu ira o tu vulnerabilidad. A medida que te abres, puedes experimentar una liberación de ira o vergüenza y una profundización y expansión de tu respiración, acompañados por sentimientos de poder personal y vitalidad. *Expresión positiva:* "Confío en mí y en los demás".

✔ **Cuarto chakra (llamado a menudo el "chakra del corazón").** Situado en el centro del pecho, cerca del corazón, y relacionado con los asuntos del amor y la autoestima. Cuando este chakra está cerrado, puedes sentir odio hacia ti mismo, resentimiento y alienación de los demás, y puedes encontrar difícil dar y recibir amor libremente. Cuando se abre, puedes experimentar una liberación de antiguas tristezas o dolores, acompañada de amor, alegría o intensidad y una sensación de expansión sin límites (para más información sobre abrir el chakra del corazón, consulta el capítulo 11). *Expresión positiva:* "Soy capaz de amar y digno de ser amado".

✔ **Quinto chakra (conocido también como el "chakra de la garganta").** Situado en el centro de la garganta y relacionado con los asuntos de la expresión honesta, directa y responsable. Cuando está relativamente cerrado, puedes encontrar difícil compartir tus sentimientos, tus pensamientos o tus preocupaciones sin diluirlas o distorsionarlas para hacerlas más aceptables para los demás. Cuando este chakra se abre, puedes experimentar un surgimiento repentino de cosas que siempre has querido expresar, acompañado por un acrecentamiento de la confianza en tu propia voz y creatividad. *Expresión positiva:* "Tengo derecho a expresar mi verdad".

✔ **Sexto chakra (llamado a veces el "tercer ojo").** Situado ligeramente más arriba de las cejas y relacionado con la claridad intelectual, la intuición y la visión personal. Cuando este chakra está relativamente cerrado, puedes tener dificultad para pensar con claridad o para planear para el futuro, y puedes tener fuertes opiniones y prejuicios personales o creencias negativas sobre ti mismo. Cuando este chakra se abre, puedes tener penetraciones o intuiciones repentinas que expanden tus horizontes intelectuales o espirituales, es posible que acompañadas de visiones interiores o incluso habilidades psíquicas. *Expresión positiva:* "Veo las cosas claramente".

✔ **Séptimo chakra (conocido también como el "chakra de la corona").** Situado en la parte más alta de la cabeza y relacionado con asuntos de libertad y trascendencia espiritual. Cuando este chakra está relativamente cerrado (como ocurre en la mayor parte de la gente), puedes sentirte separado de la dimensión sagrada o espiritual de la vida. Cuando se abre, puedes sentir una presión o dolor sutil a veces, seguidos de una liberación de energía a través de la coronilla y una afluencia de lo que la gente ha descrito como gracia, paz, bendición o iluminación. Al mismo tiempo, puedes sentir que tu identidad se disuelve y se fusiona con la vasta extensión del Ser mismo. No hace falta decir que la apertura de este chakra es un acontecimiento precioso que se ha buscado mucho en ciertas tradiciones espirituales. *Expresión positiva:* "Yo soy".

Prepárate para dormir

La mayoría de nosotros nos vamos a la cama por la noche con las preocupaciones y las emociones que hemos acumulado durante el día. En lugar de ello, trata de prepararte para el sueño con uno de los siguientes ejercicios:

✔ **Mientras te desvistes, imagínate quitándote todas las preocupaciones y responsabilidades, una a una.**

Imagínate volviéndote más ligero, más relajado y más espacioso, hasta que tu mente esté completamente vacía y llena de un brillo agradable, rojizo. Imagina este brillo descendiendo a tu corazón y descansa tu consciencia en el centro de tu corazón mientras te quedas dormido.

✔ **Antes de quedarte dormido, revisa tu día con detalle.**

Tómate un tiempo para apreciar tus experiencias y logros positivos. Cuando llegues a algo que lamentes, ten en cuenta la lección que has aprendido. Siente gratitud en tu corazón por todas las personas que en ese día han contribuido a tu vida de distintas formas, mientras te quedas dormido.

✔ **Acuéstate boca arriba y siente el contacto de tu cuerpo contra la cama.**

Empezando por los pies y subiendo lentamente por las piernas, las caderas, el torso, los brazos, el cuello y la cabeza, relaja gradualmente el cuerpo desde abajo hacia arriba. Cuando hayas terminado, siente tu cuerpo como una esfera luminosa de relajación mientras te quedas dormido.

Desarrolla una práctica que te funcione

Como puedes haber notado si has hojeado los otros capítulos, en este libro he introducido técnicas de meditación extraídas de fuentes espirituales muy variadas. Quizá es sólo mi entusiasmo, pero quería estar seguro de que cubría todas las posibilidades y ofrecía meditaciones que llamaran la atención a todo el mundo.

Huelga decir que no puedes poner en práctica todas estas técnicas, ni querrás hacerlo. Así que voy a enseñarte a escoger una práctica de meditación que sea adecuada para tus necesidades particulares. También recibirás algunas sugerencias sobre cómo encontrar a otras personas con las que puedas meditar, y cómo diseñar tu propio pequeño retiro monástico durante un día.

Une las piezas del rompecabezas

En los siglos pasados, la gente de la calle no tenía la oportunidad de hojear una copia de *Meditación para Dummies*, escoger sus técnicas de meditación favoritas y después probarlas como un experto en una cata de vinos. En cambio, se consideraba sumamente afortunada si lograba encontrar a un maestro que estuviera dispuesto a enseñarle un método secreto. Entonces lo adoptaba y lo practicaba con determinación durante el resto de su vida.

Pero los tiempos han cambiado y tú y yo vivimos en un verdadero gran almacén de la meditación, con una técnica diferente en cada planta. Así que ¿qué debe hacer alguien común y corriente? Bien, necesitas conocerte a ti mismo, lo que te gusta o no te gusta y lo que esperas obtener de tu meditación. A continuación, necesitas tomar un sorbo de aquí y allá, confiar en tus papilas gustativas y con el tiempo establecer un enfoque en particular. Después puedes usar este enfoque como la clave central en torno a la que construirás una práctica regular, del mismo modo que, digamos, una comida maravillosa puede construirse en torno a un vino especialmente bueno. Pero ¡ya basta de metáforas epicúreas!

Éstas son las principales piezas de una práctica de meditación completa, tal como se presentan en este libro. Como puedes ver, he incluido meditaciones y prácticas relacionadas con ellas:

✔ Meditación de atención o presencia consciente (capítulo 7).

✔ Meditación con mantra (capítulos 3 y 15).

✔ Escaneo del cuerpo y relajación (capítulo 7).

✔ Meditación caminando (capítulo 17).

✔ Meditación de amor compasivo (capítulo 11).

✔ Meditación de compasión (capítulo 11).

✔ Trabajo con las emociones y con los patrones habituales (capítulo 12).

✔ Meditación devocional (capítulo 15).

✔ Prácticas de comprensión, como la autoindagación (capítulo 15).

✔ Meditación de curación (capítulo 18).

✔ Atención consciente en acción (capítulo 17).

✔ Utilizar un altar de meditación (capítulo 9).

✔ Recitación y/o prosternación (capítulo 15).

✔ Dedicación de la práctica (capítulo 15).

¿Cómo saber qué prácticas incluir en tu rutina habitual? Para empezar, es mejor que lo hagas de manera simple: escoge una técnica y atente a ella durante unos meses, o incluso años. Después, cuando te sientas seguro de tu habilidad para concentrarte razonablemente bien, puede que quieras tener en cuenta cómo las meditaciones tradicionales combinan prácticas diferentes.

En la tradición budista, por ejemplo, por lo general mezclan meditaciones diseñadas para cultivar la sabiduría con las que tienen el poder de obtener compasión o amor. Entonces sazonan los ingredientes básicos según la necesidad, con otros como la indagación en uno mismo o con meditaciones de curación. Después, añaden un poco de meditación caminando (que actúa como un puente entre la meditación sentado y la vida cotidiana). Finalmente, enmarcan toda la rutina en preguntarse al principio por qué están meditando y después, cuando han terminado, en dedicar la virtud o poder de la meditación al beneficio de los demás. Por supuesto, esta mezcla de ingredientes no es un batiburrillo casual, sino que ha evolucionado a lo largo de miles de años.

Quizá tú no seas tan metódico como para todo esto, y preferirías utilizar tu intuición y hacer lo que sientas correcto. Si es así, ¡ponte a ello! En último término, el proceso de escoger una serie de técnicas de meditación puede ser tan personal y misterioso como el proceso de escoger un compañero o compañera sentimental. Pero antes de realizar tus elecciones, aquí tienes unos cuantos indicadores para comprobar tu motivación, equilibrar tu práctica y confiar en tu intuición.

Conoce tu motivación

Del mismo modo que no cogerías una sierra para cortar un trozo de mantequilla o no usarías tu cepillo de dientes para fregar el suelo, no necesitas meditar 3 horas al día si sólo buscas un poco de reducción del estrés, y no querrás limitarte a sólo 10 minutos si estás decidido a lograr la iluminación antes de que termine la semana siguiente. En el capítulo 5 describo cinco motivaciones principales para la meditación:

✔ Mejorar tu vida.

✔ Entenderte y aceptarte.

✔ Tomar consciencia de tu verdadera naturaleza.

✔ Despertar hacia los demás.

✔ Expresar tu perfección innata.

Saber cuál de ellas te describe mejor puede ayudarte a determinar cómo y cuánto vas a meditar. (Huelga decir que la mayoría de la gente entra en las primeras tres categorías; las otras dos generalmente están reservadas para los meditadores experimentados.)

La meditación de atención consciente (explicada con detalle en el capítulo 7) es una gran práctica fundamental, sin importar cuál sea tu meditación, y puede extenderse a todos los momentos de tu vida (véase el capítulo 17). Pero el resto depende de ti.

Por ejemplo, si quieres ayudarte a curar de una enfermedad crónica, puedes añadir una o más de las meditaciones de curación del capítulo 18. Si quieres llegar a conocerte mejor o hacer frente a emociones o conductas difíciles, puede que quieras seguir algunas de las técnicas que se ofrecen en el capítulo 12. Y si vas derecho hacia la cima de la montaña de la meditación (como se describe en el capítulo 1), puedes experimentar con meditaciones del capítulo 15 para acercarte a Dios o lograr una penetración directa en tu ser esencial.

Recuerda que este libro es meramente una introducción. Si quieres profundizar en cualquier dirección, vas a necesitar otros libros y, en último término, quizá un maestro de carne y hueso. Si quieres leer algún otro libro después de éste, puedes consultar la lista del apéndice. Si vas detrás de un maestro, lee las sugerencias para encontrar uno en el capítulo 15.

¿Jugar con tus puntos fuertes o llenar los vacíos?

Además de motivación, puede que quieras saber un poco más sobre tus tendencias generales y tus rasgos de personalidad y cómo influyen en tus elecciones de meditación. Por ejemplo, algunas personas tienden a ser más cerebrales y se sienten atraídas a la meditación porque buscan más claridad o comprensión. Otros se identifican más con sus sentimientos y pueden ser atraídos a la meditación por un deseo profundo de sentir la presencia divina o expresar devoción o compasión, o trabajar de cerca con un maestro en particular. Otros se centran más en el cuerpo y se acercan a la meditación en busca de curación física, energía o poder. Estos tres tipos —personas orientadas a la cabeza, al corazón y al cuerpo— se describen en muchas de las grandes tradiciones meditativas y también en la tradición científica occidental. Tómate unos minutos para revisar cuál es tu orientación predominante.

Los tipos más "cerebrales" gravitan inmediatamente hacia prácticas de comprensión interior, los tipos más "cordiales" hacia las prácticas de devoción y compasión, y los tipos más "corporales" a los ejercicios de relajación y las meditaciones de curación. Pero la verdad es que tú tienes corazón, mente y cuerpo, y necesitas desarrollar y cultivar los tres en tu práctica de meditación si quieres evolucionar hacia un ser humano completo y equilibrado.

Así que fíjate en tus tendencias y consiéntelas tanto como quieras. Al fin y al cabo, necesitas hacer lo que sientes correcto y, a menudo, lo que se siente correcto son las prácticas que encajan con tu tipología. Pero también puede que quieras llenar los vacíos incluyendo meditaciones u otras prácticas que te ensanchen en direcciones hacia las que no vas ordinariamente. Por ejemplo, realiza prácticas de comprensión interior, pero precédelas de alguna recitación o prosternación de devoción (o mejor aún, hazlas con una actitud de bondad o compasión). Céntrate en las prácticas de compasión o en trabajar con tus emociones, pero relaja también el cuerpo o sé consciente de la experiencia de tus sentidos. En último término, cualquiera de las meditaciones básicas te ayudará a desarrollar tus diferentes partes —el corazón, la mente y el cuerpo—, pero sé consciente de tu tendencia para favorecer una sobre las otras, o incluso a marginar a una completamente.

Además, la vida tiene una tendencia misteriosa a revelar tu talón de Aquiles y a mostrarte qué cualidades concretas necesitas desarrollar, así que presta atención. Si sigues atrayendo a personas "excesivamente emocionales" a tu vida o el "intelectualismo" de tu pareja te vuelve loco, quizá se te están mostrando las cualidades que más necesitas añadir a tu repertorio.

Experimenta, confía en tu intuición y después establécete

Tú no puedes saber cómo te afectará una meditación en particular hasta que la practiques regularmente durante un período de tiempo. Solamente leer sobre ella en un libro como éste o escucharla en un CD no te dirá mucho, y practicarla una o dos veces puede que te sirva una prueba y mostrarte si merece la pena seguirla, pero no recibirás el impacto que buscabas producir con la meditación.

Así que empieza por averiguar y probar las meditaciones que te llaman la atención. Fíjate en cómo te sientes cuando las pruebas. Después, confía en tu sentido intuitivo de lo que es bueno y apropiado para ti, y comprométete a practicar realmente durante un período de tiempo; hablo de meses e incluso de años. Es correcto, he hablado de *compromiso*, la palabra temida. Dicho de forma clara y sencilla, debes hacer la misma meditación una y otra vez si quieres cosechar beneficios. Sé que este consejo va en contra de la orientación "facilista" de nuestra cultura, pero en el mundo de la meditación no encontrarás ningún

El inconveniente de ser un diletante

En toda área de interés, desde el fútbol hasta la inversión económica, tú puedes amasar un montón de información para impresionar a tu familia y a tus amigos sin ensuciarte las manos haciendo realmente aquello que tanto sabes. (Por ejemplo, puedes memorizar las estadísticas de cada jugador de primera división sin aprender nunca a darle a la pelota.) Eso mismo también es verdad para la meditación. Como dicen en el zen "Los pasteles pintados no te quitarán el hambre", y leerte los mejores libros de meditación del mundo no reducirá tu estrés ni tranquilizará un poco tu mente. Sólo terminarás volviéndote lo que un maestro budista llamó un "materialista espiritual". Necesitas remangarte y aplicar lo que has leído.

De la misma manera, no realizarás ningún progreso jugando con diferentes técni-cas ("Mmm, es martes, es el momento de la atención consciente"). Necesitas escoger una (o dos) y atenerte a ella. (¿Recuerdas el viejo refrán, "aprendiz de todos, maestro de nada"? Bien, tu meta es dominar el arte de la meditación, no amasar unos cuantos trucos nuevos para añadir a tu colección.)

Cuando te tropieces con la inquietud o con el aburrimiento (o con cualquier otro de los "obstáculos" descritos en el capítulo 13), no saques la conclusión inmediata de que has cometido un error. En vez de ello, utiliza tu resistencia y otras emociones y estados de mente difíciles como si fueran el agua para el molino de tu meditación (para más instrucciones sobre cómo hacerlo, consulta los capítulos 12 y 13).

atajo ni ningún esquema de iluminación rápida. Como dicen los publicistas, "sencillamente hazlo", mejor con bondad, delicadeza, paciencia y compasión, pero al final tienes que hacerlo, ¡una y otra vez! (para más información sobre la disciplina, el esfuerzo y el compromiso, consulta el capítulo 10).

Desarrolla una práctica regular

Ahora que tienes unas cuantas instrucciones para armar las distintas piezas, desarrolla una práctica que puedas realizar día tras día. Recuerda que debe ser sencilla; después de todo, el objeto de la meditación es relajar el cuerpo y mitigar la agitación de la mente, no hacer más complicada tu vida. He aquí las etapas básicas para desarrollar una práctica regular que te funcione:

✔ **Escoge una técnica fundamental.** Si no haces nada más, ya habrás creado una práctica de meditación viable que te funcionará muy bien. Recomiendo la meditación de la atención consciente porque enseña habilidades que puedes trasladar a toda actividad y momento de tu vida, pero algunas personas prefieren la meditación con un mantra o la concentración en un objeto visual.

✔ **Complementa la práctica.** Como sugiero en la sección anterior, puede que quieras añadir otra práctica o dos que cultiven diferentes cualidades de la mente, el cuerpo o el corazón. Pero si sólo tienes un poco de tiempo cada día, atente a tu práctica fundamental en vez de realizar algo mucho más complejo.

✔ **Decide cuánto y con qué frecuencia.** Dependiendo de tu motivación y de tus razones para meditar, te sentarás durante períodos más largos o más cortos o con mayor o menor frecuencia. Tu interés en la meditación también puede aumentar y disminuir con los ciclos de tu vida. Por ejemplo, puedes tener épocas en las que te concentres más en los logros externos o en la vida familiar, y épocas en las que prestes más atención a tu desarrollo interior (para más instrucciones sobre cómo programar tu meditación, consulta el capítulo 9).

✔ **Mantén la regularidad.** Nunca lo diré suficientes veces. Ante cualquier otra cosa que hagas (y cualesquiera que sean los ciclos de tu vida), continúa con tu práctica fundamental, en la riqueza y en la pobreza, en la salud y en la enfermedad, y cualquier otro cliché que puedas imaginar.

✔ **Añade prácticas según las necesites, pero consérvalas.** Por ejemplo, si te pones enfermo, añade sin duda una meditación de curación. Si quieres abrir tu corazón un poco más, añade una meditación de amor compasivo. Pero no sacrifiques tu técnica fundamental, y mantén también la nueva.

✔ **Hay que saber cuándo profundizar.** Si te descubres mucho más hambriento de pasar más tiempo en tu cojín de meditación, entonces sin duda prográmalo. Cuanto más medites más profundizarás, y sabrás intuitivamente cuándo estás preparado. Mejor esperar hasta que lo sientas que presionarte porque crees que "deberías" (para más sugerencias sobre realizar un retiro de meditación, consulta la sección "Cuando dos o más personas se reúnen: meditar con más gente").

✔ **Busca ayuda cuando la necesites.** En terreno desconocido, puedes aventurarte hasta cierta distancia por ti mismo. Si empiezas a tropezar con problemas en tu meditación o con experiencias que te confunden o te asustan (o simplemente quieres estar seguro de que lo estás haciendo de manera correcta), entonces tal vez quieras buscar un maestro (para una visión general de los problemas y escollos de la meditación, consulta el capítulo 13. Para elegir un buen maestro, las instrucciones del capítulo 15).

Cuando dos o más personas se reúnen: meditar con más gente

Todas las grandes tradiciones meditativas están de acuerdo: meditar con otras personas otorga beneficios extraordinarios que realzan tu práctica individual y aceleran tu desarrollo personal y espiritual. Los budistas consideran la comunidad de practicantes como una de las tres joyas o tesoros de la práctica, junto con el maestro despierto y la verdad misma. Los judíos creen que Dios escucha realmente cuando diez de sus fieles se reúnen en oración. Y el mismo Jesús lo expresó con elegancia: "Cuando dos o más personas se reúnen en mi nombre, hay amor".

Respeta los ciclos de práctica

Por lo general no me gusta hablar de progreso en la meditación. Más bien, me gustaría recordarte que siempre has estado en ese lugar al que te diriges, que es el aquí y el ahora. La meditación requiere rasgar los velos que te impiden ver lo que ha sido verdad todo el tiempo. Es especial, es importante darse cuenta de que la meditación no supone un desarrollo o mejora lineal. Todo día es un nuevo día, y cada meditación es diferente de la anterior. Un día tu mente puede amanecer extraordinariamente clara y tranquila, como el proverbial lago del bosque, lo que te lleva a sacar la conclusión de que al fin has dominado este asunto de la meditación. Al día siguiente, sin aviso, tu mente parece tan turbulenta como el océano durante un huracán. ¡Adiós a la mejora lineal!

En vez de una línea, me gusta usar la imagen de una espiral que va dando vueltas pero que se eleva gradualmente. Puedes atravesar épocas en las que las circunstancias desafiantes de la vida (como cambios en tu rumbo profesional, pérdidas o separaciones, etc.) provocan emociones y patrones difíciles que impregnan tu meditación. Después puedes pasar por períodos más tranquilos en los que tu concentración se vuelve más profunda y tu mente se tranquiliza. Si continúas meditando pacientemente, sin desanimarte o regocijarte en exceso, descubrirás que gradualmente te expandes para incluir más y más de lo que tú eres, los vaivenes, las subidas y bajadas, los aspectos ásperos y los suaves. En el proceso, te vuelves más alegre y apacible, pero no en la forma lineal y mesurable que podrías haber esperado.

Además, investigadores como Dean Ornish han descubierto que un sentido de pertenencia o de conexión con los demás no sólo mejora la calidad de vida, sino que también aumenta la longevidad. En un estudio, las personas que contestaron sí a las preguntas "¿Saca usted fuerza de la fe religiosa?" y "¿Es miembro de una organización que se reúne regularmente?" tuvieron siete veces más probabilidad de sobrevivir a una operación a corazón abierto que las que contestaron no. En otro estudio, se dividió en dos grupos a mujeres a las que se les dio el mismo tratamiento convencional para el cáncer de mama con metástasis; uno de los grupos se reunía una vez a la semana en busca de ayuda, y el otro no. Después de cinco años, habían sobrevivido el doble de las mujeres que se reunían respecto a las que no lo hacían.

En un nivel más práctico, sencillamente puedes encontrar nuevos estímulos gracias a otros meditadores para persistir en lo que a veces parece una búsqueda tediosa. Y puedes hablar de tu práctica y recibir sugerencias útiles basadas en la experiencia de otras personas que pueden haber resuelto ya esos problemas o atravesado el terreno que tú ahora estás cruzando.

Puede que te preguntes cómo puedes encontrar otras personas con las que puedas meditar. Bien, tienes varias opciones: puedes buscar un grupo o una clase que ya se esté reuniendo, formar un grupo tú mismo o asistir a un taller de fin de semana o a un retiro en grupo.

Unirse a un grupo de meditación o formar uno

Ahora que la meditación se ha convertido en una búsqueda más generalizada, se está volviendo más fácil encontrar clases de meditación en lugares fácilmente accesibles como iglesias o sinagogas, centros comunitarios, de educación para adultos, universidades, centros de *fitness* y estudios de yoga. El problema es que puedes no sentirte atraído por la técnica que están enseñando, o puede que ya sepas meditar y simplemente quieras el apoyo de otros cuerpos tibios.

Podrías preguntar a amigos que mediten o buscar en los anuncios clasificados que anuncien la formación de algún grupo. ¡O podrías tomar la iniciativa y formar tú mismo un grupo! Los participantes no han de practicar la misma técnica o tener las mismas creencias espirituales o religiosas, sólo deben estar dispuestos a sentarse juntos en silencio en la misma habitación. Podrías empezar con una lectura de la literatura espiritual universal, si todos están dispuestos, y podrías terminar con un diálogo o con un silencio al estilo cuáquero en el que la gente ofrece cualquier cosa que el espíritu les mueva a compartir. O podéis simplemente reuniros, sentaros en silencio, sonreír y marcharos. La forma depende de ti.

Asistir a tu primer taller o retiro

Si te sientes aventurero o sencillamente quieres más instrucción y guía en profundidad, puedes apuntarte a un período largo de meditación en grupo. Muchas organizaciones tienen centros regionales que ofrecen instrucción individual y talleres, grupos o retiros. O puedes dirigirte al monasterio, comunidad o ashram principales y probar cómo es vivir con un grupo de personas cuyo foco principal es la práctica de la meditación.

Infórmate por anticipado de lo que se hará en el retiro y sé cauteloso con la tendencia de ciertos grupos a hacer proselitismo de su fe o ideología particular, a menos, por supuesto, que estés interesado.

No importa lo relajada que sea la atmósfera o suave el enfoque del retiro, al principio puedes sentirte un poco asustado, porque los períodos largos de meditación silenciosa no proporcionan ninguna de las evasiones habituales, como el teléfono móvil o la televisión, que te evitan enfrentarte a ti mismo. Así que no te sorprendas si te inscribes y después recurres a todo tipo de grandes excusas para cancelarlo en el último minuto, desde hijos enfermos hasta emergencias de negocios. Mi sugerencia: atente a tu intención original y ve de todos modos. Te alegrarás de haberlo hecho.

He aquí algunas otras razones que se te podrían ocurrir para posponer tu primer taller o retiro, con algunas respuestas:

✔ **"Todavía no soy suficientemente bueno."** Comprensible, tú puedes estremecerte ante la perspectiva de sentarte inmóvil y en silencio durante 3, 4 o incluso más horas todos los días cuando has tenido serias dificultades para reunir la paciencia para siquiera 15 minutos. Pero no dejes que tus reservas te detengan, te sentirás sorprendido y complacido por lo profunda que puede hacerse tu concentración y el tiempo que puedes mantenerla cuando tienes el apoyo de un maestro y un grupo de personas en el mismo estado de mente.

✔ **"Tengo problemas de espalda o de rodillas."** Si tienes limitaciones físicas graves, puede que necesites tomar precauciones especiales e incluso seguir un programa modificado, pero no te intimides ni te desalientes por ello. Sólo asegúrate de informar por adelantado a los dirigentes del retiro para que puedan ayudarte a estar cómodo. (Si únicamente sufres de los dolores que acompañan a sentarse en meditación, podrás sentirte complacido de descubrir que en realidad mejoran o que te distraen menos en el curso de tu retiro; y muchos maestros dan instrucciones para trabajar con el dolor durante el retiro.)

✔ **"No tengo tiempo."** ¿Qué quieres decir con eso, exactamente? ¿Estás sugiriendo que todo momento libre desde ahora hasta Navidad lo tienes programado por anticipado? ¿O realmente lo que quieres decir es que prefieres hacer otras cosas con tu tiempo? Bueno, no hay problema, pero si decides que te gustaría asistir a un retiro, te puedo garantizar que el tiempo se materializará como por arte de magia. ¿Y quién sabe? Puedes descubrir que la comprensión y la paz de mente que traes a la vuelta te da más tiempo del que gastaste.

Monje por un día: crea tu propio retiro solitario

Si has estado meditando regularmente durante semanas o meses (o años) y te sientes inspirado a practicar durante un período más largo de tiempo pero preferirías hacerlo por tu cuenta (o no tienes acceso fácil a un grupo), puedes diseñar y seguir tu propio programa de retiro. Necesitarás el tiempo (incluso medio día servirá al principio), el lugar (estará mejor si dejas las distracciones del hogar, incluso si vives solo) y una dosis extra de motivación y autodisciplina.

Asegúrate de organizar períodos para meditación sentado y caminando (para que puedas descansar las rodillas y la espalda); deja en el programa algunos espacios abiertos, no estructurados, para sencillamente ser o caminar por el campo, o escuchar a los pájaros; y utiliza el horario como una guía, más que como una forma rígida que exprima la vida de tu práctica. Si necesitas adaptarlo como te dicte la inspiración o a tus limitaciones físicas, por favor, hazlo. Y asegúrate de mantener el espíritu de la meditación y la práctica de la presencia consciente a lo largo de todo el día, ya sea que estés meditando, haciendo una siesta o yendo al baño. (Puede que te sea útil llevar este libro contigo para guía, si es necesaria.)

Éste es un horario que te propongo para un retiro de un día que un principiante podría ser capaz de cumplir sin esfuerzo. Una vez más, siéntete libre de adaptarlo a tus limitaciones, necesidades e inclinaciones particulares; y ve al baño durante las meditaciones caminando o los descansos, según los requerimientos de la naturaleza:

8.00 a 8.45	Desayuno (meditación comiendo)
8.45 a 9.00	Contemplación (de tu intención o motivación profunda para hacer este retiro)
9.00 a 9.30	Meditación sentado
9.30 a 9.45	Meditación caminando
9.45 a 10.15	Meditación sentado
10.15 a 10.30	Descanso para estiramiento
10.30 a 11.00	Meditación sentado
11.00 a 12.30	Lectura de un libro o escucha de una charla inspiradora
12.30 a 13.30	Almuerzo (meditación comiendo)
13.30 a 15.30	Siesta, caminata, yoga o más lectura inspiradora
15.30 a 16.00	Meditación sentado
16.00 a 16.15	Meditación caminando
16.15 a 16.45	Meditación sentado
16.45 a 17.00	Meditación caminando (o descanso para estiramiento)
17.00 a 17.30	Meditación sentado
17.30 a 17.45	Dedicación (del valor de este retiro para el beneficio de todos)
17.45 a 19.00	Cena (meditación comiendo)

Tarde opcional

19.00 a 19.30	Meditación sentado
19.30 a 19.45	Meditación caminando
19.45 a 20.15	Meditación sentado (o lectura o escucha inspiradoras)
20.15 a 20.30	Meditación caminando
20.30 a 21.00	Meditación sentado
21.00 a 21.15	Dedicación

¿Quién sabe? Puede que después de tu primer retiro solitario nunca vuelvas a ver las cosas como antes.

Viendo con los ojos de la alegría

La mayor parte del tiempo vemos el mundo a través del filtro de nuestros deseos, necesidades, expectativas y cualquier estado de ánimo que casualmente arroje su larga sombra sobre nuestra mente. He aquí un ejercicio para dejar a un lado los filtros y ver las cosas a través de los ojos de la alegría:

1. **Siéntate en silencio, cierra los ojos y respira profundamente y con lentitud unas cuantas veces, relajándote un poco con cada espiración.**

2. **Dejando a un lado tus pensamientos y preocupaciones, investiga en tu experiencia actual y encuentra el lugar en tu interior donde te sientes feliz o gozoso.**

   Aunque generalmente puedas sentirte triste o furioso o cansado o ansioso, aún puedes encontrar al menos alguna zona dentro de ti donde experimentes felicidad o alegría, quizá un lugar escondido dentro de tu corazón o un punto tranquilo en el fondo de tu cabeza.

3. **Mézclate con ese sentimiento y deja que empape todo tu ser.**

   Si no estás seguro de cómo hacerlo, podrías fijarte en si el sentimiento tiene un color o una temperatura o una textura (o las tres cosas), e imaginar que esta cualidad empapa y llena completamente tu cuerpo.

4. **Ahora, abre los ojos y enfrenta lo que te rodea y las personas que forman parte de tu vida con este sentimiento gozoso.**

   Si encuentras viejos patrones habituales, apártalos y continúa viendo las cosas con la luz de tu propia alegría.

5. **Continúa este ejercicio todo el tiempo que puedas.**

Parte IV
Meditación en acción

The 5th Wave   Rich Tennant

—SÉ QUE NO ES TAN DIVERTIDO COMO EL PARACAIDISMO, PERO ÉSTA PODRÍA SER UNA BUENA OCASIÓN PARA DEDICARTE A LA MEDITACIÓN COMO PASATIEMPO.

En esta parte...

*V*as a descubrir cómo extender tu meditación a todas las áreas de tu vida. Al fin y al cabo, ¿qué sentido tiene sentarse tranquilamente durante media hora y después estresarse el resto del día? Cuando puedas permanecer presente, atento y mantener abierto el corazón —incluso cuando estás discutiendo con tu pareja, conduciendo en hora punta o lidiando con un niño que grita o con un jefe malhumorado—, habrás descubierto cómo meditar sin importar dónde estés.

En esta parte, también puedes explorar la rica y gratificante aplicación de la meditación a las búsquedas espirituales, y aprender algunas técnicas estupendas para utilizar el poder de la meditación en la curación y la mejora del rendimiento.

Capítulo 15

Cultiva la espiritualidad

● ●

En este capítulo

▶ Descubre las características de la experiencia auténticamente espiritual

▶ Aprende del "río" espiritual que atraviesa todas las religiones

▶ Expande tu identidad del cuerpo al ser

▶ Supera la separación y acércate a Dios (o al Ser, o al espíritu, o a la fuente)

▶ Aumenta tu penetración en la realidad más profunda que subyace a todas las apariencias

▶ Encuentra y evalúa un maestro espiritual

● ●

A lo largo de este libro me refiero repetidamente a la *espiritualidad*, aunque a menudo la disfrazo con metáforas o abstracciones. Después de todo, ¿de qué otra forma podría expresar lo inexpresable? En el capítulo 1 hablo de escalar la montaña de la meditación y describo brevemente lo que podrías encontrarte en la cumbre si llegas alguna vez allí. En otras partes uso expresiones como *ser puro*, *naturaleza verdadera* o *perfección innata*. Bien, si estas alusiones más bien misteriosas a la dimensión espiritual del ser han despertado tu interés, aquí es donde descubres cómo utilizar la meditación para explorar la espiritualidad a tus anchas.

Ahora bien, no te daré instrucciones detalladas de cómo iluminarte o conocer a Dios directamente; por tanto, tal vez tengas que recurrir a otros libros y maestros para ello. Pero te muestro un breve atisbo de lo que tienes que ofrecer al camino espiritual, para que sepas qué dirección tomar en tu viaje.

Si alguna vez has vagado por la sección de espiritualidad o religión de una librería, sabes cuántos libros se han escrito que pretenden mostrarte el camino correcto. Pero, es posible que aún te preguntes qué significa todo este asunto de la espiritualidad, en todo caso. O tal vez quieras un poco de guía para seleccionar un enfoque. Aquí vas a encontrar algunas respuestas basadas, lo admito, en mi limitada comprensión.

Nota: El capítulo que estás a punto de leer está lleno de terminología espiritual que podría resultar ofensiva para el lector secular. Si te retuerces en la silla cuando oyes palabras como "espíritu", "gracia" o "realidad más alta", tal vez prefieras saltarte este capítulo totalmente. Pero una vez más, podrías abrirte a toda una nueva dimensión de la experiencia. ¡Huy, otra de esas expresiones de nuevo!

De todos modos, ¿qué significa espiritualidad?

Si meditas de forma regular, tendrás experiencias espirituales, te lo garantizo. Al seguir la respiración, recitar un mantra o meramente sentarte en silencio y escuchar con plena atención el sonido del viento entre los árboles, estás traspasando tus preocupaciones habituales y sintonizándote con el momento presente. Ahí es donde se producen por lo general los destellos de la dimensión espiritual del ser, en el presente. De hecho, como sugiere el título del exitoso libro de Echart Tolle, *Practicando el poder del ahora*, estar presente con consciencia es una actividad inherentemente espiritual (consulta el recuadro "Donde lo vertical se encuentra con lo horizontal", más adelante en este capítulo). Parafraseando un viejo dicho, las experiencias espirituales son accidentes, pero tú te haces propenso a los accidentes cuando meditas.

Éstas son algunas de las experiencias que puedes encontrarte:

- ✔ Una comprensión de tu interconexión con otros seres y cosas.

- ✔ Un brote de amor ilimitado e incondicional que se extiende por tu cuerpo.

- ✔ Una placentera corriente de gracia, de bendiciones o de iluminación desde arriba.

- ✔ Una percepción directa de la naturaleza vacía, insustancial o impermanente de todo.

- ✔ Una corriente de energía subiendo por la columna vertebral a través de los centros de energía, que te hace sentir más expandido o en contacto con el espíritu (para más información sobre los centros de energía, consulta el capítulo 13).

- ✔ Una experiencia de sonidos, colores o formas interiores sutiles que tienen significado espiritual.

- ✔ Una experiencia de que tu cuerpo se disuelve en luz o extiende sus límites y se disuelve en el espacio.

✔ Un cambio en identidad, de ser el cuerpo-mente a ser el espacio o la consciencia en la que existe el cuerpo-mente.

✔ Un conocimiento profundo y cierto (más allá de la mente) de una presencia sagrada que existe al mismo tiempo en tu interior y más allá del mundo del espacio y el tiempo.

✔ Visiones de ángeles u otros seres espirituales.

✔ Una consciencia directa de la presencia divina.

✔ La experiencia interior de ser amado por (o incluso ser uno con) Dios.

¿Cómo saber que se ha tenido una experiencia espiritual? O para decirlo de otra manera, ¿qué hace que una experiencia sea espiritual? Bien, podrías levantarte de tu meditación y decir: "Caramba, ésta ha sido una experiencia espiritual", o puede que la experiencia encaje en cierta medida con tus creencias espirituales y que te proporcione más pruebas o mayor amplificación de lo que ya sabes. O quizá simplemente te sientes inspirado o expandido o más amoroso o abierto hacia ti o hacia los demás. (Como menciono en el capítulo 7, la palabra "espiritual" viene de la palabra latina para "respiración" o "fuerza vital". Otra palabra que se relaciona con ella es "inspirador".)

Las definiciones de *espiritual* y *experiencia espiritual* realmente dependen de la persona a la que preguntes. Algunos consideran la espiritualidad como el destello vital que anima y vivifica su compromiso religioso. Otros toman su espiritualidad directamente, sin un dogma o un ritual religioso. Pero cualquiera que sea tu orientación, todas las definiciones apuntan a un atisbo de algo más profundo o más elevado, más real o más significativo que nuestra vida ordinaria de todos los días.

En su libro clásico *The Varieties of Religious Experience (Las variedades de la experiencia religiosa),* escrito a comienzos del siglo XX, el erudito estadounidense William James escribe que las experiencias espirituales por lo común tienen cuatro características:

✔ **Inefabilidad.** No pueden expresarse de forma adecuada con palabras, sino que deben experimentarse directamente.

✔ **Penetración.** Por lo general implican el descubrimiento de verdades profundas e importantes que no pueden entenderse con la mente racional.

✔ **Impermanencia.** Duran un período limitado de tiempo, pero pueden repetirse y su significado puede continuar revelándose, aunque las experiencias se hayan desvanecido en la memoria.

✔ **Pasividad.** Uno puede prepararse para las experiencias espirituales, pero una vez que ocurren, las recibes pasivamente, y se desarrollan en la consciencia con fuerza propia.

¿Dónde existe la *dimensión espiritual*? Algunas personas la experimentan en su interior, como en el corazón, en el centro o la parte más profunda de su ser, o por debajo del cuerpo. Otras la experimentan afuera, arriba, o alrededor de ellas, a través de seres espirituales en otros planos de la realidad (como ángeles o espíritus o bodhisatvas) o simplemente como la corriente del espíritu que infunde toda la vida. Tú puedes tener tus experiencias espirituales cuando contemplas una puesta de sol o cuando caminas por una playa, por ejemplo, o cuando juegas con tus hijos o pasas tiempo en soledad en comunión contigo mismo. En último término, parece, la dimensión espiritual existe tanto dentro como fuera de nosotros, en lo profundo de nuestro corazón y en todo ser y cosa, más allá de las limitaciones comunes del espacio y el tiempo.

La "filosofía perenne": donde convergen todas las religiones

Sólo para que no pienses que estos asuntos de la espiritualidad pertenecen a una tradición u otra en particular, me gustaría señalar que ciertos filósofos han investigado las grandes religiones del mundo, desde el cristianismo hasta el zoroastrismo, y han descubierto que hay un río espiritual común que corre a través de todas ellas. Este río recibe el nombre de *filosofía perenne* y consta de tres corrientes o principios interconectados. (Sé que esta exposición se está volviendo un poco seria, pero ten un poco de paciencia, la aligeraré tanto como pueda.)

✔ **Existe una realidad más grande que subyace al mundo corriente de las cosas, las vidas y las mentes.** Ya sea que reivindiquen que trasciende, infunde o es esencialmente idéntica con el mundo corriente, las grandes tradiciones están de acuerdo en que esta realidad divina o espiritual existe. Algunas la llaman *Dios* o *Espíritu Santo*, aquel (o aquellos) que creó el universo y continúa orquestando su vida desde arriba. Otros la llaman el *fundamento del ser*, la esencia impersonal que lo apoya y sostiene. Otros más la llaman el *vacío*, la *naturaleza esencial*, el *uno mismo*, o el *tao*. Sea cual sea el nombre que se le otorgue, esta dimensión espiritual es un misterio sagrado que da significado, propósito y verdad a la vida humana.

✔ **En cada persona existe algo similar o incluso idéntico a esa realidad más grande.** Aquí, de nuevo, las tradiciones pueden estar en desacuerdo sobre la forma que puede tomar este algo. Los cristianos lo llaman *alma*, los judíos se refieren a la *chispa divina dentro de nosotros*, los hindúes lo denominan *atman* y los budistas usan expresiones como *naturaleza de Buda* o *gran mente*. Pero todos están de acuerdo en que ese algo nos conecta con la realidad más grande (o más alta) que subyace a la vida corriente.

✔ **El fin supremo de la vida humana es realizar (o comprender) esta realidad más grande.** El místico sufí puede buscar unirse con ella, el monje budista puede esforzarse por despertar en ella, el contemplativo cristiano puede anhelar obtener sus destellos y el resto de nosotros podemos estar muy contentos de sentirnos conectados con ella (o meramente rendirle homenaje en la iglesia, en el templo o en la sinagoga de vez en cuando). No importa cómo te aproximes a ella, las grandes tradiciones espirituales están de acuerdo en que todo ser humano alberga un profundo anhelo (no importa lo enterrado o disfrazado que esté) de llevar a cabo esta realidad más grande.

Como ya dije en el capítulo 1, puedes tomar muchos caminos para subir a la montaña del Ser, pero todos están de acuerdo con que la montaña existe, con que en cierta manera estás llamado a escalarla (quizá simplemente porque "está allí", como dijo George Mallory del Everest), y que lo que descubres en la cumbre ha existido (en alguna forma, al menos) dentro de ti mismo todo el tiempo.

De la fe a la cosecha: los grados del compromiso religioso

Tú puedes relacionarte con toda esta materia espiritual de modos muy variados. Puedes ignorarla completamente, pero dudo que hubieras llegado tan lejos en este capítulo si no tuvieras interés en el tema. Puedes creer en ella de una forma u otra. (Quizá tienes fe en la existencia de los ángeles, eres fiel a la doctrina de una religión en particular o lees libros sobre chamanes, santos o sabios, y crees en la realidad que describen.) O puedes aspirar a experimentar la dimensión espiritual por ti mismo.

Por conveniencia, me gustaría dividir el compromiso espiritual en seis niveles. No se excluyen mutuamente, puedes ocuparte en uno, dos o en todos, si quieres. No son jerárquicos; en otras palabras, uno no es por necesidad mejor o más alto o más avanzado que otro. Y no son ciertamente difíciles y rápidos; son sólo mi forma de darle

Donde lo vertical se encuentra con lo horizontal

He aquí un útil marco de referencia para entender la relación entre lo ordinario y lo espiritual, y cómo la meditación los une.

Tu vida cotidiana ocurre en el plano horizontal del espacio y el tiempo, de la causa y el efecto. (Algunas tradiciones llaman a este plano el nivel "relativo" de la realidad.) Tú estás constantemente moviéndote de aquí para allá, del pasado al futuro, planeando para el mañana y evaluando el ayer, haciendo, logrando y apresurándote; y quizá en ocasiones detenién-dote para ver la tele. El plano horizontal es donde evolucionas exteriormente: creces, aprendes las lecciones de la vida, alcanzas cierto grado de madurez y sabiduría, y logros muy importantes.

Al mismo tiempo, existe un plano vertical que no tiene nada que ver con el espacio y el tiempo. (En contraste con el relativo, este plano recibe el nombre de nivel "absoluto".) Es el reino eterno o sin tiempo que describen todas las grandes religiones, la cumbre de la montaña que describo en el capítulo 1. Lo llaman vertical porque cruza e impregna el horizontal en todo

momento. Y si sabes cómo sintonizarte con él, puedes permitirte informarlo e inspirarlo, e impregnar tu ser de gracia, espíritu, sabiduría, compasión; las palabras dependen de la naturaleza de tu experiencia y de la tradición que sigas (si es que sigues alguna).

La meditación te saca de tu planear y de tu pensar atado al tiempo, al momento presente, precisamente donde la dimensión espiritual se encuentra con tu vida corriente. ¿Conoces esa frase que dice: "La gracia ocurre"? Bien, es más probable que ocurra si tú estás abierto a ella.

Cuando te sientas y coordinas tu cuerpo, tu respiración y tu mente por medio de la práctica de seguir la respiración o recitar un mantra, creas una armonía o alineación interior que invita al influjo del plano vertical. (De hecho, los planos vertical y horizontal están siempre cortándose, sólo que tú no lo notas.) Y cuando sigues volviendo al momento presente en tu vida ordinaria entre las meditaciones, es más probable que veas el espíritu en cada ser y en cada cosa que encuentres.

sentido a algo que es en último término insondable. Éstos son los seis niveles:

✔ **Creer en el espíritu.** Utilizo la palabra *espíritu* aquí para referirme a la realidad más grande de la que hablé antes, que subyace al mundo ordinario de la gente y las cosas. Creer en el espíritu es un primer paso importante porque te abre a la posibilidad de acercarte a él de alguna manera.

✔ **Despertar al espíritu.** Cuando tienes un atisbo de la dimensión espiritual (una de las experiencias espirituales que enumeré anteriormente en este capítulo), ya no sólo crees, ahora sabes. Sin embargo, tales experiencias pueden desvanecerse y convertirse en poco más que recuerdos, a menos que se apoyen y se vuelvan a encender por medio de una práctica espiritual regular.

✔ **Estar en contacto con el espíritu.** No sólo sientes la presencia del espíritu en todos los seres y las cosas, ahora sabes con certeza que el espíritu infunde también todas las fibras de tu ser; o, en otras palabras, que tú y el espíritu sois en esencia lo mismo. Tú experimentas claramente el espíritu como la realidad o sustancia más grande de tu vida, que te conecta con todo.

✔ **Ser uno con el espíritu.** Cuando la separación desaparece y te fusionas con la realidad más grande, alcanzas el estado de *unidad* que describen los místicos y los maestros zen. Pero hasta que integres por completo esta realización en todos los aspectos de tu vida, puedes aún entrar y salir de la unidad sin estar plenamente establecido o enraizado en ella.

✔ **Sin separación entre el espíritu y la vida corriente.** Ahora sabes, sin duda, que la realidad corriente, cotidiana y la dimensión sagrada espiritual y su naturaleza esencial son una y la misma cosa. No importa adónde vayas o lo que hagas, vas a encontrar lo divino en todos y en todo, sin el menor rastro de separación.

Disolver o expandir el ser: el objeto de la práctica espiritual

Las grandes tradiciones espirituales están de acuerdo también en que la razón primordial por la que sufrimos —y el problema primordial que tenemos que resolver— es la experiencia de ser un individuo separado, aislado, desconectado de la fuente de nuestra naturaleza esencial. Cuando meditas estás estableciendo un puente sobre el abismo aparente que te separa, y conectándote con tu respiración, con tu cuerpo y tus sentidos, con tu corazón, con el momento presente y, en último término, con una realidad más grande. Es esta conexión la que fomenta la curación, como han descubierto el doctor Ornish y otros investigadores (para más información acerca del trabajo pionero de Ornish sobre la inversión de la enfermedad cardíaca, consulta el capítulo 2).

Como menciono en las secciones anteriores, tú puedes creer en el espíritu, despertar en él, permanecer en contacto con él y ser infundido por él; todas éstas son etapas muy importantes e inestimables en el viaje espiritual. (De hecho, casi todo el mundo que conozco, incluyéndome a mí, está en alguna parte de esta línea.) Pero la meta última de la práctica espiritual es ayudarte a superar toda la separación aparente y llegar a ser completamente uno con el espíritu.

Disolverse a uno mismo

¿Qué te mantiene separado? Bien, algunas tradiciones lo llaman *ego* o *uno mismo*, otras lo llaman *personalidad*, *orgullo*, *autoimagen* o *aferramiento a uno mismo*. Esencialmente, son las creencias e historias que describo en el capítulo 5, la turbulencia interior y las preocupaciones y patrones centrados en uno mismo las que nos impiden ver las cosas claramente. Por supuesto, estas preocupaciones y patrones son profundos y puede llevar toda una vida de práctica (¡o varias!) deshacerlos, pero tú puedes empezar a desenmarañarlos utilizando algunas de las prácticas meditativas descritas en el capítulo 12. (A un nivel más profundo de comprensión, en realidad nunca estás separado del espíritu, ni siquiera durante un instante, sólo crees que lo estás. Pero ahí está el enigma que todos necesitamos resolver. Como solía decir el gran sabio indio Ramana Maharshi: "Lo único que te separa del Ser es creer que estás separado.".)

A medida que desenmarañas estos patrones, gradualmente disuelves el ser limitado que creías ser y unes tu identidad con la realidad más grande. Una vez más, este viaje puede tomar mucho, mucho tiempo (incluso varias vidas, si crees en la reencarnación) y puede estar lleno de dificultades, miedos e inseguridades, como descubrirás si lees la biografía de cualquier santo o sabio. Además, para hacer el viaje necesitas desarrollar una medida saludable de amor por ti mismo y de autoaceptación. (También precisas la guía de un maestro experimentado. Para más información sobre los maestros, consulta la sección "Cómo encontrar un maestro, y por qué querrías molestarte en hacerlo", al final de este capítulo. Para saber más sobre el amor por uno mismo, el capítulo 11.)

Expandirse a uno mismo

Además de disolverte a ti mismo, puedes también entender el viaje espiritual como una expansión de tu identidad desde lo estrecho a lo vasto, hasta que estés finalmente identificado con la misma *vastedad luminosa y eterna* (conocida también como espíritu o Dios). Los antiguos sabios indios utilizaban el modelo de los cinco cuerpos, que son niveles cada vez más sutiles de identificación, empezando por el cuerpo físico y avanzando hacia la identificación con la base del ser o realidad más grande.

He aquí un modelo parecido (basado en los cinco cuerpos y adaptado libremente de la obra del filósofo Ken Wilber) que puedes encontrar útil para comprender tus experiencias y tu desarrollo espirituales. (¡Me disculpo, Ken, por poner patas arriba parte de tu pensamiento!) Recuerda que cada vez que expandes tu identidad a un nuevo nivel, incorporas el nivel anterior, en vez de dejarlo atrás.

✔ **Cuerpo físico.** Algunas personas parecen no pensar en otra cosa que en comer, beber, trabajar, dormir y tener sexo; están muy identificadas con sus necesidades e instintos físicos. Los niños también se identifican básicamente con este nivel, aunque ellos tienen un pie también en el reino espiritual, especialmente durante los primeros tres o cuatro años.

✔ **Persona.** A medida que creces e interactúas más con los otros, desarrollas una personalidad —una serie de hábitos y tendencias y preferencias— junto con una autoimagen basada principalmente en la forma en cómo te ven los demás. De manera gradual, empiezas a expandir tu identidad para incluir a esta persona social, y a preocuparte por tu aspecto, por la impresión que causas o por los demás elementos de una autoimagen, como las posesiones materiales.

✔ **Ego maduro.** Si pasas suficientes horas explorando tu vida interior y revisando tus sentimientos, valores y visiones más profundos, con el tiempo puedes desarrollar un ego maduro, un sentido saludable y equilibrado de quién eres, qué quieres y qué aportas a los demás. Las personas que se identifican con su ego maduro parecen conectadas a tierra y seguras de sí mismas, y tienden a autorrealizarse, es decir, a expresar plenamente su potencial como seres humanos en sus relaciones y en su vida profesional. De acuerdo con la psicología tradicional occidental, el ego maduro representa la culminación del desarrollo humano.

✔ **Cuerpo energético.** Las tradiciones religiosas siguen donde la psicología secular occidental abandona el camino. Más allá del cuerpo-mente está el cuerpo energético (el aura que rodea al cuerpo físico), que se expande y se contrae dependiendo de tu estado de ánimo, de tu nivel de energía y de un número incontable de factores. (Lo notes o no, constantemente reaccionas a los cuerpos energéticos de las personas con las que te encuentras.)

El ejercicio clásico para experimentar tu cuerpo energético es el siguiente. frótate las palmas de las manos y los dedos vigorosamente durante unos minutos, después mantenlas a una distancia de unos 3 a 6 centímetros y fíjate en el campo de energía que hay entre ellas. Acércalas y aléjalas, sintiendo cómo la energía se vuelve más densa y más ligera, y palpita cuando tus manos se mueven (para explorar más esta dimensión, mira el recuadro "Juega con tu cuerpo energético", más adelante en este capítulo).

Las personas que expanden su identidad para incluir su cuerpo energético se dan cuenta de que son más que sólo su cuerpomente, lo que las abre a una dimensión espiritual del ser.

✔ **Dimensiones transpersonales.** Esta amplia categoría incluye todo el rango de experiencias no ordinarias, desde la clarividencia y otras formas de percepción extrasensorial, hasta el arrobamiento y el éxtasis, las visiones de ángeles, dioses y diosas y otros seres etéreos, y la comunión directa con el ser superior o incluso con una manifestación personal de Dios. (Para más información sobre el arrobamiento y el éxtasis, consulta el capítulo 13.) Cuando expandes tu identidad para incluir estos niveles más sutiles del ser, sabes sin duda que lo que tú eres es mucho más vasto de lo que creías, y empiezas también a acceder a una fuente más alta de sabiduría y de compasión. Las experiencias cercanas a la muerte encajan a menudo en esta categoría, así como las descritas en *Conversations with God (Conversaciones con Dios)* y *Celestine Prophecy (La profecía de Celestino)*.

✔ **Atisbos del ser.** Cuando experimentas el Ser directamente en toda su perfección y plenitud innatas, te das cuenta de que nunca has estado separado de quien realmente eres ni siquiera por un instante. Los maestros zen llaman a esa experiencia directa del ser *kensho* —literalmente, ver tu verdadera naturaleza—, pero tú puedes necesitar un buen número de kenshos antes de saber sin duda quién eres y dejar de volver a una identificación más limitada.

✔ **Fundamento del ser.** Sólo los grandes místicos y sabios llegan tan lejos. En este punto eres uno con el espíritu o el fundamento del ser sin separación; en palabras de las escrituras indias: "Tú eres Eso". Claro, continúas comiendo, bebiendo, durmiendo y sonándote la nariz, pero no olvidas ni por un instante quién eres realmente, y tu ser irradia sabiduría y compasión por los demás.

Ahora que he recorrido el territorio, puedes cerrar el libro y prepararte para un examen. No, en serio, la gente tiene realmente experiencias como las que describo, y he creído que te gustaría saber en lo que te estás metiendo si decides usar la meditación con fines espirituales. (Una vez más, te ruego encarecidamente que busques un maestro si es así.) El enfoque de disolverse a sí mismo y el de expandirse, en último término te llevan al mismo lugar: el conocimiento íntimo de que tú y el fundamento del ser sois idénticos, "no dos", como expresan algunos maestros. Aunque la mayoría de las tradiciones espirituales tienden a enfatizar un enfoque sobre otro, generalmente ofrecen las dos alternativas, dependiendo de las inclinaciones que tengas.

De la misma manera, las tradiciones espirituales del mundo difieren en los caminos que enfatizan. La tradición judeocristiana, por ejemplo, tiende a centrarse en el *camino de devoción,* mientras que el budismo en su mayor parte enfatiza el *camino de la penetración.* Pero los que practican la devoción tienen a menudo profundas penetraciones de la naturaleza de la existencia, y los que persiguen la penetración pueden también utilizar prácticas devocionales para ayudarse en su búsqueda. Además, algunas tradiciones, como el hinduismo y el sufismo, enfatizan las dos. El tercer camino principal, el *servicio desinteresado,* que supone dedicar cada acción a fines espirituales más que a los personales, puede utilizarse para profundizar la experiencia de la devoción o de la penetración. Por ejemplo, la Madre Teresa servía a los más pobres como una expresión de su devoción a Jesús, mientras que los bodhisatvas de la tradición budista sirven a los demás para ayudar a liberarlos de las limitaciones de la ignorancia.

El camino de la devoción: en busca de la unión

Si crees en la existencia de un Dios personal, o has tenido experiencias de una presencia más grande que tú que te inspiraron sentimientos de sobrecogimiento y reverencia, puedes estar inclinado al camino de la devoción. Es el camino espiritual principal en la tradición judeocristiana y en el islam, y constituye una de las corrientes principales del hinduismo.

Aunque los devotos pueden sentirse profundamente conectados con Dios y creen que en sus corazones brilla una chispa de la divinidad, a menudo se experimentan a sí mismos como profundamente separados de Dios. Como dice el autor anónimo del texto místico cristiano *The Cloud of Unknowing (La nube del desconocimiento):* "La persona que tiene una profunda experiencia de que vive muy lejos de Dios siente la más aguda tristeza, y cualquier otra pena parece trivial en comparación con ella". A través de la contemplación, la recitación de mantras (véase la sección "Mantra: invocar a lo divino

Juega con tu cuerpo energético

¿Has tenido alguna vez la sensación de que eras más grande que tu cuerpo físico? ¿O de que el espacio que ocupas se expande y se contrae dependiendo de las circunstancias? (No, no hablo de cuando haces dieta.) ¿Alguna vez has tenido la impresión de que no tenías límites y de que seguirías así para siempre? Bien, estás experimentando la expansión y la contracción de tu cuerpo energético, el aura de energía que rodea tu cuerpo físico.

Aquí tienes un pequeño ejercicio para jugar con tu cuerpo energético:

1. **Comienza por sentarte en silencio, cerrar los ojos y respirar unas cuantas veces profundamente y con lentitud, relajándote un poco en cada espiración.**

2. **Pasa unos minutos imaginándote que estás caminando en el campo y en compañía de alguien a quien amas.**

   Fíjate en lo grande que te sientes.

   Después nota cómo tu tamaño (pero no tu cintura) cambia cuando te imaginas atascado en el tráfico en hora punta o pagando tus facturas o enzarzándote en una discusión.

3. **A continuación, revisa tu cuerpo energético sin imaginarte nada.**

   ¿A qué distancia crees que te extiendes más allá de tu cuerpo físico? ¿20 centímetros? ¿Más de 1 metro? ¿Te extiendes más adelante que atrás? ¿Más sobre tu cuerpo que abajo hacia el suelo? ¿Eres más espeso que el aire o más fino? ¿Más espeso en unas partes que en otras?

4. **Ve a una habitación donde te sientas cómodo, ponte de pie o siéntate cerca del centro y revisa los límites de la habitación en todas las direcciones.**

5. **Llena la habitación con tu energía; ¡llénala de ti!**

   Imagínatelo, siéntelo, visualízalo, cántalo; cualquier cosa que te ayude a llenar el espacio tanto como puedas.

6. **Atrae tu energía de nuevo hacia ti hasta que formes una esfera a tu alrededor, a unos 30 o 60 centímetros de distancia.**

   Fíjate en cómo la energía se vuelve más densa.

7. **Juega a expandir y contraer tu energía de esta forma varias veces; después relájate y fíjate en cómo te sientes.**

Al experimentar regularmente con tu cuerpo energético, puedes adquirir un entendimiento directo de la verdad espiritual de que tú eres más que tu cuerpo físico. (Este ejercicio está adaptado de una serie de ejercicios del libro *The Lover Within* [*El amante interior*] de Julie Henderson.)

en todo momento", más adelante en este capítulo), los cánticos, el servicio desinteresado y otras prácticas devocionales, los devotos buscan acercarse a Dios concentrando todo su amor y atención en Él. Y, finalmente, si están inclinados al misticismo, buscan fusionarse con Dios completamente en un estado de unión extática.

Como puente entre uno mismo y lo divino (en especial cuando lo divino no tiene una cara personal, como en ciertas escuelas del hinduismo y en el budismo), la devoción puede estar dirigida también al guía espiritual. En Occidente, por ejemplo, el gran poeta sufí Rumi habló en términos extáticos de su amor y reverencia por Shams de Tabriz, su "amigo" y maestro; y ciertos místicos cristianos escribieron cartas de amor en las que se profesaban mutuamente la misma devoción que la que profesaban a Dios. En Oriente, algunos maestros hindúes requieren de la devoción de sus discípulos como un paso esencial hacia la madurez espiritual, y los budistas tibetanos practican el gurú yoga, en el que reverencian al maestro como la encarnación de su propia naturaleza esencial (consulta la sección "Gurú yoga: práctica devocional tibetana", más adelante en este capítulo).

Aunque el camino de la devoción sigue las instrucciones generales para la espiritualidad explicadas con anterioridad en este capítulo, también tiene aspectos o fases de desarrollo específicos suyos. (Una vez más, este material puede parecer algo elevado, pero si eres un místico en potencia, definitivamente querrás tener una visión general del camino.) Estas fases incluyen:

✔ **Desarrollar la virtud.** En todas las grandes tradiciones devocionales, se les exige a los devotos prepararse para la unión con Dios viviendo una vida de pureza y moderación.

✔ **Cultivar un amor más elevado.** El devoto puede empezar por sentir amor personal por Dios o por el maestro, pero con el tiempo, este amor evoluciona hacia un amor incondicional, transpersonal, que no conoce límites y no depende del objeto que evoca (para más información sobre el amor incondicional, consulta el capítulo 11).

✔ **Superar la dualidad.** Comenzando por una dolorosa sensación de separación, el devoto gradualmente se acerca y por último se fusiona con Dios, hasta que no queda rastro de separación. Como dijo el sabio hindú Swami Vivekananda: "El amor, el amante y el amado son uno".

✔ **Trascender el Dios personal.** En último término, el devoto debe trascender incluso a Dios, si Dios se experimenta con un nombre y una forma particular. En esta etapa, el amante y el amado se disuelven en Dios como el fundamento absoluto del ser, la realidad más grande, sin nombre ni forma, cuya esencia es el amor.

✔ **Todo es Dios.** Las distinciones se vuelven muy sutiles en estos niveles más altos, pero allá vamos. Cuando el devoto ya no necesita contemplar o meditar para experimentar la unidad con Dios, sino que ve a Dios en todo lugar y en todo momento —despierto o dormido—, ha alcanzado el punto álgido del camino devocional. Ahora que el ser separado y todo esfuerzo centrado en sí mismo se han derrumbado, toda actividad refleja una alineación completa con el propósito divino: "Que no se haga mi voluntad, sino la tuya".

Para que pruebes un poco el sabor del camino devocional, he aquí tres prácticas que tal vez te gustaría probar. Las dos primeras tienen sus homólogas en todas las grandes tradiciones espirituales del mundo y la tercera proporciona un ejemplo de práctica devocional de la tradición budista.

Mantra: invocar a lo divino en todo momento

A lo largo de la historia, los meditadores y los místicos de las grandes tradiciones devocionales han recomendado la recitación constante de un *mantra* (una palabra o frase sagrada por lo general transmitida directamente por un maestro) para acercar al devoto a lo divino (para más información sobre el mantra, consulta el capítulo 3, o escucha la pista 2 del audio). Al principio puedes practicar repitiéndolo en voz alta; después, cuando ya te desenvuelvas bien, puedes repetirlo en silencio para ti; y por último puedes hacer una recitación puramente mental (que se considera la más poderosa).

A algunos practicantes de mantras también les gusta sostener un rosario (o *mala*, en sánscrito) para que los ayude a no perderse, pasando una cuenta por cada recitación. (Puedes comprar una mala básica en cualquier tienda de objetos de meditación o en una librería metafísica.) O puedes coordinar el sonido con el vaivén de tu respiración.

Aunque podrías empezar por limitar tu recitación del mantra a unos minutos u horas de meditación al día, la meta tradicional es la práctica constante. Es decir, debes llegar al punto en que estés repitiendo el sonido o la frase sin parar para mantener la atención concentrada en lo divino y lejos de los patrones habituales del pensamiento. Finalmente, tu mente se centrará en una sola cosa y tú pensarás siempre y sólo en lo divino, que es el primer paso en el camino de la unión. (Si has visto la película *Gandhi*, puede que recuerdes que murió con el mantra Ram —uno de los nombres hindúes de Dios— en los labios.)

Huelga decir que ya será todo un logro si al principio consigues recordar tu mantra durante unos pocos minutos. Pero si has recibido un mantra de un maestro (o conoces un mantra que te resulta particularmente significativo) y sientes una fuerte devoción, ¿quién sabe lo lejos que puedes llegar en tu práctica? Para tener inspiración en tu camino, tal vez te gustaría leer el clásico *The Way of a Pilgrim (El camino de un peregrino),* la historia anónima de un devoto campesino ortodoxo ruso que recita el padrenuestro día y noche.

La práctica de la presencia de Dios

He aquí una práctica ancestral que tiene sus homólogas en todas las grandes tradiciones espirituales del mundo. Cuando captas un destello de lo sagrado, puedes intentar verlo en todo lugar al que mires, en todos y en todo. Un antiguo maestro zen solía decir "¡Buda! ¡Buda!" a todo ser con el que se encontraba. Cuando el maestro contemporáneo tibetano Kalu Rinpoche visitó un acuario en San Francisco, iba golpeando el vidrio para llamar la atención de los peces y poder bendecirlos y desearles felicidad y bienestar.

La *práctica* es así de sencilla: recuerda ver lo sagrado o lo divino en todo ser y cosa. El Hermano Lorenzo de la Resurrección, un hermano católico del siglo XVII, la llamaba la *práctica de la presencia de Dios.* Tú puedes creer que todo es Dios, que está infundido de Dios, creado por Dios o que tiene la chispa de la divinidad dentro. Cualquiera que sea tu creencia, la práctica te recuerda mirar, no a la superficie o a lo que te gusta o no te gusta, quieres o necesitas, sino a la dimensión sagrada, espiritual, que está perpetuamente presente. Para los que hacen esta práctica, Dios, como la belleza, está en los ojos del que contempla. (Por ejemplo, en lugar de responder a la expresión estresada de la cara de la gente, debes mirar más allá, al amor en sus corazones, al brillo en sus ojos o a la pureza de su naturaleza esencial, no importa lo escondida que esté.)

Por supuesto, la práctica puede ser sencilla, pero en realidad no es fácil. Podrías empezar por hacerla durante 10 minutos y ver cómo va. Si la disfrutas, puedes extenderla naturalmente como te sientas inspirado. (Para ayudarte a recordar, puedes querer repetir una frase como "Esto también es divino", no constantemente como un mantra, sino de manera intermitente como un recordatorio.)

Gurú yoga: práctica devocional tibetana

Para el practicante budista tibetano, el maestro fundamental, o *gurú*, encarna la sabiduría y la compasión de todos los seres iluminados a lo largo del espacio y el tiempo. Al invocar al gurú y "orar fervientemente con devoción genuina", en palabras del gran maestro contemporáneo Dudjom Rinpoche —citado en *The Tibetan Book of Living and Dying (El libro tibetano de la vida y la muerte)* de Sogyal Rinpoche—, "después de un tiempo la bendición directa de la mente de sabiduría del maestro será transmitida, dándote a ti el poder de una realización única, más allá de las palabras, nacida de lo profundo de tu mente".

El objetivo del gurú yoga, en otras palabras, es volverse uno con la realidad más grande (llámala Dios, espíritu, o naturaleza de Buda) al fusionarte primero con la mente y el corazón de un maestro iluminado. (En la tradición tibetana, la mente de sabiduría del gurú, que se dice que se asemeja a la vastedad del cielo, es en último término idéntica al *Ser* mismo.)

Afortunadamente, tú no tienes que ser budista tibetano para beneficiarte de esta práctica. He aquí una breve versión que cualquiera puede hacer (adaptada del mencionado *El libro tibetano de la vida y la muerte*).

1. **Siéntate en silencio, cierra los ojos y respira profundamente y con lentitud unas cuantas veces, relajándote un poco en cada espiración.**

   Si ya sabes meditar, puedes hacerlo de tu manera habitual durante unos cuantos minutos.

2. **Imagínate enfrente de ti y sobre tu cabeza a un ser iluminado o un santo por el cual sientas amor o reverencia, quizá Jesús, Buda, Moisés o la Madre Teresa.**

   Si no te inclinas por los santos y los sabios, imagina simplemente un ser de infinita sabiduría y compasión. Y si no encuentras fácil visualizarlo, siente a este ser vivo en tu corazón.

3. **Intensifica la experiencia profundizando tus sentimientos de inspiración y devoción.**

   Este ser existe realmente aquí y ahora, y encarna las bendiciones de todos los santos y sabios iluminados.

4. **Relaja el cuerpo, siente la presencia de este ser en tu corazón, e ínstalo a que te ayude a realizar tu naturaleza esencial.**

5. **Permite que tu mente y tu corazón se fusionen con la mente y el corazón de este ser iluminado mientras pides que la claridad y la compasión entren en ti.**

6. **Continúa fusionando tu mente y tu corazón con los del ser iluminado mientras recitas un mantra devocional, si tienes uno.**

   (Consulta la sección "Mantra: invocar a lo divino en todo momento", que ha aparecido antes en este capítulo). Si no tienes uno, siéntate con reverencia y devoción.

7. **Siente gradualmente cómo tu mente y tu corazón se unen con los del gurú y se vuelven uno, es decir, vastos, claros y luminosos como el cielo.**

8. **Imagina que del gurú brotan miles de rayos de luz pura y blanca y que penetran en cada célula de tu cuerpo, curándote, purificándote y fortaleciéndote completamente.**

9. **Permite que el gurú se disuelva en luz y se vuelva uno contigo de modo que tú y el gurú seáis inseparables.**

10. **Descansa durante unos minutos en la naturaleza vasta, luminosa y semejante al cielo de la mente.**

    Debes saber, sin lugar a dudas, que tu mente y la mente del gurú son una.

La vía de la penetración: descubre quién eres

Si te sorprendes buscando respuestas a preguntas espirituales fundamentales como "¿Quién soy?" o "¿Qué es la realidad?", pero no tienes un interés particular en Dios o en la devoción, puedes ser atraído por la vía de la penetración. Toda tradición religiosa tiene sus versiones homólogas: el cristianismo tiene la *vía negativa* (el camino negativo) de los padres del desierto; el judaísmo, las prácticas místicas de la cábala; el hinduismo, sus enseñanzas no duales (como el Vedanta Advaita) y el budismo se centra principalmente en el cultivo de la penetración.

A diferencia de la devoción, que concentra la mente en una representación de lo divino, la vía de la penetración utiliza la investigación directa y la consciencia de la experiencia presente para ver, más allá de las apariencias superficiales, la realidad más profunda que subyace a ellas. Cuando te sigues cuestionando las cosas y mirando en profundidad hacia lo que en apariencia es real, de manera inevitable tropiezas con lo definitivamente real, la esencia sin forma, indestructible, de todas las apariencias. (Es como pelar las capas de una cebolla.)

Ahora bien, el objeto de este enfoque no es negar la realidad relativa de las personas y las cosas corrientes (incluidos tú y yo). Más bien, la vía de la penetración enseña generalmente que la realidad tiene

Recitar y hacer prosternaciones

Además de la meditación y la contemplación, el camino devocional habitualmente requiere prácticas activas como recitar, cantar y hacer prosternaciones. Como puedes haber notado si alguna vez has cantado en un coro de una iglesia o recitado himnos devocionales indios, puedes levantar el ánimo, abrir el corazón e intensificar tu devoción al alzar tu voz en alabanza de lo divino.

Si sientes cierta inclinación hacia lo devocional (o ciertas dificultades), trata de mezclar tu meditación con algo de recitación o de canto de vez en cuando. Escoge canciones que para ti tengan resonancia o significado. (Por ejemplo, conozco muchos hindúes y budistas a los que les encanta cantar "Gracia asombrosa".)

La sabiduría tradicional sugiere que recitar palabras y frases sagradas tiene también el poder de abrir, estimular y armonizar tus centros energéticos (para más información sobre los centros energéticos, consulta el capítulo 12). De esta forma, recitar ayuda a "afinar" tu cuerpo y a prepararlo para la meditación y otras prácticas espirituales.

En cuanto a las prosternaciones: ¿qué mejor forma de practicar que renunciar a tus preocupaciones y a tus patrones habituales al postrarte de rodillas con regularidad? Un famoso maestro zen tenía un callo perpetuo en la frente debido a que se prosternaba repetidamente para disminuir su terquedad. Mi primer maestro zen solía decir: "El budismo es una religión de prosternaciones".

Por supuesto, la prosternación también figura de modo prominente en la tradición judeocristiana y en el islam; al igual que la meditación, es una práctica reconocida universalmente para superar la separación y aproximarse a la dimensión espiritual del Ser.

Pero prosternarse no significa entregar tu autonomía a algún poder o fuerza exteriores. Cuando te prosternas —ante Dios, Jesús, Buda, o la imagen de un maestro o santo—, en último término estás prosternándote ante tu naturaleza esencial.

De hecho, me gusta pensar en la prosternación como una expresión de la unidad esencial entre lo interior y lo exterior, lo uno que recibe la prosternación y lo otro que se prosterna. O, como dicen en la India: "Lo divino en mí se prosterna ante lo divino en ti".

dos niveles: el relativo y el absoluto. (Consulta también el recuadro "Donde lo vertical se encuentra con lo horizontal", anteriormente en este capítulo.)

En el nivel relativo, es importante ganarse la vida, pagar las cuentas, pasar tiempo con la familia o los amigos; si tú finges que lo relativo no es real, vas a tener problemas. (¡Inmediatamente saltan a la mente la bancarrota y los problemas legales por infracciones de tráfico!) Como dicen los sufíes: "Confía en Dios, pero asegúrate de atar tu camello al poste".

Al mismo tiempo, sin embargo, hay un nivel absoluto, una presencia divina o dimensión sagrada que subyace a este mundo y le da significado. Cuando encuentras este nivel, ves la realidad más profunda de las cosas, al igual que el místico ve a Dios dondequiera que mira. Sea directamente o de forma más gradual, la vía de la penetración en sus diversas manifestaciones te lleva a una experiencia o conocimiento de este nivel absoluto de la realidad. (En Oriente, llaman a este conocimiento *iluminación* o *liberación*. En Occidente, *gnosis*, la palabra griega de la que deriva "conocimiento".)

La mayoría de las prácticas fundamentales destacadas en este libro te muestran cómo estudiar tu experiencia presente de modo que con el tiempo puedas desarrollar la penetración. Para darte un atisbo del nivel absoluto, aquí tienes tres ejercicios diseñados para ir más allá de tu forma habitual de percibir las cosas y revelar una realidad más profunda. Generalmente, funcionan mejor después de haber practicado alguna técnica de meditación básica como seguir la respiración o recitar un mantra.

Expande tus límites

Retomando el punto donde la meditación del cuerpo energético lo había dejado (consulta el recuadro "Juega con tu cuerpo energético", anteriormente en este capítulo), esta técnica te muestra que tú no terminas en tu piel ni en los extremos de la vía láctea.

1. **Empieza por sentarte en silencio, cerrar los ojos y respirar profundamente y con lentitud unas cuantas veces, relajándote un poco con cada espiración.**

2. **Siente la solidez y la densidad de tu cuerpo, como lo percibes habitualmente.**

3. **Mientras inspiras, imagina que tu cabeza se llena con una neblina suave y clara; y mientras espiras, imagina que toda la solidez y la densidad se van de tu cabeza, dejándola agrada-**

blemente vacía, libre y abierta a las sensaciones y a la energía vital.

No te preocupes: ¡no vas a desaparecer!

4. **Respira la neblina hacia el cuello y la garganta y espira cualquier tensión o densidad, dejando la zona espaciosa y abierta.**

5. **Continúa aplicando esta meditación a tu pecho, tus pulmones y tu corazón; tus brazos y manos; tu abdomen y tus órganos internos; tu pelvis, tus nalgas y tus genitales; y a tus muslos, tus piernas y tus pies.**

6. **Siente todo tu cuerpo completamente vacío, espacioso y abierto a la corriente de la energía vital.**

Descansa durante unos minutos sin pensamiento o análisis. ¡Disfruta el zumbido!

7. **Si ciertas zonas las sientes también densas o sólidas, respira dentro de ellas hasta que se vacíen y se abran.**

Puedes notar que los límites de tu cuerpo ahora son difusos, que ya no estás tan seguro de dónde acaba y dónde empieza el mundo exterior.

8. **Expande los límites de tu cuerpo y de tu consciencia hasta que incluyas toda la habitación y lo que contiene.**

9. **Expándete para incluir todo el edificio, después toda la manzana, todo el pueblo o ciudad, y la provincia.**

Tómate unos minutos con cada expansión.

10. **Expándete aún más allá para incluir al planeta, después el sistema solar, la vía láctea, el universo, y más allá de los últimos límites del universo conocido.**

De nuevo, pasa unos cuantos minutos en cada nivel. Tú eres inmenso más allá de toda medida, lo contienes todo. Permite que surja cualquier pensamiento, sentimiento o sensación en esta vasta extensión.

11. **Después de pasar varios minutos en esa inmensidad, puedes empezar a prestar atención a cómo te sientes.**

Si ves difícil encontrar sentimientos, está bien, ¡sencillamente disfruta la expansión durante unos minutos más! Entonces revisa tu cuerpo: ¿te sientes más calmado y relajado que cuando empezaste?, ¿tu respiración ha cambiado en alguna medida?

12. **Gradualmente, vuelve a tu cuerpo antes de levantarte y seguir tu rutina diaria.**

Fíjate en si tu autoimagen o tu experiencia de la gente y de las cosas ha cambiado en algo.

Si quieres, puedes practicar la primera parte de este ejercicio (vaciar y abrir) por sí sola; tiene el poder de tranquilizar la mente y de relajar y armonizar el cuerpo. Con una práctica regular, podrás crear un sentimiento espacioso, abierto y radiante en tu cuerpo, con un movimiento de tu consciencia.

Observa la naturaleza de la mente

En el zen, cuentan la historia del primer patriarca chino, Bodidarma, que supuestamente se sentó a meditar ante una pared sin moverse durante nueve años. La monjes zen le atribuyen a este personaje legendario todo tipo de rasgos sobrehumanos. Por ejemplo, se dice que se cortó los párpados para poder meditar sin dormirse y donde cayeron sus párpados brotaron las primeras plantas de té (después de todo, el té es otra forma más amable y suave de permanecer despierto).

En todo caso, un ansioso monje llamado Hui-Ko fue a ver a Bodidarma y le pidió con humildad que le ayudara a pacificar su turbada mente. Después de rehusar hablar con Hui-Ko durante varios días, Bodidarma finalmente le dijo que buscara su mente y que se la trajera para pacificarla. Durante meses, el monje buscó su mente en la meditación. Finalmente regresó ante Bodidarma y le informó que no podía encontrarla por ninguna parte. "Entonces ya la he pacificado", respondió Bodidarma, y Hui-Ko se iluminó de inmediato. (¡Ya sabes cómo son esas historias zen!)

Como sugiere esta anécdota, los budistas han ideado algunas técnicas poderosas para explorar la mente y llegar a su naturaleza esencial (que resulta ser la realidad más grande que menciono anteriormente en este capítulo). Y no tienes que estudiar con un maestro zen para probar algo de esta naturaleza esencial por ti mismo. Aquí tienes un ejercicio que he adaptado de la tradición tibetana:

1. **Empieza por sentarte en silencio, cerrar los ojos y respirar profundamente y con lentitud unas cuantas veces, relajándote un poco con cada espiración.**

2. **Medita de tu manera habitual durante unos minutos para relajarte y centrar la mente, después permite que descanse en su "estado natural" (como lo expresan los tibetanos) sin hacer nada especial.**

Si puedes seguir este ejercicio con los ojos abiertos y mirando fijamente al frente, al espacio que hay frente a ti, estupendo, así lo hacen los tibetanos. Pero si te distraes, puedes cerrar los ojos.

3. **Empieza por fijarte en un pensamiento en particular, según surge y permanece en tu mente.**

   Por ejemplo, puedes tomar un recuerdo, un plan o una fantasía.

   - ¿Este pensamiento tiene una forma particular? ¿Qué tamaño tiene?

   - ¿Tiene algún color o colores en concreto?

   - ¿Tiene principio, desarrollo y fin?

   - ¿Dónde está situado el pensamiento? ¿Está dentro o fuera de tu cuerpo?

   - ¿De dónde surgió este pensamiento? ¿Adónde va cuando ya no piensas en él? ¿Cuánto dura cuando continúas pensando en él?

   - ¿El pensamiento tiene sustancia o solamente está vacío, abierto y lleno de espacio? ¿Deja rastro en tu mente, como las huellas de los pies en la playa, o no deja huellas, como la escritura en el agua?

4. **Vuelve la atención sobre tu propia mente y hazle las siguientes preguntas.**

   No pienses en tu mente ni la analices, ni te preocupes por sus contenidos, como pensamientos o sentimientos. En lugar de ello, observa tu mente igual que harías con un pájaro sobre un árbol. (Recuerda que aquí estoy hablando de la mente, no del cerebro.) Tómate unos momentos para responder a las siguientes preguntas:

   - ¿Tu mente tiene forma? ¿Qué tamaño tiene? ¿Tiene color?

   - ¿Es idéntica a tus pensamientos o los soporta como el fondo o espacio en el que tus pensamientos surgen y se desvanecen?

   - ¿Dónde está situada tu mente? ¿Está dentro o fuera de tu cuerpo? ¿Tiene comienzo y fin?

   - ¿Tiene sustancia como la tierra o es vacía y espaciosa como el cielo? ¿Es opaca y oscura o brillante y clara?

5. **Deja que tu mente descanse durante unos minutos en su "estado natural".**

Piensa en cómo te han afectado las preguntas. ¿Ha cambiado tu relación con los pensamientos? ¿Ha variado de algún modo tu sentido de la identidad? ¿Te sientes más calmado y tranquilo? Toma nota de los cambios; después levántate poco a poco y continúa con tu rutina diaria.

Pregúntate: "¿Quién soy yo?"

Desde que han tenido la capacidad de reflexionar sobre su experiencia, los seres humanos se han preguntado "¿Quién soy yo?" Maestros zen, jeques sufíes, sabios indios, rabinos judíos y maestros de prácticamente todas las tradiciones espirituales han utilizado esta pregunta para ayudar a sus discípulos a ver más allá de sus personalidades, hacia una realización más profunda de su naturaleza esencial.

Cuando te haces esta pregunta por primera vez, te pueden salir las respuestas habituales: "Soy una mujer", "Soy un padre", "Soy abogado", "Soy corredor". Según vayas un poco más allá, puedes obtener respuestas más espirituales, como "Soy el amor encarnado" o "Soy un hijo de Dios". Pero si dejas todo esto a un lado y continúas indagando, finalmente tendrás una intuición directa de una identidad más fundamental, que no tiene nada que ver con quien tú piensas que eres.

Practica el siguiente ejercicio con un compañero, si es posible. (Una persona empieza por preguntar y la otra por responder.) Si no tienes un compañero para hacer el ejercicio, puedes hacerlo solo, frente a un espejo.

1. **Siéntate cómodamente frente a tu compañero, mirándoos de forma natural y relajada.**

2. **El que pregunta empieza con "¿Quién eres?". Entonces la otra persona responde diciendo lo que le venga a la mente.**

3. **Después de una pausa, el que pregunta dice de nuevo "¿Quién eres?", y la otra persona responde de nuevo.**

   Por supuesto, si lo haces solo, tienes que representar los dos papeles.

4. **Continuad así durante 15 minutos, después intercambiad los papeles durante la misma cantidad de tiempo.**

   Si tú eres el que pregunta, de ninguna manera critiques ni juzgues las respuestas. Sólo escucha, haz una pausa y pregunta de nuevo.

Si eres el que responde, busca suavemente una respuesta, después contesta. Si no la encuentras y no tienes nada que decir por un momento, siéntate con el silencio y con el no saber. Puedes sentirte nervioso o confundido, empezar a reírte o a llorar, o tener momentos de profunda calma.

Acepta cualquier cosa que surja, relájate durante el proceso y sigue con ello. Incluso un breve destello de quien eres puede transformar realmente tu vida.

5. **Cuando hayáis terminado, siéntate unos minutos con tu experiencia antes de levantarte y seguir con tu rutina diaria.**

Cómo encontrar un maestro y por qué querrías molestarte en hacerlo

Si quieres jugar al tenis pero no sabes cómo hacerlo, ¿qué haces? Puedes mirar cómo juegan otras personas, quizá comprar algún libro y después dirigirte a una pista de tenis y empezar a practicar. Pero después de dominar lo básico, tal vez quieras recibir clases o algún tipo de instrucción personal que te ayude a mejorar tus golpes o a eliminar los errores en los que has incurrido en el proceso. Claro que de vez en cuando surgen prodigios autodidactas que llegan a ser profesionales, pero la mayoría de los buenos jugadores de tenis que quieren mejorar su juego buscan un profesor.

Con la meditación sucede lo mismo. Puedes practicar los ejercicios que te proporcionamos en este libro durante semanas, meses o incluso años y cosechar los beneficios sin instrucción adicional. Pero en cierto punto, quizá tropieces con algunas dificultades que tal vez no sepas manejar solo (consulta los capítulos 11 y 12). O puedes empezar a tener experiencias espirituales que te den atisbos de una realidad más grande y que te abran el apetito para una exploración más profunda. Para continuar avanzando y refinando tu práctica de meditación, necesitas conseguir un maestro.

Escoge el maestro adecuado

Sin embargo, antes de poder encontrar un maestro, debes saber qué clase de maestro quieres. La mayoría de los maestros de meditación tienen una afiliación espiritual particular, son yoguis, budistas zen o contemplativos cristianos, por ejemplo, y la instrucción que ofrecen viene en paquete con una orientación particular hacia el viaje espiritual, así como con enseñanzas y terminología particulares. No hay problema si eso es lo que estás buscando, pero si quieres instrucción a secas, sin espiritualidad, puedes tener más dificultades para encontrar un profesor.

Algunos maestros de hata yoga ofrecen instrucciones básicas de meditación con un mínimo de terminología en sánscrito, e incluso pueden conocer el territorio lo suficiente como para ayudarte si te atascas. Cada vez más programas de educación para adultos, en universidades y en iglesias, están ofreciendo meditación genérica o clases para la reducción del estrés, pero mejor si antes revisas las credenciales del profesor: puede que no sea mucho más experto que tú. (Para una instrucción directa, no sectaria de la práctica de la meditación, quizá quieras consultar mi página web `zzz1vwhskdq#` `ergldq1ruj`, para programar sesiones individuales. O puedes comprar la aplicación para teléfonos inteligentes, Mindfulness Meditation, disponible en `zzz1phqwdozrunrxw1frp`, que ofrece instrucciones completas y meditaciones guiadas de duración variable. Toda la información que encuentres estará en inglés.)

Si practicas la meditación de atención consciente que te propongo en este libro (consulta el capítulo 7 o escucha la pista 4 de los audios), podrías echarle una ojeada a la tradición vipasana del budismo, conocida también como *meditación de penetración.* Jon Kabat-Zinn, autor del éxito *Wherever You Go, There You Are (A donde vayas, ya estás allí),* maestro durante mucho tiempo de Vipasana y fundador de la Clínica de reducción del estrés basada en la atención consciente, en el Centro Médico de la Universidad de Massachusetts, ha desarrollado un programa que ofrece entrenamiento riguroso a futuros instructores de prácticas básicas de atención consciente. O podrías simplemente tomar clases de Vipasana, utilizar lo que encuentres significativo y útil y dejar el resto. Muchos maestros no son muy estrictos en cuanto al budismo, especialmente en los cursos de introducción.

Si te sientes atraído por una tradición o camino espiritual en particular, deberías tener menos problemas para encontrar un maestro. Pero igualmente deberías considerar qué clase de maestro necesitas. Aquí tienes cuatro categorías principales de maestros, basadas en el contenido de sus enseñanzas y en sus relaciones con sus discípulos. (Los términos que uso no aparecerán necesariamente en el currículum de un maestro; son sólo una forma de explicar los diferentes papeles que desempeñan los maestros. Algunos pueden ser una combinación de los cuatro tipos.)

✔ **Instructor:** te enseña técnicas, te ofrece buenos consejos sobre cómo ponerlas en práctica y te ayuda a perfeccionarlas y a resolver problemas. Puede ser un amigo o un compañero.

✔ **Mentor:** te anima, te apoya personalmente en tu práctica y te proporciona una buena guía para sacarte de tus bloqueos porque se trata de alguien que ya ha pasado por allí. Generalmente también enseña técnicas.

✔ **Pandit:** transmite conocimiento articulando y explicando textos y enseñanzas espirituales. Puede ser un erudito, además de un meditador.

✔ **Maestro:** encarna la esencia de las enseñanzas espirituales. Te ayuda a salir de los lugares donde te has atascado y facilita el proceso de expandir o disolver el sí mismo. Puede tener o no una relación intensa o retadora con sus discípulos.

Por qué puedes necesitar un maestro

Como ya dije anteriormente, un instructor de meditación puede ayudarte a perfeccionar tu práctica y a guiarte ante las preguntas básicas que surgen durante el camino. Si quieres profundizar tu práctica y usarla como un medio para fines espirituales (como se describe anteriormente en este capítulo), definitivamente necesitarás encontrar un mentor o un maestro espiritual.

Primero que todo, puedes tropezar con dificultades y retos como los que se describen en los capítulos 12 y 13. Por ejemplo, puedes tener problemas para controlar emociones intensas como la ira o el miedo. O puedes tener bloqueos como la duda o el querer posponer la práctica y no saber cómo avanzar por tu cuenta. O quizá empieces a sentir poderosas corrientes de energía que corren por tu columna y no sabes cómo detenerlas. De repente necesitas un maestro, ¡y rápido!

Mientras continúas en tu viaje, puedes tropezar con penetraciones y experiencias espirituales genuinas que no sabes cómo repetir o mantener. De hecho, el proceso del desarrollo espiritual se parece más a menudo a un desierto confuso y sin pistas que a un "camino", como se le llama con un eufemismo. La verdad es que tú nunca sabes lo que te vas a encontrar cuando practicas intensamente. A medida que experimentas la expansión o la disolución de ti mismo en la meditación, por ejemplo, puedes encontrarte con una fuerte oposición de las fuerzas de tu psique que no quieren que cambies. Después de todo, estamos hablando de una transformación radical, y la mayoría de nosotros nos resistimos incluso a los cambios más insignificantes en nuestra vida.

Tu maestro espiritual puede entrenarte y apoyarte en el proceso de transformación e incluso acelerarlo al confrontar las formas en que tú te resistes o te retrasas. Algunos maestros actúan más como amigos espirituales, tratándote con la camaradería e igualdad que tú esperas de un igual, mientras comparten también su riqueza y su comprensión. Otros actúan más como gurús tradicionales, que te transmiten su conocimiento de manera directa, mientras te ayudan activamente con tus bloqueos. (Por supuesto, muchos maestros están en un punto entre estos dos extremos y combinan un poco de ambos estilos.)

Cualquiera que sea tu enfoque, todos los buenos maestros ayudan a crear y mantener, por medio de su relación contigo, una vasija o espacio sagrado en el cual el difícil, asombroso y en último término liberador proceso de la transformación espiritual puede tener lugar dentro de ti.

Qué buscar en un maestro

Antes de sugerir lo que se debe buscar en un maestro, me gustaría animarte a examinar tus expectativas e ideas preconcebidas. Cuando piensas en un maestro espiritual, ¿qué imágenes o ideas te vienen a la mente? Quizá te imaginas a un monje enclaustrado vestido con un hábito color tierra que te da consejos espirituales en tono bajo y después vuelve a su celda a continuar su práctica. O quizá piensas en un ser alegre y expansivo que vive en el mundo e irradia amor y luz por donde quiera que va.

Algunas personas idealizan al maestro y esperan que sea perfecto; y se desilusionan cuando resulta que no lo es. Otros se van al extremo opuesto y tienen dificultad para tratar a alguien con reverencia o poner en tela de juicio sus propias opiniones (mantenidas incondicionalmente a lo largo de mucho tiempo) y permitir que entre en él la sabiduría de otro. En Occidente tendemos a desconfiar de la autoridad y a creer que podemos hacerlo todo nosotros solos. Además, mira todos esos predicadores, sacerdotes y pretendidos gurús: podrías decir que han sido pillados con los pantalones en los tobillos. Aunque una dosis saludable de escepticismo puede hacer maravillas, demasiada puede hacer que te apartes completamente de los maestros (y por tanto de la práctica espiritual).

Cualesquiera que sean tus expectativas y preconceptos, puede que necesites hacerlos a un lado cuando busques un maestro, porque puede aparecer con un aspecto que no esperabas. Al mismo tiempo, puede que quieras comparar tu futuro maestro con la siguiente lista de cualidades, que los mejores maestros encarnan, al menos en mi humilde opinión. (He hecho esta lista basándome en mi observación

Consulta al gurú que hay dentro de ti

Antes de ir en busca de un maestro espiritual, puede que quieras revisar tu propia fuente interior de guía y sabiduría. En último término, es lo único en lo que puedes confiar realmente, y un buen maestro te ayudará a localizarla. Sí, es correcto, incluso tú tienes un gurú en tu interior. Como dijo Jesús: "Buscad y hallaréis; llamad a la puerta y se os abrirá". Bien, he aquí un ejercicio para buscar y encontrar:

1. **Empieza por sentarte en silencio, cerrar los ojos y respirar profundamente y con lentitud unas cuantas veces, relajándote un poco con cada espiración.**

2. **Tómate unos minutos para imaginarte en un lugar seguro, cómodo, relajante y apacible, utilizando todos los sentidos para hacer la experiencia tan vívida como sea posible.**

3. **Mientras exploras este apacible lugar, puedes empezar a sentir la presencia de un ser sabio y compasivo.**

   Debes saber que este ser representa tu ser superior o verdad más profunda. (Siéntete libre de usar las palabras que prefieras para nombrar a este ser.) Puedes sentir esta presencia en alguna parte de tu cuerpo, o puedes sólo intuir que está ahí. Si no sientes inmediatamente esta presencia, continúa disfrutando de tu lugar apacible mientras invitas a esta presencia a aparecer.

4. **Imagínate a ti mismo estableciéndote en un punto en particular y mirando fijamente frente a ti, relajado y abierto.**

5. **Gradualmente, este ser sabio y compasivo se materializa en el espacio frente a ti.**

   Fíjate en cómo aparece ante ti. Puede tomar la forma de un sabio anciano o anciana, de un maestro zen o de un cristiano contemplativo, o puede aparecer como una rosa o un árbol, o (si no estás inclinado a las visualizaciones) meramente como una sensación en tu vientre o en tu corazón. También puede ser una versión más vieja y sabia de ti mismo.

6. **Toma cualquier forma que se te aparezca y trátala con el respeto y la reverencia que reservarías a un maestro espiritual.**

   Nota: Si este ser parece crítico o castigador, no es el que estás buscando, así que pídele que se haga a un lado e invita a aparecer al real.

7. **Pasa unos minutos en silencio en presencia de este ser sabio y compasivo.**

   Podrías imaginártelo irradiando luz y amor en todas las direcciones mientras tú recibes silenciosamente lo que tiene que ofrecer.

8. **Pasa unos minutos haciendo cualquier pregunta que tengas y recibiendo respuestas.**

   No te preocupes si este intercambio parece extraño o embarazoso al principio; con la práctica, descubrirás que este ser desarrolla una voz propia.

9. Antes de despedirte, tal vez quieras pedirle a este ser que te dé un regalo que represente exactamente las cualidades que necesitas en este momento.

10. Cuando te sientas completo, agradece a este ser por haber pasado hoy su tiempo contigo.

Dile que te gustaría que os encontraráis de nuevo en el futuro y despídete por ahora.

11. Gradualmente, cambia tu consciencia a tu experiencia de los sentidos y abre los ojos.

12. Dedica un tiempo para reflexionar sobre tu experiencia y sobre las respuestas y los regalos que has recibido.

durante más de cuarenta años de práctica espiritual.) No todos los maestros tendrán todas estas características, por supuesto, pero cuantas más, mejor:

✔ **Son humildes, normales, naturales, nada arrogantes ni tampoco vanidosos.** En los monasterios zen, el monje principal limpia los inodoros.

✔ **Son honrados, francos y claros, no son evasivos ni se ponen a la defensiva.** A medida que la gente adquiere madurez espiritual, se libera cada vez más de su carga psicológica.

✔ **Fomentan el pensamiento independiente y la indagación abierta en sus discípulos, más que la obediencia ciega a un dogma o ideología en particular.**

✔ **Les preocupa fundamentalmente el desarrollo espiritual de sus discípulos, no la fama, el poder, la influencia o el tamaño de su organización.**

✔ **Practican lo que predican, más que considerarse exentos de las directrices éticas y morales que los demás deben seguir.**

✔ **Encarnan las más altas cualidades espirituales, tales como la bondad, la paciencia, la ecuanimidad, la alegría, la paz, el amor y la compasión.**

Descubre el cielo de la mente

He aquí una breve meditación que puedes hacer en cualquier momento que estés fuera de casa, para darte una prueba de la vastedad de tu naturaleza esencial, a la que la gente del zen llama, muy apropiadamente, la *gran mente*.

1. **Preferiblemente en un día claro, siéntate o acuéstate y mira hacia el cielo.**

   Deja a un lado tu mente analítica por ahora y todo lo que crees que sabes sobre el cielo.

2. **Tómate unos minutos para contemplar la vastedad del cielo, que parece extenderse interminablemente en todas las direcciones.**

3. **Permite que de manera gradual tu mente se expanda para llenar el cielo, de arriba abajo, de norte a sur, de este a oeste.**

   Suelta todo sentido de límites personales mientras llenas el cielo con tu consciencia.

4. **Conviértete en el cielo completamente y descansa en la experiencia durante unos minutos.**

5. **Regresa gradualmente a tu sentido normal de ti mismo.**

   ¿Cómo te sientes? ¿Ha cambiado tu consciencia de alguna manera?

Después de que le cojas el hilo a este ejercicio, puedes hacerlo durante breves períodos de tiempo en cualquier momento del día, por ejemplo mientras paseas al perro por la mañana o cuando miras por la ventana en un descanso en el trabajo, para recordarte a ti mismo quién eres.

Cómo encontrar un maestro

El proceso de encontrar un maestro puede ser tan misterioso como el viaje espiritual mismo. Para algunas personas, es muy parecido a encontrar un amante o un compañero, ya que requiere una mezcla compleja de suerte, disponibilidad y química. Para otros, es simplemente una cuestión de seguir el consejo de un amigo o de aparecer en el lugar adecuado en el momento preciso. Yo encontré a mi primer maestro después de buscar "zen" en el directorio telefónico de mi ciudad. Otras personas que conozco conocieron a sus maestros en sueños antes de tropezarse con ellos en carne y hueso. En palabras de una expresión india popular: "Cuando el discípulo está listo, el maestro aparece".

En último término, cuando escoges a un maestro necesitas confiar en tu intuición y en tu propio conocimiento interior; es el único equipo fiable que tienes para navegar en este imperfecto universo fenoménico nuestro. El mejor consejo que recibí de un maestro vino de un lama tibetano, que me tocó el pecho cerca del corazón y dijo: "El verdadero gurú está dentro de ti" (para más instrucciones sobre cómo encontrarte con tu maestro interior, consulta el recuadro "Consulta al gurú que hay dentro de ti" o escucha la pista 11 del audio).

Ciertos maestros me han atraído intuitivamente por las cualidades de ser que parecen irradiar. Por otra parte, también he tropezado de forma inesperada con maestros tras una secuencia de acontecimientos producto de la suerte. Sé abierto, pero no ingenuo; escéptico, pero no cínico. Siéntete libre de hacer preguntas, espera buenas respuestas y tómate tu tiempo. Según el dalái lama, los estudiantes tibetanos pueden pasar años buscando a sus maestros, para estar seguros de que encarnan las enseñanzas que ellos quieren adoptar. Al igual que no te apresurarías en casarte, no deberías apresurarte para algo tan íntimo y profundo como una relación con un maestro espiritual.

Capítulo 16

No te preocupes, sé feliz... con la meditación

• •

¿Te ha pasado alguna vez que has pensado constantemente en alguna cosa porque crees que te hará feliz (por ejemplo, un coche mejor, un vestido bonito, unas vacaciones paradisíacas o una computadora nueva? Lo deseabas tanto que explotabas ante la expectativa y cuando finalmente lo conseguías, descubrías que el objeto de tu deseo no era lo que esperabas o que la felicidad duraba tan sólo unos momentos efímeros antes de retornar a tu estado mental habitual.

Pues no has sido tú solo. Los estudiosos han descubierto que la mayoría de las personas tienen un *punto de referencia emocional*, un grado de felicidad o infelicidad habitual que está determinado en gran medida por su herencia genética. Las circunstancias de la vida pueden mejorar o empeorar tu humor temporalmente, pero en seguida volvemos a nuestra línea de base. Incluso una persona a la que le toque la lotería o alguien que se quede parapléjico acabará siendo tan feliz o infeliz como antes.

Los altibajos en las pérdidas y ganancias pueden mejorar este punto de referencia o elevarte a un nuevo nivel de bienestar, pero ciertas actividades tienen este poder singular. Los meditadores han cultivado los estados mentales positivos como la satisfacción, la alegría y la ecuanimidad durante miles de años; y recientemente el emergente campo de la psicología positiva ha identificado cambios en el comportamiento y el estilo de vida que pueden potenciar tu humor de forma permanente y optimizar tus ganas de vivir. En una época en que cada vez más gente se identifica como ansiosa y depresiva, estos descubrimientos ofrecen una alternativa más saludable, más sostenible y mucho más satisfactoria a los medicamentos antidepresivos.

En este capítulo, voy a analizar las características de la persona feliz y luego pasaré a catalogar los beneficios de la felicidad, a resumir los descubrimientos recientes de la investigación sobre la felicidad, y a ofrecer unas cuantas meditaciones y ejercicios para cultivar una vida más feliz, satisfactoria y libre de preocupaciones.

Las características de la verdadera felicidad

Todo el mundo estaría de acuerdo en que la felicidad es el valor supremo, un estado deseable al que aspiran todos los seres humanos. En efecto, la mayoría de la gente (en países tan diversos como Eslovenia, Corea del Sur, Argentina, Bahréin, Grecia o Estados Unidos) responde que la felicidad es lo que más desea en la vida. Pero ¿sabes qué es realmente la felicidad, y sabes reconocerla cuando la experimentas?

Sin duda, cuando las circunstancias de la vida son favorables y consigues lo que quieres, exclamas espontáneamente "¡Qué feliz soy!". Pero la mayor parte del tiempo te resulta más fácil identificar cuándo eres infeliz o estás deprimido que cuándo te sientes por completo feliz. Y cuando hayas alcanzado ese esquivo momento de innegable felicidad, quizá no tengas ni idea de cómo retenerlo o recuperarlo.

Filósofos, psicólogos, meditadores y maestros espirituales han debatido sobre la felicidad durante milenios, y han llegado a una serie de definiciones sumamente parecidas. Lo más importante es que casi todos están de acuerdo en los componentes clave que hay que cultivar y practicar con toda confianza día a día para infundir felicidad a tu vida. En esta sección, analizo algunas definiciones de felicidad y describo los componentes clave de una vida feliz.

Reconocer la felicidad como tu condición intrínseca

Según los grandes maestros y profesores de meditación, la felicidad es un "trabajo interior", es decir, es el resultado de cultivar las emociones positivas como paz interior, amor, compasión, alegría y ecuanimidad. De hecho, las enseñanzas superiores sugieren que la felicidad es el estado natural, la condición inherente, que gradualmente se va oscureciendo a medida que los pensamientos y las emociones negativas, así como las ideas e historias limitantes, se construyen a lo largo del tiempo. Observa cómo juega un niño (mejor si se trata

El arte de la felicidad según el dalái lama

Con su eterna sonrisa y alegre proceder, el dirigente espiritual y temporal del pueblo tibetano se ha convertido en la encarnación de la felicidad para las personas de cualquier credo religioso o espiritual. El dalái lama, que ha practicado la meditación durante toda su vida, cree que las personas pueden generar felicidad cultivando las emociones positivas y la mente en calma. Veamos un extracto de su libro *El arte de la felicidad*, en el que ofrece algunos consejos para llevar una vida feliz:

"Mientras exista una falta de la disciplina interior que trae la calma a la mente, las condiciones externas nunca te proporcionarán el sentimiento de alegría y felicidad que buscas —advierte—. En cambio, si posees esta cualidad interior, la calma mental, un grado de estabilidad interior, aunque te falten varias condiciones externas que normalmente considerarías necesarias para la felicidad, es posible llevar una vida feliz y plena".

Huelga decir que el dalái lama recomienda la meditación (en especial, la atención consciente y el amor compasivo) para desarrollar esta cualidad de calma y estabilidad. Además, pone el acento en cultivar las emociones positivas, que según él conducen a la felicidad. (Para seguir las instrucciones completas sobre la meditación de atención consciente, consulta el capítulo 7. Para leer sobre el amor compasivo, consulta el capítulo 11.)

Finalmente, el dalái lama advierte a los lectores que la felicidad no se consigue de la noche a la mañana:

"Alcanzar la auténtica felicidad requiere una transformación en el enfoque de la forma de pensar, y esto no es una cuestión sencilla. Para cuidar el cuerpo físico, necesitas un conjunto de vitaminas y nutrientes, y no sólo uno o dos. De igual modo, para alcanzar la felicidad, te hacen falta una serie de planteamientos y métodos para afrontar y superar los complejos y los diversos estados mentales negativos… No se puede lograr simplemente adoptando un pensamiento en particular o practicando una técnica una o dos veces. El cambio requiere tiempo".

de uno que no se haya visto demasiado afectado por los medios de comunicación dominantes) y verás la alegría, el asombro y el regocijo inherentes que todos los seres humanos compartimos en lo más profundo.

Las experiencias vitales conducen a las personas a adoptar una perspectiva más negativa de la vida; a perder su capacidad innata de goce y apreciación; y a pasar cada vez más tiempo sumidas en la frustración, la ansiedad, la preocupación, la culpa y el arrepentimiento. Desde este punto de vista, el camino a la felicidad es reconectar con el sol resplandeciente de tu auténtica naturaleza, que es eternamente positiva y optimista, e ir apartando poco a poco las nubes de negatividad que la ocultan. En otras palabras, la felicidad es un derecho natural: sólo hay que reclamarlo.

Experimentar abundantes emociones positivas

Desde un punto de vista espiritual, el camino a la felicidad pasa por intensificar las emociones positivas, como paz, amor, gozo y ecuanimidad, al tiempo que se minimizan las negativas, como ira, tristeza, miedo e impaciencia. Ya sean las siete virtudes del cristianismo o las cuatro "moradas celestiales" del budismo, el predominio de esos estados mentales contribuye a una vida feliz. Y la buena noticia es que los grandes maestros y sabios de la meditación han desarrollado antiguas técnicas para reforzar y cultivar lo positivo.

No es de extrañar que el campo emergente de la psicología positiva esté de acuerdo en que una vida feliz es aquella en la que predominan las emociones positivas. Los estudios muestran que las personas felices tienen más estados mentales positivos que sus semejantes infelices, no sólo de forma ocasional, sino continuamente, día tras día. Las ráfagas breves y repentinas de dicha o excitación extraordinaria no varían en exceso el cociente de felicidad de una persona; son los pequeños placeres, éxitos y satisfacciones los que componen los pilares de la felicidad duradera. De hecho, los momentos felices se refuerzan unos a otros, lo que alimenta una espiral ascendente de sentimientos positivos y actividades que afirman la vida. Por ejemplo, el gozo de conectar con un amigo puede hacerte más atento a tus hijos o a tu pareja, lo cual fortalece tu vida familiar, lo que a su vez incrementa tu gratitud, que aumenta tu optimismo, y éste te conduce a unos resultados más satisfactorios en tu trabajo, y así sucesivamente.

Aceptar lo que te depara la vida

Las circunstancias de la vida (junto con el punto de referencia emocional de una persona, que ya he mencionado anteriormente) contribuyen a la felicidad, pero sólo en un escaso 10 %. Los estudios muestran, por ejemplo, que los multimillonarios únicamente son un poco más felices que sus empleados y amas de llaves. Por su parte, las personas casadas (que a menudo se consideran los modelos de felicidad) en realidad sólo son un poco más felices que los solteros.

¿Eres feliz? ¿Mucho o poco?

Como la felicidad es una condición subjetiva, es sumamente difícil cuantificarla. Al final, el mejor indicador suele ser la autoevaluación o un test en el cual respondes a preguntas diseñadas para determinar lo feliz que te sientes. Sonja Lyubomirsky, una profesora de psicología de la Universidad de California y autora de *La ciencia de la felicidad*, ha desarrollado una medida de la felicidad general compuesta por cuatro elementos, llamada Escala de la Felicidad Subjetiva, que ella y otros investigadores han probado con varias personas.

Tómate tu tiempo para responder a las siguientes preguntas y comprobar en qué punto te encuentras del espectro de la felicidad. (Por supuesto, si te sientes lo bastante feliz y no te preocupan las puntuaciones, puedes saltarte tranquilamente este ejercicio.) Para cada uno de los enunciados siguientes, escoge el número que mejor te describe.

1. En general, me considero:

   Infeliz 1 2 3 4 5 6 7 Muy feliz

2. En comparación con la mayoría de mis amistades, me considero:

   Menos feliz 1 2 3 4 5 6 7 Más feliz

3. Algunas personas suelen ser muy felices. Disfrutan de la vida al margen de lo que pase, aprovechan al máximo todo lo que se les brinda. ¿Hasta qué punto esta característica te describe a ti?

   En absoluto 1 2 3 4 5 6 7 Mucho

4. Algunas personas no suelen ser muy felices. Aunque no están deprimidas, nunca parecen ser tan felices como deberían. ¿Hasta qué punto esta característica te describe a ti?

   En absoluto 1 2 3 4 5 6 7 Mucho

Saca la media de los cuatro números que has escogido: ésa es tu puntuación. La puntuación máxima es 7. La felicidad media se sitúa entre 4,5 y 5,5. Los estudiantes universitarios suelen obtener puntuaciones inferiores (ligeramente por debajo de 5) que los adultos y jubilados (que obtienen alrededor de 5,6).

Si conseguir lo que quieres no te proporciona la felicidad duradera que anhelas, ¿qué te la da? En último término, apreciar lo que tienes marca la diferencia. El análisis de la vida de las personas realmente felices revela que, incluso en los momentos en especial difíciles:

✔ Sienten y expresan gratitud por las cosas positivas de la vida.

✔ Saborean los placeres que les ofrece la vida.

✔ Viven el momento presente lo máximo posible.

✔ No permiten que los inevitables altibajos perturben su ecuanimidad.

Al abrazar profundamente lo que la vida les depara, las personas felices encuentran la resistencia y la fuerza para adaptarse a los desafíos, al tiempo que mantienen su calma mental.

Como es natural esta aceptación profunda es más fácil de apreciar que de alcanzar, básicamente porque la preparación inicial y las posteriores experiencias de la vida te han programado para comparar lo que tienes con lo que crees que deberías tener (o lo que tienen otros), para cuestionar lo que la vida te ofrece y para tratar de imponer tu agenda personal. Además de cultivar activamente la gratitud y la apreciación, la clave es practicar el trabajo mental y deshacerse de las creencias (en su mayor parte negativas) que perpetúan tu sufrimiento. (Para obtener más información sobre trabajar con la mente, consulta el capítulo 7).

Ser en el flujo de la vida

¿Te ha pasado alguna vez que te has perdido en lo que estabas haciendo y de repente has levantado la vista y has descubierto que habían pasado varias horas durante lo que pareció un instante? Aunque no recuerdas exactamente lo que has hecho, sabes que la experiencia fue estimulante e inusualmente insatisfactoria. El psicólogo Mihaly Csikszenmihalyi aplicó el término de *flujo* para describir esos momentos de inmersión completa, en los que el tiempo se detiene y se abandona la consciencia de uno mismo. Los investigadores han descubierto que el flujo no sólo es intrínsecamente agradable y reparador, sino que cuanto más tiempo pasas en flujo, más feliz eres.

El flujo se puede hallar en cualquier actividad, ya sea de trabajo o de ocio (o una cosa intermedia). Sin embargo, lo más probable es experimentarlo si escoges una tarea que no sea ni demasiado difícil ni demasiado fácil, que te plantee un desafío y que capte tu atención, pero que no te frustre ni confunda. Aprender una lengua nueva, practicar un deporte, resolver un crucigrama, construir un mueble, hablar con un amigo, resolver un problema de trabajo: cada una de esas actividades (y muchas más) pueden conducirte al flujo si te entregas plenamente a ellas.

Como ya habrás visto, el flujo conlleva la misma calidad de atención sin reservas que se cultiva en la meditación. Practicar la meditación de la atención consciente (como se describe en el capítulo 7) de forma regular te ayuda a minimizar las distracciones y a desarrollar la consciencia del momento presente, lo cual facilita el tránsito al flujo cuando te ocupas en tus actividades diarias.

Significar y pertenecer

Los grandes filósofos comprendieron hace tiempo que ser feliz significa algo más que sentirse bien. Para ser feliz, también necesitas sentir que tu vida tiene un significado y un propósito, y que tú estás íntimamente conectado con los demás y perteneces a una matriz social o espiritual mayor. Los estudios demuestran que los dos factores que se relacionan de manera más estrecha con el grado de felicidad de una persona son una sólida red de familia y amistades llena de amor, y una vida religiosa o espiritual estable.

Según el pionero de la psicología positiva Martin Seligman, una de las formas más poderosas de dar significado a la vida y sentido de pertenencia y de incrementar la felicidad en el proceso es realizar lo que él llama una "visita de agradecimiento". Escribes una carta a alguien (un pariente, un profesor, un entrenador o un amigo) expresando tu agradecimiento y después visitas a esa persona y le lees la carta en voz alta. Este ejercicio funciona en varios planos a la vez: te aporta un contacto cercano e íntimo con alguien a quien valoras, refuerza tu autoestima al hacer algo amable y mostrarle tu aprecio a otra persona, y enriquece tu sentimiento de conexión con un entorno social y espiritual más amplio.

Pero no es necesario que realices un gesto tan espectacular (a menos, claro, que te sientas impulsado a ello). Te basta con participar en las reuniones familiares, juntarte con tus amigos de forma regular, asistir a una ceremonia religiosa o de culto, frecuentar tu grupo de meditación local o acudir como voluntario a un comedor social; todo ello puede aportarle a tu vida esos sentimientos de significado y unión que contribuyen a la felicidad. En particular, ser amable y generoso con los demás, incluso cuando es inoportuno o incómodo (y no obtienes nada a cambio) proporciona una buena dosis de felicidad. En un estudio, los participantes que realizaron cinco actos de amabilidad a la semana durante seis semanas afirmaron sentirse mucho más felices que los que no lo hacían.

Comprender una definición integrada de la felicidad

En anteriores secciones de este capítulo, he analizado las características de la felicidad. En esta sección, en cambio, voy a ofrecer una definición integrada de felicidad que se aventura a incluirlas todas, sobrentendiendo que, en último término, la felicidad es una experiencia o estado del todo subjetivo, y que sólo tú sabes lo que realmente te hace feliz y si realmente lo eres.

Según los expertos en felicidad de todo signo, las personas felices tienden a pasar gran parte de su tiempo sumidas en emociones y estados mentales positivos como paz, alegría, regocijo, satisfacción, gratitud y amor; y cuando experimentan negatividad, en general es de corta duración y no altera su vida de un modo significativo. Tienden a vivir con un sentimiento de bienestar y fluidez, aceptando lo que la vida les depara y tratando de actuar en beneficio de sí mismos y de los demás. Conectan de manera regular con una comunidad amorosa de familia y amigos, participan en la vida de forma significativa y satisfactoria, y suelen tener relaciones con una dimensión espiritual (mayor o más profunda) de realidad.

Naturalmente, nadie puede ajustarse a esta definición en cada situación particular. Pero cuanto más se parezca tu vida a ésta, más probabilidades hay de que seas verdaderamente feliz.

El estudio del arte y la ciencia de la felicidad

Después de haber profundizado en las características básicas de una vida feliz y de reflexionar sobre una definición más completa de la felicidad (en el apartado anterior "Las características de la verdadera felicidad"), quizá quieras saber cómo han estudiado esta esquiva condición los investigadores de los ámbitos científico y espiritual. Durante largo tiempo, los meditadores han sondeado las profundidades de la felicidad a través de la lente de la contemplación introspectiva, mientras que los científicos han aplicado en fechas más recientes los métodos externos del ensayo clínico,

Durante miles de años, los budistas han convertido la felicidad y, más concretamente, el alivio del sufrimiento, en el objetivo básico de su tradición meditativa. En las últimas décadas, científicos y psicólogos se han desviado de su preocupación habitual por la enfermedad y la disfunción para investigar el reino de las emociones positivas y la salud mental y emocional óptima. Los descubrimientos no sólo son esclarecedores e instructivos, sino que también sugieren ejercicios prácticos para elevar la tasa de felicidad. En los siguientes apartados, te mostraré las ventajas de ser feliz, además de los descubrimientos de meditadores budistas, científicos y psicólogos.

¿Por qué molestarse en ser feliz?

Además de la respuesta obvia a la pregunta de por qué deberías esforzarte para ser feliz (porque sienta bien), la felicidad sostenida posee numerosos beneficios cuantificables que los psicólogos positivos y otros investigadores han comenzado a evaluar y clasificar recientemente. La lista siguiente, adaptada de la obra de Sonja Lyubomirsky *La ciencia de la felicidad* muestra algunos de los beneficios principales:

✔ Las personas más felices tienen más energía, son más generosas y cooperadoras, y gozan de mayor aceptación que las personas infelices.

✔ Tienen más confianza en sí mismas y mayor autoestima.

✔ Tienen más probabilidades de desarrollar relaciones satisfactorias y redes sociales más ricas.

✔ Las personas más felices son más eficaces en su trabajo, al menos en parte, porque son más flexibles y creativas en su forma de pensar.

✔ Tienen un sistema inmunitario más resistente, gozan de una salud mejor y viven más tiempo.

✔ En general, las personas felices proporcionan más beneficios a quienes las rodean.

Como verás, ser feliz contribuye a tu vida de muchas maneras significativas. Podríamos decir que la felicidad es como la levadura del pan. Igual que la levadura hace que la mezcla de harina y agua crezca y desarrolle su potencial como la esencia de la vida, la felicidad es una cualidad clave que te permitirá afrontar cada situación y responder a ella del modo más efectivo y compasivo posible.

La interpretación budista de la felicidad

Desde una perspectiva budista, la felicidad comienza y acaba en el corazón, y procede no sólo de los objetos y circunstancias externos, sino del cultivo de ciertas cualidades centradas en el corazón, en especial de las cuatro "moradas celestiales" o formas de amor: amor compasivo, compasión, ecuanimidad y alegría por el bienestar de los demás. Ciertos budistas hacen hincapié en la generación de *bodhichitta*, la intención compasiva de trabajar en beneficio de todos los seres y aliviar su sufrimiento, que se considera la manera más directa de garantizar tu propia felicidad.

Aunque estas cualidades parecen nobles e inalcanzables, puedes cultivarlas voluntariamente por medio de la práctica de la meditación y la acción compasiva.

Los budistas también ponen el acento en la bondad y la pureza innatas, y enseñan que la felicidad no tiene que fabricarse ni lograrse, sino que es tu verdadera naturaleza (o estado natural) antes de ser distorsionada por los condicionantes negativos que se te han impuesto a lo largo de tu vida. Desde la perspectiva budista, tu condición intrínsecamente feliz es como un diamante en bruto que puedes desenterrar y reclamar mediante la práctica de la meditación, sobre todo de las meditaciones para trabajar con los pensamientos y emociones negativos que la oscurecen. (Para meditaciones para trabajar con la negatividad, consulta el capítulo 13.) Cuanto más claramente reconozcas tu luz natural y tu naturaleza interna feliz, y cuanto más tiempo permanezcas instalado en ella, más feliz serás.

Por último, los budistas creen que sólo puedes alcanzar la felicidad permanente liberándote de la ilusión de que eres una persona sólida, separada y aislada de la totalidad de la vida. Si se consigue mediante la práctica de la meditación y el cultivo de la sabiduría, la liberación aporta un reconocimiento profundo y permanente de la perfección intrínseca de las cosas; también conduce al final de toda lucha contra cómo son las cosas. La felicidad y la paz profunda y perdurable son completamente inquebrantables, y no pueden ser alteradas de ningún modo por las vicisitudes de la vida.

La ciencia de la meditación y la felicidad

El estudio científico de la meditación y la felicidad ha sido alimentado por los extraordinarios niveles de bienestar subjetivo que los investigadores han descubierto en los monjes budistas tibetanos. Para sorpresa de los científicos, resultó que estos meditadores de toda la vida se salían literalmente de los gráficos convencionales de las medidas de felicidad y empatía. En respuesta a estos descubrimientos, el dalái lama, líder espiritual del pueblo tibetano, ha mantenido reuniones frecuentes con neurocientíficos en una colaboración que continúa en la actualidad para estudiar la relación entre la meditación y la salud psicológica y bienestar óptimos.

Algunos de los principales estudios sobre meditación y felicidad han sido desarrollados por el Dr. Richard Davidson, director del laboratorio Waisman para la Imagen del Cerebro y el Comportamiento, de la Universidad de Wisconsin, y director también del Laboratorio de Neurociencias Afectivas y del Centro para la Investigación de Mentes Sanas de la misma universidad. Como describo en el capítulo 4, Davidson fue pionero en la investigación que cartografía las relaciones entre ciertas regiones del cerebro y su impacto sobre el estado anímico y el mental.

En los primeros estudios de los monjes tibetanos que practicaban la meditación compasiva, Davidson detectó que los sujetos que habían acumulado más de diez mil horas de meditación mostraban un aumento incomparable y previamente desconocido de las ondas cerebrales en la región asociada con la emoción positiva. En otras palabras, ¡eran las personas más felices de las que se tiene constancia!

En experimentos posteriores, Davidson ha mostrado que incluso la práctica simple de la meditación consciente es un buen refuerzo del ánimo. (Si quieres ver instrucciones sobre la meditación consciente, consulta el capítulo 7.) Su estudio más famoso quizá sea el que llevó a cabo entre los empleados de una empresa de biotecnología que realizaron un curso de atención consciente de ocho semanas de duración, con 3 horas de entrenamiento cada semana y 20 minutos al día de práctica individual. Después del entrenamiento, no únicamente habían incrementado su actividad cerebral en el área de las emociones positivas, sino que esos hombres y mujeres corrientes, con tan sólo unos pocos meses de experiencia en la práctica de la meditación, también afirmaban sentirse más felices, menos ansiosos y más comprometidos con su trabajo. En otras palabras, no tienes que ser un monje tibetano para que tu estado anímico se beneficie de los resultados de la meditación.

Las ideas de la psicología positiva

Durante la mayor parte de su historia, la psicoterapia se ha centrado casi exclusivamente en aliviar disfunciones y angustias y, sobre todo, en curar o al menos mitigar la enfermedad mental. Según el fundador del psicoanálisis, Sigmund Freud, la razón de pasar horas en el diván es ayudarte a cambiar tus miserias neuróticas por la felicidad humana corriente y moliente, lo que no es un diagnóstico demasiado optimista.

En las décadas de 1960 y 1970, los psicólogos humanistas y transpersonales, como Carl Rogers y Abraham Maslow, rompieron con sus predecesores psicoanalíticos al analizar el funcionamiento humano óptimo, las experiencias cumbre y los estados de alteración, y promover la tesis de que la verdadera felicidad puede alcanzarse realmente a través del cambio psicológico.

Las últimas décadas han presenciado el surgimiento de la *psicología positiva*, un campo en auge que se basa en las ideas de sus predecesores y se sirve de las últimas técnicas de investigación para determinar las características de la felicidad y ofrecer pruebas de que ciertas actividades y prácticas ayudan realmente a cultivarla y mejorarla. Según los psicólogos positivos, como Sonja Lyubormirsky, la felicidad (también conocida como *bienestar subjetivo*) se caracteriza por "experiencias de alegría, satisfacción o bienestar positivo, combinadas con un sentido de que la propia vida es positiva, llena de significado y que vale la pena vivirla".

Algunos de los descubrimientos de la psicología positiva lo que hacen es corroborar la sabiduría perenne de las tradiciones meditativas (por ejemplo, que la gratitud, el perdón, la apreciación, la unión y vivir el momento presente contribuyen al bienestar duradero). Pero otros descubrimientos amplían las ideas tradicionales; así, sugieren, por ejemplo, que un sentido constante de significado y propósito, y una participación activa en la vida también contribuyen a aumentar el grado de felicidad de las personas.

De acuerdo con los investigadores, el 50 % de tu felicidad está programada de nacimiento y te llega a través de la herencia genética. Por ejemplo, los gemelos idénticos que son separados al nacer y criados en circunstancias del todo diferentes presentan grados de felicidad notablemente similares. Otro 10 % procede de las circunstancias de tu vida, como la salud, la riqueza, el bienestar material, el éxito profesional o las relaciones personales. Pero el resto, el 40 %, depende de cómo vivas tu vida.

Si quieres ser feliz, harás bien en cultivar las cualidades interiores y las actividades externas que contribuyen directamente a la felicidad duradera, en lugar de perseguir los éxitos y los bienes materiales, que por lo común se consideran las claves del bienestar, pero que, en realidad, no lo son. La razón de que estas cosas no te hagan feliz es que uno se habitúa con rapidez a las mejoras circunstanciales de la vida y pierde el entusiasmo que le proporcionan al principio. Por ejemplo, quizá te sientas eufórico con tu coche nuevo durante una o dos semanas, pero después empiezas a acostumbrarte (o quieres un modelo nuevo, más grande, más brillante...). A ese acostumbrarse los psicólogos positivos lo denominan *adaptación hedónica*.

La buena noticia es que puedes aumentar el grado de felicidad con la práctica de períodos relativamente cortos de algunos de los ejercicios y compromisos que recomiendan los psicólogos positivos. Por ejemplo, el profesor de la Universidad de Pensilvania, Martin Seligman, uno de los pioneros en este ámbito, le pidió a un grupo de personas con depresión grave que se conectaran cada noche a una página web y que, después, recordaran y anotaran tres cosas positivas que les hubieran sucedido durante el día. Al cabo de sólo quince noches, más del 90 % había experimentado una mejora y había modificado su depresión de "grave" a "suave o moderada". Cuando se combinaba con la consciencia del momento presente (como se cultiva en la meditación consciente), los ejercicios como éste ayudan a reducir la habituación de la adaptación hedónica y permiten disfrutar y apreciar los regalos que nos brinda la vida.

Encuentra la verdadera felicidad con la meditación

Quizá estés preguntándote cómo combinar toda la información fascinante de este capítulo en una práctica que puedas utilizar para potenciar de veras tu propio bienestar subjetivo. Bueno, por suerte para ti, esta sección te ofrece meditaciones que te ayudarán a cultivar y mejorar esas cualidades que los psicólogos positivos y los meditadores aseguran que contribuyen a la felicidad perdurable. Si has leído las anteriores secciones de este capítulo, ya sabes cuáles son esas cualidades y cómo te harán más feliz. El resto depende de ti. (Si no has leído esos apartados fundamentales, te recomiendo que lo hagas.)

Sobre todo la meditación de atención consciente regular (consulta el capítulo 7) constituye una práctica básica de cualquier programa de la felicidad porque activa directamente los centros del cerebro asociados con las emociones positivas y te ayuda a adquirir perspectiva respecto a los pensamientos y sentimientos negativos que te hunden. Está probado que la meditación del amor compasivo y la meditación con compasión (tratada en el capítulo 11) reconfortan y exaltan las emociones y los estados mentales. Los psicólogos positivos también han descubierto que la práctica de la gratitud mejora el humor de forma rápida y cuantificable. El perdón te ayuda a abandonar cualquier dolor o resentimiento pasados que estén nublando tu felicidad, y saborear y fluir enseñan la alegría de ser en el momento presente. En cuanto al optimismo, bueno, creo que habla por sí mismo.

Si quieres cosechar el fruto de estas meditaciones, escoge las que te parezcan más atractivas y asegúrate de practicarlas con regularidad durante un período largo de tiempo antes de valorar cuánto te han ayudado. La cuestión es realizar cada meditación por sí misma, y no andar comprobando a ver si te encuentras mejor. Y no olvides la importancia de las amistades y la familia, y una implicación activa y significativa en tu vida. Sentarte en silencio y meditar es sólo una forma de generar felicidad; también necesitas alzarte y expresar esas cualidades positivas en el trabajo, en el ocio y en tus relaciones con los demás.

Saborear el momento

La mayor parte del tiempo vives la vida a la carrera, luchando por concluir todas tus tareas, cumplir tus objetivos, cuidar a tus seres queridos y sobrevivir un día más. Por el camino, quizá no logres saborear las pequeñas alegrías y apariciones que te suceden cada día de forma regular: el sol matutino brillando entre los árboles, la sonrisa de un niño, el sabor de un buen bocadillo o de una taza de café recién hecho, el apasionado gorjeo de los pájaros o las palabras amables de un amigo. Cada día está lleno de momentos especiales como esos que tienen el potencial de acrecentar tu felicidad sólo si tú lo permites.

He aquí una meditación para saborear las cosas buenas de la vida:

1. **Escoge una actividad que te guste que normalmente realices a toda prisa, como caminar por la naturaleza, preparar la comida, hablar con un amigo o darte una ducha caliente.**

2. **En lugar de realizar la actividad inconscientemente, trata de poner toda tu atención.**

    Disfruta y acepta el placer, y deja que la actividad tenga un efecto sobre ti. Observa cómo te sientes mientras la realizas. Saborea los sentimientos positivos, como placer, regocijo, relajación, amor, etc.

3. **Si quieres, pruébalo una o dos veces al día durante una semana.**

    Al final de la semana, haz balance de cómo te sientes. ¿Más feliz, optimista o relajado que antes?

Favorecer el flujo

Después de aprender a prestar atención a los momentos placenteros de la vida (consulta el apartado anterior), estás listo para sumergirte por completo en una actividad hasta que te dejes llevar por su energía e impulso y pierdas el contacto con el tiempo y la consciencia de ti mismo. Este estado se denomina *flujo*. Los atletas lo llaman *la zona*.

Para fomentar el flujo, sigue los pasos que se describen a continuación:

1. **Escoge una actividad que verdaderamente te guste realizar.**

   Asegúrate de que es algo que tiene objetivos claros y un *feedback* inmediato, y que te plantea un desafío sin provocarte frustración. Por ejemplo, algunas actividades apropiadas son la jardinería, jugar al tenis, coser un vestido, fabricar un mueble, resolver un problema complejo en el trabajo, mirar un video o echar una partida en un juego de computadora.

2. **Reserva al menos 1 o 2 horas y concede toda tu atención a la actividad. Sumérgete completamente en lo que estás haciendo.**

   Sé consciente de las distracciones, pero no respondas a ellas. No pierdas la concentración en tu actividad durante el tiempo estipulado. (Para ver una descripción más completa del tipo de atención consciente que ayuda a favorecer el flujo, consulta el capítulo 7.)

3. **Cuando hayas concluido la actividad, comprueba cómo te sientes.**

   ¿Has encontrado la actividad más estimulante o satisfactoria que de costumbre? ¿Has perdido la noción del tiempo o de las preocupaciones habituales, como el hambre o la sed?

En último término, el flujo no es algo que puedas hacer más de lo que un atleta puede forzarse a sí mismo en la zona. El flujo simplemente sucede. Puedes aumentar la probabilidad del flujo con la elección de las actividades y la calidad de tu atención.

Desarrollar la gratitud

Cuando piensas en otras personas, ¿te recreas en su forma de decepcionarte, herirte o ignorarte? Cuando piensas en la vida, ¿te centras en que no cumple tus expectativas? ¿O más bien te das cuenta de las numerosas y a menudo invisibles formas en que las demás personas te ofrecen amor y apoyo, y en cómo las circunstancias de la vida favorecen tu bienestar general? Lo creas o no, en realidad tienes el poder de escoger qué perspectiva vas a adoptar.

Te presento un ejercicio diseñado para suscitar gratitud incluso en la persona menos dada al aprecio:

1. **Empieza por sentarte de forma cómoda y respirar profundamente unas cuantas veces.**

2. **Dedica unos minutos a revisar mentalmente todas las cosas buenas que te han sucedido en las últimas 24 horas.**

   Quizá te venga a la cabeza un momento en el que alguien (un amigo, un miembro de tu familia o un transeúnte) te ha tratado con amor o amabilidad. O puede que recuerdes los placeres más simples, como una buena comida, una película estimulante o un paseo por la naturaleza. Déjate sentir y recordar esos momentos.

3. **Reflexiona con el mismo detalle sobre todas las formas en que has contribuido positivamente a la vida de otras personas durante esas mismas 24 horas.**

4. **Deja que la apreciación y la gratitud surjan en tu corazón por esos momentos especiales.**

   Si tienes dificultades para experimentar gratitud, dirige tu atención a tu corazón y conecta con el tierno lugar dentro de él donde sientes emociones como amor y afecto.

5. **Reflexiona de igual modo sobre la semana anterior.**

   Continúa respirando mientras recuerdas todas las cosas positivas que te han sucedido. Si recuerdas cosas negativas, de momento apártalas a un lado.

6. **Si tienes bastante tiempo, extiende gradualmente la meditación al mes pasado, el año pasado, los dos últimos años y los últimos cinco.**

   Recuerda todo lo posible. Siente y recuerda todos los momentos agradables, felices y dichosos, además de todas las cosas positivas que has hecho y todas las veces que los demás te han obsequiado y te han prestado su apoyo.

7. **Deja que los sentimientos de gratitud y apreciación inunden tu corazón.**

Si tienes mucho tiempo, puedes ampliar la meditación precedente a toda tu vida; asegúrate de abarcar los acontecimientos más destacados e incorpora la manera en que tus padres te alimentaron y te apoyaron, e hicieron posible que crecieras hasta llegar a ser la persona que hoy eres. Si guardas algún resentimiento hacia tus padres, practica la meditación del perdón que se describe en el apartado siguiente. Si deseas convertir la gratitud en una parte regular de tu rutina, realiza los cuatro primeros pasos cada noche antes de irte a la cama.

Los ejercicios de gratitud como éste pueden hacer algo más que mejorar tu ánimo. El psicólogo Robert Emmons de la Universidad de California en Davis descubrió que mejoraba su salud física, incrementaba la energía y aliviaba el dolor y la fatiga de los pacientes con enfermedades neuromusculares.

Aprender a perdonar

A lo largo de los años, la mayoría de la gente acumula una pesada mochila llena de viejas heridas y resentimientos que va lastrando y limitando la felicidad. En lugar de vivir en la plenitud y riqueza del momento presente (que es donde ocurre la felicidad, al fin y al cabo) y centrarse en las cosas positivas que tienen (consulta el apartado anterior "Desarrollar la gratitud"), a menudo esas personas se encuentran atrapadas en el pasado, reviviendo el dolor y la decepción que experimentaron entonces.

Mucha gente arrastra una carga especial de culpa, vergüenza e ira hacia sí misma por los errores cometidos y el dolor que han causado a otros. Si no eres capaz de deshacerte de esa carga con la meditación de la gratitud, puedes disolverla activamente con el poder del perdón.

Sigue estos pasos para arrojar la luz del perdón sobre ti mismo y sobre los demás:

1. **Empieza por sentarte con comodidad, respirar profundamente unas cuantas veces, relajar el cuerpo y cerrar los ojos.**

2. **Deja que las imágenes y recuerdos de palabras, acciones, sentimientos y pensamientos por los que nunca te has perdonado te inunden la mente.**

   Quizá heriste a algún ser amado y lo ahuyentaste, cogiste algo que no te pertenecía o dijiste no a una oportunidad y lo lamentaste más tarde.

3. **Piensa en el sufrimiento que has causado y en cuánto has sufrido tú. Déjate sentir el dolor o el remordimiento.**

4. **Reflexiona sobre las lecciones que has aprendido y sobre cómo has crecido y cambiado desde entonces.**

5. **Aplícate el perdón a ti mismo, de forma suave e incondicional.**

   Utiliza palabras y frases como: "Te perdono por todas las faltas cometidas y el sufrimiento infligido. Te perdono por todo el dolor que has causado a otros, ya sea con intención o sin ella.

Sé que has aprendido y has crecido; ahora hay que continuar adelante. ¡Te perdono! Que seas feliz y dichoso. Te dejo entrar de nuevo en mi corazón". (Aquí y en todo el ejercicio, siéntete libre de utilizar tus propias palabras si las encuentras más apropiadas).

6. **Abre tu corazón a ti mismo y deja que se llene de amor.**

Siente cómo se dispersan las nubes que rodean tu corazón.

7. **Imagina una persona a la que amas y hacia la que guardas cierto resentimiento.**

Piensa en cómo te ha herido esa persona. Reflexiona en las veces que tú has herido a otros de la misma forma.

8. **Deja que las nubes que te rodean el corazón continúen dispersándose suavemente, al tiempo que extiendes tu perdón sin reservas a esa persona.**

Mientras extiendes tu perdón a esa persona, utiliza palabras y frases como las siguientes: "Te perdono por las veces que me has causado dolor, ya sea con intención o sin ella. Sé que yo también he herido a otros y los he abandonado. Te perdono con todo mi corazón. Que seas feliz y dichoso. Te dejo entrar de nuevo en mi corazón". Siente que tu corazón vuelve a abrirse a esa persona.

Recuerda: Si durante todo este ejercicio, no sientes que el perdón surge fácilmente y tu corazón no se abre con presteza, no te preocupes ni te culpes: no puedes forzarte a perdonar. Puede que necesites aceptar sentimientos dolorosos de ira, dolor y resentimiento, y sentirlos con toda su plenitud antes de poder perdonar de verdad. Si es así, quizá quieras trabajar con tus sentimientos con ayuda de orientación o terapia, y después retomar la meditación de nuevo cuando te sientas preparado. O simplemente haz el ejercicio sin la intención de perdonar y confía en que tus sentimientos al final surgirán.

9. **Imagina a alguien cuyo perdón querrías obtener y solicita suavemente su clemencia.**

Utiliza frases como: "Por favor, perdóname por lo que hice o dije que te hirió, ya fuera con intención o sin ella. Solicito tu perdón. Por favor, déjame entrar de nuevo en tu corazón".

10. **Imagina que el corazón de esa persona se abre para ti y el amor fluye libremente entre vosotros dos una vez más.**

11. **Imagina una persona hacia la que sientes un gran resentimiento (quizá alguien que has expulsado de tu corazón porque en una ocasión te hizo daño).**

Reflexiona sobre los regalos de la vida

He aquí una sencilla meditación con un impacto potencialmente poderoso. En un estudio desarrollado por el psicólogo positivo Martin Seligman, los sujetos que practicaron una versión de este ejercicio durante quince noches seguidas experimentaron una mejora significativa de su humor general.

1. **Antes de irte a la cama, dedica un tiempo a apuntar tres cosas positivas que te hayan sucedido durante el día.**

   Describe con detalle qué te ha sucedido, incluidos los sentimientos positivos que hayas tenido.

2. **Toma nota de lo que sientes mientras escribes.**

¿Percibes que surge alguna apreciación o gratitud? Si no es el caso, no pasa nada. El objetivo es simplemente escribir sobre las cosas positivas y dejar que los sentimientos se ocupen de sí mismos.

3. **Practica esta meditación cada noche durante una semana.**

   Después, realiza esta práctica al menos tres noches por semana durante los meses siguientes. Si ves que te hace sentir más feliz, puedes mantenerla todo el tiempo que desees.

---

12. Deja que se dispersen suavemente las nubes que te rodean el corazón y extiende sin reservas el perdón a esa persona como se describe en el paso 8.

13. Piensa en las numerosas personas a las que has cerrado tu corazón por el dolor que aparentemente te han causado.

    Siente todas las capas de resentimiento y dolor que has construido alrededor de tu corazón a lo largo de los años.

14. Piensa en las muchas veces que tú has actuado igual que ellas.

15. Imagina a todas esas personas delante de ti y, con el corazón en la mano, perdónalas y solicita su perdón.

    Utiliza palabras y frases como las siguientes: "Te perdono por lo que puedas haber hecho para herirme, ya sea con intención o sin ella. Te perdono. Por favor, perdóname. Abramos mutuamente

Escoge la felicidad

En cada momento puedes elegir haca dónde dirigir tu atención. Si te obsesionas con lo que no tienes o lo que no puedes hacer, tu ánimo decae en picado. Piensa en lo que tienes y puedes hacer, y tu espíritu se eleva. Aunque quizá estés convencido de que tienes que preocuparte y angustiarte para sobrevivir en un mundo implacable y peligroso, lo contrario también es cierto: cuanto más relajado estés, más te esfuerces y dejes que la vida siga su curso, más frutos cosecharás del bienestar psicológico y emocional. Nota cuando tu mente entra en la espiral de la negatividad y, sin más, simplemente cambia de canal. Practicar regularmente la meditación consciente hace mucho más fácil este ejercicio. Toma nota de las cosas positivas de tu vida. Presta atención a la belleza. Conecta con las sensaciones placenteras y las emociones positivas. Recuerda los momentos dichosos. La elección es tuya.

nuestro corazón y vivamos en paz y armonía". De nuevo, siente que se abre tu corazón de par en par y deja que el amor fluya libremente.

16. **Tómate algunos minutos para respirar profundamente y centra tu atención en tu corazón antes de levantarte y seguir con tu rutina.**

Después de practicar la meditación del perdón total unas cuantas veces, puedes utilizarla para extender el perdón a personas determinadas cuando la situación lo requiera. Pero cada vez que practiques el perdón, asegúrate de guardar un poco para ti mismo.

Cultivar el optimismo

Como la gente se anticipa constantemente y sueña con el futuro, su forma de pensar sobre él tiene un profundo impacto en el grado de su felicidad actual. Los pesimistas tienden a pintar el futuro en sombras de negro y gris, y se imaginan impotentes, fracasados, amenazados e incapaces. En cambio, los optimistas imaginan un futuro positivo en colores pastel, con un potencial inagotable de gozo y satisfacción crecientes. Sin embargo, ya tiendas a mirar el lado bueno o el malo de la vida, el optimismo es definitivamente una cualidad que puedes cultivar y nutrir.

Los estudios muestran que imaginar un escenario o acontecimiento en particular tiene el mismo efecto sobre el cerebro que experimentarlo. Por este motivo, dedicar un tiempo cada día a imaginar un futuro positivo puede provocar a su vez sentimientos positivos como placer, satisfacción, realización y alegría. Imaginar un futuro luminoso también prepara la mente para actuar de modo más significativo y satisfactorio.

A continuación, te presento una meditación para cultivar el optimismo:

1. **Empieza por sentarte con comodidad, cierra los ojos y respira profundamente unas cuantas veces.**

2. **Dedica 5 minutos a imaginar el mejor futuro posible para ti.**

   Procura ser lo más detallado posible y tener en cuenta todas las parcelas de la vida: carrera profesional, relaciones, creatividad, etc. ¿Dónde te encuentras ahora? ¿Quién está contigo? ¿Dónde trabajas? ¿Qué estás consiguiendo y disfrutando? ¿Qué haces para divertirte? ¿Cómo te sientes?

3. **Durante los próximos 15 minutos, expresa por escrito el mejor futuro posible para ti.**

   Descríbete a ti mismo y tu vida con el máximo detalle posible.

La creadora de este ejercicio, Laura King, profesora de psicología de la Universidad de Missouri, descubrió que los participantes que pasaban 20 minutos al día durante cuatro días escribiendo descripciones narrativas de su mejor futuro posible mostraban una mejora inmediata del ánimo positivo, continuaban felices varias semanas después e incluso padecían menos dolencias físicas que los que escribían sobre otros temas.

Capítulo 17

Cómo meditar en la vida diaria

. . . .

En este capítulo

▶ Recibe algunas sugerencias para extender la meditación a tus actividades cotidianas

▶ Fíjate en cómo reaccionas a las situaciones y haces ajustes a tu vida de acuerdo con esto

▶ Comparte los beneficios de la meditación con tu pareja y tu familia

▶ Descubre los placeres secretos del sexo meditativo

. . . .

*E*n alguna parte de este libro, comparo la meditación con un laboratorio en el que experimentas cómo prestar atención a tu experiencia y descubrir cómo cultivar cualidades como la paz, el amor y la felicidad. Bien, los descubrimientos que haces en el entorno controlado de un laboratorio tienen sólo un valor limitado hasta que puedas aplicarlos a las situaciones y problemas de la vida real; y las habilidades y sentimientos apacibles que tienes en tu cojín de meditación no te llevarán muy lejos a menos que tú hagas lo mismo. De hecho, éste es todo el objeto de la meditación: ayudarte a vivir una vida más feliz, más plena y más libre de estrés.

A medida que te haces más experto en estar atentamente consciente durante la meditación formal, de una manera natural te vuelves mejor en prestar atención consciente a todo lo que se te presenta, tanto sobre el cojín como fuera. Aun así, puede resultarte útil recibir algunos consejos sobre cómo extender la práctica de la atención consciente para poder mantenerte abierto, presente y atento en cada momento, incluso en medio de circunstancias retadoras como conducir en hora punta, hacer recados, labores domésticas, cuidar a los niños o hacer frente a situaciones estresantes en el trabajo. Además, puedes descubrir cómo utilizar la meditación para mejorar la calidad de tu vida familiar y de tus relaciones íntimas, incluyendo el encuentro más íntimo de todos: hacer el amor.

Sé paz en cada paso: extender la meditación en la acción

Ésta es una cita que expresa el espíritu de la meditación en acción mejor que lo que yo pueda decir. Está tomada del libro *Peace is Every Step (Hacia la paz interior)* del monje budista vietnamita Thich Nhat Hanh.

> Cada mañana, cuando despertamos, tenemos 24 horas totalmente nuevas para vivir. ¡Qué precioso regalo! Tenemos la capacidad de vivir de forma que estas 24 horas traigan paz, alegría, y felicidad, a nosotros y a los demás... Cada respiración, cada paso puede estar lleno de paz, alegría y serenidad. Sólo necesitamos estar despiertos, vivos en el momento presente.

La persona que escribió estas palabras no es ni un ermitaño ni un optimista; ha experimentado la práctica de la atención consciente en épocas sumamente difíciles. Durante la guerra de Vietnam trabajó incansablemente por la reconciliación de las facciones en lucha en su tierra natal, y creó y dirigió la Delegación Budista de Paz para las conversaciones de París. Por sus esfuerzos, Martin Luther King lo nominó para el Premio Nobel de la Paz. Desde entonces, Thich Nhat Hanh ha enseñado activamente una mezcla de vida en atención consciente y responsabilidad social, y a donde quiera que va personifica la paz que apoya.

Como sugiere Nhat Hanh, tú necesitas estar despierto y vivo en el momento presente; después de todo, es el único momento que tienes. Incluso los recuerdos del pasado y los pensamientos sobre el futuro se producen en este momento, en el presente. Si no despiertas y hueles las flores, saboreas tu comida y ves la luz en los ojos de tus seres amados, pasarás por alto la belleza y lo precioso de tu vida según se despliega. Thich Nhat Hanh dice: "Cada pensamiento, cada acción, a la luz de la consciencia se vuelve sagrado".

En un nivel más práctico, sólo puedes reducir el estrés saliendo de tu cabeza (donde todos los pensamientos y las emociones estresantes compiten por tu atención) y estando presente en lo que está ocurriendo ahora mismo. Una vez que aprendas a estar presente en tu meditación, necesitas seguir estando presente una y otra vez, momento tras momento; de otro modo, volverás a caer en tus viejos hábitos estresantes. Además, la consciencia atenta de lo que estás haciendo y experimentando puede proporcionarte enormes beneficios, incluidos los siguientes:

✔ Más concentración, eficiencia y precisión en lo que haces.

✔ Una experiencia de fluidez y armonía sin esfuerzo.

✔ Reducción del estrés, porque la mente no está distraída por tus preocupaciones habituales.

✔ Aumento del disfrute de la riqueza y plenitud de la vida.

✔ Más disponibilidad y presencia; y la capacidad de abrir tu corazón y de ser tocado o afectado por los demás.

✔ Conexiones más profundas con los seres amados y los amigos.

✔ Una apertura a la dimensión espiritual de la vida.

Ahora bien, no tienes que ser un monje budista para practicar la atención consciente; puedes despertar y estar presente en medio de las actividades más prosaicas, pero, ciertamente, puedes sacar ventaja de algunas técnicas y trucos que han desarrollado los grandes maestros de meditación, técnicas que describo en las secciones siguientes.

Vuelve a tu respiración

A veces uno siente que se está moviendo con demasiada rapidez y controlando demasiados asuntos a la vez como para saber cómo (o dónde) estar presente. "¿Dónde pongo mi atención cuando las cosas pasan demasiado de prisa?", puedes preguntarte. Al igual que puedes empezar tu práctica formal de meditación contando o siguiendo las respiraciones (consulta el capítulo 7), siempre puedes volver a la experiencia sencilla y directa de respirar, incluso en las circunstancias más complicadas. No importa cuántas otras cosas puedas estar haciendo, siempre estás respirando; y la experiencia física de inspirar y espirar proporciona un amarre fiable para tu atención en los momentos de más estrés. Después, cuando hayas empezado a prestar atención a tu respiración, puedes expandirte gradualmente para incluir la consciencia atenta de las otras actividades.

Además, prestar atención consciente a tu respiración tranquiliza gradualmente la mente al apartar la consciencia de los pensamientos y disminuir el ritmo del cuerpo. Con la mente y el cuerpo sincronizados, empiezas a sentir una tranquilidad natural y una armonía interior que las circunstancias externas no pueden perturbar con facilidad.

Puedes empezar por detener lo que estás haciendo durante un momento y sintonizarte con los movimientos de tu respiración. Tu atención puede ser atraída por el subir y bajar de tu abdomen mientras respiras o por la sensación del aire mientras entra y sale por la nariz. Presta atención a estas sensaciones durante cuatro o cinco respiraciones, disfrutando la simplicidad y lo directo de la experiencia. Cuando respiras con consciencia, estás conscientemente despierto y vivo en el momento presente. Entonces, reanuda tus actividades normales mientras continúas atento a tu respiración. (Si encuentras esta consciencia multidimensional demasiado confusa o complicada, puedes simplemente volver a tu respiración de vez en cuando.)

Escucha la campana de la atención presente

Tradicionalmente, los monasterios usan campanas y gongs para recordar a los monjes y monjas que detengan lo que están haciendo, liberen sus pensamientos y ensoñaciones y vuelvan su atención al momento presente. Como ni tú ni yo vivimos con campanas, Thich Nhat Hanh sugiere que utilicemos los sonidos recurrentes de nuestro entorno para que suavemente nos recuerden que debemos despertar y estar atentos.

Por ejemplo, puedes poner el despertador para que suene cada hora, y cuando lo haga, puedes detenerte, disfrutar de tu respiración durante 1 minuto o 2 y después reanudar tus actividades cotidianas (con más consciencia, por supuesto). O puedes oír la campana de la atención consciente en el timbre del teléfono, en el sonido de la computadora cuando te informa de un error o en el pitido que se dispara en tu coche antes de que te abroches el cinturón de seguridad. Recuerda solamente detenerte, disfrutar de tu respiración y continuar con mayor consciencia y vivacidad.

Incluso lo que no es sonido puede ser un excelente recordatorio. Cada vez que te encuentres un semáforo en rojo, por ejemplo, en lugar de consumirte en la frustración o la ansiedad, puedes recordar sintonizarte, respirar profundamente y soltar la tensión y la aceleración. O puedes permitir que los momentos de belleza te despierten: una flor hermosa, la sonrisa de un niño, la luz del sol a través de la ventana, una taza de té caliente... Y por otra parte, siempre puedes comprar una campana de meditación y hacerla sonar de vez en cuando como un recordatorio especial.

Disfruta de la comida comiendo con consciencia atenta

¿Alguna vez has terminado de almorzar o de cenar, por ejemplo, y te has preguntado qué ha pasado con la comida? Puedes recordar que al principio la estabas disfrutando pero después, de repente, te das cuenta de que tu plato está vacío y no puedes recordar un solo bocado en el medio. Quizá te has pasado el tiempo hablando con un amigo, leyendo el periódico, preocupándote por tu cuenta bancaria o por tu relación afectiva.

He aquí una meditación para ayudarte a ser atentamente consciente de lo que te llevas a la boca. No sólo disfrutarás de la comida como nunca antes, sino que tu forma de comer con atención facilitará tu digestión porque reduce las tensiones que llevas a la mesa. (Dadas las exigencias del trabajo y la familia, es muy probable que no puedas comer tan meditativamente todo el tiempo, pero de todas formas puedes aplicar un poco de atención consciente a cada comida, sin importar lo poco convencional que sea.) Hay que seguir estos pasos:

1. **Empieza por desconectar todos los dispositivos electrónicos.**

   Apaga el teléfono móvil, la computadora, la tableta y el reproductor de música o la PDA. No te preocupes. Sobrevivirás 10 o 20 minutos desconectado.

2. **Antes de empezar a comer, tómate un poco de tiempo para apreciar la comida.**

   Puede que quieras reflexionar al estilo zen sobre la tierra y el sol que han dado vida a esa comida, y en la gente y su esfuerzo que han hecho posible que ahora esté en tu mesa. O puedes expresar tu agradecimiento a Dios o a algún espíritu, o simplemente sentarte en silencio y sentirte agradecido por lo que tienes. Si estás comiendo con otras personas, puede que queráis cogeros de la mano, sonreíros mutuamente o conectaros de alguna manera.

3. **Lleva la consciencia a tu mano mientras levantas el primer bocado hasta los labios.**

   Puedes experimentar con la costumbre que hay en ciertas tradiciones monásticas de comer con más lentitud de lo habitual. O, simplemente, comer a tu velocidad habitual, pero tan atento como puedas.

4. **Sé plenamente consciente mientras el primer trocito de comida entra en tu boca e inunda tus papilas gustativas con sensaciones.**

   Fíjate en la tendencia de la mente a evaluar los sabores: "Está demasiado condimentado o salado", o "No es lo que esperaba". Fíjate en cualquier emoción que pueda agitarte: desengaño, alivio, irritación, alegría. Sé consciente de las oleadas de placer o calor u otras sensaciones físicas. ¡Disfruta la comida!

5. **Si hablas mientras comes, fíjate en cómo te afecta la charla.**

¿Algunos temas te ponen tenso o te producen indigestión? ¿La charla te aparta del disfrute de la comida, o puedes tenerlos ambos?

6. Permanece atentamente consciente de cada bocado mientras comes.

Esta parte es probablemente la más difícil, porque la mayoría de la gente tiene una tendencia a distraerse una vez que saben a qué sabe la comida. Pero puedes continuar disfrutando el sabor con frescura, bocado tras boca-

do. (Si te distraes, puedes detenerte y respirar durante un momento antes de empezar a comer de nuevo.)

7. Para facilitar tu atención consciente, puede que quieras comer en silencio de vez en cuando.

Puede parecer extraño al principio, pero tal vez descubras que una comida en silencio puede proporcionarte un nutritivo respiro de las presiones de la vida.

Repite una frase que te ayude a estar atento conscientemente

La tradición judía tiene oraciones especiales para casi todas las ocasiones —desde ver un relámpago hasta comer un trozo de pan— que están diseñadas para recordar al creyente que Dios está presente constantemente. Los budistas utilizan versos cortos que los animan a volver a la simplicidad sin adornos del ser en cada momento. Los cristianos dan las gracias antes de las comidas, al irse a dormir y en otras ocasiones propicias. Diferentes a los *mantras* —palabras o frases breves repetidas una y otra vez (descritas en los capítulos 3 y 15)—, estos versos o plegarias difieren de una situación a otra y tienen un mensaje único que transmitir.

Por ejemplo, Thich Nhat Hanh sugiere entonar en silencio el verso siguiente para realzar tu atención consciente y convertir tu respiración consciente en una oportunidad para relajarte y disfrutar de tu vida:

Inspirando calmo mi cuerpo.
Espirando, sonrío.
Permaneciendo en el momento presente,
sé que éste es un momento maravilloso.

Coordina el primer verso con la inspiración, el segundo con la espiración y así sucesivamente. Asegúrate de hacer lo que estás diciendo. Es decir, calmar el cuerpo, sonreírte a ti mismo (consulta el recuadro "Practica una sonrisa a medias", más adelante en este capítulo), y aprecia este momento presente. Cuando le cojas el tranquillo, puedes decir simplemente: "Calmar, sonreír, momento presente, momento maravilloso". Si no te gusta la terminología de Nhat Hanh, siéntete libre de inventar versos propios para las situaciones cotidianas como respirar, comer, bañarse, trabajar, incluso hablar por teléfono o ir al baño.

Libérate de la tiranía del tiempo

Muchas personas sienten que sus agendas les controlan la vida y no les dejan espacio para conectarse consigo mismas o con las personas que aman.

Pero no tienes que dejar que el reloj te controle. Tal vez no seas capaz de liberar tu horario, pero definitivamente puedes liberar la relación que estableces con el tiempo.

He aquí unas cuantas indicaciones para hacerlo, que he adaptado del libro *Full Catastrophe Living (Vivir con plenitud las crisis)* de Jon Kabat-Zinn:

✔ **Recuerda que el tiempo es una convención útil creada por nuestra mente para ayudarnos a organizar nuestras experiencias.** No tiene realidad absoluta, como descubrió Einstein. Cuando te estás divirtiendo, el tiempo vuela; cuando estás aburrido o con dolor, los minutos parecen durar eternamente.

✔ **Vive en el momento presente tanto como te sea posible.** Como el tiempo es creado por el pensamiento, tú caes en la dimensión sin tiempo cuando echas a un lado la mente pensante y estableces tu atención en el aquí y el ahora. En cuanto empiezas a planear para el futuro o a lamentar el pasado,

inmediatamente estás atado de nuevo por las presiones del tiempo.

✔ **Tómate un tiempo para meditar cada día.** La meditación te enseña a estar presente y proporciona la entrada más efectiva al reino del no tiempo. Como lo expresa Jon Kabat-Zinn: "Solamente al comprometerte a practicar el no hacer, a soltar el esfuerzo, a no juzgar… nutre la intemporalidad en ti".

✔ **Simplifica tu vida.** Cuando llenas tu vida con búsquedas y hábitos triviales que te hacen perder el tiempo, no es de extrañar que no te quede el suficiente para las cosas que realmente te importan. Haz balance de lo que haces con tu día, y considera la posibilidad de dejar unas cuantas actividades que no alimentan tu intención más profunda de aminorar el ritmo y conectarte contigo mismo.

✔ **Recuerda que tu vida te pertenece.** Aunque puedes tener una familia de la que ocuparte o un empleo que requiere tu atención, ten en cuenta que tienes derecho a repartir tu tiempo según tu elección. No estás engañando a la gente con la que convives si te tomas media hora cada día para meditar.

Llévate la meditación al trabajo

Con plazos apretados, controles de rendimiento y la amenaza de recortes en el personal, el entorno de trabajo con exceso competitivo de hoy en día ejerce presiones extraordinarias sobre empleados y jefes. Incluso los trabajos tradicionalmente estables como la enseñanza y la medicina están experimentando un estrés laboral sin precedentes, con la presencia de controles estandarizados, más alumnos por clase, más expedientes informatizados y muchos más pacientes por médico. Pero cualquiera que sea tu situación laboral, puedes reducir tu estrés siguiendo estas sugerencias para meditar mientras trabajas:

✔ Todas las mañanas antes de salir, puedes reforzar tu resolución de mantenerte tan calmado y relajado como te sea posible. Si puedes, medita un breve momento antes de salir para establecer el tono del día.

✔ Al estar atentamente consciente de tu experiencia, puedes descubrir las sensaciones que en realidad te estresan y después evitarlas o cambiarlas tanto como te sea posible. El trabajo ya puede ser suficientemente exigente sin tener que echarse encima más de lo que se pueda controlar.

✔ Fíjate en cómo tu mente aumenta el estrés, por ejemplo, alimentando las afirmaciones negativas sobre ti mismo como "Soy un fracaso" o "No tengo lo que se necesita" o imaginando que estás a punto de caer en una encerrona o que tu jefe y tus compañeros de trabajo están conspirando contra ti. Aparta suavemente a un lado tus imaginaciones y vuelve a prestar atención consciente a lo que estás haciendo.

✔ En vez de andar merodeando cerca de la máquina de café y añadiendo cafeína a tu larga lista de sustancias tensionantes, utiliza tus descansos para meditar en silencio en tu oficina o cubículo. Te levantarás más relajado y fresco.

✔ Come con personas que te caigan bien, o en silencio y solo. También puedes caminar o hacer otro tipo de ejercicio durante tu descanso: una forma estupenda de liberar el estrés.

✔ Cada hora tómate unos minutos para dejar de hacer lo que estás haciendo, respirar profundamente, seguir la respiración y levantarte, estirarte o caminar un poco.

✔ Practica utilizar la sonrisa a medias para irradiar bienestar hacia ti y tus compañeros. Cuando tengas contacto con los demás, hazlo con una actitud cálida y amistosa. Un meditador que conozco contaba que él cambiaba el mal humor en su oficina sonriendo deliberadamente y generando buena voluntad.

Fíjate en cómo te afectan las situaciones

Cuando empieces a expandir tu práctica formal de atención consciente desde la respiración hacia toda la gama de tu experiencia sensorial (consulta los capítulos 7 y 12), también puedes llevar esta consciencia interior a tus otras actividades. En vez de perder contacto contigo mientras ves la tele, estás conduciendo o trabajas en la computadora, puedes mantener lo que uno de mis maestros llama *consciencia dual*, es decir, consciencia simultánea de lo que está ocurriendo en torno a ti y de cómo te afecta la situación o la actividad.

Gradualmente puedes empezar a darte cuenta de que conducir demasiado de prisa te tensiona, que ver ciertos programas de televisión te pone nervioso o que hablar durante horas por teléfono te quita mucha energía. No necesitas reflexionar o centrarte a fondo en lo que descubres. Sólo toma nota delicadamente. Si estás muy motivado para cosechar los beneficios de la meditación que practicas tan diligentemente, verás cómo de forma natural te irás apartando de las situaciones que te estresan (como malos hábitos, búsqueda incesante de diversión, cierta gente y entornos de trabajo) e inclinándote hacia situaciones que te ayudan a sentirte calmado, relajado, armonioso y conectado contigo mismo y con los demás.

Cuando tu sufrimiento y tu estrés están basados en tus patrones habituales y en tus emociones difíciles (consulta el capítulo 11), puedes utilizar la consciencia dual para darte cuenta de tu reactividad y crear un espacio interior para experimentarla y reconciliarte con ella, en vez de exagerarla en relación con los demás.

Aplica la meditación a actividades conocidas

Todo lo que hagas o experimentes puede proporcionarte una oportunidad de practicar la atención consciente. Pero tal vez quieras empezar con algunas de tus actividades habituales, las que posiblemente ahora estés haciendo con el piloto automático mientras fantaseas, te distraes o te obsesionas. La verdad es que incluso las tareas más rutinarias pueden ser agradables y vivificantes cuando las haces con atención y cuidado sinceros. En la siguiente sección, hago una lista de actividades comunes con unas cuantas sugerencias para infundirles atención consciente.

Lavar los platos

Si dejas a un lado tus prejuicios, que pueden insistir en que deberías estar haciendo algo más importante o constructivo con tu tiempo, y en vez de ello sencillamente lavas los platos —o barres el suelo, o limpias el baño— puedes descubrir que en realidad disfrutas de la actividad. Siente el contorno de los platos y los vasos mientras los lavas. Fíjate en el olor y lo resbaladizo del jabón, el sonido de los cubiertos, la sensación satisfactoria de retirar los restos de comida y dejar los platos limpios y preparados para el uso.

Trabajar en la computadora

A medida que te quedas absorto en la información que parpadea en la pantalla, puedes sentir que pierdes contacto con tu cuerpo y lo que te rodea. Haz una pausa de vez en cuando para seguir la respiración y fijarte en cómo estás sentado. Si estás empezando a ponerte tenso e inclinar la cabeza hacia adelante, endereza suavemente la columna (como se describe en el capítulo 8) y relaja el cuerpo. Durante las sucesivas pausas en tu trabajo, vuelve a tu cuerpo, respira y relájate.

Conducir el coche

¿Qué podría ser más estresante que conducir en hora punta? Además de las paradas y arranques constantes, debes estar pendiente de los posibles problemas que puedan surgir de repente y que podrían suponer una amenaza para tu seguridad. Además, añades más estrés cuando te das prisa para llegar a tu destino más rápido de lo que realmente se puede y te enfadas e impacientas en el proceso.

Como un antídoto contra el estrés, puedes practicar la atención consciente mientras conduces. Respira profundamente unas cuantas veces antes de empezar y vuelve a tu respiración una y otra vez mientras conscientemente te liberas de la tensión y el estrés. Siente el volante en las manos, la presión de los pies contra los pedales, el peso de tu cuerpo sobre el asiento. Siente tu tendencia a criticar a los otros conductores, a distraerte, a enfadarte e impacientarte. Presta atención a la forma en como la música o los programas que escuchas por la radio afectan a tu humor mientras conduces. Cuando despiertas y prestas atención, puedes sorprenderte al darte cuenta de que tú y las personas que te rodean están en realidad conduciendo esos montones de plástico y metal de mil kilos con seres preciosos y vulnerables dentro. Como resultado, es posible que empieces a sentirte más inclinado a conducir cuidadosamente y de forma más segura.

Hablar por teléfono

Cuando te enfrasques en una conversación, permanece conectado con tu respiración y fíjate en cómo te afecta. ¿Algunos temas te producen ira, miedo o tristeza? ¿Otros te traen placer o alegría? ¿Te pones a la defensiva? Fíjate también en qué te mueve o te motiva a hablar. ¿Intentas influir en esa persona o convencerla de alguna manera? ¿Tienes una agenda oculta de celos o resentimiento, o posiblemente un deseo de ser amado o apreciado? ¿O estás sencillamente abierto y respondes a lo que se te dice al momento, sin el revestimiento del pasado y del futuro?

Ver la tele

Al igual que cuando trabajas en la computadora, cuando enciendes la tele puedes olvidarte fácilmente de que tienes un cuerpo (para más información sobre la meditación y la televisión, consulta el capítulo 9). Tómate un descanso durante los anuncios, sigue tu respiración y fija tu consciencia en el momento presente. Camina un poco, mira por la ventana, conéctate con los miembros de tu familia. (Como mucha gente, puedes utilizar la comida para anclarte en tu cuerpo mientras ves la tele, pero no funcionará a menos que estés atento a lo que estás comiendo; además, comer sin fijarse tiene su precio, como te dirá cualquier teleadicto.)

Hacer ejercicio

El ejercicio físico te proporciona una oportunidad maravillosa de cambiar tu consciencia de la mente a los movimientos simples y repetitivos de tu cuerpo. Desafortunadamente, mucha gente se pone los auriculares, enciende su reproductor de música y se evade.

La próxima vez que uses los aparatos para hacer ejercicio o que asistas a la clase de aeróbic, proponte seguir tu respiración tanto como puedas. Incluso si la rutina es desafiante, puedes seguir volviendo a tu respiración. O sencillamente sé consciente de tu cuerpo mientras te mueves, de la flexión de los músculos, del contacto con el aparato (o el suelo), los sentimientos de calidez, de placer o de esfuerzo.

Fíjate también en lo que te lleva a hacer ejercicio. ¿Te preocupas por tu imagen corporal o te obsesionas con tu peso? ¿Fantaseas sobre tu nuevo físico y así te olvidas de estar presente en lo que está ocurriendo en ese momento? Fíjate solamente, y después retorna a tu experiencia; tal vez empieces a disfrutar tanto de tu cuerpo que dejes de preocuparte por cómo te ven los demás.

"¡Atención, atención, atención!"

Con su énfasis en el trabajo duro y su apreciación por lo común, la tradición zen tiene muchas historias que ensalzan los beneficios de la consciencia presente en las actividades cotidianas. Éstas son dos de mis favoritas.

En la primera, un hombre de negocios va a ver a un famoso maestro y le pide que dibuje los caracteres japoneses que expresan de forma más precisa el espíritu del zen. El maestro dibuja sólo una palabra: "atención".

"Pero el zen debe de tratar de algo más que de esto", se queja el hombre de negocios.

"Sí, tienes razón", replica el maestro, y dibuja el mismo carácter bajo el primero: "Atención, atención".

Ahora el hombre de negocios se enfurece. "Me está tomando el pelo", dice rabioso, con la cara roja de la rabia.

Silenciosamente, el maestro añade un tercer carácter y se lo enseña a su irascible visitante. Ahora en el rollo puede leerse: "Atención, atención, atención".

En la segunda historia, un monje errante llega a un famoso monasterio y empieza a subir por el camino que lleva a la montaña, cuando de repente ve una hoja de lechuga que baja flotando por el arroyo de montaña. "Hum —musita para sí—, cualquier maestro que deja que sus discípulos preparen la comida tan descuidadamente no merece ni mi tiempo ni mi atención."

Justo cuando está dando la vuelta para marcharse, ve al cocinero jefe en persona, con el hábito flotando al viento, bajando apresuradamente por el camino para recoger la hoja extraviada.

"Ah —piensa el monje visitante mientras cambia de dirección una vez más— ¡quizá debería quedarme aquí y estudiar durante un tiempo, después de todo!"

La familia que medita junta: compañeros, hijos y otros seres amados

Si eres un meditador principiante, la vida familiar presenta un doble reto. Por una parte, puedes sentirte inclinado a invitar, animar o incluso presionar a tus seres queridos a meditar contigo. Por otra, puedes descubrir que las personas más cercanas a ti perturban tu recién descubierta y frágil paz mental, de una manera que nadie más puede hacer.

Por ejemplo, sólo tu esposa, esposo o tu pareja puede conocer de forma precisa aquellas palabras que particularmente te afectan o que te evocan un sentimiento herido. Y puede que tus hijos tengan una capacidad única para poner a prueba tu paciencia o desafiar tu deseo de que las situaciones se desarrollen de cierta manera. (Si alguna vez has tratado de relajarte y seguir la respiración mientras tu hijo que empieza a andar tiene una rabieta o tu hijo adolescente trata de explicar por qué llegó a casa a las dos de la mañana la noche anterior, ya sabes de lo que estoy hablando.)

Evidentemente puedes encontrar formas de incorporar la práctica formal de la meditación a tus relaciones más íntimas, siempre que tus seres amados sean receptivos a tus esfuerzos. Pero, tengan o no interés en la meditación, aún puedes utilizar los lazos que te unen a ellos como una oportunidad excepcional de prestar atención consciente a tus patrones habituales de reacción y comportamiento (para más información sobre cómo hacerlo, consulta el capítulo 12). En último término, de hecho, la vida familiar tiene la capacidad de abrir tu corazón como no puede hacerlo ninguna otra cosa.

Meditar con niños

Cuando te entusiasmes con la meditación, tal vez quieras transmitir los beneficios a tus hijos (o nietos o ahijados o sobrinos). O ellos pueden darse cuenta sencillamente de que tú pasas un tiempo todos los días sentado en silencio y pueden interesarse en acompañarte. (Los niños más pequeños especialmente imitarán cualquier cosa que hagan sus padres.) Si tus hijos expresan curiosidad, desde luego dales instrucciones breves e invítalos a meditar contigo, pero no esperes que perseveren. Los niños pequeños tienen lapsos de atención limitados, y los más mayores pueden tener otros intereses que encuentren más irresistibles.

Como puedes haber notado, los niños de menos de seis o siete años ya pasan mucho tiempo en un estado alterado de asombro o deleite (cuando no están gritando con toda la fuerza de sus pulmones, por supuesto). En vez de enseñarles cómo meditar de manera formal, únete a ellos tanto como puedas. Atrae su atención a los pequeños detalles maravillosos de la vida y anímalos a observar sin interpretar ni juzgar. Coge una hoja y examínala detenidamente con ellos, mira las hormigas que hay en el suelo, mirad las estrellas juntos. Para proteger el desarrollo de su capacidad natural de meditar, limita el tiempo de televisión, que ahoga la curiosidad y la fantasía, y evita empujarlos a que desarrollen el intelecto demasiado temprano.

Si los chicos mayores muestran interés, siéntete libre de presentar prácticas de meditación formal como seguir la respiración o recitar un mantra, pero procura que en lo posible sean ligeras y divertidas; y permite que los chicos hagan las prácticas o no, según se sientan movidos a ello y no según una estructura o plazo predeterminado. La meditación en realidad tendrá mayor impacto en tus hijos al hacerte a ti más calmado, más feliz y menos reactivo. A medida que te vean cambiar para mejor, tal vez sean atraídos de forma natural a la meditación, porque desearán cosechar los mismos beneficios.

Meditar con la pareja y con miembros de la familia

Como la oración, la meditación puede unir a la familia. (Por familia también me refiero a compañeros y esposas.) Cuando te sientas en silencio con otra gente, incluso durante unos cuantos minutos, te sintonizas de forma natural con un nivel más profundo del ser, donde las diferencias y los conflictos no parecen tan importantes. Podéis practicar también técnicas específicas en las que, por ejemplo, practiquéis abrir el corazón y enviar y recibir amor mutuamente (consulta el recuadro "Conéctate más profundamente con tu pareja o amigo"). Si los miembros de tu familia están dispuestos, podéis incorporar prácticas meditativas en la rutina habitual, por ejemplo, sentarse en silencio juntos durante unos minutos antes de la comida, o reflexionar antes de ir a la cama sobre las cosas buenas que han ocurrido durante el día.

Los rituales familiares ofrecen una oportunidad maravillosa de practicar la atención consciente juntos y de conectarse en una forma más profunda y humana. Si invitas a los miembros de tu familia a acompañarte mientras cocinas o trabajas en el jardín con atención consciente, pueden empezar a darse cuenta de la calidad de tu atención y seguir tus pasos. Por supuesto, siempre puedes sugerir cocinar, comer o trabajar de una forma nueva y diferente (puede que prefieras usar palabras como "amor" o "cuidado", en lugar de "atención consciente"), pero tu ejemplo tendrá un impacto mayor que las instrucciones que des. También puedes practicar comer meditativamente con tu familia de manera ocasional (consulta el recuadro "Disfruta de la comida comiendo con consciencia atenta", anteriormente en este capítulo), pero asegúrate de conservarla jovial, amorosa y relajada.

Hacer el amor meditativamente

"¿Para qué quiero meditar mientras hago el amor? —puedes preguntarte—. Mi pareja y yo ya nos lo pasamos estupendamente, ¿qué podría añadirse a la experiencia?" Bien, tengo una respuesta interesante: puedes realzar enormemente tu actividad de hacer el amor al darle tu atención sincera y completa. Muchos hacen el amor con la mente, fantasean sobre el sexo no sólo cuando están solos, sino también cuando están realizando el acto sexual con su pareja. Pero el verdadero "hacer el amor" ocurre en el aquí y el ahora, caricia tras caricia, sensación tras sensación. Cuando te distraes o sueñas despierto, te pierdes la mejor parte y reduces tu placer y satisfacción en el proceso.

Las personas que aman meditativamente cuentan que experimentan una receptividad mayor, orgasmos más intensos y satisfactorios y que implican todo el cuerpo. Los hombres en particular dicen que pueden durar más y las mujeres que pueden alcanzar el orgasmo con más frecuencia. Y quizá más importante aún: la consciencia sin reservas, atenta, te ayuda a infundir más amor a tu acto sexual, te permite conectarte más profundamente con tu pareja y puede de verdad transformar el sexo en una experiencia espiritual.

Abrazar sin reservas

En vez de practicar la meditación formal con tus hijos, puedes convertir el acto sencillo y cotidiano de abrazar en una oportunidad de respirar y estar presente. La próxima vez que abraces a tus hijos, fíjate en cómo lo haces. ¿Te pones tenso o los mantienes a distancia? ¿Retienes el aliento, te distraes o retienes tu amor porque estás irritado o molesto? ¿Te das prisa para poder seguir con otras cosas "más importantes"? Puedes sorprenderte de lo que descubras. (Por supuesto puedes sentirte muy feliz de la forma en que abrazas, ¡en cuyo caso puedes ignorar el resto de este recuadro!)

En vez de juzgarte, puedes practicar una manera diferente de abrazar. La próxima vez que abraces a tus hijos (o a tu pareja, a tus amigos o a otros miembros de la familia), realiza una pausa mientras lo hagas, relaja el cuerpo e inspira y espira con consciencia tres o cuatro veces. Si te parece, puedes apoyar tu consciencia en el corazón y enviarles conscientemente tu amor (para más información sobre abrir el corazón y extender el amor, consulta el capítulo 11). Puedes descubrir que disfrutas más el abrazar y que tus hijos se sienten más amados cuando lo haces.

Aquí tienes unas cuantas orientaciones para hacer el amor de forma meditativa. Te recomiendo encarecidamente que las compartas con tu pareja si estás interesado/a, pero recuerda que con sólo aplicarlas tanto como te sea posible, puedes mejorar la calidad de tu unión sexual e incluso animar a tu pareja a seguirte.

- ✔ **Conéctate con el amor que hay entre ambos.** Antes de hacer el amor, tomaos unos minutos para conectaros de una manera sincera y amorosa. Podéis miraros emotivamente a los ojos o daros un masaje o suspirar dulces palabras de amor (o hacer el ejercicio "Conéctate más profundamente con tu pareja o amigo"), cualquier cosa que te ayude a soltar las defensas y abrir el corazón.

- ✔ **Observa lo divino en tu pareja.** En las prácticas sexuales meditativas tradicionales de la India y el Tíbet, las parejas se visualizan mutuamente como dios y diosa, la encarnación del masculino y el femenino divinos. Quizá no estés preparado para ir tan lejos, pero puedes reconectarte con los sentimientos de reverencia y devoción que sentías por tu pareja cuando te enamoraste.

- ✔ **Debes estar presente; regresa cuando te dejes arrastrar.** Después de que hayáis establecido la conexión entre vuestros genitales y vuestro corazón, podéis empezar a tocaros amorosamente, con tanta consciencia como podáis reunir. Cuando empieces a fantasear o a distraerte, vuelve con delicadeza al momento presente. Si algún sentimiento no resuelto, como el resentimiento o el sentimiento herido, te impiden conectarte sin reservas con tu pareja, no finjas, detente y hablad de ello hasta que os reconectéis.

- ✔ **Aminora el ritmo y sintonízate.** Fíjate en cualquier tendencia que tengas de pasar al piloto automático, en especial cuando la pasión se incremente. En su lugar, disminuye el ritmo y sintonízate con toda la gama de tus sensaciones, en vez de concentrarte sólo en los genitales. Disfrutarás más del acto sexual y descubrirás que tienes un mayor control sobre tu energía. Asegúrate de sintonizarte también con tu pareja, y siéntete libre de preguntarle cómo quiere que la/lo toques.

- ✔ **Recuerda respirar.** En plena ebullición pasional, la mayoría de la gente tiene una tendencia a retener el aliento. Por desgracia, esta respuesta puede suprimir tu placer y apresurar el clímax (si eres un hombre) o inhibir el orgasmo (si eres una mujer). La respiración consciente, con atención presente, puede anclarte al momento presente, relajar tu cuerpo y hacer inconmensurablemente más profundo el goce.

Conéctate más profundamente con tu pareja o amigo

Si tu pareja sabe meditar, podéis disfrutar practicando juntos con regularidad. Después, si os sentís con ganas de aventurar y queréis conectaros más profundamente, podéis probar con el ejercicio siguiente. (Puedes hacerlo también con un amigo íntimo, si quieres.) Si tu pareja no medita pero está abierta a aprender, este ejercicio puede servir como una excelente introducción.

1. **Sentaos uno frente al otro con las rodillas juntas. Pon tus manos adelante y únelas con las de tu pareja, las derechas mirando hacia arriba y las izquierdas hacia abajo.**

2. **Cerrad los ojos, respirad profundamente unas cuantas veces y relajaos tanto como os sea posible en la espiración.**

3. **Sintonízate con la respiración de tu pareja y gradualmente sincronizad vuestra inspiración y espiración.**

   En otras palabras, empezad a inspirar y espirar juntos. Permitíos disfrutar la armonía y conexión profundas que evoca este ritmo compartido.

4. **Después de varios minutos, empezad a alternar vuestras inspiraciones y espiraciones.**

   Espira amor, luz o energía curadora y envíasela a tu pareja; inspira el amor y la energía que él o ella te envía y tómala en tu corazón. Continuad en esta fase del ejercicio todo el tiempo que queráis. Para intensificar la conexión, miraos a los ojos sin enfocar y permitid que el amor fluya entre vuestras miradas.

5. **Cuando os sintáis completos, imaginad el amor que habéis generado entre los dos y que habéis expandido para incluir a todos los que amáis. Finalmente, envolved y vivificad a todos los seres.**

6. **Terminad la meditación inclinándoos uno ante el otro o abrazándoos.**

   Podéis seguir con un masaje compartido o, si sois amantes, con un baño o una ducha calientes o haciendo el amor meditativamente.

✔ **Cuando la energía empieza a llegar a su punto más alto, deteneos un momento, respirad juntos y relajaos.** Este paso puede parecer que vaya contra el sentido común (la mayoría de la gente tiende a acelerar cuando se excita), pero es en realidad la puerta secreta hacia un nuevo mundo de realización sexual. Al soltar vuestra orientación activa y dirigida a una meta y simplemente relajarse y respirar juntos, profundizáis en la conexión de vuestros corazones y os abrís a una frecuencia más alta de placer, similar a lo que los místicos llaman éxtasis. Cuando sientas que tu pasión empieza a disiparse, puedes hacer el amor activamente de nuevo, pero detente y respira de nuevo con toda libertad cuando tu energía suba, y vuelve después al sexo activo.

Practica una sonrisa a medias

Si miras con detenimiento las estatuas clásicas del Buda, o las caras de las madonas del Renacimiento, observarás una sonrisa a medias que expresa una mezcla de tranquilidad y gozo. El maestro vietnamita Thich Nhat Hanh sugiere que tú puedes en realidad levantar el ánimo y restaurar tu felicidad innata sonriendo de modo consciente, incluso cuando estés triste. "Un pequeño atisbo de sonrisa en nuestros labios nutre la consciencia y nos calma milagrosamente", escribe en *Peace is Every Step (Hacia la paz interior)*. "Nos devuelve a la paz que pensábamos que habíamos perdido".

La investigación científica contemporánea coincide al indicar que sonreír relaja los músculos de todo el cuerpo y tiene el mismo efecto sobre el sistema nervioso que la verdadera alegría. Además, sonreír anima a los demás a sonreír y a ser felices.

He aquí unas cuantas instrucciones breves para practicar la sonrisa a medias que Thich Nhat Hanh recomienda:

1. **Dedica 1 minuto ahora mismo para dibujar una sonrisa a medias en tus labios.**

   Fíjate en cómo responden las otras partes de tu cuerpo. ¿Se relaja tu vientre? ¿Tu espalda se endereza un poco de forma natural? ¿Tu estado de ánimo cambia de manera sutil? Fíjate también en si sientes cierta resistencia a sonreír cuando "realmente no tienes ganas".

2. **Mantén esta sonrisa durante 10 minutos por lo menos.**

   ¿Notas un cambio en cómo actúas o responden a los demás? ¿Los otros responden a tu sonrisa sonriendo?

3. **La próxima vez que sientas que tu ánimo decae, practica esta sonrisa a medias durante media hora y fíjate en cómo te sientes.**

Capítulo 18

Utiliza la meditación para la curación y la mejora de tu rendimiento

....

En este capítulo

▶ Explora las múltiples formas en que la meditación apoya el proceso curativo

▶ Medita para lograr más éxito en todo

....

Si practicas las meditaciones básicas que se enseñan en este libro (especialmente en el capítulo 7), puedes empezar a notar que tu salud mejora de manera gradual (incluso si ya crees que es saludable), que tu energía y tu vitalidad aumentan y que te resulta más fácil y menos estresante hacer (y hacer de forma eficiente) las cosas que solían estresarte. Los investigadores occidentales han corroborado los descubrimientos de los sanadores y maestros tradicionales, en el sentido de que la meditación, al entrenar la mente y abrir el corazón, posee una capacidad extraordinaria de ayudar a fortalecer y curar el cuerpo y a mejorar el rendimiento. (Si no me crees, échale una ojeada a la investigación que se menciona en el capítulo 4 o a la lista detallada de beneficios de la meditación que aparece en el capítulo 2.)

Pero ¿qué pasa si quieres tratar un problema particular de salud, transformar tu juego de tenis o mostrarte mejor en el trabajo? ¿Tiene la meditación alguna técnica especializada que ofrecer? ¡Claro que sí! Los sanadores, tanto antiguos como modernos, han preparado algunas meditaciones estupendas para facilitar el proceso de curación (que probarás en este capítulo). En los últimos años, los gurús del deporte y los *coaches* de negocios han estado aplicando los principios de la meditación para mejorar el rendimiento, tanto en el campo deportivo como en la oficina.

Sé que en otra parte de este libro digo que tú no deberías ponerte metas cuando meditas. Bueno, aquí vas a hacer un poco de trampa y aplicar las habilidades que has aprendido en los capítulos anteriores. ¡Y si no los has leído puedes aprenderlas aquí!

La meditación tiene el poder de ayudar a curar también tu cuerpo

El vínculo entre la meditación y la curación es de hecho venerable. Toma a los grandes maestros espirituales del mundo: muchos fueron renombrados tanto por sus habilidades curativas como por su sabiduría y compasión. Jesús, por ejemplo, reveló por primera vez su madurez espiritual ayudando a los cojos a caminar y a los ciegos a ver. El místico judío conocido como Baal Shem Tov tenía fama de realizador de milagros y sanador, y el Buda histórico se iguala tradicionalmente a un médico porque las prácticas que enseñó ayudan a aliviar el sufrimiento. Incluso el idioma inglés refleja la dimensión sagrada de la curación: la palabra *heal* (curar) deriva de la misma raíz que *whole* (todo) y *holy* (santo).

Quizá lo más importante para la gente común como tú y yo es que estos maestros transmitieron técnicas de meditación especiales que hacen posible que los practicantes influyan extraordinariamente en las funciones corporales. ¿Has oído hablar alguna vez de los yoguis que detienen su corazón y viven durante horas sin respirar ni tener ninguna muestra apreciable de actividad metabólica? ¿O de los monjes tibetanos que generan tanto calor interno que secan mantas mojadas sobre sus cuerpos a temperaturas bajo cero? Estas personas existen de verdad y sus hechos excepcionales han sido medidos por investigadores occidentales.

De hecho, el campo emergente de la medicina de la mente-cuerpo se desarrolló en la década de 1970 cuando los científicos que estudiaban las habilidades de los meditadores venidos de Oriente empezaron a darse cuenta de que la mente puede tener un efecto extraordinario sobre el cuerpo; o más concretamente aún: que el cuerpo y la mente son inseparables. (Como el natural, el vínculo entre el comportamiento del tipo A y la enfermedad cardíaca se remonta incluso más atrás, a la década de 1960). En tiempos más recientes, los investigadores que estudian la respuesta inmune han demostrado que el sistema inmunológico y el sistema nervioso están entrelazados inextricablemente y que el estrés psicológico y emocional puede deprimir la función inmune y fomentar el crecimiento o difusión de desórdenes relacionados con el sistema inmunológico como el cáncer, el sida y las enfermedades autoinmunes (para más información sobre la conexión mente-cuerpo y los beneficios para la salud de la meditación, consulta el capítulo 2).

Hoy en día, la mayoría de los médicos reconocen la importancia de los factores psicológicos y de la relajación y la reducción del estrés para mantener la salud. Hay incluso un chiste que circula entre los médicos. En vez de recomendar lo que siempre se ha dicho sobre la aspirina, el médico contemporáneo de la mente-cuerpo aconseja: "Haga dos meditaciones y llámeme por la mañana".

La buena noticia es que no tienes que controlar los latidos del corazón ni el metabolismo para beneficiarte del poder curador de la meditación. Sólo tienes que sentarte en silencio, concentrar la mente y practicar algunos de los ejercicios proporcionados en esta sección. Por supuesto, ayuda tener alguna experiencia básica en meditación (que puedes obtener volviendo al capítulo 7 o escuchando la pista 4 del audio), pero eres bienvenido a empezar aquí, si estás fuertemente motivado, y a aprender sobre la marcha.

Lo que realmente significa la curación

Como sugiero al comienzo de esta sección, la curación requiere retornar a un estado intrínseco de plenitud y bienestar, que el lenguaje, como mencioné anteriormente, en su sabiduría liga con lo sagrado. Piensa en un resfriado, por ejemplo. Cuando mejora, no terminas sintiéndote como una persona diferente, sólo vuelves a ser otra vez el que eras antes de enfermar. Por eso la gente dice a menudo, cuando el resfriado desaparece: "¡Al fin vuelvo a ser yo mismo!".

La meditación, por su misma naturaleza, proporciona curación del tipo más profundo. La enfermedad que ayuda a curar es quizá la más dolorosa de todas, una enfermedad epidémica humana conocida como *separación* (o incluso peor, *alienación*) de nuestro propio ser y de los demás seres y cosas (para más información sobre esta enfermedad, consulta el capítulo 2).

Cuando meditas, curas esta separación al reconectarte gradualmente en el aquí y el ahora, con tus sentimientos, tu experiencia sensorial y otros aspectos de ti mismo que puede que no conocieras de antemano. Es decir, ¡te vuelves más completo! Lo más importante, quizá, es que te reconectas con tu naturaleza básica, con tu *Ser puro*, que es completo y perfecto de la manera que es. Stephen Levine, cuyos numerosos libros han abierto el camino al uso de la meditación en la curación, llama a esto "la curación que parece un nacimiento".

Cuanto más te reconectas con tu plenitud y bienestar esenciales, más llenas tu cuerpo-mente de energía vital y amor. (Como menciono en el capítulo 6, el manantial del Ser que hay dentro de ti es la fuente de todas las cualidades y sentimientos positivos, afirmadores de la vida.) Y, como han probado los investigadores una y otra vez, esta energía dadora de vida moviliza los recursos curativos de tu cuerpo, refuerza tu sistema inmunológico y facilita de forma natural el proceso de reparación y renovación. En otras palabras, a medida que curas tu separación, también contribuyes a la curación de tu cuerpo.

Pero incluso si padeces alguna enfermedad crónica y no puedes curar tu cuerpo completamente, todavía puedes alcanzar la curación para la que naciste. No tienes que considerarte un fracaso si no te curas (como algunos enfoques alternativos sugieren que debería ocurrir). Después de todo, puedes fomentar tu curación con la meditación, pero la enfermedad es un proceso misterioso que tú y yo no podemos entender en realidad. ¿Quién sabe? Tal vez estés enfermo porque necesitas bajar tu ritmo, restablecer tus prioridades y reconectarte contigo mismo. Como otras tantas circunstancias de la vida, la enfermedad puede ser un mensajero poderoso que te empuja a cambiar tu vida de manera significativa.

Cómo cura la meditación

Además de superar la separación, las prácticas básicas de meditación proporcionadas en este libro (especialmente en los capítulos 7 y 11) y en los audios que encuentras en nuestra página web contribuyen al proceso curativo de muchas formas esenciales, las cuales se analizan en los apartados siguientes.

Amor y unión

Como Dean Ornish revela en su investigación pionera (descrita en el capítulo 11), el amor es más importante que cualquier otro factor en el proceso curativo, incluidos la dieta y el ejercicio. Para curar el corazón, descubrió, necesitas abrirlo. Sus hallazgos han sido corroborados en estudios de cáncer, sida y otras potencialmente enfermedades mortales. Al ponerse en contacto con el amor de tu corazón (que como menciono en otra parte, no es únicamente una emoción, sino una expresión directa del mismo Ser), la meditación nutre no sólo tus órganos internos, sino todo tu organismo cuerpo-mente.

Liberación de la tensión y el estrés

Al enseñarte cómo relajar el cuerpo y calmar la mente (consulta el capítulo 7), la meditación te ayuda, en primer lugar, a evitar las enfermedades, pero también a aliviar el estrés, una de las causas más importantes de muchas dolencias, desde la enfermedad cardíaca y el infarto hasta desórdenes gastrointestinales y dolores de cabeza por la tensión. En particular, Jon Kabat-Zinn, autor del éxito *Wherever You Go, There You Are (A donde vayas, ya estás allí),* ha desarrollado un programa de reducción del estrés basado en la meditación budista de la atención consciente, que enseña a los participantes no sólo a reducir el estrés mientras están meditando, sino también a extender los beneficios de la atención consciente a todas las áreas de su vida (para una descripción más completa del trabajo de Kabat-Zinn, consulta el capítulo 2. Para saber más sobre los beneficios del enfoque que enseña, el capítulo 4).

Restauración de la alineación y el equilibrio

Prácticas tradicionales de curación como el *ayurveda* (la medicina tradicional de la India, que utiliza hierbas y una dieta) y la medicina china, así como enfoques más convencionales como la quiropráctica y la osteopatía, sugieren que el cuerpo enferma cuando se desequilibra o se desalinea. La meditación disminuye la velocidad de la mente y la equipara a la de la respiración, lo cual restaura el equilibrio y la armonía del cuerpo y facilita la curación. Además, sentarse derecho (consulta el capítulo 8) alinea la columna y fomenta el fluir sin impedimentos de la energía vital a través del cuerpo, lo que promueve el bienestar físico y psicológico.

Apertura y suavizamiento

Si eres como mucha gente, tiendes a impacientarte o a molestarte contigo mismo cuando estás enfermo o te duele algo. Incluso puedes echarte fuertes reprimendas, como si fuera malo o digno de culpa estar enfermo. Por desgracia, estas emociones negativas pueden complicar tu sufrimiento —e incluso amplificar tu enfermedad— al hacerte tensar y contraerte. Cuando meditas regularmente, desarrollas la habilidad de abrirte a tu experiencia, aunque sea desagradable, y de suavizarte en torno a ella en vez de juzgarla o apartarla.

Crear espacio para todas tus emociones

A medida que aceptas tu experiencia en la meditación, creas un entorno acogedor en el que tus sentimientos pueden surgir y liberarse, más que ser suprimidos o exagerados (para más información sobre meditar con emociones, consulta el capítulo 12). La investigación sugiere que los sentimientos no expresados encerrados en el cuerpo forman puntos locales de tensión y estrés que pueden contribuir de manera eventual al desarrollo de enfermedades potencialmente mortales como el cáncer y la enfermedad cardíaca. Además, te sentirás vivificado de un modo natural —y por lo tanto más saludable— cuando puedas sentir con plenitud tus sentimientos.

Armonía, alegría y bienestar

Las cualidades positivas como la felicidad, la alegría, la paz y el bienestar no se originan fuera de ti, en otra persona o cosa. Al contrario, brotan dentro de ti de forma natural y espontánea, como el agua que mana de un manantial; tú simplemente tienes que crear el entorno adecuado, como haces cuando meditas. (Por supuesto, siempre puedes cultivar emociones positivas como el amor y la compasión, como describo en los audios y en el capítulo 11.)

Los investigadores occidentales han demostrado que estas cualidades positivas están relacionadas con muchas respuestas corporales que aumentan la esperanza de vida, desde la disminución de la presión sanguínea y la mejora de la respuesta inmunológica hasta la liberación de analgésicos naturales llamados *beta-endorfinas* (para más información sobre los beneficios de la meditación para la salud, consulta el capítulo 2). Como dice la *Nueva Biblia de Jerusalén*: "La alegría del corazón es vida para todos; la alegría es lo que alarga los días". (Eclesiastés 30:15).

Libertad del apego a uno mismo y de los patrones habituales

En último término, es la ilusión de ser un individuo separado (que todos compartimos), aislado y desconectado de los demás y del resto de la vida lo que constituye el centro de todo sufrimiento y estrés. De acuerdo con el estudioso y maestro de meditación tibetano Tulku Thondup, autor de *The Healing Power of Mind (El poder curativo de la mente),* "vivir en paz, libre de las aflicciones emocionales, y soltar el agarre sobre 'sí mismo', es la medicina suprema tanto para la salud mental como para la física".

A medida que poco a poco empiezas a penetrar y soltar los patrones habituales (que tienen profundas raíces en el cuerpo, así como en la mente), te vuelves menos reactivo emocionalmente (lo que reduce el estrés) y respondes de manera más positiva (e incluso con más gozo) a la vida según se desarrolla (para más información sobre el trabajo con los patrones habituales, consulta el capítulo 12).

Despertar a una dimensión espiritual

Herbert Benson, profesor de la Escuela de Medicina de Harvard, desarrolló la técnica conocida como Respuesta de relajación (consulta el capítulo 2), basada en estudios de personas que repetían una palabra o frase sencillas, conocidas como mantra. A lo largo de los años, descubrió que cuanto más significativo fuera el mantra, más efectiva era la técnica para relajar el cuerpo y promover la curación. "Si tú crees verdaderamente en tu filosofía o en tu fe religiosa —escribió en *Beyond the Relaxation Response (Más allá de la respuesta de relajación)*—, puedes muy bien ser capaz de lograr hechos destacables de mente y cuerpo sobre los que sólo podemos especular." En otras palabras, tú realzas los poderes de curación de la meditación cuando expandes tu consciencia para incluir una dimensión espiritual del ser.

El poder curativo de las imágenes

En su libro *Staying Well with Guided Imagery (Estar bien con la imaginería guiada)*, la psicoterapeuta y pionera de la imaginería guiada Belleruth Naparstek cita una investigación extensiva que establece tres principios básicos que hay detrás del poder curativo de las imágenes. Estos principios ayudan a explicar la efectividad de las meditaciones que se proporcionan en este capítulo, que utilizan la imaginería extensamente. (Por cierto, la imaginería puede contener imágenes visuales o no; si tú eres más proclive a lo cenestésico o a lo auditivo, por ejemplo, puede que oigas o sientas las "imágenes" en vez de verlas.) He aquí las tres principales:

✔ **Tu cuerpo responde a las imágenes sensoriales como si fueran reales.** Si no estás seguro de lo que quiero decir, recuerda la última vez que tuviste una fantasía sexual o recordaste unas vacaciones y sentiste todas las emociones o sensaciones del suceso real.

En un estudio citado en el libro de Naparstek, por ejemplo, el 84 % de los sujetos expuestos a la hiedra venenosa no sufrieron reacción cuando, bajo hipnosis, imaginaron que la planta era inofensiva. En otras palabras, sus cuerpos creían las imágenes que sus mentes evocaban y no empezaron a sentir picazón. Otros estudios han demostrado que los pacientes pueden utilizar la imaginería positiva para aumentar de forma perceptible el número de células de respuesta inmune en su torrente sanguíneo.

✔ **En el estado meditativo, tú puedes curar, cambiar, aprender y crecer más rápidamente.** Naparstek utiliza el término *estado alterado*, que se refiere (como ella lo usa) a un estado de mente calmado, relajado, pero concentrado, precisamente el estado que tú cultivas en la meditación. Este principio se aplica también a la solución de problemas y a la mejora en el rendimiento:

Meditación al borde de la vida

Muchos maestros han escrito sobre el poderoso papel que la meditación puede desempeñar para ayudar a la gente a superar el abismo entre la vida y la muerte. De hecho, algunas tradiciones, como el budismo zen, enseñan que uno de los propósitos primordiales de la práctica de la meditación es prepararse para la última transición.

Ciertamente, la mayoría de las tradiciones estarían de acuerdo en que la forma como uno vive ayuda a determinar cómo muere. Por ejemplo, si tiendes a tener miedo o a enfadarte en vida, estas cualidades probablemente también llenarán tu ser cuando mueras. Y muchas tradiciones creen que el momento mismo de la muerte puede ser un factor crucial para determinar lo que ocurra después. (Por supuesto, ¡tienden a tener opiniones diferentes cuando se trata de describir cuál pueda ser el paso siguiente!)

Si estás preocupado por la forma en que puedas morir, puedes prepararte para la muerte utilizando la meditación para que te ayude a traer más paz y armonía a tu vida. Además, las meditaciones que se presentan a lo largo de este libro enseñan habilidades que definitivamente serán útiles cuando te acerques al umbral entre la vida y la muerte.

He aquí unas cuantas formas de cómo la meditación puede ayudarte (a ti y a las personas que amas) a tener una muerte más amorosa y consciente. (*Recuerda:* La meditación puede ayudarte a hacer más cómoda y menos aterradora la muerte, pero no hay una manera correcta o equivocada de morir. Todo el mundo vive y muere de su manera única.)

✔ **Estar presente:** huelga decir que el miedo, el remordimiento y otros sentimientos negativos pueden mag-nificarse mil veces cuando te acercas a lo supremo y desconocido. Al traer tu consciencia de vuelta a tu respiración o a cualquier otro objeto, puedes ayudar a tranquilizar tu mente y evitar que se precipite en la negatividad.

✔ **Aceptar cualquier cosa que surja:** las semanas, días y minutos que te llevan hacia la muerte pueden estar llenos de sensaciones dolorosas y emociones y estados de mente difíciles. Cuando a través de la meditación has desarrollado la capacidad de estar con tu experiencia, sea la que sea, estás mejor preparado para este momento desafiante.

✔ **Abrir el corazón:** si practicas abrir el corazón, a ti y a los demás (consulta el capítulo 11), estarás preparado para acceder al amor cuando lo necesites; ¿y cuándo podrías necesitarlo más? Muchas tradiciones enseñan que el amor ayuda a salvar el abismo entre esta vida y la próxima. Además, las personas que mueren en el amor conceden el inconmensurable legado del amor a los que dejan detrás.

✔ **Soltar:** cuando sigues retornando a tu respiración o a algún otro objeto de meditación, te acostumbras a soltar tus pensamientos, emociones, preocupaciones, gustos y disgustos y, en último término, quizá, a soltar incluso lo que piensas de ti. En el zen, dicen que cuando te vuelves un experto en morir así, en el cojín de meditación, la muerte real no presenta ningún problema. O como Stephen Levine expresa en *Healing into Life and Death (Sanar en la vida y en la muerte):* "Soltar el último momento y entrar sin reservas en el siguiente es morir a la vida, es curarse para la muerte".

✔ **Confiar en lo que no muere:** a medida que profundizas tu conexión con el Ser (como opuesto al pensar o al hacer) a través de la práctica de la meditación, puedes despertar a una dimensión espiritual o sagrada que empapa esta vida de significado, pero que al mismo tiempo la trasciende. Ya sea que llames a esta dimensión ser verdadero o naturaleza esencial, Dios o espíritu, o sencillamente el Uno, tú sabes (en vez de solamente creer) que algo mucho más grande que tu existencia separada conforma tu vida y sobrevive a tu muerte. Como puedes

imaginar, esta comprensión hace que la muerte sea mucho más fácil de encarar.

Además de prepararte para enfrentar tu propia desaparición, la meditación puede enseñarte a ser un pilar de apoyo para tus seres amados y tus amigos cuando se acerquen a la muerte. Solamente aplica los principios que aparecen en esta lista el tiempo que pases con ellos, bien sea compartiendo lo que has descubierto en la meditación (si están abiertos a oírlo) o estando presente con ellos con todo el amor, consciencia, confianza, apertura y actitud de soltar como puedas reunir. (También puedes facilitar su actitud de soltar practicando la respiración "ahhhh" con ellos. Para saber más sobre la meditación y el proceso de morir, lee *Healing into Life and Death [Sanar en la vida y en la muerte]* de Stephen Levine o *The Tibetan Book of Living and Dying [El libro tibetano de la vida y la muerte]* de Sogyal Rinpoche.)

puedes explorar nuevas conductas, mejorar las existentes y dar grandes pasos tácticos hacia adelante de un modo mucho más fácil en un estado meditativo que en tu marco mental corriente (para más información sobre la meditación para la mejora del rendimiento, consulta la sección "La meditación puede mejorar tu rendimiento en el trabajo y en el deporte", más adelante en este capítulo).

✔ **La imaginería te da una sensación de control en circunstancias desafiantes, lo que reduce tu estrés y aumenta tu autoestima.** Cuando estás luchando con un problema de salud o con una tarea difícil en el trabajo, tal vez te sientas nervioso e impotente si crees que no puedes hacer nada para controlar el resultado. Pero si sabes que puedes utilizar la imaginería para ayudar a tu cuerpo a sanar o a mejorar su rendimiento, puedes recuperar la confianza y la esperanza en el futuro. Numerosos estudios han demostrado que la gente se siente mejor y actúa de manera más eficiente cuando cree que tiene algún control sobre su vida.

Además de estos principios, Naparstek añade que la emoción amplifica el poder de la imaginería. Cuando te permites sentir las imágenes intensamente así como experimentarlas con plenitud en tus sentidos, les das más poder para curar y transformarte.

Seis meditaciones de curación

Como menciono al principio de este capítulo, no tienes que hacer ningún ejercicio especial para disfrutar de los beneficios para la salud de la meditación, sólo desarrollar una práctica constante basada en las instrucciones que se dan en otras partes de este libro (y también en los audios). Pero si estás luchando con un problema de salud crónico (o simplemente quieres mejorar tu estado de salud general), puede que quieras experimentar con una o más de las meditaciones que siguen.

Puedes añadirlas a tu práctica regular o hacerlas exclusivamente durante un período de tiempo. Salvo una excepción, todas utilizan imaginería guiada para ayudarte a relajar el cuerpo, reducir el estrés, aliviar tu sufrimiento, mejorar tu sensación de autodominio y activar tus recursos curativos (para saber más sobre cómo usar la meditación para facilitar la curación, lee *Healing into Life and Death [Sanar en la vida y en la muerte],* de Stephen Levine o *The Healing Power of Mind [El poder curativo de la mente],* de Turku Thondup).

Lugar apacible

Puesto que esta meditación relaja el cuerpo fácilmente y de forma rápida, puedes usarla para ayudarte a la curación, o puedes practicarla como un ejercicio preliminar antes de las otras visualizaciones curativas que te proporciono en esta sección.

1. **Empieza por sentarte con comodidad, cerrar los ojos y respirar profundamente unas cuantas veces.**

2. **Imagínate en un lugar seguro, protegido y apacible.**

   Puede ser un lugar que conozcas bien (un paraje de la naturaleza, por ejemplo, como un prado, un bosque o una playa), uno que hayas visitado una vez o dos, o simplemente uno en tu imaginación.

3. **Toma todo el tiempo que necesites para imaginar este lugar apacible tan vívidamente como puedas, con todos los sentidos.**

Fíjate en los colores, las formas, los sonidos, la luz, la sensación del aire contra tu piel, el contacto de tus pies contra el suelo. Explora este lugar especial todo lo que quieras.

4. **Permítete descansar en los sentimientos de comodidad, seguridad y tranquilidad que evoca este sitio especial.**

5. **Pasa tanto tiempo aquí como quieras.**

Cuando acabes, vuelve gradualmente al momento presente y abre los ojos, mientras continúas disfrutando los sentimientos placenteros y positivos.

Para instrucciones de audio detalladas, ve a la pista 12 del audio.

Sonrisa interior

Al sonreír a tus órganos internos, puedes infundirles la energía curativa del amor. "En la China antigua, los taoístas enseñaban que una sonrisa interior constante, una sonrisa hacia uno mismo, aseguraba la salud, la felicidad y la longevidad —escribe Mantak Chia en su libro *Awakening Healing Energy through the Tao (Despierta la energía curativa a través del tao)*—. "Sonreírte a ti mismo es como atraer el amor: tú te conviertes en tu mejor amigo."

Prueba la meditación siguiente, adaptada del libro de Chia.

1. **Empieza por cerrar los ojos, formar una sonrisa a medias con los labios y sonreír con los ojos.**

Siente que la sonrisa brilla a través de tus ojos. Los taoístas creen que relajar los ojos calma todo el sistema nervioso.

2. **Cuando sientas los ojos llenos de la vibrante energía de tu sonrisa, puedes empezar a enviar esta energía hacia abajo a través de tu cuerpo.**

Si no estás seguro de cómo "enviar energía", no te preocupes. Simplemente imagina que la energía se mueve, ¡y se moverá! (A propósito, los taoístas llaman a esta energía *chi*, como en las conocidas artes marciales del taichí y el chi kung, y la comparan con la fuerza vital.)

3. **Sonríe a tu mandíbula y a tu lengua.**

Como la mayoría de la gente, probablemente tienes tensa la mandíbula; sin embargo, cuando tu mandíbula se relaja, podrás notar que todo tu cuerpo también se relaja.

4. **Sonríe a tu cuello y tu garganta y disuelve cualquier tensión que tengas en ellos.**

5. **Deja que la energía relajante de tu sonrisa fluya en tu corazón, llenándolo de amor.**

6. **Desde tu corazón, permite que el amor fluya en tus otros órganos internos, en el siguiente orden (relajándolos, suavizándolos y rejuveneciéndolos según te mueves):**

   - Pulmones
   - Hígado (debajo de las costillas, a la derecha)
   - Riñones (justo debajo de las costillas, en la espalda, a ambos lados de la columna)
   - Páncreas y bazo (en el centro de tu abdomen)

   Cuando termines de enviar amor a estos órganos, descansa la sonrisa en su *t'an t'ien*, un punto a 6 centímetros, aproximadamente, bajo el ombligo y a unos 4 centímetros dentro del cuerpo.

7. **Sonríe de nuevo a tus ojos y después a tu boca.**

8. **Reúne un poco de saliva, trágatela y permite que tu sonrisa la siga a lo largo de tu sistema digestivo, extendiendo la relajación a tu esófago, tu estómago, tu intestino delgado y tu colon.**

9. **Regresa una vez más la sonrisa a los ojos y sonríe bajando por el centro de tu columna, de vértebra en vértebra, hasta que llegues al coxis.**

   Asegúrate de tener la espalda derecha mientras haces este ejercicio.

10. **Cuando acabes con la columna, descansa tu sonrisa en su *t'an t'ien* de nuevo y fíjate en cómo se siente tu cuerpo ahora.**

    Descansa en esta sensación durante unos minutos antes de reanudar tus actividades cotidianas.

Cuando entiendas el truco de este ejercicio, podrás hacerlo en unos pocos minutos, si quieres.

Buena medicina

Si tienes una enfermedad que requiere que tomes medicamentos, puedes sorprenderte tragando las pastillas con cierto desagrado, cierto renuencia o aversión a estar enfermo, como si de alguna manera te sintieras culpable por permitir que tu cuerpo sufra. Cuando recibes las pastillas (o las inyecciones, o la cirugía) con consciencia, puedes enviar amor a tu cuerpo junto con el remedio y contribuir inmensamente a su efecto curativo. (Incluso si no estás enfermo, puedes tomar las vitaminas o las hierbas con la misma actitud.) Los sioux conocen esto muy bien: llaman a cualquier acto de amor "buena medicina".

1. **Empieza por cerrar los ojos y sostener las pastillas en la mano durante unos segundos.**

   Fíjate en cómo se sienten, su peso, su textura.

2. **Piensa en que estas pastillas tienen el poder de ayudar a tu cuerpo a curarse.**

   Puedes incluso sentir que la gratitud llena tu corazón. Eres muy afortunado: tienes acceso a cuidado médico y tienes un profesional de la salud que te prescribe estas pastillas.

3. **Analiza si sientes algún tipo de resistencia a tomar estas pastillas.**

   Por ejemplo, puede que sientas miedo, vergüenza o culpabilidad. Permite que estos sentimientos surjan en tu consciencia, y recíbelos con amabilidad y compasión.

4. **Relájate y suaviza el cuerpo mientras te preparas para recibir estas pastillas.**

5. **Delicadamente y con consciencia, pon las pastillas en la boca y trágatelas con la ayuda de un líquido (agua, por ejemplo).**

   Siéntelas bajando por tu garganta hacia el estómago e irradiando su potencial curativo allí, como el resplandor de un fuego cálido. Abre el cuerpo para recibirlas.

6. **Imagina la medicina entrando en tu flujo sanguíneo y alcanzando las partes que están pidiendo curación.**

   Envía amor y compasión a estas partes junto con la medicina.

7. **Siente el amor y la medicina empapando y curando estas partes.**

   Imagina que toda la enfermedad y la resistencia se disuelven. Déjate curar.

8. **Continúa sentado en silencio durante unos minutos mientras permites que la medicina y el amor te ayuden a curarte.**

Curación con luz

Al igual que puedes ayudar a purificar y eliminar los patrones habituales invocando el poder de seres o energías espirituales (consulta el capítulo 12), puedes acceder a la misma fuente de poder y luz para ayudar a tu cuerpo a curarse. Después de todo, la enfermedad física y el sufrimiento emocional son sólo facetas diferentes del mismo problema básico, son sólo formas diferentes de cómo tú te apartas de tu plenitud y salud esenciales.

He aquí un ejercicio para dirigir la luz a las partes de tu cuerpo que piden curación:

1. **Empieza por sentarte y meditar de tu manera habitual durante unos minutos.**

   Si no tienes una forma habitual, puedes encontrarla en el capítulo 7, o simplemente sentarte en silencio, respirar profundamente unas cuantas veces y permitir que tu cuerpo se relaje un poco en cada espiración.

2. **Imagina una esfera de luz blanca suspendida a unos 30 centímetros sobre tu cabeza y ligeramente frente a ti.**

   Según miras con más atención, puedes darte cuenta de que esta esfera toma la forma de un ser que encarna toda la energía positiva y curadora que necesitas. Quizá es una figura espiritual, como Jesús, la Virgen María o el dalái lama, o tal vez es un ser o un objeto de la naturaleza, como el sol, la luna, el viento, el océano, un árbol, una flor o una montaña.

3. **Imagina que esta esfera irradia luz en todas las direcciones hasta los rincones más lejanos del universo.**

   Mientras lo haces, atraes la energía de todas las fuerzas benevolentes que apoyan tu curación hacia la esfera.

4. **Imagina que esta energía positiva y curadora brilla desde la esfera como la luz de mil soles que se derraman por tu cuerpo.**

   Imagina que la luz elimina toda toxicidad y estrés, toda falta de armonía y la enfermedad, y lo reemplaza por brillo, vitalidad y salud. En particular, puedes imaginar que diriges esta luz como un rayo a todos los lugares que sabes que están afectados por tu enfermedad o tu dolor. Imagina que la luz disuelve cualquier contracción, reemplazándola por apertura y tranquilidad, e inundando toda debilidad con poder y fuerza.

5. **Continúa imaginando que esta luz poderosa y curadora inunda cada célula y molécula de tu ser, dejándote saludable, apacible y fuerte.**

6. **Imagina que esta esfera luminosa desciende gradualmente hacia tu corazón, donde continúa irradiando esta luz poderosa y curadora.**

7. **Imagínate a ti mismo como un ser luminoso con una esfera de luz en el corazón que irradia constantemente salud, armonía, paz y vitalidad, primero a cada célula y partícula de tu propio ser y después, a través de ti, a todos los demás seres en todas las direcciones.**

Puedes conservar la sensación de vitalidad y fuerza que evoca este ejercicio todo el resto del día.

Respiración "Ahhh"

Si buscas una forma de apoyar a tu ser amado en su proceso de curación, además de comprar flores, cocinarle su plato preferido o ayudar con las tareas del hogar, podrías probar esta meditación de pareja, extraída de la obra de Stephen Levine, cuyos libros han ayudado a miles de personas a vivir (y morir) con amor y consciencia más grandes. En *Healing into Life and Death (Sanar en la vida y en la muerte)*, escribe: "Éste es uno de los ejercicios más sencillos y poderosos que conocemos para tomar confianza en que la curación para siempre no está nunca lejos, para sentir el corazón que todos compartimos, la mente única del ser". Puedes usarlo también para llevar más intimidad a tus relaciones con padres, hijos, la pareja y los amigos. (Si la otra persona siente deseos de hacerlo, dedica un tiempo a recibir también respiración "ahhh", así como a darla.)

1. **Antes de empezar, explícale el ejercicio a tu pareja y asegúrate de que se siente cómodo haciéndolo contigo.**

   Hazle saber que puede dejarlo en cualquier momento simplemente levantando la mano.

2. **Empieza por hacer que la persona que va a recibir la respiración "ahhh" se tumbe en el suelo o en una cama.**

   Siéntate a su lado, cerca de su torso, pero sin tocarla.

3. **Anima a la otra persona a relajarse y a respirar con comodidad mientras tú observas los movimientos de su respiración.**

   Ahora abandona toda comunicación verbal hasta que el ejercicio termine.

4. **Empieza a sincronizar tu respiración con la suya.**

   Cuando inspire, tú inspiras. Cuando espire, tú espiras. Permanece sincronizado al ritmo cambiante de su respiración y ajusta la tuya a la suya.

5. **Después de ocho o diez respiraciones de esta manera, empieza a hacer el sonido "ahhh" en la espiración, suave pero audiblemente.**

   Con cada repetición, permite que el sonido venga de un lugar cada vez más profundo de tu cuerpo, hasta que el "ahhh" se origine en el fondo de tu vientre. Inspirad juntos en silencio, después entona el "ahhh" en la espiración. (Tu pareja no tiene que repetir el sonido.)

Trabajar con el dolor

Como la muerte, el dolor es un tema complejo que sin duda merece un capítulo (o incluso un libro) aparte. La mayoría de la gente nunca se limita a experimentar el dolor físico tal y como es (un conjunto de sensaciones físicas intensas; en vez de eso, tienden a reaccionar ante su dolor) para contraerlo y reducirlo, y para luchar por librarse de él, y tejen una historia a su alrededor que sobreponen a la experiencia. Se preguntan: "¿Por qué yo? ¿Qué he hecho yo para merecer esto?" o "No lo soporto, nunca me libraré de esto". En el proceso, prolongan su dolor y lo convierten en sufrimiento. (Para saber más sobre la diferencia entre dolor y sufrimiento, consulta el capítulo 6.)

El secreto para superar el dolor es suavizarlo en lugar de resistirse a él y expandir tu consciencia (y tu corazón) para incluirlo en lugar de contraerlo y reducirlo. Al fin y al cabo, como en realidad no puedes suprimir el dolor ni bloquearlo en tu mente, podrías aceptarlo e incluso (me atrevo a decir) hacer amistad con él. Pero no es fácil conseguirlo sin una considerable práctica, y por ello las meditaciones que se ofrecen en las páginas de este libro constituyen la mejor preparación para trabajar con el dolor. (Puedes empezar por la relajación profunda, tal y como se describe en el capítulo 7. Para ver más sugerencias sobre superar el dolor, consulta el capítulo 8.)

Puedes comenzar por abrir y suavizar las pequeñas molestias y dolores que experimentas cuando te sientas para meditar, y gradualmente ir ascendiendo a dolores de mayor envergadura, como una jaqueca o una punzada en la espalda.

También puedes trabajar en cada momento cuestionando la historia que te cuente tu mente y retornando a la sensación pura del dolor en sí mismo, que seguro que es más soportable que el peor panorama fabricado por tu mente. En su obra *Vivir plenamente las crisis*, Jon Kabat-Zinn, que trabaja con personas que sufren dolor crónico en la Clínica de Reducción del Estrés del Centro Médico de la Universidad de Massachusetts, sugiere ir directamente a las sensaciones de dolor y hacernos la siguiente pregunta: "¿Te duele mucho ahora mismo, en este preciso instante?". La mayoría de las veces, explica, descubres que, después de todo, el dolor es tolerable.

El dolor intenso también tiene la tendencia a arrastrar los temas pendientes y las emociones no sentidas durante toda la vida, así que no te sorprendas si tienes que volver al capítulo 12 en busca de orientación sobre cómo trabajar con los estados mentales difíciles. En último término, el dolor puede ser un buen profesor, que te obliga a profundizar en tu meditación y a abrirte como nunca al momento presente.

6. **Continúa con esta meditación compartida durante tanto tiempo como os sintáis cómodos.**

Cuando hayáis terminado, tómate un tiempo para hablar con tu compañero/a sobre la experiencia. Esta práctica compartida

Hacer grandes olas

Cuando estaba hojeando un antiguo texto zen, me tropecé con una historia real que ejemplifica el poder de la meditación para la mejora del rendimiento. Parece que un luchador de sumo llamado Grandes Olas era tan poderoso y experto que podía derrotar incluso a su maestro, pero en público perdía su confianza y, por tanto, sus peleas. Decidió ir a ver a un maestro zen de la localidad en busca de orientación.

Después de escuchar la historia del luchador, el maestro le dijo que pasara la noche en el templo meditando e imaginando que era las "grandes olas" de su nombre. "Imagínate barriendo todo lo que hay delante de ti con tu poder —aconsejó el maestro—. Entonces serás el gran luchador que estabas destinado a ser."

A lo largo de la noche, Grandes Olas concentró su atención en la imagen del agua poderosa. Gradualmente, su mente se volvió centrada en una sola cosa, y para la mañana se había convertido en el mismo océano indomable. Desde entonces, concluye la historia, nadie en todo Japón pudo derrotarlo.

puede producir numerosas respuestas. Algunas personas se relajan más profundamente de lo que nunca lo han hecho. Otras atisban una profunda paz bajo el torbellino y preocupaciones habituales. Cualquier cosa que experimentéis, intentad acogerla (en lo posible) con apertura y aceptación sin juicio.

Gran Madre

Muchas tradiciones meditativas representan una figura femenina arquetípica que nutre, cura y carga con el dolor de los demás. En la tradición cristiana, es María, la madre de los dolores. En el budismo se llama Kuan Yin, que oye y responde los llantos del mundo. Tomando como modelo la buena madre que ama a sus hijos incondicionalmente, la Gran Madre puede ser invocada en la forma que te parezca más cómoda. Tiene la capacidad de aliviar tu dolor con su compasión y de ayudarte a curar del todo.

1. **Empieza por sentarte con comodidad, cerrar los ojos y respirar profundamente unas cuantas veces, relajándote un poco con cada espiración.**

   Deja que tu vientre se suavice.

2. **Lleva tu atención a tu corazón y fíjate en cualquier dolor o sufrimiento que puedas mantener allí.**

Respira delicadamente con la consciencia en este lugar doloroso de tu corazón.

3. **Imagina la presencia de una figura femenina infinitamente compasiva, la Gran Madre.**

Siente que sus brazos te rodean y te aprietan en un cálido abrazo, acogedor y nutritivo. Puedes soltarte completamente y relajar los brazos. Ya no necesitas sujetarte.

4. **Con cada inspiración, respira su amor en tu corazón en forma de luz cálida y líquida.**

Con cada espiración, saca todo tu sufrimiento y tu enfermedad cual hollín negro, que ella recibe de manera natural y que transforma en luz.

5. **Si te sientes movido a compartir tu dolor con ella en forma de palabras o lágrimas, hazlo.**

Su corazón infinito está lleno de compasión y acoge tu sufrimiento como si fuera propio.

6. **Continúa entregándote en sus brazos y recibe su amor en el corazón mientras sueltas tu sufrimiento y tristeza.**

Con cada respiración, te sientes más completo, más pleno, más curado. Gradualmente, sientes que tu corazón se disuelve en el de ella.

7. **Pasa tanto tiempo como necesites en presencia de la Gran Madre.**

Cuando acabes, imagínatela entrando en ti y llenándote con su presencia. Tú eres la Gran Madre (ya seas hombre o mujer), su corazón es el tuyo. Desde este corazón puedes irradiar la luz cálida de la compasión y la curación a todos los seres en todas partes. Ojalá todos los seres sean felices, tengan paz y estén libres del sufrimiento.

La meditación puede mejorar tu rendimiento en el trabajo y en el deporte

Por muchas de las razones por las cuales la meditación ayuda a facilitar la curación, mejora también el rendimiento. Relaja el cuerpo y reduce el estrés y la ansiedad, lo que te permite funcionar con más eficiencia. Promueve los estados de ánimo positivos, como el amor, la alegría y el bienestar, y fomenta el flujo de la energía vital por el cuerpo, lo que a su vez promueve la confianza en uno mismo y una sensación de poder y efectividad. También despierta una conexión más profunda con una fuente de significado y propósito, lo que te inspira y te mantiene conectado con cualquier cosa que hagas.

La meditación te enseña también a cultivar otras cualidades y habilidades que contribuyen naturalmente a hacerte mejor en tu esfuerzo, ya sea en el deporte o en los negocios, en la jardinería o simplemente en lavar los platos o barrer el suelo. He aquí una breve lista de sus grandes beneficios:

✔ **Incremento del foco y la concentración:** esto es obvio; a medida que te vuelves todo un experto en mantenerte en una tarea cuando sigues la respiración o recitas un mantra, puedes fácilmente transferir esta habilidad a tu trabajo o al partidito de los sábados con tus amigos. Para los beneficios de la concentración, fíjate en grandes deportistas como Tiger Woods, Lance Armstrong o Anika Sorenstam.

✔ **Distracciones mínimas:** este pequeño beneficio es la otra cara del anterior; cuanto más regularmente medites, más rápido se desvanecen las distracciones a medida que tu mente se tranquiliza y se centra en una sola cosa. Huelga decir que trabajas o juegas mejor sin un millón de pensamientos irrelevantes haciendo ruido en tu cabeza. Como dijo Yogi Berra una vez respecto al baloncesto: "¿Cómo se puede pensar y encestar al mismo tiempo?".

✔ **Estar en el momento, libre de expectativas:** aunque puedas tener una meta particular en mente —por ejemplo, ganar la carrera, terminar el proyecto, hacer aterrizar la bola en un hoyo minúsculo a 300 metros—, la paradoja es que tienes más probabilidades de lograrlo si dejas a un lado tus expectativas y mantienes tu atención enfocada en los movimientos o tareas precisos que necesitas ejecutar en ese momento. El antiguo entrenador de los Lakers, Phil Jackson, lo llama "confiar en el momento".

✔ **Claridad mental y perceptual realzadas:** uno de los efectos secundarios accidentales de mantener la mente en el momento es que tus sentidos se agudizan, tu mente se vuelve más rápida y entra en sintonía con los pequeños detalles, lo cual, no hace falta decirlo, es muy útil cuando estás tratando de hacer algo bien.

✔ **Mayor resistencia y un lapso de atención más largo:** a medida que aumentes gradualmente la duración de tu meditación de 10 a 15 o 20 minutos, o más, vas a desarrollar poco a poco tu poder para prestar atención durante más tiempo. Como resultado puedes descubrir que no te agotas ni te desanimas tan fácilmente cuando diriges tu atención a un proyecto de trabajo largo o a otra actividad exigente.

✔ **Experiencia de flujo:** en los deportes lo llaman *la zona*: momentos o períodos largos en los que te sientes totalmente sincronizado con tu cuerpo y con lo que te rodea. (En otras esferas de la vida, lo llaman *el Flujo*). El tiempo parece detenerse, las sensaciones de bienestar y de disfrute se incrementan, puedes verlo todo con mucha claridad e incluso te anticipas a los hechos. Y sabes exactamente lo que necesitas hacer a continuación. Al cultivar tus poderes de concentración en la meditación, desarrollas la habilidad de entrar en el flujo con más facilidad en cada situación (para más información sobre el flujo, consulta los capítulos 1 y 16).

✔ **La capacidad de ver las cosas multidimensionalmente:** en la meditación, practicas el observar o ser testigo de tu experiencia sin perderte en los detalles. Esta consciencia más expandida, global, te permite dar un paso atrás y ver todo el panorama, lo cual puede ser conn extremo útil cuando estás tratando de resolver un problema o de neutralizar al equipo contrario, o simplemente evaluar y mejorar tu rendimiento. Algunos grandes deportistas cuentan incluso que pueden ver todo el juego desde arriba cuando están jugando.

✔ **Atención consciente a las conductas derrotistas:** cuando expandes tu consciencia en la meditación para incluir sensaciones y procesos mentales, empiezas a darte cuenta de los patrones repetitivos de pensamiento y sentimiento que te producen estrés o inhiben tu autoexpresión plena (consulta el capítulo 13). Al extender esta atención consciente a tu rendimiento (en el trabajo o en el juego), puedes atrapar los patrones derrotistas y remplazarlos por alternativas más productivas y eficaces.

✔ **Autoaceptación y liberación de la autocrítica:** nada desanima e inhibe más el rendimiento eficiente que la tendencia que tenemos la mayoría de nosotros a menospreciarnos, especialmente cuando estamos bajo presión. Por medio de la meditación, practicas el aceptarte a ti mismo tal como eres y el percatarte de los juicios según van surgiendo. Después, cuando la marcha se vuelve difícil, puedes utilizar tus habilidades de meditación para calmar con delicadeza la autocrítica mientras te concentras en hacer lo mejor.

✔ **Compasión y trabajo en equipo:** en su éxitoso libro *Sacred Hoops (Canastas sagradas),* Phil Jackson describe cómo forjó un equipo de baloncesto campeón del mundo basándose en los principios y lecciones que aprendió en su estudio de la

> meditación zen: además de concentración, atención consciente y los otros factores de esta lista, Jackson enfatiza el papel de la compasión (que puede cultivarse deliberadamente en la meditación; consulta el capítulo 11). "A medida que mi práctica [de la meditación] maduraba —escribe— empecé a apreciar la importancia de jugar con un corazón abierto. El amor es la fuerza que enciende el espíritu y que une a los equipos."

Además de los beneficios de una práctica de meditación regular que aparecen en esta lista, tú también puedes hacer meditaciones que están diseñadas específicamente para mejorar el rendimiento. En particular, puedes utilizar la imaginería guiada para ayudar a crear un estado de mente positivo y probar actuaciones antes de que ocurran (para más información sobre imaginería guiada, consulta la sección "El poder curativo de las imágenes", anteriormente en este capítulo). En su libro *Staying Well with Guided Imagery (Estar bien con imaginería guiada),* Belleruth Naparstek llama a la primera clase de imaginería guiada *imaginería de estado de sentimientos* y a la segunda *imaginería de estado final.* (En el recuadro "Hacer grandes olas", en la página 359, en este capítulo, el luchador de sumo utiliza una tercera, llamada *imaginería metafórica*, que en realidad incorpora elementos de las otras dos.)

Sin duda habrás leído sobre los atletas olímpicos y profesionales que usan tanto imaginería de sentimientos como de estado final en su régimen de entrenamiento. En las dos secciones siguientes, tienes una oportunidad de practicar primero una meditación genérica de estado de sentimientos y después otra diseñada para ayudarte a ejecutar con éxito tu actuación.

Disfruta de los sucesos pasados

Ésta es una meditación que te relajará el cuerpo, te levantará el ánimo y te pondrá en un marco de mente positivo para una actuación próxima. Si es posible, empieza a practicarla varios días o una semana antes de la actuación para que tengas suficiente tiempo para prepararte.

1. **Empieza por hacer la meditación del "lugar apacible" descrita antes en este capítulo.**

   O puedes simplemente sentarte con comodidad, cerrar los ojos y respirar profundamente unas cuantas veces, relajándote un poco en cada espiración. Pasa unos minutos respirando y relajándote de esta forma.

2. **Recuerda la vez en que terminaste con éxito la misma actuación o una parecida.**

   Si nunca has hecho algo como esto antes, recuerda una vez en que hiciste algo especialmente bien y con éxito.

3. **Tómate un tiempo para recordar esta actuación exitosa tan vívidamente y con tantos detalles sensoriales como puedas.**

   ¿Dónde estabas? ¿Qué ropa llevabas puesta? ¿Qué estabas haciendo exactamente? ¿Cómo se sentía tu cuerpo? ¿Quién más estaba allí? ¿Qué clase de sentimientos evocaste durante aquella actuación exitosa?

4. **Cuando al fin estés inmerso plenamente en el recuerdo y tus sentimientos positivos alcancen el punto álgido, encuentra un gesto físico que subraye estos sentimientos.**

   Por ejemplo, podrías unir dos dedos o apoyar la mano en el vientre.

5. **Gradualmente suelta el recuerdo, regresa a tu consciencia ordinaria y abre los ojos.**

6. **Practica esta meditación varias veces entre este momento y el de la actuación real, repitiendo cada vez el gesto físico.**

7. **Cuando empieces la actuación real, cierra los ojos durante un momento y repite el gesto físico.**

   Quedarás sorprendido al descubrir que los sentimientos positivos vuelven de repente.

Prueba el rendimiento extremo

Una cosa es estar en un estado de mente positivo cuando actúas, pero otra muy diferente es saber lo que estás haciendo. Cuando te sientes relajado, puedes aplicar los principios de la meditación para afinar tu actuación de antemano, de modo que llegues al punto más alto cuando saltes a la palestra.

Aquí tienes una meditación parecida a los ejercicios que usan los deportistas. Citando a Jack Nicklaus en su libro *Golf My Way (Golf a mi manera):* "Nunca lancé una bola sin tener en mi cabeza una imagen muy clara y focalizada del golpe". Una vez más, asegúrate de darte mucho tiempo para practicar antes de la actuación real.

1. **Empieza por hacer la meditación del "lugar apacible" descrita anteriormente en este capítulo.**

O puedes sólo sentarte con comodidad, cerrar los ojos y respirar profundamente unas cuantas veces, relajándote un poco en cada espiración. Pasa unos minutos respirando y relajándote de esta forma.

2. **Imagínate ejecutando tu actuación a la perfección desde el principio hasta el final.**

Imagínala tan vívidamente y con tanto detalle sensorial como puedas. Si estás probando con un partido de tenis, por ejemplo, siente la raqueta en la mano y los pies sobre la pista; siente el brazo levantándose, yendo hacia atrás y luego arqueándose hacia adelante mientras sirves; siente el contacto de la pelota contra la raqueta, y así sucesivamente.

Los estudios han demostrado que las pruebas cenestésicas (en las que sientes tu cuerpo haciendo los movimientos) son casi tan efectivas como la práctica real para mejorar el rendimiento en los deportes y en otras actividades físicas. Si estás probando con una presentación en el trabajo, imagínate de pie ante el grupo, hablando articulada y convincentemente, haciendo entender los aspectos importantes, etc., etc.

3. **Cuando notes lo bien que te sientes mientras vas actuando, incluye una dimensión de estado de sentimiento.**

Puedes sentir alegría, emoción, poder o disfrute. Si notas miedo o aprensión, detente por un momento, respira hondo unas cuantas veces, haz lo que haces habitualmente para despejar el miedo y reanuda tu prueba.

4. **Tómate tanto tiempo como necesites para imaginarte ejecutando la actuación a la perfección.**

Si notas algún error, detente y corrígelo, y después repite la prueba correctamente. Al principio, tu prueba te puede tomar tanto tiempo como la actuación real. Después de que hayas aclarado todos los detalles, puedes abreviar las pruebas siguientes si tienes poco tiempo.

5. **Asegúrate de practicar este ejercicio por lo menos varias veces antes de la actuación real.**

Inmediatamente antes de la prueba, detente un momento, cierra los ojos y haz una prueba abreviada.

Disfruta la danza del "sí"

Tómate 10 minutos para fijarte en las formas sutiles (y no tan sutiles) en que tu mente sigue diciendo "no" a la vida, ahogando tus sentimientos e impulsos, juzgando o incluso rechazando a otras personas, rehusando aceptar cómo son las cosas en realidad. Por ejemplo, puedes sentir que surge tristeza, pero la rechazas y te niegas a sentirla. O puedes mirarte al espejo pero evitar lo que ves, bien criticándote por tu apariencia o negándote a ver tus imperfecciones. O quizá cierras el corazón a tus seres amados porque no cumplen tus expectativas.

Puedes sorprenderte al descubrir cuánta energía gasta tu mente cuando rechaza aceptar lo que está pasando realmente en tus narices. En vez de ello, durante los próximos 10 minutos, di solamente "sí". Cualquiera que sea tu experiencia, ante

cualquier persona que te encuentres, o ante cualquier forma en que se te presente la vida, fíjate en tu tendencia a resistirte o a negar, y en vez de ello di "sí". "Sí" a tus sentimientos, "sí" a tu pareja o a tus hijos, "sí" a tu cuerpo y a tu cara, "sí" a tu vida. En la medida de lo posible, mantén una mente abierta, espaciosa y atenta. Por supuesto, eres bienvenido a cambiar lo que no te guste, pero tómate un momento para decirle "sí" antes.

Puedes estar tan acostumbrado a decir "no" que al principio no sepas decir "sí". Así que siéntete libre de experimentar. Repetir la palabra "sí" puede ayudarte a empezar. Quizá acabes disfrutando tanto la danza del "sí" que la extiendas a todas las áreas de tu vida. "¡Sí, sí, sí!"

Parte V
Los decálogos

—TENED ESTO EN CUENTA: SI OS OÍS RONCAR, ¡ES PORQUE ESTÁIS MEDITANDO MUY PROFUNDAMENTE!

En esta parte...

*É*ste es el lugar al cual puedes dirigirte en busca de respuestas rápidas, meditaciones breves y pruebas científicas de la importancia de la meditación. La próxima vez que te sientas cortado cuando la tía Sara te haga una pregunta sobre la meditación o quiera que le des pruebas de que puede ser buena para lo que la aqueja, o en la próxima ocasión que se te ocurra consultar algo o tengas ganas de meditar pero no quieras hojear todo el libro, busca las perlas que hay en esta parte.

Capítulo 19

Respuestas a diez preguntas frecuentes sobre la meditación

· ·

En este capítulo

▶ Descubrir las respuestas a tus preguntas más acuciantes sobre la meditación

▶ Saber más cosas sobre los fundamentos de la meditación

· ·

L a mayoría de la gente, cuando piensa por primera vez en dedicarse a practicar la meditación, tiene habitualmente unas cuantas dudas que necesitan hallar respuesta; y cuando empieza, tiene unas cuantas más. Si tienes preguntas, has venido al sitio adecuado. Bien, he aquí algunas respuestas breves a diez de las preguntas más frecuentes. Para respuestas más detalladas, consulta el resto del libro.

¿La meditación me hará demasiado relajado o distraído como para tener éxito en el trabajo o en los estudios?

Mucha gente todavía asocia la meditación con estilos de vida alternativos poco prácticos y teme que si osa sentarse en silencio unos minutos acabe transformada en un hippy o un yogui que se pasa el tiempo mirándose el ombligo. Por fortuna, los tiempos han cambiado, y dondequiera que acudas encontrarás artículos que pregonan los beneficios científicamente probados de la meditación. La verdad es que la meditación en realidad te enseña a concentrar la mente y a minimizar las distracciones de forma que puedas hacer las cosas con mayor eficiencia. Además, cuando estás tenso, no puedes hacer nada especialmente bien, y la meditación te ayuda a relajar el cuerpo y a reducir el estrés, de modo que puedes hacer un mejor (y más agradable) uso de tu tiempo.

Como explico con más detalle en el capítulo 1, la mayoría de las prácticas de meditación son una mezcla de concentración y consciencia receptiva. Con la concentración descubres la forma de estabilizar tu atención en un objeto en particular, como tu respiración o cualquier otra sensación corporal. Con el tiempo, puedes extender esta concentración al trabajo, los deportes o a cualquier otra actividad. De hecho, los psicólogos tienen una palabra para la absorción total que acompaña a la concentración intensa; la llaman *flujo*, un estado de mente en el que el tiempo se vuelve más lento, las distracciones desaparecen y la actividad se realiza sin esfuerzo y se convierte en sumamente agradable.

Con la consciencia receptiva, vas a practicar la expansión de tu atención para incluir toda la gama de tus experiencias, tanto interiores como exteriores. Las dos cosas juntas —la concentración y la consciencia receptiva— se combinan para crear la clase de actitud alerta pero al mismo tiempo relajada que puedes observar en deportistas y practicantes de las artes marciales profesionales. Ahora bien, no podrías acusarlos de estar distraídos o ser poco eficientes, ¿verdad?

¿Cómo puedo encontrar tiempo en mi apretada agenda para meditar?

Ah, sí, el problema de siempre: ¡el tiempo! Lo estupendo de la meditación es que en realidad no lleva mucho tiempo. En cuanto aprendas lo básico (leyendo este libro, por supuesto), puedes empezar por practicar 5 o 10 minutos diarios. Las mañanas son mejores, generalmente, al menos para empezar. A lo mejor puedes introducir un breve tiempo de silencio entre el cepillado de los dientes y la ducha. O si eres un pájaro mañanero, puedes disfrutar los preciosos momentos de quietud antes de que el resto de la familia se despierte.

Cualquier espacio de tiempo sirve, lo más importante es meditar regularmente, todos los días si es posible (tómate un día de vez en cuando, y tiempo para dormir hasta tarde los domingos). La razón de esta recomendación es que no te conviertas en un autómata, sino más bien darte la oportunidad de disfrutar los maravillosos beneficios de la meditación, como la reducción del estrés y la mayor concentración. Como levantar pesas o tocar un instrumento musical, la meditación no surte efecto a menos que la practiques con constancia y de forma regular.

A medida que vayas meditando constantemente durante días y semanas, puedes empezar a notar pequeños cambios en tu vida, momentos de tranquilidad, paz o armonía que puede que no hayas experimentado desde la infancia, si es que lo has hecho alguna vez. Y cuanto más te beneficias de tu práctica de meditación, más motivado te vas a sentir para encontrar tiempo para hacerlo, y quizá extiendas el lapso de 5 o 10 minutos a 15 o 20.

No puedo sentarme en el suelo y cruzar las piernas. ¿Puedo meditar en una silla o acostado?

Sí, claro. De hecho, las posturas tradicionales de meditación incluyen la de estar sentado, de pie, caminando, acostado y moviéndose según patrones particulares (por ejemplo el taichí o la danza sufí). Básicamente, cualquier posición que puedas sostener cómodamente es apropiada para la meditación (para encontrar una postura que te venga bien, consulta el capítulo 8). Por supuesto, meditar acostado tiene un inconveniente (por así decirlo), ya que tienes más probabilidades de quedarte dormido. Así es que tal vez tengas que hacer un esfuerzo especial (sin ponerte tenso, claro) para permanecer alerta y concentrado. Además, vas a estar mejor en una colchoneta o en una alfombra, en lugar de en la cama, ¡por razones obvias!

Más importante que el hecho de si te sientas, te acuestas o te pones de pie para la meditación, es lo que haces con la espalda. Echarte hacia adelante o inclinarte hacia un lado, de forma que tu cuerpo tenga que luchar contra la gravedad, puede resultar doloroso con el tiempo y dificultar el mantener la práctica durante semanas y meses. En lugar de ello, puedes tomar la costumbre de extender la columna (como se explica en el capítulo 8), lo que contribuye a una buena postura también en tus otras actividades.

¿Qué puedo hacer con la inquietud o incomodidad que siento cuando intento meditar?

Para empezar, puedes encontrar reconfortante darte cuenta de que no estás solo. Todo el mundo experimenta agitación o incomodidad en su meditación de vez en cuando, o incluso con frecuencia. De hecho, la meditación actúa como un espejo que te refleja. Te lo creas o no, ésta es una de sus virtudes. Cuando detienes tu ocupada vida durante unos minutos y te sientas en silencio, puedes notar repentinamente toda la energía nerviosa y el pensamiento frenético que te han estado estresando todo el tiempo. ¡Bienvenido al mundo de la meditación!

Inicialmente, la meditación requiere enfocar tu atención en algún objeto (como tu respiración o una palabra o frase conocida como *mantra*) y llevar delicadamente tu atención a él, como un cachorrito travieso cuando se dispersa (para más instrucciones sobre meditación básica, consulta el capítulo 7, o escucha la pista 4 del audio). Gradualmente, puedes darte cuenta de que tu inquietud e incomodidad empiezan a calmarse por sí mismas.

Cuando tu concentración se vuelva más profunda, puedes expandir tu consciencia para incluir, primero, tus sensaciones, y después, tus pensamientos y emociones. En esta etapa, puedes empezar a explorar tu inquietud y tu incomodidad, a reconciliarte con ellas y en último término, incluso aceptarlas. Aunque este proceso puede no resultar fácil, tiene amplias implicaciones, porque te enseña resistencia y paz de mente para aceptar las dificultades inevitables en todas las áreas de tu vida (para más información sobre cómo reconciliarte con tu experiencia, consulta el capítulo 12).

¿Qué debo hacer si me quedo dormido con frecuencia mientras medito?

Como la inquietud, la somnolencia es un obstáculo común en el viaje de la meditación (para más información sobre obstáculos, consulta el capítulo 13). Incluso los grandes meditadores del pasado contaban que tenían que luchar contra el sueño, y algunos idearon medidas extremas para mantenerse despiertos, como atarse el pelo al techo o meditar al borde de un acantilado. ¡Eso es determinación!

Las personas corrientes como tú o yo tenemos la opción de utilizar medios más delicados para mantenernos despiertos y alertas mientras meditamos. Primero, puede que quieras explorar la somnolencia un poco. ¿Dónde la experimentas en el cuerpo? ¿Es sólo embotamiento mental o también estás cansado físicamente? ¡Quizá deberías estar echando una siesta en vez de meditando!

Si decides continuar, puedes tratar de abrir bien los ojos y sentarte tan derecho como te sea posible para elevar tu energía. Si aún sientes sueño, échate agua fría en la cara o trata de meditar de pie o andando. En cualquier caso, la somnolencia no tiene por qué impedir que medites; después de todo, una meditación adormilada es mejor que no meditar.

¿Cómo puedo saber si estoy meditando de manera correcta?

Esta pregunta refleja al perfeccionista que hay en cada uno de nosotros, que controla nuestras actividades para asegurarse de que las estamos haciendo bien. Lo estupendo de la meditación es que no se puede hacer mal, excepto si no se hace. (De hecho, es tu parte perfeccionista la que te produce el mayor estrés; y el objeto de la meditación es reducir el estrés, no intensificarlo.)

Cuando medites, deja a un lado al perfeccionista que llevas dentro (tanto como puedas) y mantente retornando suavemente a tu concentración en el aquí y el ahora para más instrucciones detalladas sobre la meditación, consulta otros capítulos de este libro, especialmente el capítulo 7, o escucha la pista 4 del audio.

Las experiencias que puedan surgir mientras meditas —somnolencia, pensamientos ajetreados, incomodidad física, inquietud, emoción profunda— no indican que te hayas extraviado. Muy al contrario, son el agua del molino de tu meditación, los viejos hábitos y patrones que se transforman a medida que profundizas en tu práctica (para más información sobre transformar viejos patrones, consulta el capítulo 12).

En cuanto a saber cuándo está "funcionando" tu meditación, probablemente no notarás fogonazos ni subidas repentinas de energía. En cambio, puedes reconocer cambios más sutiles; por ejemplo, tus amigos o tus seres queridos pueden comentar que pareces menos irritable o estresado que antes, o puedes descubrir que te pones menos tenso en situaciones difíciles. Una vez más, no busques resultados o, como la olla que se está mirando a sí misma, tu meditación puede no hervir nunca. Solamente confía en el proceso y deja que los cambios se ocupen de sí mismos.

¿Puedo meditar mientras conduzco o trabajo con la computadora?

Aunque no puedes practicar la meditación formal mientras estás ocupado en actividades corrientes, puedes practicar el hacer cosas meditativamente (para más información sobre cómo meditar en la vida diaria, consulta el capítulo 17). Durante tus períodos diarios de meditación silenciosa, vas a descubrir cómo permanecer presente tanto como te sea posible en medio de la confusión de los pensamientos, emociones y sensaciones distractores. Después, cuando te pones al volante de tu coche o te sientas ante la computadora, puedes aplicar al menos parte de la misma presencia consciente, atenta, a sortear la hora punta del tráfico o preparar un informe. Verás que logras realizar la actividad con menos esfuerzo y tensión y que te diviertes más.

Es como practicar un deporte, digamos el tenis. Primero, necesitas trabajar un golpe una y otra vez. Después, cuando tengas un partido con un amigo, sabrás exactamente qué hacer, aunque la situación sea más desafiante y compleja.

¿Tengo que renunciar a mis creencias religiosas para meditar?

Definitivamente no. Puedes aplicar los principios y técnicas básicos de la meditación (como se enseña en este libro y en los audios que te puedes descargar en nuestra página web) a cualquier tradición espiritual o religiosa. De hecho, mucha gente encuentra que los métodos de la meditación con raíces en Oriente profundizan en realidad su conexión con su fe occidental, al suplementar la oración y la creencia con una experiencia directa del amor y la presencia sagrada.

La meditación sólo supone hacer una pausa en tu vida ocupada, respirar profundamente unas cuantas veces, sentarte en silencio y dirigir la atención hacia tu interior. Lo que vas a descubrir no es zen, ni sufí, ni hindú, sino a ti mismo, completo con todas tus creencias, afiliaciones y rasgos de personalidad.

¿Qué debo hacer si mi pareja u otros miembros de mi familia no me apoyan en mi práctica de la meditación?

Si tus seres amados están abiertamente en contra, tal vez necesites meditar a escondidas o con un grupo establecido fuera de tu casa. Pero si sólo muestran resistencia, tienden a interrumpirte en momentos inoportunos o exigen tu atención justamente cuando estás a punto de tranquilizarte, podrías hablar con ellos y explicarles tu interés en la meditación. Tranquilízalos diciéndoles que por pasar sólo 5 o 10 minutos en silencio cada día no los vas a amar menos. Enséñales este libro, o préstales incluso un ejemplar para que puedan leer sobre la meditación por sí mismos. Después de que lleves un tiempo practicando, pueden empezar a darse cuenta de que eres más divertido como compañía, ya que estás más relajado, más atento, menos distraído y estresado; y su resistencia puede disiparse gradualmente. ¿Quién sabe? Un día pueden decidir acompañarte para meditar juntos.

¿La meditación puede realmente mejorar mi salud?

Sí. Los investigadores han publicado cientos de estudios que investigan los beneficios de la meditación, y los resultados indican firmemente que las personas que meditan con regularidad tienen mejor salud que los que no lo hacen (para consultar diez de los estudios más persuasivos, ve al capítulo 4. Para un resumen de los beneficios de la meditación, consulta el capítulo 2).

Para poner tu mente y tu cuerpo en armonía y aumentar tu nivel general de paz, relajación y bienestar, la meditación regular facilita la liberación en la corriente sanguínea de sustancias que refuerzan la vitalidad y el sistema inmunológico. También puedes practicar técnicas específicas desarrolladas a lo largo de los siglos por los grandes meditadores del pasado (y adaptadas para los occidentales contemporáneos) que están diseñadas especialmente para estimular el proceso curativo (para saber más sobre meditación y curación, consulta el capítulo 18).

Capítulo 20

Diez meditaciones para todo propósito

● ●

En este capítulo

► Recibe instrucciones básicas sobre las meditaciones de atención consciente, mantra y amor compasivo

► Utiliza la meditación para la curación, el anclaje en la tierra y la paz interior

● ●

He aquí diez de mis meditaciones favoritas para todo momento, sacadas de las páginas de este libro. Las he escogido no sólo porque las disfruto, sino también porque proporcionan una gama de prácticas diferentes para que las pruebes. Desde elaboradas visualizaciones hasta técnicas básicas de atención consciente (para más información sobre la atención consciente, consulta el capítulo 7). Siéntete libre de experimentar con ellas directamente, si te apetece. Con la práctica regular, proporcionan una prueba de la experiencia meditativa. Si empiezas a sentir ganas de probar el menú completo, bien, adelante, hojea el resto del libro.

Practica la relajación

Para reducir el estrés y cosechar los otros beneficios de la relajación, trata de practicar este sencillo ejercicio durante 15 o 20 minutos cada día. Conocida como la Respuesta de relajación, fue desarrollada en la década de 1970 por Herbert Benson, profesor de la Escuela Médica de Harvard, basándose en la investigación sobre los beneficios de la meditación trascendental (MT).

1. **Busca un punto donde puedas sentarte en silencio y sin que te molesten.**

    Para más información sobre cómo crear un entorno propicio para la meditación, consulta el capítulo 9.

2. **Siéntate en una posición que puedas mantener cómodamente durante toda tu meditación.**

   Para una discusión completa sobre la postura sentado en la meditación, incluyendo algunas imágenes, consulta el capítulo 8.

3. **Busca un objeto en el que concentrarte.**

   Este "objeto" puede ser un símbolo visual (como una forma geométrica) o una sílaba, palabra o frase especial, conocida como *mantra*, que debes repetir una y otra vez. Los objetos con profundo significado personal o espiritual son especialmente efectivos. En la medida de lo posible, mantén la atención concentrada en este objeto; cuando te distraigas, vuelve otra vez al foco. (Si tu objeto es interior, cierra los ojos.)

   Para más información sobre los mantras, consulta los capítulos 3 y 14. Para una guía sobre la práctica de la meditación con un mantra, escucha la pista 2 del audio.

4. **Mantén una actitud receptiva.**

   Permite que los pensamientos, las imágenes y los sentimientos pasen, sin tratar de atraparlos o interpretarlos. Resiste la tentación de evaluar tu progreso; tan sólo trae suavemente tu atención de vuelta cuando te disperses.

Con la práctica regular, puedes empezar gradualmente a notar que tu cuerpo está más relajado y tu mente más apacible, los cuales son sólo algunos de los grandes beneficios de la meditación.

Sigue tu respiración

Tomada de la tradición de la atención consciente del budismo, esta práctica de meditación básica desarrolla la concentración y utiliza la respiración para enseñarte cómo permanecer presente en cada momento, sin importar dónde estés o qué puedas estar haciendo.

Para instrucciones más complejas, y para más información sobre la atención consciente, consulta el capítulo 6 o escucha la pista 4 del audio.

1. **Empieza por buscar una posición sentado, cómoda, que puedas mantener durante 10 o 15 minutos.**

   Entonces respira unas cuantas veces profundamente y espira con lentitud. Sin tratar de controlar tu respiración de ninguna manera, permítete encontrar tu propia profundidad y ritmo naturales. Respira siempre por la nariz a menos que por alguna razón no puedas.

2. **Permite que tu atención se concentre, bien en la sensación de tu respiración entrando y saliendo por tu nariz, o en el subir y el bajar de tu vientre mientras respiras.**

   Aunque puedes alternar el foco de una sesión a la siguiente, es mejor conservar el mismo foco durante toda la meditación. Con el tiempo, te irá mejor utilizando el mismo foco cada vez que medites.

3. **Presta toda la atención al movimiento de tu respiración.**

   Hazlo de la misma forma en que una madre sigue los movimientos de su bebé, amorosa pero persistentemente, suavemente pero de forma precisa, con consciencia relajada pero concentrada.

4. **Cuando te des cuenta de que tu mente está vagando y de que estás absorbido por tus planes, tus pensamientos o tus divagaciones, regresa tu mente con suavidad pero con firmeza a la respiración.**

   Los pensamientos y las imágenes seguramente seguirán dando vueltas en tu mente mientras meditas, pero no te preocupes. Simplemente continúa volviendo con paciencia a tu respiración, de forma persistente. Si encuentras prácticamente imposible seguir la respiración, puedes empezar por contar las respiraciones (consulta el capítulo 7).

5. **Continúa este simple (pero no fácil) ejercicio el tiempo que dure tu meditación.**

   Con la práctica repetida, puedes descubrir que tu mente se tranquiliza más rápidamente y que también estás más presente y concentrado en otras áreas de la vida.

Medita caminando

Si no te apetece sentarte quieto, puedes intentar meditar mientras caminas (para más orientación sobre la meditación caminando, escucha la pista adecuada en el audio). Una técnica tradicional que se practica en monasterios y centros de meditación de todo el mundo, es una manera excelente de descubrir cómo trasladar la concentración que tú aprendes en el cojín o la silla al mundo corriente del movimiento y la actividad. Si el tiempo lo permite, definitivamente camina por el exterior. O puedes caminar arriba y abajo en tu casa, si quieres.

1. **Empieza por caminar a tu paso habitual, siguiendo la respiración mientras caminas.**

2. **Coordina tu respiración con tu caminar.**

   Por ejemplo, puedes dar dos pasos por cada espiración, que, como te darás cuenta, es considerablemente más lento de lo que camina la mayoría de la gente. Si quieres cambiar la velocidad de tu marcha, cambia el número de pasos por cada respiración, pero mantén el mismo ritmo cada vez que camines. (Si tus inspiraciones y espiraciones tienen distinta longitud, adapta tu marcha de acuerdo con ellas.)

3. **Además de tu respiración, sé consciente de tus pies y piernas mientras los levantas y los mueves.**

   Fíjate en el contacto de tus pies con el suelo. Mira adelante, con los ojos bajos a un ángulo de 45 grados. Si encuentras demasiado complicado seguir la respiración y ser consciente de tus pies al mismo tiempo, escoge un solo foco y céntrate en él. Según vayas caminando tienes que sentirte relajado y cómodo.

4. **Disfruta de tu caminar estable y consciente tanto tiempo como quieras.**

   Si tu atención se extravía o empiezas a apresurarte, suavemente trae otra vez tu atención a tu marcha.

Come con atención

¿Alguna vez has terminado de comer y te has preguntado qué ha pasado con la comida? Bien, he aquí una meditación para prestar atención a lo que te estás llevando a la boca. No sólo disfrutarás tu comida como nunca antes, sino que comer con atención facilitará tu digestión porque reduce la tensión o el estrés que llevas a la mesa. (Es probable que no quieras comer tan meditativamente todo el tiempo, pero de todas formas puedes aplicar un poco de atención consciente a cada comida, sin importar lo informal que sea.)

1. **Antes de empezar, tómate unos momentos para apreciar el alimento.**

   Puedes reflexionar sobre la tierra y el sol que dieron vida a ese alimento y la gente y el esfuerzo que lo trajeron a tu mesa. O puedes expresar tu agradecimiento a Dios o al espíritu, o simplemente sentarte en silencio y sentirte agradecido por lo que tienes. Si estás comiendo con otros, puede que queráis cogeros de la mano, sonreíros o conectaros de alguna otra manera.

2. **Lleva tu consciencia a tu mano mientras levantas el primer bocado de comida hasta los labios.**

Puedes experimentar con la costumbre de algunas tradiciones monásticas de comer con más lentitud de lo habitual. O simplemente come a tu velocidad habitual, pero sé tan consciente como puedas.

3. **Sé plenamente consciente del primer trozo de comida que entra en tu boca y en cómo inunda de sensaciones tus papilas gustativas.**

   Observa la tendencia de tu mente a juzgar el sabor: "Está demasiado condimentado o salado" o "No es lo que esperaba". Observa cualquier emoción que surja: desengaño, alivio, irritación, alegría. Sé consciente de las oleadas de placer o calor, u otras sensaciones físicas. ¡Disfruta tu comida!

4. **Si hablas mientras comes, fíjate en cómo te afecta la conversación.**

   ¿Algunos temas te ponen tenso o te producen indigestión? ¿La conversación te aparta del disfrute de la comida, o puedes tenerlos a ambos?

5. **Permanece atentamente consciente de cada bocado mientras comes.**

   Esta parte es probablemente la más difícil, porque la mayoría de la gente tiene una tendencia a distraerse cuando ya conoce cómo sabe su comida. Pero puedes continuar disfrutando el sabor con frescura, bocado tras bocado. (Si te distraes, puedes parar y respirar un momento antes de seguir comiendo.)

Cultiva el amor compasivo

Ésta es una meditación para abrir el corazón e iniciar una corriente de amor incondicional (llamado también *amor compasivo*) hacia ti y los demás. Puedes empezar con 5 o 10 minutos de alguna meditación básica, como la de la Respuesta de relajación o seguir la respiración, para profundizar y estabilizar tu concentración (para una versión más completa de esta meditación, vuelve al capítulo 10 o escucha la pista 7 del audio).

1. **Empieza por cerrar los ojos, respirar hondo unas cuantas veces y relajar el cuerpo.**

2. **Recuerda una ocasión en que te sentiste profundamente amado.**

Pasa unos minutos meditando con este recuerdo y permitiendo que tu corazón responda. Fíjate en la gratitud y amor que surgen por la persona que te amó.

3. **Permite que esos sentimientos amorosos se desborden y empapen gradualmente todo tu ser.**

   Permítete ser colmado de amor. Tal vez también quieras expresar los deseos e intenciones que subyacen a ese amor. Por ejemplo, podrías decirte, como hacen los budistas: "Que sea feliz. Que tenga paz. Que me libere del sufrimiento". Siéntete libre de usar las palabras que te parezcan bien. Como receptor, asegúrate de recibir el amor así como de extenderlo.

4. **Cuando te sientas completo contigo mismo, imagina que extiendes este amor compasivo a un ser amado o a un amigo querido, utilizando palabras parecidas para expresar tus intenciones.**

   No te apresures; permítete sentir el amor tanto como puedas, en vez de meramente imaginártelo.

5. **Extiende este amor compasivo desde tu corazón a todos tus seres amados y tus amigos.**

   Una vez más, tómate tu tiempo.

6. **Extiende este amor compasivo a todas las personas y todos los seres en todas partes.**

   Que todos los seres puedan ser felices. Que todos los seres puedan estar en paz. Que todos los seres sean liberados del sufrimiento.

Relaja el vientre

Stephen Levine, un maestro estadounidense de meditación que ha escrito extensamente sobre la curación y la muerte, afirma que el estado de tu vientre refleja el estado de tu corazón. Al relajar conscientemente el vientre una y otra vez, puedes soltar y abrir los sentimientos de ternura de tu corazón.

1. **Empieza por sentarte con comodidad y respirar profundamente unas cuantas veces.**

2. **Deja que tu consciencia se establezca en tu cuerpo.**

3. **Deja que tu consciencia descienda a tu vientre mientras suavemente aflojas esta zona de tu cuerpo.**

Suelta conscientemente cualquier tensión.

4. **Deja que tu respiración entre en tu vientre.**

   Cuando inspiras, tu vientre sube. Cuando espiras, tu vientre baja.

5. **Con cada respiración continúa relajando el vientre.**

   Suelta toda ira, miedo, dolor o tristeza no resuelta que puedas estar manteniendo en tu vientre.

6. **Según continúas relajando el vientre, fíjate en cómo responde tu corazón.**

7. **Después de 5 minutos o más meditando, abre los ojos y continúa con tus tareas cotidianas.**

   De vez en cuando, revisa tu vientre. Si notas que lo estás tensionando de nuevo, respira suavemente y relájalo.

Curación con luz

Muchas tradiciones de meditación sugieren que la enfermedad física y el sufrimiento emocional son sólo diferentes facetas del mismo problema básico, sólo distintas formas de alejarnos de nuestra plenitud y salud esenciales. Éste es un ejercicio para dirigir el poder vivificador de la luz a los lugares dentro de tu cuerpo y tu mente que están pidiendo curación.

1. **Empieza por sentarte y meditar de tu manera habitual durante unos minutos.**

   Si no lo haces de manera habitual, puedes buscar alguna técnica en el capítulo 7 o sencillamente sentarte en silencio, cerrar los ojos y respirar profundamente unas cuantas veces, relajándote un poco con cada espiración.

2. **Imagina una esfera de luz blanca suspendida a unos 30 centímetros sobre tu cabeza y ligeramente frente a ti.**

   Como un sol, esta esfera encarna e irradia todas las cualidades positivas, curadoras y armoniosas que tú más deseas manifestar en tu vida en este momento. (Tal vez quieras ser específico al principio: fuerza, claridad, paz, amor; con el tiempo, puedes simplemente encender esa luz.) Si lo encuentras útil, puedes imaginar un ser espiritual como Jesús o Buda en lugar de (o dentro de) la esfera.

3. **Imagínate empapándote de todas estas cualidades con la luz curadora como si estuvieras recibiendo un baño de sol.**

4. **Imagina que esta esfera extrae la energía de todas las fuerzas benevolentes que apoyan tu crecimiento y tu evolución hacia la esfera.**

5. **Visualiza esta energía positiva y curadora brillando en la esfera, como la luz de mil soles derramándose por tu cuerpo y mente.**

    Imagina que la energía elimina toda la negatividad y la tensión, la oscuridad y la depresión, la preocupación y la ansiedad y que las reemplaza por resplandor, vitalidad, paz o todas las demás cualidades positivas que estás buscando.

6. **Continúa imaginando que esta luz poderosa y curadora inunda cada célula y molécula de tu ser, disolviendo cualquier contracción y bloqueo de los que puedas ser consciente, y dejándote limpio, claro y calmado.**

7. **Visualiza esta esfera luminosa descendiendo gradualmente a tu corazón, donde continúa irradiando esta luz poderosa.**

8. **Imagínate como un ser luminoso, con una esfera de luz en el corazón que irradia constantemente claridad, armonía y pureza, primero a todas las células y partículas de tu ser y después, a través de ti, a todos los demás seres en todas las direcciones.**

    Puedes conservar los sentimientos e imágenes que evoca este ejercicio a lo largo del día.

Conéctate a la tierra

Cuando te sientas disperso o distraído y hayas perdido el contacto con el llano terreno de la existencia, puedes encontrar útil usar la siguiente meditación para conectarte.

Para instrucciones detalladas, escucha la pista 10 del audio:

1. **Empieza por sentarte en silencio, cerrar los ojos y respirar lentamente y con profundidad unas cuantas veces.**

    Si es posible, siéntate en contacto con la tierra, con la espalda relativamente recta (para más información sobre posiciones sentado, consulta el capítulo 8).

2. **Enfoca tu consciencia en la parte baja del abdomen, en un punto aproximadamente a 6 centímetros debajo del ombligo y a 4 dentro del cuerpo.**

    Los practicantes de artes marciales llaman a esta zona el *t'an t'ien* (o *hara*) y creen que es un punto focal para la energía vital o *chi*. Explora esta zona con atención consciente, fijándote en cómo te sientes.

3. **Dirige la respiración a esa área, expandiéndola cuando inspiras y contrayéndola cuando espiras.**

   Respira consciente y deliberadamente hacia su t'an t'ien durante 5 minutos o más, permitiendo que tu consciencia y tu energía se concentren allí. Nota cómo tu centro de gravedad cambia de la parte superior de tu cuerpo a tu t'an t'ien.

4. **Sin dejar de respirar con tu t'an t'ien, imagina que eres un árbol con unas raíces que penetran profundamente en la tierra.**

   Siente y visualiza al mismo tiempo que estas raíces se originan en el t'an t'ien y crecen hacia abajo a través de la base de tu columna hacia el suelo, extendiéndose por él tan lejos como puedas imaginar.

5. **Siente y visualiza cómo esas raíces extraen energía de la tierra hacia tu t'an t'ien en la inspiración, y siente cómo la energía se extiende hacia abajo a través de las raíces en la espiración.**

   Continúa sintiendo y visualizando esta circulación de energía, hacia arriba en la inspiración, hacia abajo en la espiración, durante 5 o 10 minutos.

6. **Cuando tu t'an t'ien se sienta cargado y fuerte, puedes levantarte y continuar con tu rutina diaria.**

   De vez en cuando, acuérdate de respirar con el vientre de nuevo durante 1 minuto o 2.

Practica una sonrisa a medias

El maestro budista vietnamita Thich Nhat Hanh indica que realmente puedes cambiar tu estado de ánimo y restaurar tu felicidad innata sonriendo conscientemente, incluso cuando estás deprimido. La investigación científica contemporánea está de acuerdo, y señala que sonreír relaja cientos de músculos faciales y tiene el mismo efecto en el sistema nervioso que la alegría real. Además, sonreír anima a otros a sonreír y también a ser felices.

1. **Toma un poco de tiempo ahora mismo para dibujar una sonrisa a medias en tus labios.**

   Fíjate en cómo responden otras partes de tu cuerpo. ¿Tu vientre se relaja? ¿Tu espalda se endereza un poco de forma natural? ¿Tu humor cambia de manera sutil? Fíjate también en si sientes alguna resistencia a sonreír cuando "no tienes ganas".

2. **Mantén esta sonrisa a medias al menos durante 10 minutos mientras te dedicas a tus actividades cotidianas.**

   ¿Notas un cambio en la forma como actúas o respondes a los demás? ¿Los demás responden a tu sonrisa también sonriendo?

3. **La próxima vez que sientas que tu ánimo decae, practica esta sonrisa a medias al menos durante media hora y fíjate en cómo te sientes.**

Lugar apacible

Esta sencilla meditación relaja el cuerpo rápidamente y con facilidad y puede usarse para ayudar a facilitar la curación. Es también una especie de monasterio o refugio interior al que puedes escapar cuando te sientas amenazado, inseguro o estresado.

Para más orientación sobre cómo imaginarte un lugar apacible, escucha la pista 12 del audio.

1. **Empieza por sentarte con comodidad, cerrar los ojos y respirar profundamente unas cuantas veces.**

2. **Imagínate en un lugar seguro, protegido y apacible.**

   Puede ser un lugar que conozcas bien (un lugar en el campo, por ejemplo, como un prado o un bosque, o también en una playa), un lugar que hayas visitado una vez o dos, o simplemente un lugar en tu imaginación.

3. **Toma todo el tiempo que necesites para imaginar este lugar apacible tan vívidamente como puedas, con todos los sentidos.**

   Fíjate en los colores, las formas, los sonidos, la luz, la sensación del aire contra tu piel, el contacto de tus pies con el suelo. Explora este lugar especial todo lo que quieras.

4. **Permítete descansar en las sensaciones de comodidad, seguridad y tranquilidad que evoca este lugar especial.**

5. **Pasa tanto tiempo ahí como quieras.**

   Cuando hayas terminado, vuelve gradualmente al momento presente y abre los ojos mientras continúas disfrutando los sentimientos placenteros y positivos que evocó este ejercicio.

Parte VI
Apéndices

—HE ESTADO MEDITANDO CON TODAS MIS
FUERZAS Y NO PARECE QUE PASE NADA.

En esta parte...

Si este libro ha despertado tu apetito y quieres obtener mayores inspiración e instrucción, aquí encontrarás una lista de recursos para nutrirte. Hay organizaciones y centros especializados, y una lista de libros de algunos los principales maestros de meditación contemporáneos, de Oriente y Occidente.

También vas a encontrar un apéndice que describe las pistas incluidas en los archivos de audio que te puedes descargar en nuestra página web, para que puedas ubicar fácilmente cada meditación.

Apéndice A

Recursos para la meditación

Después de sumergirte en este libro, quizá sientas el gusanillo de reunirte con otras personas para meditar, profundizar en tu formación, experimentar otros estilos o técnicas o realizar alguna lectura sobre aspectos específicos de la meditación. A continuación te ofrezco una lista de organizaciones y centros a los que puedes recurrir, y una pequeña bibliografía para complementar esta obra.

Organizaciones y centros

En España

Barcelona

CETR - Centre d'Estudi de les Tradicions de Saviesa
www.cetr.net
C/ Rocafort 234, baixos, 08029 Barcelona
Centro laico de investigación de la calidad humana

Centre NAMASTE de Yoga, SCP
www.centroyoganamaste.com
C/ Calabria, 202, 08029 Barcelona

Vipassana
www.vipassana.es/index.htm
Consell de Cent, 555-557, 08013 Barcelona
Terapias holísticas

Mahakaruna KMC Barcelona
C/ Déu i Mata, 125, 08029 Barcelona
Tel: 934 950 851 – 938 358 077
info@MeditacionEnBarcelona.org
Meditación budista kadampa

Madrid

Medita en Madrid
www.vajrayanamadrid.com
C/ Fábrica, 8, 28221 Majadahonda
916 362 091
Meditación budista kadampa

Centro de Yoga Sivananda de Madrid
www.sivananda.es
Fundador: Swami Vishnudevananda
C/ Eraso 4, 28028 Madrid
Tel. 913 615 150
madrid@sivananda.net
Meditación, yoga y pensamiento positivo

Bilbao

KTT de Bilbao
www.kttbilbao.es
C/ Askao, 25-1B, Casco Viejo – 48006 Bilbao
647 682 014
Centro de estudio y práctica de budismo tibetano

Sevilla

Centro Budista Mahamudra
centertemplate.meditaensevilla.org
C/ Almez, 2, 41111 Almensilla (Sevilla)
955 779 090
Epc.sevillamahamudra@gmail.com
Budismo kadampa

Zaragoza

Zaragoza Zen
www.zaragozazen.es
TNH-Sangha de Zaragoza
Gascón de Gotor, 27, 2.º izda., 50006 Zaragoza
Centro de meditación, zen y plena consciencia

En América Latina

México

Kadampa México
Enrique Rébsamen, 406
Col. Narvate Poniente – México, D. F., C. P. 03020
www.kadampamexico.org

Meditación para la vida
Yoga Espacio
Patricio Sanz 1011, Del Valle – México, D.F., C.P. 03100
www.meditacionparalavida.org

Instituto Mexicano de Yoga
México, D.F.
Tel. 52-90-74-39
www.yoga.com.mx

Libros

Los libros sobre meditación abundan, tal como confirmará una búsqueda rápida en Internet. Sin embargo, en mi humilde opinión, ninguno es tan comprensible o fácil de manejar como éste. Por si deseas consultar otros, a continuación te ofrezco una breve lista de mis favoritos.

Calle, Ramiro. *Las enseñanzas de la meditación vipassana*, Barcelona, Kairos, 1998.

Chia, Mantak. *Despierta la energía curativa a través del tao,* Madrid, Equipo Difusor del Libro, S.L., 2000.

Chodron, Pema. *Cuando todo se derrumba: palabras sabias para momentos difíciles,* Barcelona, Gaia, 2009.

Dalái lama y Cutler, Howard. *El arte de la felicidad*, Barcelona, DeBolsillo, 2010.

Dalái lama, *La meditación paso a paso*, Barcelona, Debolsillo, 2010.

Dossey, Larry. *La oración es una buena medicina: descubra cómo utilizar el poder de la oración para la curación*, Barcelona, Obelisco, 1999.

Ferrara, Guillermo. *El arte de la meditación*, Barcelona, Océano Ambar, 2004.

Jackson, Phil. *Canastas sagradas: lecciones espirituales de un guerrero de los tableros*, Barcelona, Paidotribo, cop., 2007.

James, William. *Las variedades de la experiencia religiosa*, México, Lectorum, 2006.

Kabat-Zin, Jon. *Vivir con plenitud las crisis,* Barcelona, Kairos, 2004.

Kabat-Zinn, Jon. *La práctica de la atención plena*, Barcelona, Kairos, 2007.

Kabat-Zinn, Jon. *Mindfulness en la vida cotiadiana: dondequiera que vayas, ahí estás*, Barcelona, Paidós, 2009.

Kaplan, Aryeh. *Meditación y Kabala,* Barcelona, Equipo Difusor del Libro, 2002.

Kornfield, Jack. *Camino con corazón: guía a través de los peligros y promesas de la vida espiritual*, Barcelona, Los Libros de la Liebre de Marzo, 2004.

Levine, Stephen. *Meditaciones, exploraciones y otras sanaciones,* Madrid, Los Libros del Comienzo, 1997.

Levine, Stephen. *Sanar en la vida y en la muerte*, Madrid, Los Libros del Comienzo, 1995.

Lyubomirsky, Sonia. *La ciencia de la felicidad*, Barcelona, Urano, 2011.

Nhat Hanh, Thich. *La paz está en tu interior: prácticas diarias de mindfulness*, Barcelona, Oniro, 2012.

Osho, *Meditaciones para comenzar el día*, Madrid, EDAF, 2011.

Salzberg, Sharon. *El secreto de la felicidad auténtica: aprende a ser feliz en 28 días*, Barcelona, Oniro, 2011.

Sogyal Rinpoche, *El libro tibetano de la vida y de la muerte*, Barcelona, Urano, 2008.

Suzuki, Shunryu. *Mente zen, mente de principiante*, Madrid, Gaia, 2012.

Thera, Nyanaponika. *El poder de la atención mental*, Barcelona, Puzzle, 2006.

Thich Nhat Hanh. *Hacia la paz interior*, Barcelona, DeBolsillo, 2010.

Thondup, Tulku. *Sanación sin límites*, Barcelona, Javier Vergara, Editor, 2001.

Tolle, Eckhart. *Practicando el poder del ahora*, Barcelona, Gaia, 2009.

Trungpa, Chogyam. *Shambhala: la senda sagrada del guerrero,* Barcelona, Kairos, 1987.

Walsh, Neale Donald. *Conversaciones con Dios*, Barcelona, DeBolsillo 2003.

Watts, Allan. *El camino del zen,* Barcelona, Edhasa, 2003.

Watts, Allan. *Psicoterapia del Este, psicoterapia del Oeste*, Barcelona, Kairos, 1987.

Wilde, Oscar. *La importancia de llamarse Ernesto*, varias ediciones.

Yongey Mingyur Rinpoche y Erinc Swanson. *La dicha de la sabiduría: abrazar el cambio y encontrar la libertad*, Barcelona, Ridgen Institut de Gestalt, 2010.

Apéndice B

Sobre las pistas de audio

· ·

A continuación incluimos la lista de las pistas de audio que puedes descargarte de www.paradummies.com.mx para oírlas en tu reproductor de mp3, teléfono o directamente en tu computadora, con el código que te damos con las instrucciones para la descarga y el uso de los archivos:

1. **Entra en nuestra website** www.paradummies.com.mx

2. **Busca en la sección Para Dummies la pestaña *Libros con audio* y entra con un clic.**

3. **Aparecerán la lista de libros con audio. Haz clic sobre la portada del libro que te interesa para que se abra su ficha.**

4. **Encontrarás al lado izquierdo el vínculo *Archivos de audio* para ir a la sección concreta de la lista de las pistas disponibles.**

   Elige la miniatura del título que necesitas y ya podrás descargar o reproducir directamente desde la web los archivos audios.

5. **Si eliges la opción *Reproducir,* el sistema automáticamente abrirá el archivo.**

   Ten la precaución de encender antes los altavoces.

6. **Si eliges la opción *Descargar,* el sistema te preguntará en qué carpeta de tu computadora quieres guardar el archivo.**

   Una vez finalizada la descarga, puedes transferirlo a cualquier otro dispositivo que utilices (mp3, iPod, iPhone o teléfono móvil, o incluso a un CD para reproducirlo en tu equipo de música).

Si tienes alguna duda o problema durante el proceso, puedes comunicarte con nosotros: www.paradummies.com.mx.

Los archivos MP3 constan de las siguientes pistas de audio:

Pista 1   Introducción (4.13)

Pista 2   Meditación. es más fácil de lo que crees (2.51)

Pista 3   Sintonízate con tu cuerpo (5.27)

Pista 4   Meditación básica de atención o presencia consciente (4.11)

Pista 5   Busca una postura sentado que te funcione (3.46)

Pista 6   Meditación caminando (3.31)

Pista 7   Meditación de amor compasivo (10.35)

Pista 8   Transforma el sufrimiento (8.26)

Pista 9   Reemplaza los patrones negativos con energía positiva (6.46)

Pista 10   Meditación de afianzamiento (5.57)

Pista 11   Consulta al gurú que hay dentro de ti (6.41)

Pista 12   Lugar apacible (4.44)

¡Espero que lo disfrutes mucho y que hagas grandes progresos en tu meditación!

Índice

● *T* ●

RELACIONES

www.facebook.com/dummiesmx

OCIO Y AFICIONES

SALUD

www.facebook.com/dummiesmx

MANAGEMENT

INFORMÁTICA

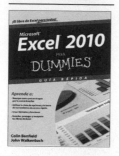

ESPIRITUALIDAD

PSICOLOGÍA

CULTURA GENERAL